U0570149

总 主 编　李红权　朱宪
本卷主编　李红权　朱宪

近代蒙古文献大系

政治卷

◇ 第十五册 ◇

中华书局

目　录

日人牵线下之蒙古傀儡国

中　译

最近日本又另外制造一个为它所保护的傀儡国，叫做"蒙古国"，这个傀儡国拥有察哈尔省的北部，而已在华北引起种种新的纠纷，中日关系的重新恶化恐怕就在这个问题之上。冀察政委会委员长宋哲元将军突于本周赴张家口，其目的大概就是为检察察、绥的情形。宋将军在其长冀察政委会以前，曾任察哈尔省的主席。

日本的这个最新制的傀儡国就是由于多年活动于热河、察哈尔之间的伪满洲国将军李逆守信出面组织，而李逆守信又复为久在内蒙古之间作政治活动的蒙古领袖德王所支持。据张家口联合社电称，这个新的伪政府不只有一百个日本顾问官为其撑腰。新政府显系仿照其毗连的"满洲国"而制造的。这个傀儡国拥有察北六县之地，间在伪满洲国与绥远省之间，而直达于张家口范围二十哩之内。

从国际观点看来，这是有着极重要的意义的，新国家的制造使日本与苏联发生了直接的接触，因为新国家的境界直与苏联保护下的外蒙古相含〔衔〕接的缘故。

据本周来上海报纸载称，德王拟于五月一日，即成吉斯汗诞辰的纪念日，在察哈尔召开蒙古各旗长官会议（成吉斯汗曾统一了蒙古而奠下蒙古征服中亚细亚和欧俄一部分的基础，其孙忽必烈且征服了中国，当时意大利人马可玻璃曾来朝），德王所召开的蒙古各旗长官会议的地点是定在察北的化德城，闻随这个会议之后，即将由伪满洲国军队的援助而重新进犯绥远。

据说德王与其从者现正处心积虑于如何恢复其从前在大庙与百灵庙的堡垒，这是去年他们企图进犯绥远时的根据地，但是这两个大本营现已为傅作义将军所指挥下的国军所占领。

非正常的军事行动现正在察北进行，而且约一师的兵力现正集中于察、绥边境的商都。从太原绥靖公署所得到的报告，已证实这些消息的不诬。

登载在三月号的美国书报中的论文，曾指摘日本公然支持蒙古的行动。《泰晤什志》说，德王不独是新蒙古傀儡国的首领，而且亦是领导日本驱入蒙古的领导人。据估计德王有精装的蒙古人和所谓"满洲国"人的军队约一万名，大部分是由于日本人所指挥的。该论说谓："过去数月蒙古军的装备已从'满洲国'运进大批子弹和飞机，有些飞机仍是带有日本的日头国徽的。所有这些'满洲国'的坦克车和飞机都是由于日本的机器匠所司理。"这种种的军事准备就是日本的计划，要重新对于绥远的袭击，日本军部计划包围苏联的外蒙古以前，绥远是日本军部所要求必得的地方。

当东京外务省受质问关于关东军在察北的行动之时，外务省的发言人称："蒙古人现正为防共而奋斗，他们对于红军正准备作一个自卫的战争。"其实，在陕北的所谓中国的红军和"蒙古国"相去不下四百哩，这与东京外务省的发言人所称的共产主义对于蒙古的严重的威胁一事，风马牛不相及。

四月廿三日，绥远省政府主席傅作义将军在北平清华大学对学生演说时宣称："日本一块一块地侵占我们的领土，并且企图划分中国为华南、华中、华北、蒙古，甚至一个回回国，这样一来日本征服中国就容易得多了。"傅将军复谓中国政府和人民现已感到这个危机的严重，而一致团结起来，御侮图存了。

与内蒙古的这些发展有密切关系的，就是东京宣布"满洲国"

和外蒙古在边城满洲里第二次会议，又复破裂下来。"满洲国"和外蒙古的代表关于调整国境纷争的第一次会议，是在一九三五年十一月廿五日决裂的。

日本声称苏联正计划利用外蒙古为准备进攻日本的军事根据地。日本的军略家谓外蒙古是位置于自北库页岛展开至中国西北的长距离包围形势的中心。这是被指定为苏联与中国反"满"抗日的一个合作的范围。

有一篇讨论满洲里会议的长篇论文，载在专门研究苏联事务的《东京月刊什志》上，曾力说苏联现正在确定的帮助中国与外蒙古的合作。《东京日日新闻》的编辑员田中氏也曾著论称苏联的目的是拟在东亚造成"联合战线"，以反抗日德的反共协定，而以外蒙古担当促进中苏友好关系的重要任务。

除在蒙古前线的这些发展之外，在北平方面关于宋哲元将军的派送一批密使赴日，为寻求达到某种谅解的目的，这也是令人引起极大的兴趣的。据报齐燮元，前安福系军阀，已被授与赴日谈商的专使的特权。又据驻北平的报馆通讯员称，宋将军曾宣布在其同意于作反共的独立的宣告，和与日本合作以防止赤色势力在华北的漫延的决定以前，冀东政权的取消和察哈尔（察北六县的政权）的移交于冀察政委会的管理，实有必要。

此外，在华北尚有种种的谣言，谓日本或将于北平或绥远省，举行一个军事的示威运动，因为这不独与在前线的蒙古政局为有关，而且与在日本国内的政情亦有很密切的关系的。

　　　　　　——译自《密勒氏评论报》八十卷第九期，五月四日

《群力》（旬刊）

南京群力旬刊社

1937 年 30 期

（李红权　整理）

沦陷后之外蒙古

张其昀　撰

外蒙古之现状，可分为政治、经济、军事三方面叙述之。外蒙政治已经苏维埃化，外蒙商务已被苏联独占，又苏联军队得随时驻防外蒙，故外蒙古实际已成为苏联之一部分，与日本之并吞我东北，如出一辙。外蒙古之沦陷至今已十七年，丧失领土实占全国面积百分之十四有奇，其中唐努乌梁海之面积，已较热河省稍大。国人健忘，似未闻有议及恢复北边失地者。

自民国九年底，我国军队退出库伦后，即失去外蒙古之统治权。翌年，因苏联之扶植，外蒙组织"国民政府"。十三年蒙古人民共和国正式成立。同年唐努乌梁海另设唐努拓跋（Tannu-Twvinsky）共和国，与外蒙分离，库伦伪政府曾向苏联力争而无效（按唐努乌梁海人自称拓跋氏（Touba Tuva），乃元魏之后裔）。外蒙政治以苏联为模型，废除封建制度及宗教政治。革命以前，喇嘛寺拥有外蒙家畜百分之二十，现仅有百分之一。蒙古文已拉丁化，教科书则译自俄文，中学教员多俄人。各政治机关悉为俄籍顾问所操纵。民国十三年《中俄协定》，苏俄虽承认外蒙为中国领土，实则早有久假不归之计。其后中俄纠纷迭起，十六年我政府有清党之举，国交破裂。十八年因"中东路"事件，发生中俄战役，两国邦交正式断绝，苏联对蒙畅所欲为，至二十一年冬始恢复邦交，但于蒙事迄无进步。二十三年《苏蒙互助协定》成立，实行攻守同盟，其协定对象泛指第三国，并未提及宗主权之中国，可见苏联已俨然以外蒙为保护国。

据民国十三年统计，外蒙对外贸易总额中，我国占百分之八十六，苏联占百分之十四，相差六倍以上；至十六年苏俄与我已处平等地位，即各占百分之五十；十八年以后，库伦封锁，外蒙商业遂为苏联所独占。库伦华商，民国九年以前合计二万人，时俄人不满一百，至二十三年俄人已超过二万，华商减少至二千人，仅及革命前十分之一。近年华北商业衰落，一部分原因即由外蒙市场为苏联垄断之故。中苏贸易在苏联统计当分为四部，即中国本部、外蒙古、唐努乌梁海与新疆。据民国二十三年（一九三四）苏联政府统计，中苏贸易总额为九千万卢布，其中外蒙占百分之七十二，新疆占百分之十二，唐努乌梁海占百分之十，中国本部仅占百分之六。是年，外蒙古在苏联对外贸易国别中占第三位置，次于德、英二国，其重要可以概见。苏蒙贸易二十年以前，外蒙居出超状态，二十年以后，居入超状态。进口货以布匹、粮食、金属制品为主，近年始有机器之输入。出口货以皮毛、牲畜为主，其中羊毛一项占苏联进口羊毛四分之一。外蒙古人口九十万人，乌梁海人口七万（其中俄人占一万二千），牲畜总数外蒙现有二千四百万头，乌梁海有一百万头，又外蒙富于森林，狩猎业之重要仅次于牧业。外蒙消费食粮目前产于境内者仅占四分之一，将来耕地推广，预期可以自给。外蒙古行政区域，二十年起重新划分为十二州，大都依据地理环境而定，如前杭爱、后杭爱、匝盆州（河名）、库苏古州（湖名）等。其中有一州定名曰农业州，位于色楞格河及其支流鄂尔坤河流域，甚可注意。矿产可称者为那赖哈煤矿，在库伦东三十五公里，每年可产煤七万吨，供给库伦之用。库伦现有一混合工厂，包括毛织、制皮等业，为外蒙有机器工业之始。要之，外蒙地力富饶，农、牧、林、矿均有希望，论其环境，颇与白山黑水区相似，与戈壁沙漠大有优劣之分，即与内蒙干燥草原只宜畜牧者亦不相同。

伪外蒙国厉行征兵制度，凡十八岁以上之男子皆有服兵役之义务。现有骑兵四万，后备军约十万人，均为苏联军官所教导，飞机、汽车及军需用品，亦皆由苏联制造供给。西伯利亚后贝加尔区域驻有俄军七万人，可随时开入外蒙。东北沦亡以后，从前之省界一变而为国界，外蒙与黑龙江省呼伦贝尔界未能划清，颇多争执，飞机越界及守兵冲突之事时有发生，形势甚为严重。按我国北方边防有所谓五伦者，皆属于蒙古游牧地带。呼伦、索伦现皆属于伪满洲国之兴安省。察哈尔省之多伦，亦同为日人所夺。库伦与克鲁伦皆在外蒙，苏联驻有重兵。克鲁伦一名桑贝子，在克鲁伦河上流，为外蒙东边重镇。五伦错峙，互相牵制，假使五伦尽入日本之手，则日本之满蒙政策完全实现，不但如此，后贝加尔区之西伯利亚铁道将有被切断之虞。故苏联与外蒙诚有唇齿相依之势。就中国言，切望领土保全，外蒙发展，盖外蒙安则中国北边亦安。论中苏关系，此点甚属重要。自平绥路集宁（即平地泉）至库伦之铁道，曾经勘测，从前俄人反对筑蒙古纵贯铁道，以免与中东路相竞争，今则情势变迁。平库路长九百六十公里，较张库路（张家口至库伦）缩短三分之一，为欧亚交通之捷径。铁道建筑问题与汉蒙贸易复活问题均应与俄切实交涉，借为解决外蒙问题之初步。我国东北失地合满蒙而计之，已逾全国面积四分之一，欲同时恢复，恐国力有所不逮，倘使一端获得解决之途径，可以促成其他一端之早日解决，望我国民加以充分注意。

（附注）目前教育部审定教科书，已将外蒙古区域一律改称蒙古。按我国外交公文除库伦协约（系民国元年帝俄与蒙古自治政府私行订立者）外，皆用外蒙古之名，历年外交部公报亦然，政府功〔政〕令两歧，兹篇仍据外交公文，未去"外"字。近年，教育部对于教科书过重形式上之统一，如汉人一律须改为内地人，其实汉族、蒙族之名本无歧视之意，事实所示，恐亦不能尽废，若云内地，未始即无畛域之见。此类正名之例甚繁，特志于此，希望政府考虑，以免纷歧。

《独立评论》（周刊）

北平独立评论社

1937 年 235 期

（刘殊林　整理）

绥东情势复趋紧张

作者不详

匪伪向商都、南壕堑增兵

归化二日电：察北匪伪调动，闻近仍频繁。据某将领称：匪伪除已向商都更调生力军一师外，并于南壕堑方面，增加步兵二团，连同原驻该地蒙古骑兵两团，现共有四团之众。复在商都、南壕堑架设电台多具，揆其用意，似在窥伺我绥东兴和境。我前方国军经近数日来休养训练，实力倍增，匪伪绝难得逞。并传匪伪近以王英、刘桂堂、夏子明等匪分任队长，遇必要时开至察北、绥东参加匪伙犯我境。又安华亭以绥东队务渐趋紧张，定三日返绥东防次整饬所部。

某方改编各蒙旗保安队

张家口二日电：某军司令官植田偕高级参谋等，日内有到嘉卜寺视察讯。伪军对德、李交恶有所调处。一日嘉卜寺特关长及蒙伪首领开会，筹备欢迎。吴鹤龄一日由寺衔德王命飞承德预候，并商伪军政事。北平三日电：察省来人谈：卓世海上月由察北飞日，接洽伪组织事宜。察某方近来活动甚力，各旗蒙保安队均行改编，每百人为一小队，每小队由某方派教官一名，现已改编就绪，正在训练中。某方在张北县设立察蒙各旗军官子弟学校，强迫军官子弟就学。又张家口三日电：蒙伪军连日向西南推动，第六师十七团三日晨由崇礼开抵张北。王英、张万庆、雷中田得某方巨款接济，分头活动，其实力将近三千人，系收编丰宁山中股匪及李得胜部，枪马齐全，拟由古北口经丰宁开集察北沽源，听候调动。

植田、德王在嘉卜寺密议

北平七日电：关系方面息：绥东情形转趋紧张，连日以来，嘉卜寺方面迭有会议。日关东军司令植田谦吉大将日前由承德飞嘉卜寺，与德王等密谈数次，闻已离寺返热。德王仍在寺主持一切。自植田抵热后，日军即开始增兵热边，闻奉调驻丰宁大阁一带者为松井旅团。又张家口七日电：植田、渡边抵多伦后，六日赴宝昌点军讲话，当晚返多伦，拟日内经张北到化德。又北平七日电：今井谈，加藤代办赴东北，无重要任务，调驻汉总领说，仅见报载。植田大将赴嘉卜寺，任务不明，据余所知，当系游历性质。

某方设军校收蒙旗青年

中央社北平七日电：关系方面息：伪蒙军师长卓什海现由某方派赴日本，考察军事，与卓同行者尚有蒙籍青年十五人。某方刻在张北设立蒙旗子弟军事学校，凡十五岁以上之蒙古青年，均强令入校受训。

《中央周报》
中国国民党中央执行委员会宣传部
1937 年 466 期
（李红菊　整理）

外蒙古之谜

叶溯中　撰

抗战以来，中华民族各省区的健儿都曾表现过好身手。可是就"全面抗战"与"全民族抗战"的意义来观察，为什么北、西战区之北的外蒙古，至今还袖手旁观，有如秦越之相视，这确是令人又惊异又气闷的事。

自 1727 年《恰克图条约》缔结以后，中俄外交上，涉及蒙古问题的事件很多。帝俄时代固〔姑〕且不说，在赤俄时代，单就民国十二年《蒙俄密约》来说，外蒙一切军、政、土地、工商、经济等等，均归苏俄管理，所谓外蒙人民政府，不过是一个傀儡组织。可是苏俄毕竟是很漂亮的国家，民国八年七月及九年九月两次对中国宣言，及十二年一月加拉罕宣言，说得何等动听。民国十三年五月的《中俄协定》第五条曾明白说："苏联政府承认外蒙完全为中华民国之一部分，及尊重该领土内中国之主权。"即在十二年一月，苏俄代表越飞与孙总理的联合宣言，也曾说："越飞正式向孙博士宣称：俄国政府决无亦从无意思与目的，在外蒙古实施帝国主义之政策，或使其与中国分立。"再依本年《中苏互不侵犯条约》来解释，《中俄协定》自然继续有效，而所谓《俄蒙密约》则应作废。有人说外蒙因受苏俄牵制，所以未能出兵抗日这一层，事实上究竟如何，可置不论，但在法理上总是不成理由的。又有人说，蒙俄曾有《军事密约》的缔结，外蒙如果出兵，苏俄亦须加入战争，所以踌躇不定，但是这也不成理由。俄蒙的军事协定，依法已应随此次《中苏互不侵犯条约》而撤销的。外蒙既是中国的领土，自应服从国民政府而出兵抗日，至于苏俄反日不反日，那是另外一件事，与此无关。

外蒙古如能出兵，即不直趋东三省，亦可南下以俯攻察、绥之日敌，使北战场、西战场形势为之一变。希望国人加以注意，并竭力加以督促，以期抗战前途之好转。

《民意》（周刊）
汉口民意周刊社
1937 年创刊号
（朱宪　整理）

伪满洲国建立兴安省之意义及其前途

——日本由满到蒙侵略政策的桥梁

何璟 撰

此稿系予去暑在中央政校附设蒙藏学校边疆事情社第一届年会宣读论文，积稿一年，未经披露。内容论列各点，在一年后的今日看起来，日本于我北方侵略政策进展之速，得寸进尺，大有一日千里之势者。尤其最近绥东、察北形势之紧张，西北甘、宁等省筹设特务机关之积极，其欲囊括内蒙，胁我西北国防，并包围苏联支配势力下的外蒙之阴谋，昭然若揭。作者痛心国难，东北沦陷，于兹五载，吴土未复，而四境边患，迄无已时，爰特将旧稿重为整理，略加节删，发表于此，以就正于海内有志专究边疆问题者。

著者识 一九三六，八，十五

一 导言

考日本近四十年来，对于亚洲大陆政策的推进，概可分作四个阶段，即：第一甲午战后（一八九四），日本据朝鲜，实行所谓"满鲜政策"；第二日俄战后（一九〇四），日本割南满铁路，以经营东三省南部；第三自民国四年（一九一五），日本向袁世凯政府提出"二十一条"要求，开始发动所谓"满蒙政策"；第四自民国二十年九一八事变以后，武力侵占东北四省，进据长城沿线要害，建设蒙古新省，即伪兴安省，企图完成"满蒙政策"。

在第一阶段里，我国自甲午战役，亡清败北于日本，翌年（一八九五）四月十七日与之订立《马关条约》，割地赔款，损失不知几千百万。同年六月六日，朝鲜宣布脱离中国独立，光绪二十三年（一八九七）十月，朝鲜并改国号曰"韩"，使隶为日本之保护国。自此日本明治维新以来北进派之雄图，遂得越对马海峡而深入朝鲜，一方更竖立所谓"满鲜政策"，以朝鲜为大本营，着着向东北迈进，借作发展大陆政策之基础。此一幕至一九一〇年八月二十九日，日韩正式合并，攫为己有，而暂告一段落。

在第二阶段里，日本自经受俄、德、法三国干涉还辽，在东北与俄国势力直接发生冲突，至一九〇四——一九〇五年日俄战役，帝俄败北，同年九月二十五日《朴资茅斯条约》成立，俄人以长春以南，迄大连之一段铁路，及旅大租借权，让与日本。民国元年（一九一二）日俄又复订立密约，以长春为中心，划分两国势力范围，于是我东北三省，遂稳〔隐〕然以长春为彼两国所占南北满势力对峙之分界点。而日本遂在满洲设立南满铁道株式会社，仿英人侵略印度组织东印度公司之例，以经营南满一切利权，俨然以殖民地视之。然此一幕至"九一八"形势已为之一变，及至一九三四年十二月二十六日，日政府公布实行改造在满统治机构官制，由事变前之四头政治制，而三位一体制，而二位一体制，满铁社会〔会社〕之时代使命随国策以俱进。尤其自东铁非法买卖成功，苏联又自动出让东北境内仅存的势力，则日本从此统制东北全境，无复有"南满"、"北满"畛域之可分了。

在第三阶段里，日本于取得"南满"权益之后，即以"南满"为基础，又复发动所谓"满蒙政策"，进一步西向蒙古侵略。日本此种险毒阴谋，其公开表现于过去历史中者，一为民国四年（一九一五）对袁世凯政府所提出之二十一条要求第二号中的七款。二为一九二七年，田中义一首相对于满蒙积极政策所致宫内大臣一木喜德代奏之文件。三为民国二十年九一八军事之发动，实行武力占领东北四省，组织伪国，变更省制。前两者可谓为要胁与准备侵略的时期，后者可〈谓〉为企图完成实现之开始。本篇所述，则拟就现阶级〔段〕中日本对于伪国所施一般分割政策之阴谋，与西部所以建立伪兴安省之意义，暨其对于蒙古将来前途之关系等，略为分析，以供有志研究边疆问题同志一参考焉。

二　东北四省的新分割与日本政治军事的阴谋

东北四省自为日本势力完全统治之后，剑及履及，凡所以便军事之布置，利经济之统制者，莫不着着兴革，顿改旧观。而其为分化伪满洲国的势力起见，近更实行缩小省区，于一九三四年十月十日，由伪国分布新省署官制，将东北四省分割为下列十省：

新省名	省会设在地	省公署组织	管辖领地范围	省长
吉林省	长春	总务厅、民政厅、教育厅、实业厅、警务厅	二市十六县	李铭书
奉天省	奉天（沈阳）	同右	二市廿八县	葆康
滨江省	哈尔滨	同右	一市廿七县	吕荣寰
龙江省	齐齐哈尔	同右	一市廿五县	孙其昌
黑河省	黑河（瑷珲）	总务厅、民政厅、警务厅	八县	钟毓
三江省	佳木斯	总务厅、民政厅、教育厅、警务厅	十四县	金铭世
间岛省	延吉	同右	五县	蔡运升
安东省	安东	总务厅、民政厅、教育厅、实业厅、警务厅	一市十一县	王滋栋

续表

新省名	省会设在地	省公署组织	管辖领地范围	省长
锦州省	锦州	同右	十二县	徐绍卿
热河省	承德	同右	十二县	刘梦庚

日本此项分割政策，其用心之所在，依吾人观察，盖有政治与军事的二种作用，兹分述之。

一、政治的作用　按省区过大，属县辖境必广，一方面事权不易集中，另一方面并易使政府造成内轻外重之局。值此日本统治伪满伊始，他们为防止一般投日而衷心尚感不彻底的不稳分子，图谋不规〔轨〕起见，故取小省区制，集权中央，这样既可使地方行政易于统率，复可使地方势力分化，免为野心者有机可乘，以收强干弱技〔枝〕之效，此其一。又日本年来在东北统治伪满，向用所谓"总务中心主义"，即上自中央，下至北方各省，莫不以日人任总务厅长，综揽大权。在各县则分设日籍之参事官与事务官等，以分掌行政、警务等职，系统厘然，宛若如臂使手，指挥自如。惟省区过大，纵使此项人材才干过人，然亦不免有支配难周之感！故不如实行缩小省区，俾可增设总务，以求巩固充实统治之效力，此其二。

二、军事的作用　日本之制造伪满，其一部分之对象，世人咸知其为对俄备战。吾人试观近四五年来日本在我东北之设施，盖皆着眼于军事建设，如广开公路、添筑铁道，现均次第完竣。即就现所新辟各省地位分析，亦悉富有军事的意义与价值，如黑河省省会，即为旧黑龙江省瑷珲县治，与对岸海兰泡隔江相望。所属各县，外控黑龙江，内倚兴安岭，全境旧为江省东、北两边之屏障，有清一代为军事重镇者垂三百年。今日人特加注意，使独辟为一省，则其将来地理形势之重要，盖可知矣。次如三江省，其所辖十四县，或在黑龙江右岸，或在乌苏里江左岸，多数密迩

俄边，人口稀少，日政府业已定为武装移民之大本营，同时且并
建有广大飞机场，以作严重的军事之布置。省会佳木斯，又为松
花江下游粮产唯一之集散地，实为伪满东北边境上经济、军事之
重镇。再次如间岛省原为吉林延边旧属，自昔即为中韩界务纠纷
中心，韩民杂处其间，争议尤多。加以一部分地方接邻俄边，中、
日、韩、俄，交往错来，情形备极复杂，一旦日俄有事，将必为
双方铁骑驰骋进出之场。他若安东、滨江，前者据鸭绿江口，进
可以掩护奉、吉，退可以屏蔽朝鲜，且其地亦为中韩杂居区域，
不啻朝鲜外府。后者前经俄人多年经营，夙有"东北巴黎"之称，
今所辖各县复皆旧吉、江两省，土地膏沃，农产丰富之地，故东
北人力、财力大都集中于此，今日人亦复力加经营，殆真所谓用
和平之开发，以作战争之准备也欤？此国人之所以不可不急切注
意而研及之也！

三　伪兴安省设省之经过及其行政组织

东北四省除上述为分化地方势力，分割新十省外，日本为进行
其一贯的侵略蒙古政策，特于伪满西部，即北伟〔纬〕约自四三
至五三度，东经约自一一六至一二六度之间，建设所谓伪兴安省，
并分东、西、南、北四分省以管辖之。伪兴安省区域，计包括原
有热河及辽、吉、黑三省之一部分地方，在清季原为蒙古盟旗，
民国以来渐加开发，至民国十七年，前东北炮兵司令邹作华氏，
倡议以其所部殖边屯垦，经东三省保安总司令部允准，拟具计划，
正式区划屯垦范围，以辽、黑二省所属之洮南、索伦等九县为主，
扎萨克图、镇国公、图什业图及扎赉特等蒙旗附之，更名为兴安
屯垦区。同年十一月，正式成立〔之〕兴安屯垦公署于辽宁之洮
安，直接隶属于东北政务委员会。及事变以后，日人继之，仍就

旧兴安屯垦区范围略加变更，改组而为现今伪兴安省之四分省，在伪国中央并组织兴安总署，直辖于国务院，自成独立之组织，一切行政既可不受民政部之节制，亦与伪国其他各部不相统属，至系统略如左表：

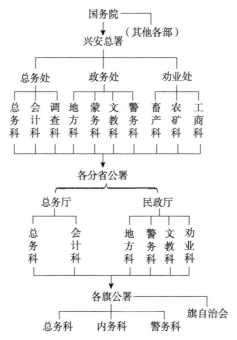

兴安总署官制，于一九三二年三月九日公布，全文计十五条，分别规定各司职掌事务。兴安分省公署官制，于同年四月五日公布，全文计十四条。各分省公署内仅设总务、民政两厅，与其他各省公署组织，繁简显有不同。迨至一九三四年十二月，伪国政府以断行确立地方新制度，及改正伪中央行政机关，乃又废止从来兴安总署之名称，自十二月一日起改称为蒙政部，与民政、外交、军政、财政、文教、实业、交通、司法合为九部，同隶于国务院。仍任兴安总署长——哲里木盟长齐默特色木丕勒（Tsimuausemupiea）为蒙政部大臣，其下设总务、政务、劝业、蒙警四司，总务司长当决定以关口保充任。于是伪满洲国政府自来行政组织为三院（国务、立法、监察）八部制者，从此改为三院九部制，此兴安省在伪满行政系统之地位，及其建省变革经过之大概也。

四　伪兴安省的政治区划及其领土面积与人口

至若伪兴安省的领土、面积与人口，据一九三四年十一月三十日，伪国民政部土地局所公布，略如左表：

省别	面积（单位：平方粁）	户数	人口总数	男女别
东分省	一〇四,〇五六	一六,二一六	九七,三〇〇	男六四,九六五 女三二,四三五
南分省	六六,五一二	八五,〇六六	五一〇,四〇〇	男二九七,七三五 女二一二,六六五
西分省	五四,七七五	四二,五八二	二五三,七〇〇	男一六九,一三八 女八四,五六二
北分省	一五八,〇六五	九,八三三	五九,〇〇〇	男五九,三三四 女一九,六六六
合计	三八三,四〇八	一五三,六九七	九二〇,四〇〇	男五七一,一七二〔五九一,一七二〕 女三四九,三二八

其各分省地方区划，暨其现状等，今依次分述于后。

（一）兴安东分省——即黑龙江省以西，大兴安岭山脉以东之地域，东南接南分省，西邻北分省，北部又与黑龙江省为界。全境悉为兴安岭及其支脉所蟠结之山地，平野则为河流之谷地，然亦仅于山与山之中间有之而已，地势高峻，大抵皆成缓倾斜之势。省内河流之大者，有注于嫩江之甘河及土拉、诺敏、革尼、阿伦等河，但皆无舟楫之利可言。省会初定设于布西，至一九三三年春，始改移于东铁西部之扎兰屯站，省长为前布特哈（Butho）王吨勒春，辖境共分七旗，其已设置之布西、雅鲁、索伦等数县，今皆撤废，均直隶于旗长统辖。各旗近状如下：

1. 那文旗　位于最北，占有甘河之东北部，住民以鄂伦春族占大部分。

2. 巴彦旗　在那文旗之南，占有甘河之西南地域，住民平地为达呼尔族人，山地为鄂伦春族人。

3. 莫力达瓦旗　在巴彦旗之西南，占有诺敏河之流域，住民之分布与巴彦旗同，简称莫力旗。

4. 阿荣旗　地在中东铁路之北部，住民与二、三同。

5. 布特哈左翼旗　位于中东铁路之扎兰屯、哈拉苏、巴林等站两旁之旗，住民除少数移来之汉人外，多为鄂伦春族人，简称东布旗。

6. 布特哈右翼旗　在东布旗之西方，至兴安岭部分之地，住民亦与东布旗同，简称西布旗。

7. 喜扎嘎尔旗　在本分省之南端，占索伦山地方，住民多数为索伦族人，简称喜扎旗。

（二）兴安北分省——地在兴安岭山脉之西斜面，西及西伯利亚，西南接外蒙古，东与东分省相连，实为东北军事、国防、外交之重要区域。原称伦呼〔呼伦〕贝尔，别名巴尔虎。分省公署即设于海拉尔，以旧设之蒙古自治政厅充之。地方辖境现分八旗，以前呼伦贝尔都统贵福之长子林陞①为省长。其原设之呼伦、胪滨、室韦、奇乾等县，今亦概行撤废，所属汉人皆置于旗长管辖之下，以示恩于蒙民。八旗如左：

---

①　后文又作"陵陞"——整理者注

1. 索伦左翼旗（东索旗）　在本分省之东南部，住民以索伦族居多数，各旗总管不限于索伦人。

2. 索伦右翼旗（西索旗）　在本分省之东南部，住民以索伦族居多数，各旗总管不限于索伦人。

3. 新巴尔虎左翼旗（东新巴旗）　在本分省之南部，住民大多数为蒙古族一派之巴尔虎人。

4. 新巴尔虎右翼旗（西新巴旗）　在本分省之南部，住民大多数为蒙古族一派之巴尔虎人。

5. 陈巴尔虎旗（陈巴旗）　陈即旧之意，盖对新巴尔虎而称也。

6. 鄂鲁特旗（即额鲁特）　住民为蒙古族一派之加尔马克族人。

7. 布里雅特旗（即布里雅特蒙古）　传与巴尔虎族人为同系，此族在苏联西伯利亚境内者，现有布里雅特蒙古自治共和国之建设。

8. 鄂伦春旗　在本分省之东北部，住于兴安岭山中，属索伦族之别支，人民以狩猎捕鱼为生，故亦称为"鱼皮哒子"云。此外更有达呼尔、通古斯、雅库特及白俄系等族人，盖皆历史上由他处越境而移入本省者也。

（三）兴安南分省——本分省南接辽宁省彰武、康平两县之北部，北及东分省，东与辽宁省之郑家屯及胆〔临〕榆、镇东、突泉等县接境，西至西分省与热河省之地域，旧属哲里木盟科尔泌〔沁〕与扎赉特西部之地，境内草地广漠，适于游牧，自晚清以来移民开垦，成绩极著，故境内有已设县者，有置设治局者，惟今南分省所辖之领地，概包括移民较少之区域，所设各县，亦实行废止，省城决定为达尔罕王府（在西辽河南通辽西北之地），现则暂设分省公署于郑家屯，并任土谢图王延喜海顺为省长，兹列表如左：

旗名	略称	俗称	旗爵
科尔沁左翼前旗	东科前旗	宾图王旗	多罗宾图郡王
科尔沁左翼后旗	东科后旗	博王旗	多罗郡王
科尔沁左翼中旗	东科中旗	达尔罕旗	和硕达尔罕亲王
科尔沁右翼前旗	西科前旗	扎萨克图旗	多罗扎萨克图郡王
科尔沁右翼后旗	西科后旗	苏鄂公旗	喇嘛什希克镇国公
科尔沁右翼中旗	西科中旗	土谢图旗	和硕土谢图亲王
扎赉特旗	扎赉旗		固山贝子，晋多罗贝勒

（四）兴安西分省——查伪国兴安省，最初原只分为三部分，即上述所谓"兴安东分省"、"兴安北分省"、"兴安南分省"是。自民国二十二年三月陷落，五月伪国乃又划西喇木伦河以北之地（旧卓索图盟），改建新省，名为"兴安西分省"，由是日人既将我东北整个的东四盟（锡林果勒盟在察哈尔境内）中三盟完全分裂，而其由满到蒙西侵的政策，亦由三角一变而为四角的基础。今分省辖境，计共六旗二县，省公署设于开鲁县，省长为昔卓盟盟长巴林王扎咯尔，掌理全省政务。同时并将已设经棚（民国三年）、鲁北（民国十三年）、天山（民国十五年）等县治及设治局均撤废之，故仅存清末光绪三十四年所设开鲁、林西历史稍久的两县，其废止县治各地方所住之汉族居留民，统归旗之管辖，兹列表出〔如〕左：

旗名	略称	旗爵		
扎鲁特左翼旗	东扎旗	多罗贝勒	齐齐灵花陀罗海山北	旧域中除开鲁县所属之部分
扎鲁特右翼旗	西扎旗	多罗达尔罕贝勒	图尔南	旧域中除开鲁县所属之部分

续表

旗名	略称	旗爵		
阿鲁科尔沁旗	阿鲁旗	多罗贝勒	珲图尔尔山东 托果木台	旧域中除开鲁县 所属之部分
巴林左翼旗	东巴旗	固山贝子	阿察图陀罗海	（区域如旧）
巴林右翼旗	西巴旗	亲王品级多罗郡王	托盍山	旧域中除林西县 所属之部分
克什克腾旗	克旗	一等台卡〔吉〕	吉拉巴斯峰	（区域如旧）

开鲁县　辖有东扎旗、西扎旗、阿鲁旗三旗中一部分之地域。

林西县　辖有西巴旗一部分之地域。

五　伪兴安省民族的分布及其生活状况

伪兴安省住民构成的分子，颇为复杂，除世居之土著民族而外，近数百年来自内地各省移住垦殖者甚众，即由日、俄境内新移住之各族，为数亦复不少，兹列表估计如左：

伪兴安省民族之分布

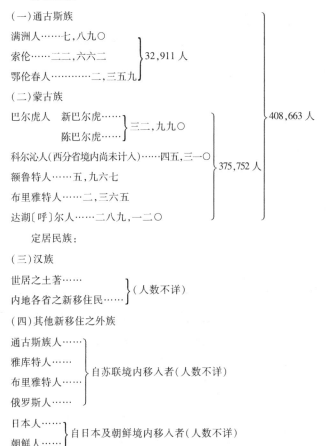

游牧民族：

(一)通古斯族

满洲人……七,八九〇

索伦……二二,六六二 ⎫

鄂伦春人………二,三五九 ⎭ 32,911 人

(二)蒙古族

巴尔虎人　新巴尔虎……⎫
　　　　　陈巴尔虎…… ⎭ 三二,九九〇

科尔沁人(西分省境内尚未计入)……四五,三一〇

额鲁特人……五,九六七 ⎫ 375,752 人

布里雅特人……二,三六五

达湖〔呼〕尔人……二八九,一二〇

408,663 人

定居民族：

(三)汉族

世居之土著…… ⎫
内地各省之新移住民…… ⎭ (人数不详)

(四)其他新移住之外族

通古斯族人……

雅库特人…… ⎫
布里雅特人…… ⎬ 自苏联境内移入者(人数不详)
俄罗斯人…… ⎭

日本人…… ⎫
朝鲜人…… ⎭ 自日本及朝鲜境内移入者(人数不详)

据上表观察，可知伪兴〈安〉省各分省内的住民之成分，除(三)(四)两项人数统计不详外，总计蒙古族约有三七五,七五二人，通古斯族约有三二,九一一人，两者合计共约有四〇八,六六三人，占四分省总人数二分之一。

吾人姑不论此项统计调查数字果否确实，而蒙古民族为该地主要之住民，则可无疑义。兹复据九一八事变前东省铁路经济调查局民国十八年之调查，单是黑龙江省西部呼伦贝尔一区的民族分布情况，其民族种类的差别，略如左表（按呼伦贝尔地方，即今伪国划分为兴安北分省之大部是）：

"九一八"前呼伦贝尔区民族分布之调查

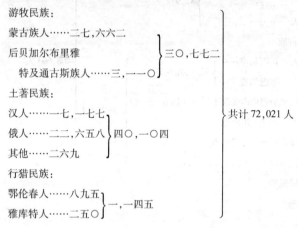

游牧民族：
蒙古族人……二七，六六二
后贝加尔布里雅
　特及通古斯族人……三，一一〇 }三〇，七七二

土著民族：
汉人……一七，一七七
俄人……二二，六五八 }四〇，一〇四
其他……二六九

行猎民族：
鄂伦春人……八九五
雅库特人……二五〇 }一，一四五

共计 72,021 人

　　总之，现伪兴安省内分布之各民族，依其生活形态的不同，概可分为次之四类，即：（一）为定住民族，如汉人、满族及国外移入之俄人、日人、朝鲜人等属之，大部分均分布于中东路铁道沿线，及各河沿岸区域，与辽、吉、黑、热四省西部、北部边境各地。（二）为游牧民族，蒙古族之大部分均属之（其一部分已与汉族同化者不计），皆沿兴安岭山脉各丘陵草原地带放牧。（三）为半游牧民族，此类盖自俄境后贝加尔湖移入之布里雅特及通古斯族人属之，他们大都分居于兴安北分省雅克什站北行约三十公里之草原区域，其展居帐篷，冬夏互易，随季节而不同。（四）为狩猎民族，鄂伦春与雅库特人属之，前者居呼伦贝尔自南部疆界起，迄至贝斯特拉河止之一带地方，而后者则自贝斯特拉河再北行，以至黑龙江沿岸等处居住。今将各族生活概况，分述于后。

　　（一）蒙古族　为游牧民族，住处大都为蒙古包，其稍接近辽、黑、吉、热四省内地各处亦有定住，而以居土屋为生活者。此族服饰，喜尚红褐色之线〔丝〕绸及棉布，寒季则着羊皮护暖，语言为蒙古语，然各地亦有种种不同的方言，惟文字则通用蒙古文。昔海拉尔政厅（即今北分省首府）常用满洲语之满文缮写公文，最近盖已废止矣。人民宗教信仰皆虔奉喇嘛教，其一部分自俄境移入的布里雅特人，亦有信奉希腊正教者（Greek Othodox）。又此族放牧之区，自经清末移民开垦以来，蒙民生活多有更革其旧观者，开辟地利，从事农垦事业。乃最近伪满洲国竟申令不准私放及经营农耕，借以示惠蒙民，保护牧场之减蹙，使其终生奔波不定的游牧生活，末由改进。吾人观于苏联近年协助外蒙与其境内布里雅特蒙古自治共和国改革地方土地行政制度之目标，方欲使蒙古民族游牧社会的经济基础，渐进而为农业社会的经济，相处〔比〕不亦大相背道而驰欤？

（二）索伦族　该族散居于西伯利亚黑龙江中流，额尔古纳河的东岸，兴安岭山脉之东麓，嫩江上游的沿岸，黑龙江右岸一带，以及布特哈、呼伦贝尔等处，故范围极广，现在伪兴安省境内者特其大部分耳。人民专以狩猎与牧畜为生。此族人身体长大，骨格雄伟，性情勇敢耐劳，胆大剽悍，普通有生熟之别，盖其已移居平地者，多与满汉人杂居，或自营独立之部落，全与汉族同化，故名熟索伦。至其深居山地的，因生活习惯、社会风尚，颇多与各族不同，故亦名生索伦，然非谓其种性野蛮，有如北美之 Ashimos，非洲之 Bushman 等族也。其言语为通古斯语，而汉、满、蒙古等语亦皆能交相杂用，其接近西伯利亚者，更通俄语。清室勃兴时代，其族与满人共以勇武称，所以在军事上与满洲八旗共著功绩，是以历朝时有大官辈出。此外居于嫩江西岸一带西荒之地的打户族，传为索伦的别支，另一部清时移入新疆北路，迄今尚绵续存在。宗教系奉萨满教。

（三）鄂伦春族　此族居于东大岭之东麓及南端（按东大岭为当地名称，常为胡匪所占据，作江北马贼的大本营），即黑龙江省旧屋〔属〕黑河道全境，与绥兰道东境之地，彼等无定住之家室，作巢于山间，常移转而变其居处，生活方面专以狩猎与捕鱼为生，食其肉而售其皮毛，用以交换他们日常的性〔必〕需品。此族传为索伦之别支，然无特征可考，要为兴安岭山中未开化的通古斯族之一种，性质卑劣，世人恒称之为"鱼皮哒子"，缘因其族人常以鱼皮为衣着，故名。语言谓属索伦语的同系，而宗教亦以萨满教为信仰唯一的中心。

（四）额鲁特族　此族为纯蒙古族，其名称不一，常有称之为厄鲁特、卫拉特、瓦拉特者，要皆一音之转，人种学家则名之为西部蒙古族，以与东部蒙古族的哈尔哈族相分别。此族分布的区域亦甚广，其先本多居于西藏、中亚细亚及俄国南部方面，此后逐渐分散，其中一部分则东迁于呼格河流域与呼伦贝尔的地方，人民身体强健，性直爽，善骑射，以游牧为生，奉喇嘛教，用蒙古语。

（五）达湖〔呼〕尔族　此族亦有列于通古斯族系中者，然依其使用之语言考之，则颇有类似于蒙古语，我国古书记载亦列彼为蒙古族。此族初居于额尔古纳河与黑龙江沿岸，殆十七世纪后半叶，始渐南下而移居于今之黑龙江右岸，及松花江上游沿岸等处，其一部分且由我国官厅之命令，遣其移入呼伦贝尔之境内。人民多营农业与园艺，散居额尔古纳河岸的除耕牧而外，并兼营矿业。其人身躯高大，额部不宽，面阔而形成半椭圆形，眼梢稍竖而带黑色。其居屋亦与汉人异制，系建土屋于翠色之蔬菜园中，故一望即能识别。奉教仪式，多模仿佛教。（按此族为古契丹之遗种，于附近之通古斯族与蒙古族者为最长于政治天才者，如元朝之耶律楚材，及近年闻名之贵福、胜福、成德、凌陞、福明泰、郭道甫等皆为此族之领袖，是以昔日呼伦贝尔一区海拉尔蒙古政厅的大权，均操于此辈人手中。)

（六）其他各族　其他各族如满、汉两族，实无容赘述，可注意者，即凡在今伪兴安省境内居住之汉族，在伪国蒙政部主政之下，一律须受蒙古地方政府之统制，反耕为牧，尽其倒行逆施之能事。

他若新自俄边移住而来的白系俄人，大抵皆从事农牧与工商等业。布里雅特、雅库特等族以能通解俄语，其生活亦模仿俄式，如屋舍建筑、生活习俗，即同为畜牧，彼辈每至冬季，辄预贮干草，用备不时之需，比之我蒙古族人原始式的放牧智能，则进步多多矣。

六　伪兴安省经济资源的开发与日本

伪兴安省各分省内的经济情形，虽无详密可靠的调查与统计，惟其产业资源蕴藏的丰富，亟待开发，则为刻不容缓之事实，今试依次论之。

（一）未垦地的开发　伪兴安省各分省人口分布密度稀薄，总计平均每一平方公里，仅有○·三七人，此其原因，基于该地天然的人口出生率及成育率之低，如妇女过劳与营养不足，及气候风土之不适宜等，是一个原因。而由于蒙古民族普遍的宗教信仰的关系，男子多数全为喇嘛，要亦为使社会人口生育不易增进的一个障碍，所以该省地广人稀，日本年来且大举移民入境，企图急激增加人口，开发地利，借以巩固伪国西部国境的国防。如北分省呼伦贝尔一区，一九三二年六月底有日人六九七人，依职业别计之如左表：

1. 艺妓酌妇	一〇三人
2. 宫〔官〕吏	七六人
3. 劳动工人	六七人
4. 木匠、泥瓦匠	六五人
5. 旅店饭馆业者	二六人
6. 物品贩卖业者	一二人
7. 贸易商人	一人

　　吾人于此可知日本经略该地初步之政策，系以艺妓等为拢络利诱之武器，其手段之卑劣，实无以复加，不知年来更益陷于何等水深火热的地步！而伪兴安省既耕地与未耕地之比较，前者仅占三分之一弱，则前途发展，恐益资日人眼红矣。兹列表如左：

	分省名	既耕地面积	未耕地面积
伪兴安省	东分省	六一二・六〇平方公里	一一,四八九・七〇平方公里
	南分省	一〇,八一四・四五平方公里	一二,四三七・七五平方公里
	西分省	二,二六八・〇〇平方公里	九,〇〇〇・〇〇平方公里
	北分省	三四一・七〇平方公里	一三,七一六・七〇平方公里
合计		一四,〇三六・七五平方公里	四七,五四四・四五〔四六,六四四・一五〕平方公里

　　（二）畜牧业的经营　伪兴安省大部皆为广漠之牧场，居民亦以畜牧为主业，故全省畜产之富，为伪满全国之冠。据调查伪国所产绵羊总数为二,六四〇,五六〇头（热河不在内），而伪兴安省则有一,二四八,〇〇〇头，占全数四四%强，若再加上山羊之产额，则可占伪满总额的五〇%。在伪兴安省内尤其北分省，占绝对的优位。饲育头数有九二五,〇〇〇头之多，殆占伪兴安省所产绵羊总数的七三%，为全伪满的三三%，兹列表如次：

区别		绵羊	山羊	牛	马	骆驼
伪兴安省	东分省	一二,〇〇〇	三,〇〇〇	一〇,〇〇〇	一〇,〇〇〇	——
	南分省	二四一,五〇〇	一〇,〇〇〇	一五四,〇〇〇	九四,〇〇〇	二〇〇
	西分省	六九,五〇〇	二八,〇〇〇	一九三,〇〇〇	五四,〇〇〇	四,七〇〇
	北分省	九二五,〇〇〇	五一,〇〇〇	一三四,七〇〇	一一五,〇〇〇	四,九六四
合计		一,二四八,〇〇〇	一八二,〇〇〇	四九一,七〇〇	二七三,〇〇〇	九,八六四
伪满全国		二,六四〇,五六〇	——	一,六〇五,二七〇	二,四三七,九九〇	——

　　观此伪兴安省畜产丰富，倘能加以改良，将来更有增殖之余地，所可惜者，其羊毛纤维粗而短，复因粗刚，颇不适于优良毛织物之制造，故若以美利诺等之良种与之交配，使品种改良，则将来优良羊毛自可多量生产。其他牛马等牲畜，亦复如此。而日本则以岛上建国，畜牧场所可谓绝无仅有，故其肉类供给须由外国输入者甚多，尤其羊毛一项为毛织业之主要原料，日本近年均自澳洲求之，致与英国经济利益大相冲突，英日邦交为之隔阂。是以今后伪兴安省畜牧业之经营与扩张，为可供给日本急需原料唯一之场所，彰彰明甚。

　　（三）矿产的开采　伪兴安省矿藏甚富，在额尔古纳河一带产金矿，其余各地发现砂金矿质，此皆为久已著名的事实，他若碱、盐、煤、铅等矿，亦所在皆是，只惜货弃于地，迄未开采耳。日人注意经营伪满蒙古地域，近已渐次着手组织各项矿产企业的采掘了，如此〔北〕分省海拉尔附近有含铅量八〇%的铅矿；扎兰诺尔煤矿，前中东铁道公司久已开采；塔布斯诺尔天然曹达（即碱），现亦实行制炼，行销各地。盐则以产于白银诺尔湖与白银磁甘诺尔湖为最多，惟盐质不透明，有苦味，不香，仅为供给蒙古人之需要而已。

　　（四）森林与渔业　伪兴安省依内兴安岭山脉之分布，成南北狭长之地形，山地森林密茂，蔽不见日，巨材耸入云表，完全为天然林，面积广漠，为该地天产富源之一。昔以交通不便，运输为难，今有日本扎免公司专事经营此等木材业之采伐。据调查，大兴安岭一区，南自洮儿河及索岳尔济山起，北至黑龙江沿岸止，本支脉森林之面积，约有一·四〇〇万町步，一町步平均计四百石，即其立木之蓄积量约达五六亿石之多。其树木种类，阔叶树占三〇%，针叶树占七〇%，前者约一·二〇〇万石，后者约一亿四·〇〇〇万石。至于渔业，以蒙民迷信之故，谓泳于水的鱼，游于野的鸟，据说都是由神摄护而栖息，故若滥事捕获，即受神的惩罚，因此一般蒙民禁止搜捕，他们吃鱼肉的也很少，像北分省呼伦池、贝尔湖以及其他的川河湖沼，鱼族出产极富。一九三三年仅呼伦池一区，渔获量有九百万斤之多，每值各季常捕之以贩卖于东北各地及西伯利亚等处云。

（五）工商业　伪兴安省各地工业方面，甚属幼稚，即有之，纯为家内工业，新式工业可无论矣。其地将来最有希望者，辄为畜产之加工业，就地取材，如牛皮、羊毛皮、毡子、绒毡、酪乳业等之制造，资料丰富，真可为〔谓〕取之不渴〔竭〕。

至若该地商业情形，可分定着〔住〕商业与移动商业之二种。凡各有名寺庙的附近，常有汉人定住着从事于商业之买卖，性质最多是杂货铺，为供应蒙民日常生活之必需品等，但资本均属微薄，自数十元至数百元不等。其他如画匠、银匠、成衣匠等，亦皆以应庙会之需要为主要的目的。交易概以货币，或物物相交换，其经营形态，大抵为单独经营，并无所谓联号或资本系统。他们所贩卖的杂货为迷〔糜〕子米、面、砖茶、绸子、烟卷、鼻烟、烧酒、茶碗等，故皆以蒙古人为对象。商人昔以山东、山西、河北诸省人最多，近则有日人、台湾人、朝鲜人及伪国等商人前往经营。彼蒙古人习惯，凡一年的必需品，皆在他们羊毛和牲畜卖了之后，一次二次或三次从事备办，故至庙会之期，各庙寺四方蒙民云集，市况热闹，各货铺莫不利市三倍。

依上所述，伪兴安省的经济价值，尤其对于日本所谓国民经济的价值如何？颇值吾人注意研究之价值，今试依次论之。

1. 马铃薯与伪满军用燃料工业　伪兴安省之农业区域，概在已垦地各带，惟以气候与土质之关系，其出产品以蔬菜类为主，兼有小麦、燕麦与马铃薯等。其所产马铃薯，据日人研究，可制淀粉与酒精，如将酒精与汽油混合使用，能发生较强的热力，故倘能实行奖励当地栽培，用以制造酒精，则于解决日本在伪国西部国境军用燃料问题上，可大有贡献。若更能利用其残渣以为家畜之饲料，尤可收一举两得之效。

2. 羊毛与日本之毛织工业　日本现在毛织工业的优良织品，其原料皆取给之于澳洲，故年来对澳贸易，尝〔常〕感有受大英帝国经济集团压迫之苦闷。而伪兴安省所产羊毛，以品质粗劣，一时亦不易代替澳洲所产之纯良，故日本今一方面积极努力于品质之改良，一方〈面〉则仍利用此项较粗劣之原料，以创制毛毯工业，提供国民（日本人）之新职业，而作世界上毛毯之供给国。今后无论国际集团经济对立的形式如何尖锐，自由贸易如何受压迫，但如毛毯等业为国际市场之必需品，决不难寻求其出路。所以伪兴安省所产毛质虽属粗劣不良，而不适于高等毛织品之制造，然其对于日本新兴毛毯工业，则尽可有发挥其原料供给地的价值也。

3. 羊肠工业与日本　伪兴安省羊群遍野，其副产物与上述毛毯工业，有同等重要性质的便是羊肠工业。所谓羊肠工业，则系利用羊肠纤维制线的工业，用羊肠所制之线，既可作医学上外科手术的缝线，亦可为乐器与网球拍等制弦之用，故其用途日广，为科学、器械制造实用之重要原料。是以羊肠工业之重要与其价值，越为世人所认识，各国对此事业，日有勃兴之趋势。日本注意及此，曾派东京远东肠线研究所所长伊藤隆一郎氏，前往该地调查研究种切，以为唤起日本企业家经赴投资，创设羊肠制造工场，独占蒙古羊肠事业之预备。

4. 乳酪与乳油制造业　伪兴安省各地所产乳油，品质优美，惜销路不广，迄未介绍于世界市场。日本国内现所常用之乳油，系来自澳洲，故日本一般企业家，近亦颇多注意，将往该地尽力创设此业，以期将来可收以低廉价格，供给优美乳油于日、"满"两国国民日用之所需，并杜绝外货（澳产）输入，减少国民经济的负担，以摆脱大英帝国经济集团势力之压迫云。

七　结论

总上所述，日本在伪"满"建立兴安省之意义，其用意之深，于此可见一斑。而其政治阴谋，则更欲利用伪兴安省境内蒙古民族的基础，借"民族气流"（日本人的口语）的作用，以招引联合尚未加入伪满洲国的内外蒙古三百万蒙古民族，日本由"满"到蒙侵略政策的路线，企图吞并整个蒙古的民族，盖即以此为他们发动的中心了。兹特介绍日本米内庸夫论《呼伦贝尔与蒙古民族》一文之警句，以代予之结论，并以告国人之注意焉：

　　……呼伦贝尔蒙古与内蒙古，虽然人为造着什么境界，但其地为一连续地带，在民族上亦是一脉相通的，与"满洲国"中央部，虽然动辄也有许多有切断脉络的事情，但对于内外蒙古，无形之中仿佛有什么民族的气流，越过国境流着。呼伦贝尔在"国"的立场，固与兴安岭同为"满洲国"之色彩，但在民族上是形成所谓大蒙古民族范围，其民族彩色，系由呼伦贝尔以扇形向西方扩张着。所以这种呼伦贝尔蒙古民族的感情，也是以民族感情的气流，而影响于内外蒙古的蒙古民族。呼伦贝尔蒙古民族对于"满洲国"向背的深浅，也是着实的影响于其他的内外蒙古民族的。……我们若单从所谓农耕移住地，或物质的经济的价值来看，忽视这个民族的重要性，也许会有不可挽回之结果。

……我们尤其要想到所谓蒙古民族的，除了在加入"满洲国"范围的数十万蒙古民族而外，其背后加入"满洲国"范围的，尚有利害关系密切的三百万蒙古人，那更必要了！（原文载一九三四年《满蒙》七月号）

一九三六年，九月十六日，毕稿于南京晓庄

《边疆》（半月刊）
南京边疆半月刊社
1937 年 1 卷 1—3 期
（李红权　整理）

外蒙古与苏联之关系

张其昀 撰

内外蒙古在地理上合称为蒙古高原，实则外蒙古之北部地力饶富，殊有发展希望。论其环境，颇与白山黑水区相似。盖山岭叠起，如萨彦、唐努、杭爱、肯特及阿尔泰诸山脉，皆富于森林及矿产，松、桧、桦、杨掩映成趣，畜牧以外，狩猎业亦为居民重要生计。大河如色楞格河与乌鲁克穆河，可以通行浅水轮船，下流入西伯利亚境。河谷一带，因雨量较多，约三百公厘，土壤肥美，适于农耕。低洼之处大湖汇潴，如库苏古泊等，兼产鱼盐，宛如海滨。故漠北之地，与戈壁沙漠之满目荒凉绝无森林者，迥乎不同。即与察、绥北部之干燥草原，雨量稀少，河道短浅，只宜畜牧者，亦不相侔。世人言中国边疆地理，恒以地瘠民贫为虑，实则极边之地，往往为精华所萃，此可称为逆转现象。目前地力虽未尽辟，要不可轻易放弃。惜交通阻隔，时不我待，近三十年来，俄人处心极虑，谋占其地，至今外蒙政治、经济，均已成为苏联之一部分。由国防上观之，我国北方边疆有所谓五伦者，即多伦、索伦、呼伦、克鲁伦与库伦，皆属军事重镇，前三者悉已为日人所夺，后二者均在外蒙，即操于俄人之手。五伦之得失，影响于中、日、俄三国国势之消长，固不待言。昔中山先生著《建国方略》、《实业计画》，其第一计画西北铁道系统，大部分在外蒙境内，其首要设计，即以多伦为门户，有铁道数线，辐射而出，使五伦互相连接，以立北边垦殖之基础，诚哉可谓先觉。

日俄战争以后，俄国与日本已有谅解，一九〇七年、一九一〇年两次缔结密约，日本政府承认俄国在外蒙古之特殊利益。会清季有在外蒙移民实边之议，俄人觊觎外蒙愈趋积极。至辛亥革命，俄国军队开抵库伦，外蒙受俄人煽诱，宣告独立，脱离祖国，改称蒙古国，以活佛（哲布尊丹巴呼图克图）为君主。后经我国交涉，中、俄、蒙三方于民国三年订立《恰克图条约》，中国允许外蒙自治，仅拥有宗主权之虚名，政治、经济之实权遂为俄人所操纵。欧战以后，俄国多事，不遑东顾，外蒙表示内向之意，并自愿取消自治。民国八、九年间，徐树铮以西北筹边使名义镇守库伦，时张库汽车路已通，运输较便，一时中央在外蒙势力颇盛。惜因内乱频仍，既得旋失，九年十二月，俄国白党侵入库伦，驱逐汉兵，外蒙沦陷，至今倏已十七年，似未闻有议恢复失地者。

民国十年，外蒙国民党借苏俄之奥援，平定白党之乱，组织国民政府，仍以活佛为元首，惟政事由内阁总理负责。至民国十三年，活佛逝世，始改称蒙古人民共和国（People's Republic of Mongolia），召集国民大会，颁布宪法，伪都库伦改称乌兰巴托（Ulan Bator），即赤英雄城之意，除唐努乌梁海自建人民共和国外，外蒙各部皆隶属焉。同年俄国虽曾与北京政府签订《中俄协定》，承认外蒙古为中国之领土，但协定终属具文，其后两国纠纷迭起，俄人对蒙畅所欲为，苏维俟〔埃〕化之程度与年俱进。十六年国民政府有"清党"之举，中俄国交破裂。十八年又因中东路事件，酿成中俄战役，中俄邦交正式断绝，外蒙与内地乃成敌国，虽未称兵内犯，但汉蒙贸易完全停顿。张家口、归绥及天津等处之商业均大受影响，外蒙与新疆间亦入封锁状态。二十年以后，东北四省相继沦亡，察北亦成异域，昔之所谓省界一变而为国界。苏俄第一次五年计画已于民国二十二年完成，继之而有第二次五年计画，国防大计着着实现，日俄关系顿见紧张，外蒙适当其冲，俄人尤为重视。故中俄两国虽于二十二年冬恢复邦交，而蒙事迄无进步。民国二十五年，苏联全权代表泰洛夫（Tairov）与外蒙内阁总理肯邓（Guendoun）在库伦订立《俄蒙互助议定书》，俄国军队得驻防外蒙，俨然以外蒙为保护国。此项议定书，延长十年有效，我国以此举显然违反民国十三年《中俄协定》，对苏俄提出严重抗议，其覆文声明继续尊重中国主权，但事实证明则久已置中国于度外。现在世界各国承认伪蒙古国者仅苏联一国，在国际法上之地位，与伪满洲国相似，而苏联掌握外蒙政治、经济、军事之大权，亦与日本之并吞我东北无以异也。

外蒙宪法之内容与政府之组织，皆以苏联为模式。土地、矿产、水道与森林，均归国有。旧日王公台吉等贵族阶级，淘汰殆尽。其政权机关称曰呼拉尔（Huruldan），大呼拉尔相当于国民大会，小呼拉尔相当于中央执行委员会。内阁有总理一人，阁员九人，政府领袖大抵为曾在莫斯科留学之青年党人。各机关皆有俄籍顾问，惟顾问之命是听，独立精神丧失无余。从前蒙人宗教信仰极深，故伪国成立之初，拥活佛为君主，欲借以收拾人心。及活佛逝世，宪法公布以后，政府承苏联之意，实行废除宗教，是时人心皇皇，叛乱纷起，乃采取渐废政策，暂许喇嘛教之存在，近年尚有喇嘛八万人。惟喇嘛无选举权，庙产亦被政府没收，革命前寺院拥有家畜百分之二十，现仅有百分之一。从前蒙人识字者仅限于少数贵族与僧侣，现外蒙有小学七十所，中学五所，技术学校三所。小学教本中之蒙文已拉丁化，即采用拉丁字母，其教材均从苏联教科书选译，中学教员多为俄人，注重俄语及军事训练，此辈深受苏化之蒙古青年，视苏联为惟一之友人，与祖国之情感反日见疏淡，殊觉可畏。

外蒙之行政区域，自民国二十年起已重行划分，曰东部州、肯特州、中部州、农业州、库苏古州、后杭爱州、札布干州（札布干河名，一名匝盆河，流入喀拉湖）、杜尔伯特州、科布多州、阿尔泰州、南戈壁州、东戈壁州，此十二州大都依据地理环境而定。其中农业州以位于色楞格河及其支流鄂尔坤河流域，近年仿效苏联办法，设立国营农场，使用新式机械，种植大小麦与燕麦等。外蒙消费食粮，目前产于境内者仅占四分之一，将来耕地推广，预期可以自给。畜牧为外蒙主要富源，约占国民经济收入十分之九，库伦伪政府特设家畜卫生管理局以保护之。据民国二十四年统计，外蒙土地 1,553,500 方公里，又唐努乌梁海 170,000 方公里，合计面积 1,723,500 方公里。外蒙人口约九十万人，又乌梁海人口七万余，平均每方公里不足一人。外蒙牲畜总数为 24,000,000 头，其中羊占 17,300,000 头，山羊 4,500,060 头，牛 2,000,000 头，马 1,600,000 头，骆驼 500,000 头，又乌梁海牲畜 1,000,000 头，牲畜每年增加率约为百分之七。外蒙为森林民族，长于围猎，狩猎之重要仅次于牧业，每年所产旱獭、灰鼠、狼、狐等皮获利甚大。乌梁海以产貂皮著。矿业较可称者为那赖哈之煤矿，在库伦东三十五公里，每年可产七万吨，供库伦居民燃料之用。库伦有一混合工厂，民国二十三年成立，从事于呢绒、羊裘、皮鞋、毡靴等之制造，规模颇大，是为外蒙机器工业发创〔轫〕之始。工人一千三百，蒙人占五分之四。库伦又有发电厂、造砖厂各一所，买卖城有制皮工厂一所，乌梁海首都基齐尔（Kizil）有发电厂一所。

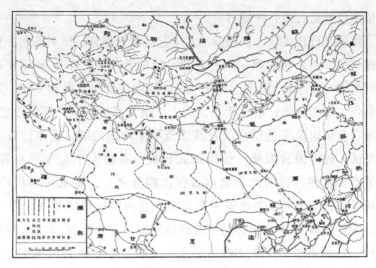

外蒙古政治区域图

　　民国初年，外蒙虽已自治，但商务尚在汉人之手，车驼迤逦，商贾辐辏，以张家口为门户。张垣有所谓外馆者，专营对蒙贸易，多在库伦设立分号，旁及乌里雅苏台买卖城等处。民国七年张库汽车路开通，八年自治政府取消，为汉蒙贸易最盛时期，张垣外馆最盛时达一千六百家，贸易额达一万五千万两，计进口八千万两，出口七千万两，南下商品以羊毛、皮革、牲畜为主，大都由张垣运至天津出口，北上商品为茶砖、烟草、糖酒、面粉、绸缎、布匹、靴鞋、马具等，内地货物极合蒙人之需要。迨九年冬，汉军退出库伦。中国失去统治权后，汉蒙商业尚能维系数年而不敝。据民国十三年统计，苏联输入外蒙货物约占外蒙进口总额百分之十四，我国则占百分之八十六，相差六倍以上。是年以后蒙政苏化，限制汉商，取缔綦严。张库商路逐年衰落，至民国十六年，苏联已与我国处于平等地位，各占外蒙贸易总额百分之五十，其时库伦华商全无保护，虽受压迫亦无从抗议，于是归国者络绎不绝。然在民国十八年以前尚有远东银行可通少数汇兑，至是年冬中俄战事发生，库伦封锁，此后外蒙商业遂为苏联所独占。当时华商财产悉被没收，华商汽车六十余辆均被扣留，张库间之电报此时亦告断绝。汉人归国，自库伦出发，二日至乌得，为外蒙边境，其地设有内防分处，对旅客施以严密检查。计自民国九年至民国二十年，不过十一年间，库伦华商财产损失估计在二千七百万元以上。中俄复交后，察、绥二省运动恢复贸易，又因日军进犯察北，张库大道梗塞，汉蒙贸易仍无法进行。近年华北商业衰落，一部分原因即由外蒙市场为苏联垄断之故。

中苏贸易在苏俄统计常分为四部分，即中国本部、外蒙古、唐努乌梁海、新疆四部分，据民国二十三年（1934）统计，中苏贸易总额为九千万卢布，其中外蒙古占百分之七十二，新疆占百分之十二，唐努乌梁海占百分之十，中国本部占百分之六，列表如下（单位千卢布）：

	自苏联出口额	自苏联入口额
外蒙古	44，806	20，561
新疆	4，730	5，948
唐努乌梁海	7，046	2，019
中国本部	2，055	3，440

又是年外蒙古在苏联对外贸易国别中居第三位置，仅次于德、英二国，其重要可以概见。苏蒙贸易在民国二十年以前，外蒙居出超状态，二十年以后变为入超状态，其原因甚为明显，盖苏联输蒙者多属工业品，而外蒙输苏者尽属原料品，在二十年以前第一次五年计划尚未完成，输出商品尚少，但原料品之取给甚殷，以后则工业发达，制造品源源输出，外蒙乃为其尾闾之泄。苏联输蒙物品，棉布最为重要，面粉、金属制品次之，糖与石油又次之，机器近数年始有输入。外蒙输苏物品中，羊毛占百分之三十有奇，占苏俄羊毛入口总额四分之一，牛羊牲畜次之，皮革、皮

张等又次之。现在外蒙一切贸易均为国营，而集中于史笃蒙公司（Stormong）与协和公司，前者完全由苏联经营，后者即蒙古中央合作社，民国十五年成立，虽为蒙人集股组织，亦受苏联之支配。

察、绥、晋、冀四省商人住于库伦东营子者，在民国九年以前合计二万人，时俄人不满一百，至二十三年，俄人已超过二万，华人减少至二千人，仅及革命前十分之一。华商地位既一落千丈，其留寓未归者，已强半习工，如充汽车夫、瓦匠、木匠、机器匠及电业工人等，忍辱苟全而已。由库伦发出之邮件，皆贴用蒙古政府邮票，我国政府本应拒绝收送，但为顾全居留外蒙商民与内地通讯计，只得变通办理，暂予投递，惟于投交时援用欠资办法而已。现在张家口出入货物仅以内蒙为限，外馆倒闭殆尽，以二十一年论，张垣贸易额仅及二百万元，其凋敝若此。然内地货物本极合蒙人之嗜好，自张库交通断绝，蒙人生活亦感觉困难，故蒙人尚念念不忘祖国，二十二年以德国商人名义，设立德华洋行，经营张库贸易，实际为一外蒙政府所利用之机关，德华所采办者，如茶砖、皮靴之类，皆为蒙人必需品，但以种种限制，每年所办之货，仅值数十万元。苏联一方面自中国、日本输入茶叶，同时又在其国内高加索一带栽培茶园，向蒙古、新疆输出，殊堪注意。

唐努乌梁海位于叶尼塞河上流之盆地，向为外蒙古之一部，清代归乌里雅苏台将军管辖，而乌城商店亦设分号于乌梁海。民国三年《中俄蒙条约》订立以后，其地归入外蒙自治区域。民国八年，中央恢复蒙疆，始派兵收复，并派佐理专员驻扎其地，处理一切，奈不久又随外蒙俱沦于俄。民国十三年乌梁海国民党以俄人之扶植，组织独立政府，称曰唐努拓跋共和国（Tannu-Tuvinsky Republic，按，唐努乌梁海自称拓跋氏，Touba 或 Tuva，乃元魏之后裔），亦有大小呼拉尔，与外蒙相似，其实权亦纯操于俄籍顾问之手。其时库伦方面对乌梁海之分离极为反对，谓乌梁海应属于外蒙之政治区域，迭次与苏联交涉，曾于莫斯科举行三方会议，筹商解决办法，卒无结果。初，乌梁海沦陷时，人民内向之心本甚坚决，屡向政府请愿援救，以御外侮，奈援军迟迟不到，始知中国之不足恃，不得不屈服于俄。民国十五年苏联与伪拓跋国缔结密约，承认苏联有驻军及管理外交之权，其侵略较外蒙尤为激进，伪国在莫斯科驻有代表，惟与其他各国无来往而已。

乌梁海面积 170,000 方公里，较热河省稍大，惟人口甚稀，仅七万二千人，其中乌梁海人占五万八千，俄人占一万二千，有大河曰乌鲁克穆河，集萨彦岭南麓、唐努山北麓之水，流入西伯利亚境，称为叶尼塞河。伪国首都曰基齐尔，一名肯木毕其尔，当贝克穆河入乌鲁克穆河之口设有电厂。河流沿岸颇宜垦殖，土人多春夏耕牧，秋冬游猎。近年推广耕地，改良畜牧，渐有机器之输入，对苏贸易年有增加，自苏联输入货物，以粮食与制造品为大宗，输出品为牲畜、皮毛之类，与外蒙无异。惟其地不产骆驼而多驯鹿，鹿角、貂皮并为名产。叶尼塞河道运输局为一国营机关，对外贸易赖其输送者约占三分之二。有大湖曰库苏古泊，其上亦有汽船，为沟通乌梁海与外蒙古之要道。乌梁海之对外贸易为苏联所独占，民国二十三年度贸易总额为九百万卢布，约及外蒙古贸易总额七分之一，已见上表。

昔列宁氏（Lenin）曾告诫其国人，谓苏联之运命当取决于东方，盖苏联在战略上须以外蒙古为前卫。民国十三年《中俄协定》苏联曾声明一俟彼此商定边界安宁办法，即将苏联政府一切军队由外蒙尽数撤退。苏联阳示尊重中国领土，实则早有久假不归之意。如民国二十年间，欧亚航空公司飞机自热河林西飞至满洲里经过外蒙境界受蒙兵射击，被迫下降，即其明证。自伪蒙古国成立以后，厉行征兵制度，凡十八岁以上之男子，皆有服兵役之义务。蒙人为游牧族，惯于马上生活，现外蒙有骑兵四万人，后备军约十万人，均为苏俄军官所教导。飞机与汽车皆由苏联工厂制造，军需用品亦悉由苏联供给，空军司令由俄人任之。民国二十五年三月，《苏蒙互助协定》成立，实行攻守同盟，反对日本侵略，约文略谓苏联或蒙古共和国受第三国侵略或威胁时，该两国政府即行共同审查造成之局势，并采取一切能保障其安全之必要措置。观此约文，其协定对象泛指第三者，并未提及宗主权之中国，可见苏联在外蒙业已树立真正之保护制。按苏联在远东军备，步兵约十五师团，人数在二十万以上，飞机约一千架，战车约一千辆，分为三个军区，曰沿海滨省区，以海参威〔崴〕为中心，曰阿穆尔区，以伯力为中心，曰后贝加尔区，以赤塔为中心。后贝加尔区与外蒙毗邻，赤塔（Chita）以外，上乌金斯克（Verkhne-udinsk）与伊尔库斯克（Irkutsk）均为军事重镇。后贝加尔军区现有驻军七万人，可随时开入外蒙。

　　日苏关系在伪满洲国方面，因苏联采取妥协方针，如中东路之非法出卖，故纷争不致扩大。至于外蒙方面，则情势显有不同，苏联态度强硬，颇有不辞一战之势。目前呼伦贝尔边界已成为两方之冲突地带。在日本认伪满洲国之边界，系沿喀尔喀河，而在苏联则认呼伦贝尔境内喀尔喀附近之八公里地带应归伪蒙古国。贝尔湖西北部交界处亦同样未能划清，颇多争执。喀尔喀河一作哈勒哈河，蒙语谓黑毡墙为哈勒哈，蜿蜒于呼伦贝尔南边之草原带，注于贝尔湖。惟近年以来，河流已略有变更，除流入贝尔湖外，并另有察洛利札分支入于乌尔顺河。从前为国内境界，河道变迁不成问题，目前则已成为国界纠纷。二十四年夏，日苏两国为喀尔喀划界事，在满洲里举行会议，终以无结果而散，飞机越境，及守兵冲突之事仍常有发生，形势甚为严重。

　　我国北方边防有所谓五伦者，皆属蒙古族游牧地带。一曰呼伦（即海拉尔），为黑龙江省西部呼伦贝尔高原之经济中心，中东路之要站，中东路让渡之后，呼伦已为日本所控制；二曰索伦，亦属黑龙江省，与辽宁省交界，其地为前兴安屯垦区之中心，洮索路之终点，洮索路与中东路平行，自辽宁省洮安县至索伦已经完成，现正西向展筑，亦以呼伦为终点，一旦日俄冲突，洮索路可直达南满路，当然成为日本用兵之大干线。呼伦、索伦现均属于伪满洲国之兴安省，日人新设兴安省之用意，即欲利用蒙人以为蚕食我塞北诸省区之根据地；三曰多伦，为察哈尔省北部之名城，即元代之上都，现亦为日人所掌握，最近察北、绥东之战争即以多伦为策源地。至苏俄方面则驻重兵于库伦及克鲁伦，库伦为外蒙首都，克鲁伦为其东边重镇。五伦错峙，互相牵制，假使五伦尽入日本之手，则日本之满蒙政策完全实现，不但如此，后贝加尔区之西伯利亚铁道将有被切断之虞。西伯利亚铁道为贯通欧俄本部与俄属远东之惟一动脉，若后贝加尔区一有动摇，则阿穆尔区与沿海滨区日人皆可不战而得。故苏俄与外蒙古诚有唇亡齿寒之势，外蒙古之安全即为苏俄边境之安全，因外蒙古可以左右未来日俄战争之胜负也。

　　库伦为外蒙古军事上之大本营，其军用大道有东、西、南、北四干线。东路经克鲁伦、甘珠寺至呼伦，全长一千三百五十公里，克鲁伦一名桑贝子，在克鲁伦河上流，密迩呼伦贝尔边境，为外蒙东部要塞，沿流而下可至呼伦湖。甘珠寺即寿宁寺，为呼伦贝尔境内最大寺院，在呼伦西南一百七十五公里。又自克鲁伦北上抵俄境博佳（Borzia），长四百八十公里，博佳在西伯利亚铁道支线上，东接中东路，西通赤塔，此线在军事上极有关系。南路即张库大道，经叨林、乌得、滂江、张北至张家口，全长一千三百公里。乌得当内外蒙交界处，其原意为门，即外蒙南门之意。中俄绝交后乌得设卡，禁汉人出入。日人侵略外蒙，当沿克鲁伦河与张库大道分途并进，故乌得亦为要害之地。西路自库伦经沙布克、乌里雅苏台至科布多，全长一千四百八十五公里。中山先生实业计划西北铁道系统，其最大干线系由多伦横贯外蒙古至新疆，其中有甲、乙、丙三点，甲即库伦，乙即乌里雅苏台，又名前营，丙即科布多，又名后营，前后营皆有大道通新疆奇台，前者长八百公里，后者长六百五十公里。北路自库伦经买卖城、特罗邑至上乌金斯克，长七百公里，在外蒙境内者四百五十公里。买卖城今改称阿尔坦布拉克（Altan-Bulak），义为金泉，与俄境恰克图（Kyakhta）相对。特罗邑（Troitskosavsk）距恰克图仅四公里，为布里雅特国边境要地。布里雅特（Buriat）亦属蒙古族，环贝加尔湖而居，现建为共和国，为苏俄联邦之一员，面积 394，700 方公里，人口 572，000，其首都即上乌金斯克，为西伯利亚铁道之大站。上乌丁〔金〕斯克至恰克图之铁道现已兴工，此为苏联战略上至关重要之路线。

　　库伦以外，前后营与基齐尔均为外蒙古西部军事重镇，合称为库乌科唐。库伦人口六万，乌里雅苏台人口六千，科布多人口三千，基齐尔为唐努乌梁海首府，人口三千。以乌里雅苏台为起点，经库苏古泊沿岸哈特呼尔（Khathil），出国境达贝加尔湖沿岸库尔脱克（Kultuk），与依尔库斯克相接。以科布多为起点，出国境至为鄂毕河畔之比斯克（Büsk），自此有铁路通新西伯利斯克（Novo-Sibirsk）。又以基齐尔为起点，出国境至叶尼塞河畔之密奴新斯克（Minusinsk），西伯利亚铁道有支线通至此。上述三线皆有军事上之价值，而彼此互相联络，自基齐尔至前营，中经哈特呼尔，自基齐尔至后营中经乌兰固木。外蒙水道，色楞格河与乌鲁克穆河均可通行浅水轮船，惟冬季冰冻不能通航。伪蒙古国对苏联之贸易经由色楞格河水运者约占全额百分之四十五，又自上乌金斯克至库伦及基齐尔均有航空路，塔〔搭〕客载邮，前者仅需一小时半，后者约三小时可达。

　　言中国今日之国防，东北四省、察北、冀东与外蒙古及唐努乌梁海之失地，欲求同时恢复，势所不逮，对日与对苏问题，倘有一获端〔端获〕得解决途径，当可促进其他一端之早日解决。自外蒙独立后，从未内犯，除断绝交通外，内地尚不深感失外蒙之痛苦，而苏联仍不断声明尊重中国主权，似与东北问题宜区别观之，两者之间，轻重缓急先后之序，实为有关国家运命之大问题。要之，中国深望领土完整，外蒙发展，外蒙安则中国北方边境亦安，中苏关系此点甚关重要。至平滂铁路十年以前我国曾经勘测，此路为平库铁道之南段，自平绥路上之集宁县（即平地泉，属绥远）经察北滂江至库伦，全长九百六十公里，较张库大道路程缩短三分之一，建筑工事亦较容易。此路乃欧亚交通之捷径，于远东大局将有特殊之贡献，于中苏两国实为互利之事。从前俄国反对建筑张库铁路，以免与中东路相竞争，今情势已经变迁，中俄复交忽忽四年，而张库贸易停顿如故，虽曰察北伪军未能肃清，然绥北如百灵庙与大庙未尝无其他途径可循。谓宜与苏联切实交涉，促成汉蒙贸易之复活，借为解决外蒙问题之初步，若此事成功，于华北商务利益甚大。此类外交政策之运用，愿当局者审慎图之。

　　（附录）本篇参考资料：

　　（1）历年《外交部公报》所载驻俄使领馆报告。

　　（2）历年《远东时报》（Far Eastern Review）所载苏蒙问题报告。

　　（3）毕桂芳《外蒙交涉始末记》，民国十七年。

　　（4）陈箓《蒙事随笔》，民国二十三年再版。

　　（5）A. Victor Yakhontoff：Russia and Soviet Union in the Far East，1931.

　　（6）A. Labanov-Rostovsky：Russia and Asia，1933.

（7）V. Conolly：Soviet Economic Policy in the East，1934.

（8）W. Karamisheff：Mongolia and Western China，1925.

（9）俄人 Maisky 原著，南满铁道公司译《外蒙古共和国》，昭和二年。

（10）善邻协会编《蒙古年鉴》，昭和十一年（1936）。

（11）中东铁路经济调查局编《呼伦贝尔》，民国十八年。

（12）杜赓尧《张库通商》，民国二十二年。

《国立浙江大学季刊》

杭州国立浙江大学

1937 年 1 卷 1 期

（李红权　整理）

从国际关系上观察绥远抗战

彭健华　撰

第二次世界大战的危机，随着国际间矛盾的明增暗长，已在日复一日的迫于眉睫，浓厚的火药气味，已经充满了全世界。国际间的谈判、交涉、协定，几乎一切的一切，莫不是以应付大战危机为其中轴。战争的危机，不仅在国际间的协定、同盟以及帝国主义自身的军备扩张、军需准备上，充分的表现出来，并且急于求战的帝国主义已经是以对外的武装行动，大规模的在作大战的布置和初步演习了。绥远事件的发生，不仅使中国感受到进一步的威胁，并且具有着严重的国际意义。绥远的抗战，不仅是决定中国生死运命的关键，其对于国际关系变化的前途，亦复具有决绝〔定〕的作用。

一　目前的国际形势与绥远问题

数年来国际间的险恶风云，时紧时缓，到今年法西三角同盟的实现，始迈入了一个新的阶段，逼临大战前夜的阶段。从此国际战争的阵线亦便形成了初步的模型，一边是以穷兵黩武急于求战的德、日、意〔义〕法西三角同盟为其主干，一边则以力求和平、拥护集体安全制度的《法苏协定》为其中心。在此对垒的形势之下，其余的国家将只有选择阵线的自由，而无避免参战的可能。

至于这些国家，尤其是主要的资本主义国家，将以何种形式参加阵线或参加哪一阵线，换言之，战事实力的配合和战事集团之进一步的形成，当由事实的推移及其自身的利害关系所决定，但是这一已成事实的初步阵线，恐怕已不会再发生别种的变化。正因为这一初步阵线的形成，加速率的推动了战事集团活动进展，世界大战的来临亦便愈加迫近眉睫了。

大战发生的基本原因，是资本主义发展不平衡及其与社会主义根本对立的必然结果。而促其早日实现的近因，则是不满现状而急图侵略的法西性质国家之军事冒险政策所造成。执行此军事冒险政策的主要国家，一个便是法西斯〔蒂〕希特来登台后的德国，一个便是带有法西性质的日本。数年来这两国在欧亚两洲的横行无忌，不仅使得国际局面处于扰攘不安的状态，并且还作了组织世界大战的东西两个中心。

原来大战后资本主义的恢复与再造，尤其是经过战后一度的经济繁荣，一九二九年所发生的资本主义之延续性的经济危机，及年来由特种萧条而转向特种复兴的趋势，致使由《凡尔塞和约》所造成的国际间势力均衡的状态，完全丧失其固有的经济基础。一方面，深刻而尖锐的经济危机，在加强帝国主义对市场的争夺战，更基于资本主义发展不平衡，由危机而萧条而复兴的进展不匀调之结果，势力均衡之固有的经济基础逐渐丧失，致由关税壁垒、殖民地封锁、货币贬值、以图倾销的和平斗争，而趋于不满现状要求武装的世界再分割，从而便有以军需工业之勃兴而有经济复兴趋势的日本，揭出直接军事行动再造世界的旗帜出现于东方。另方面，处于《凡尔塞和约》压迫之下的德国，因为帝国主义对德问题之自身的矛盾而得解决，以及数年来英法两国互争欧洲霸权之结果，在政治上和经济上都给了德国一个翻身的机会，从而亦便使得德国更感到《凡尔塞和约》的拘束，不满于大战所造成的固有均势，只有用暴力撕破一切条约拘束，并进而实行侵略主义简直无以自救。法西斯希特来登台的机会亦便以此而造成。希特来登台后，始则武装的撕破《凡尔塞和约》，退出国联，扩强军备，继而有德法旁〔边〕境问题、美莫尔问题、莱因问题，以及奥国的政治阴谋等等问题，层出不穷，一时法西势力在欧洲的气焰冲天，闹得欧洲天翻地覆，而欧洲的国际局面亦便从此永无宁日了。同时远东的日本亦在发动着侵夺东〈北〉四〈省〉的九一八战争、一二八的淞沪战争，终至于"满洲国"的成立，退出国联，实行其进一步吞并华北乃至全中国的计划。欧亚两洲有了这两个军事冒险的国家之横行无忌的野心行动，震惊全球，至于鸡犬不宁，资本主义各国都手忙脚乱起来。尤以毗邻德国的法国感受严重的威胁，便只有联俄以抵制德国的侵犯，进而军事同盟的协定及保障集体安全制度的《法苏协定》相继出现。英国对于德国的暴行虽曾尽了不少的纵〔怂〕恿之力，但是法西德国的气焰愈来愈加高涨，不惟已有难于抑止之势，而欧洲的整个的和平局面，因德日之相继退出国联复感受到可怕的威胁。何况日本对中国之武装侵略已根本动摇到其在东方的基础，于是素以反俄老大哥自居的英国，亦便不得不调转头来欢迎苏联加入国际联盟，以支撑这个垂危的和平局面了。从而苏联数年来所标榜的和平外交便益加活跃，而素以专为列强宰制弱小民族的国联，似乎经过这次再造，以抑制强暴行为为其职任了。所谓和平空气一时弥漫，并不亚于武装侵略者的气焰，国际局面似乎又迈入了一个新的阶段。然而事实上军事冒险者的侵略行为既不曾丝毫放松，即以和平为目标在欧洲所表演的什么公的协定，以及大小国间交欢与谈判的种种事态，亦无一不是在作组织大战之军事集团的工作。尤其是义阿战争的爆发与结束，更将此形似和平的半块国际局面，完全推翻了。国联因义大利的公开反对，效用根本消失，英国因为义、英对阿比西尼亚及地中海上的冲突，对于法苏关系益加表示密切。而义大利虽曾以反俄和重震〔振〕罗马帝国的威严为职任，多少年来亦无此种必要，但义阿战后对欧洲各国的感情既失，又复因为战后财政、经济的窘迫以及国内的不安，亦要决意走向军事冒险之途了。何况围绕着西班牙内战，世界大战营垒的分化日趋明显，使着任何国家都不得不确定自己的立场了。

德、日、义法西三角同盟，便在此紧强〔张〕的国际局面之下出现了。这绝不是偶然的，第一，这三个国家都同是法西性质的国家，都是反对苏联、不满现状而企图向外发展的国家。第二，都是勇于军事冒险，而又处于孤立地位的国家。第三，彼此间虽不无矛盾之处，而相依为命的地方更多。连环式的三国协定之成立，一方面既可使彼此间的矛盾变为有利的帮助（如日本对于义阿输出贸易上之矛盾，可以变为义大利对于日本的借助，德义对于奥匈问题之冲突，亦可变成对于事件顺利发展的特质）。另方面，更彼此承认非法得来的已有权益（如德"满"通商，设立领署，承认"满洲国"，承认义阿合并等等），而进一步分头继续从事冒险的军事行动，同时亦便益加胆大妄为了。

当然，这一阵线的形成尚不过只是一个雏形，其未来运命如何，一方面要看事实的发展，被侵犯和被威逼的国家能否给以应〔迎〕头痛击，挫拆〔折〕其张狂的锐气，另方面还要看全世界各国在此大难将临的当头，能否一致的、在以法苏为中心的集体安全制度下给以强力的压迫。然而无论如何，阵线的对垒是已经显明了，而各国间的分化也已开始。最近来世界各国攻击军事侵略同盟的呼声，和主张维持和平的言论与行动虽说颇盛，而对于法西同盟之有利的变化，在每个国家内，在国际间，亦复时有所闻。如各国法西派之活动，英国保守党右派之攻击英政府之左倾，法国人民阵线中右派之动摇，以及比利时之宣布绝对中立政策，即是其明证。

绥远问题的紧张，恰巧逢此暴风雨之前夜，从而这一事件的解决亦便具着重大的国际意义。在直接威胁下的中国以及边境接壤的苏联自不待说，假如此次中国能给敌人以严重打击，并进而收复过去的失地，虽不能即打消日本侵华的野心，虽不能即结止世界大战的危机，虽不能即使法西三角同盟瓦解，然而至少可以挽回中国所处的阴境，和缓大战的爆发。否则绥远如同过去的东北四省一样轻轻的送掉，不仅全中国失去屏障，而法西气焰高涨，将会使混乱的国际局面益行恶化，那些犹豫不定的国家，越容易很快的投入法西阵线之中，国际间阵垒的分化，会加速率的进化，而终至于大战的爆发。因此绥远问题，将是左右国际政局变幻的重要机组，全世界急于求战及感受战争威胁的任何国家所一致注意的中心问题。

二　日伪犯绥与世界大战危机

自九一八战争发动以来，日本对华的武装侵略已经几年了，然而国人还依然不曾认识敌人侵略的意向。有人认为日本的侵华，目的并不在对华，而是在反俄，这种见解虽因日苏关系之和缓及日本进一步侵占华北之行动，而消声敛迹，但是渔人得利的念头，在有些人的头脑中，还并未完全打消。

另外还有一种见解，似乎日本之侵略中国以及其大规模的军事准备，目的就只在中国，所谓反俄，准备世界大战，不过虚张声势在放烟幕弹而已。

以上两种见解都是不正确的认识。因为基于以上所述，世界大战的发生，乃是历史的必然，而日本之军事冒险主义的对外侵略，又复具有其经济的背景，因此，日本的军事行动便同时具有两个目标，在作两重的准备：

第一，争取独占中国市场，变中国为供给原料、销货商品的殖民地，即所谓工业日本、农业中国，满足其目前经济上的需要，解决其经济的难关。

第二，是以先发制人之计，促进必然到来的世界大战，尤其是反苏联战争之爆发。中国之广大富源固为日本所垂涎欲滴，即苏联的西伯利亚，亦久为日本所暗算。

为要进攻苏联，发动世界大战，必须先统制中国，为要统制中国，并巩固对中国的统制，便须准备并进行击破足以威胁其统制中国之可能的力量，使其永无后顾之忧。何况即便取得中国，亦并不能满足日本的奢望。

日本这一军事冒险的侵略计划，从九一八以来即已经开始行动。日本在未来大战中之理想的敌人便是苏联，其对于进攻中国的具体步骤，亦便以防御和进攻苏联为目标。就日本行动之总的步骤来讲，正因为在将来大战中，其理想中的敌人是苏联，因为中国与苏联为邻，且介乎日苏之间，更加使其必须先征服中国，使中国化为日本的殖民地。因为，第一，可以解决其目前经济上的需要；第二，可以建立大陆阵地，使日本本国不致受敌袭击，并可据此大陆阵地进而攻击敌人；第三，在军需给养上始有充足的来源；第四，中国不但不能助敌以取渔人之利，复可受日本驱使攻击敌人。据此说来，世界大战的危机愈迫，日本进攻中国的行动，便必会愈加激进，进攻中国即是日本巩固自身阵地，而进行世界大战必需的准备工作和前提条件。

至其进攻中国的具体步骤，亦同样本着防御苏联，首先切断苏联与中国的联系为其主要原则。

第一步，即已成事实的攫取东北四省。在这里一方面以丰富的经济资源开始其殖民地化的经营，另方面，切断中国与苏联最易于发生联系之一角。

第二步，便是日人所谓冀、察、晋、绥、鲁华北五省（包括内蒙）的占领。这一方面以华北五省的富源完全归为日本所有，自然，其经济上的所得，将超过东北四省以上，固不待言。另方面，通过山东或天津直达与外蒙接壤的察、晋、绥边境，又打通由日本从水路直达俄蒙边境的一条捷便的道路，华北的沿海口岸完全得以掌握。再方面苏联与中国又失掉一点可能的联系，且晋、绥取得，北可以威胁外蒙，而中国之西北的门户，亦便完全丧失。

第三步，如果我西北绥远的门户丧失，则陕、甘、宁夏、青海、新疆便全无屏障。倘敌人顺势直下，则中国从东北、华北而西北，尽握于日人之手，北面对俄占〔沿〕着中苏边境结成一大包围线，中国与苏联之联系尽被切断，内则可以深入中国腹地，外则使苏联对于日本之长蛇形的进攻阵线，增加许多防御上的困难。

经过此三个步骤，对于苏联的防御和进攻的准备既经完成，而其对于全中国的统制，亦便易如反掌了。

日本帝国主义对中国这种肆行无忌的侵略行为，过去已经得到相当的成功。法西三角同盟的成立，不仅对其非法得来的权益，给以国际上的保障，并且对其今后的行动，亦增加莫大的助力，从此其统制中国，进而促进世界大战的进行，势必愈加激进。然而也正是因为如此，日本目前对于第三步计划进攻绥远的进行，其所能掀起的国际变化亦将特别严重。因为绥远不仅是中国最后的生命线，亦且是苏联、外蒙的一个屏障，绥远一旦失陷，不但西北不保，全中国不保，而日本对苏联这一大包围阵线的形成，苏联亦必感受更大的威胁。绥远一旦失陷，不但中国和苏联遭受威胁，全世界的和平亦会遭受威胁，侵略者的胜利，无疑的要增高法西的气焰，使他西方的同盟者，亦要增加冒险的勇气，从而阵线的分化，战事的大团结亦便加速率的开展，世界大战的危机，势必愈逼愈近了。目前世界各国，虽都对于大战的将来发生一种恐惧，而却都在犹豫不定，没有一个决绝的态度。例如足以左右世界政局的英美，都尚在犹豫不定的摇动中。绥远事件的发展，及其所将掀起的国际局面之紧张，两条战线的对立愈明显，到了一切国家从动摇而坚定的时候，大战的局面亦便形成了。

所以绥远的富藏虽远不及东北，但因为其所处地位及问题发生的时期，使其成为全世界和平保障的门户，大战危机的导火线。

三　苏联所受威胁及其对策

日本进攻绥远的步骤与企图既如上述，而直接遭受威胁的除中国外，首先便是苏联。绥远如被日本霸占，则其对苏的包围阵线便形成大半，在苏联的国防上，因阵线的延长而增加许多防御上的不利。内蒙归日，外蒙、新疆都受威胁，在东方可能的援力丧失，东方的缓冲地带亦无。所以说绥远不仅是中国的生命线，亦是苏联国际上一个重要的屏障。

尤其是法西三角同盟出现的今日，世界大战的局面将会由东西法西兄弟分头向苏联进攻而演成。因此苏联在绥远问题上所受到的威胁，较之中国东北四省之陷落，要严重十倍。

在这种威胁下将采取何种对策呢？苏联多少年来为要贯辙〔彻〕其一贯建设社会主义的主张，一贯对外采取着和平外交，甚至让步妥协，以求和缓战争而便于奠定社会主义的基础，并且用以敌制敌的方法，不惜与资本主义国家相周旋。几年来苏联的和平外交，亦总算得到相当的成功，法国的人民阵线政府，及法苏种种协定即是其实例。至于苏联对日的外交，亦同样是一贯的和平退让的态度，如中东路的出让等等。

但是现在的问题，虽说不是苏日间的直接问题，或义苏、德苏的直接问题，而却是使苏联感到威胁最大的问题。假如中国的绥远丧失，及因之而引起的国际阴恶的事态表露，苏联一般的和平外交路线，亦便会无处行施，而要根本放弃了，尤其对于日本。

在法西三角同盟实现的当儿，日本进攻绥远，在对苏联的关系上，不仅是在东方日本对于苏联的威胁，而实是整个勇于冒险的法西势力对于苏联的威胁。同样的，这次事件的扩大与发展，不仅是苏联感受威胁，实是整个法西阵线向反法西阵线、和平阵线之进攻。因此，苏联为要防止此种事态之恶化，便只有号召并团结全世界的和平势力，来对抗全世界的侵略势力，换言之，即扩大并巩固以武力为后盾的集体安全制度，给法西阵线一强力的压迫。这种任务当不是苏联一国所能负担所敢负担，而应是全世界反法西而爱好和平的国家之共同的任务。所以目前事件的发展，很显然的已经从个别国家间之关系，而变成全世界休戚相关的两个集团和两条阵线之对垒的斗争，目前显然已经到了大战前夜之紧张的形势。我们相信随着日趋严重的战争局面之进展，世界上一切爱好和平的国家，尤其弱小民族都会团结到和平阵线的周围，只有用武力团结的力量，始能克服同盟式的武装的进攻，这是和平阵线的对策，亦即苏联的对策。

至于讲到苏联的本身，由于数年来经济发展之突飞猛进，不仅社会主义的物质基础奠定，并且还建立了雄厚的武装力量，足以保卫苏联而有余，何况苏联还具有着普遍全球的友军。

四　目前中国处境及吾人应有之认识

山河破碎的中国，几年来在日本急图缓进、坚柔并施的进攻之下，东北沦亡，冀、察主权已丧失大半，现在敌人又在继续用其一面交涉，一面用兵，资助伪匪，假名自治种种鬼俩，开始更进一步要完成华北五省自治及其所谓满蒙政策，而在直接间接间的进攻绥远了。绥远的富藏虽不及东北四省和冀、察，绥远的面积虽不及我已经失陷的土地之辽阔，然而，我东北的门户既失，华北的屏障沦亡，绥远已是中国惟一的直通西北而达内地的生命线了。当中国命运危在旦夕的今日，我们应该一审中国目前的处境，决定我们坚决的对策。

日本侵略中国的野心及其步骤，既如上述，我们便应该认识目前中国的处景〔境〕，已到了万分危急的关头：

第一，攫取中国已是日本应付世界大战的前提条件，而大战危机由于法西同盟的实现，对垒阵线的形成，已愈加严重，日本之侵略中国亦便愈加急进，中国的处境随着国际形势之恶化，亦在日益困难了。因此平和退让，不抵抗，企图世界大战到来，以图自强的观念，不惟是妄想，而且是断送中国的毒针。

第二，中国目前在暴力的进袭之下，显然已处于极孤立的地位，国联的依恃已经绝望，而企图利用列强间的矛盾，尤其美日与英日在华的矛盾有以牵制日本的暴行，不惟过去的事实证明已经失望，在大战迫于眉睫的目前以及将来，更会化为无有。因为国际间的矛盾与冲突已经不是某一单独国家的问题，而是两条战线，孰克服孰的问题了，何况在此大战将临的前夜，在中国有直接利害关系的英美，尚在摇摆于两个阵线之间，而未表现确然的态度呢。

第三，自从法西三角同盟出现之后，不惟中国益将处于孤立地位，而且日本之侵略中国，已由日本一国的行动而转变为以德、日、义三国为中心的侵略阵线，武力争取中国的进攻，过去日本非法采取中国的已有权益，不但已为德义所承认，日本未来的行动从此亦增加了德义的助力，而且事实上在日本对德的同盟协定中，已经就明白的替中国加入了他们的同盟！

总之，目前的中国已处于一个孤立而遭受危逼的严重时期，中国运命的决定，已到了紧急的关头。国际间风云的险恶，造成了中国艰难的处境。然而，反之也正因为如此，同时亦便形成了中国图存的生路。因为中国目前的抗战不仅对中国的生死有关，而且是全世界反抗法西同盟的侵略阵线之一面。因此，中国目前的处境虽孤且阴，而却在全世界蕴藏着伟大的友军。

当然，中国的解救必须用中国自身的力量，自己不作积极的抗战，而只待友军来为我们解围，同样是一种最怯懦的妄想。中国自身应该乘此时机，一面坚决的抗战并进而收复失地，一面应在东方号召与我处境相同及"平等待我"的国家和民族建立集体安全制度，与西方的集体安全制度相呼应，一致对抗侵略主义者的阵垒。世界大战前的两条阵线很显然的摆在中国的面前：

一是不抵抗，以殖民地的地位跟着日本加入法西斯的侵略阵线，永远去作敌人的奴隶；

一是发动大规模的积极抗战，积极的参加集体安全阵线，一致反对侵略主义，以争取中国的独立与自由。

目前已经到了我们最后决定态度的时期，中国未来的命运，要由中国自己来决定。

一九三六，十二，廿四于上海

《现代国际》（月刊）

上海现代国际月刊社

1937 年 1 卷 1 期

（朱宪　整理）

绥远沉寂了吗？

陈问松　撰

一　揭破敌人的阴谋网

自从前线停战后，表面上看起来绥远似乎已经是很沉寂了。空气一天比一天和缓。军队也逐渐调回原防，改编的改编，受训的受训。居民安堵，鸡犬无惊。这种太平景象，可说完全是由于抗战而得来的；如果不抗战，也许得不到今天这般太平。为了鉴往知来，我们更应该明了这次抗战的因果。从各方面的文字上所得来的经验，我们可以知道这次绥远抗战，是出于必然，而非出于偶然的了。

记得九一八后，敌人继之以侵占热河，收买殷汝耕，占领察北，控制冀东，扰乱内蒙，处心积虑，时时刻刻想把西北门户打开，长驱直入，切断中俄线路，而完成其大陆封锁政策。各种手段，均不惜借用，一切土匪，只要听其使唤，全都利用。准备工事，输运军火，屯积粮食，挑拨民族情感，利用内蒙民族自相残杀，以期达到造成"满洲国"式的第二个傀儡国家之目的。他方而则利用飞机大炮在我们华北散布着许多口是心非的"亲善"种子，动不动拿"采取断然的手段"这句话来吓人。我们整个的全民族，时至今日，实已早就觉悟到了这种"亲善"，愈亲善便愈吃亏，愈妥协便愈不得了，与其不战而亡，孰若战而求生？所以当前线枪子一接触，后方便输将的输将，慰劳的慰劳，不约而同的四万万同胞，顷刻之间，成了一致步骤！

但尤其应该明了的，是敌人的这次打算，目的不仅仅是在绥远，而是想吞噬我们整个的国家。他们准备了许多时候，牺牲了四万万元的巨款，来组织一个规模宏大的阴谋网。这个阴谋网，占有着很大的面积，以长城以北为起点，从察哈尔之东边多伦起，经过张北、商都、百灵庙，往西黑沙图、定远、阿拉善而达青海直北的额济纳，蜿蜒着联成一条精密的线网。每一交通站，设有特务机关、无线电台、飞机场、防御工程。百灵庙是这条线上的中心枢纽，为前部指挥军事之策源地。其所以屯积大批粮食，安放许多军火在这地方，不是看中了这块小小的地盘，而是因为它在军事上占着重要的地位，不容许被旁人夺回去。可是，结果终于被我英勇抗敌的战士，克复了过来。敌人受此重创后，如同腹部被人切了一刀，整个的阴谋计划，便瓦解了。所以我军克复百灵庙，在纯军事立场上说，我们并不能认为十二分满足，不过它的后面，隐藏着有一只巨大的阴谋网，被我们揭破了，这是值得大书而特书的。

二　伟大的民众的力量

这次绥远抗战，比较从前的任何战争，都有了长足的进步。不仅中央与地方当局，对于抗战下了最后的决心，即僻居漠北的民众，对于卫国守土的责任，也有了很深的了解，这是谁都不能否认的。从前我们南方有事，北方视若无睹，北方有事，南方漠不相关。可是这次举国上下的一致情绪，枪口一致对外的紧张的精神的表现，在在反映着我们民族复兴的曙光，而红格尔图民众抗战之一役，尤其令人可歌可泣，成为千古不灭之佳话了。

　　据说当敌人侵占红格尔图时，当地有两位天主教的神父，曾经有过这样的表示："不失寸土，决与红格尔图共存亡！"而当地的居民，对于抗敌的决心，更有不弱于兵士的。经过三天三夜激战，敌机一共掷弹二三百枚，迫击炮两千多发，但结果非但没使我方遭受重大的损害，并且还把我们村中的一位木匠，训练成了一名奇异的炮手！这位木匠，他当时看到敌军进攻猛烈，想不出法子来把手溜弹掷到敌军的阵地内部去，偶然发觉战壕里的这几门土炮，可以借来利用，于是便急忙将手溜弹的"信管"取掉，填进土炮，然后加上火药点燃，一个极冒险的尝试，连他自己也莫名其妙的居然获到了一个最大的成功！头一炮亲眼看见打死七个敌人，接连的又发了二三十炮，这样的在战壕里一直干了两天两宿，结果敌方军心动摇，大起恐慌，以为大军临头，其实做梦也没想到这完全是诸葛亮的空城计。这种民众爱国的情绪，我们是很可聊以自慰的。

三　绥远前线最近的情况

　　前线最近情况，的确是比较和缓些了。但这是军事上的和缓，而政治的活动，仍旧是异常积极的。不过方法方面，有点变更，不像以前那么来得轻举妄动。我们在一月二十二日嘉卜寺、商都、张北等处匪伪军领袖的所谓"会议"里面，可以知道敌方二次企图，是以某某部侵绥东，某某部犯绥北，并在南壕堑、尚义一带建筑防御工程。后来又有所谓某特务机关，奉某军部令，促蒙匪等急攻绥东与红格尔图，但至今尚未见有动静。从这上面，我们可以看出对方的动作，除了利用政治的活动和少数的汉奸，与中国人打中国人外，什么也只是一个纸老虎！纸老虎一经凿穿，它的作用也就随之而消失了。绥远最近举行春季大演习，参加的步、骑、炮兵，总数约在七万以上，这是值得我们来骄傲的。但这并非列强的示威，也不像太平洋上的出风头，而是一种御侮图存的神圣表现！这种神圣的表现，可为我们民族复兴，划一时代的光荣！

四　绥战中所得的认识

从此，我们知道：任何事只要有了深切的认识，和坚强不移的决心，则任何困难，总可以被我们克服过来的。从前我们对外，步调不能一致，这是一个最大的缺点。而国人每每含有一种"恐怖病"，不敢言战，这也是一个最大的缺点。这次绥远抗战，情形反常，所以最后的胜负，也就大有区别。

然则绥远从此就果真太平了吗？不，不尽然！这次的抗战，至多不过是大战爆发前夕的前哨战，作为大战爆发的导引线，而停战也不过是暂时的休息，准备将来更惨酷的大屠杀。我们目前的守势战争，不久也许要转为攻势，把失去了的土地，一块一块的收复回来。而且根据我们的认识和决心，集中力量，整齐步伐，十足的可以开展我们对外的新阵容，以期达到共存共荣之目的！

绥远沉寂了吗？不，绥远是我们民族复兴之策源地，永远不会沉寂的！

——三月三十晚脱稿于归绥

《电信界》（月刊）
南京电信界月刊社
1937 年 1 卷 2 期
（丁冉　整理）

蒙古联盟自治政府成立①

云端旺楚克　撰

锡林郭勒盟之德王与察北之李守信，以及乌兰察布、伊克昭两盟各旗王公三百万民众，毅然奋起，高树防共及民族协和之旗帜，于二十七日午前假阴山山麓绥远公会堂，召集蒙汉大会，而决议组织新政权，旋于翌日成立蒙古联盟自治政府，推戴云王为主席，而使德王副之，并发表宣言明示建国方针。

蒙古联盟自治政府独立宣言全文

查蒙古原为元朝后裔，保有伟大历史，至明代虽退居朔漠，然亦确保平衡之地位。及至清朝之初，复为分藩兄弟，固有之土地、人民主权，毫未丧失。及民国成立，虽以五族共和相标榜，不料廿四年来，竟以我邦为外府，设省县瓜分土地，侵蚀主权无遗。蒙古形式〔势〕窘困已极，盟旗凋落日甚，既无自存之望，又何能提倡平等。于是群情激愤，不辞水火，乃毅然蹶起，要求高度自治，以继旦夕之命脉，几经呼号奔走，始拥护百灵庙之地，于是遂为形式获得权利，然其内尚含有无限隐恨切骨，显然许以自

---

① 作者是站在日伪立场上行文的，为保持资料原貌，照录原文，请读者明鉴。——整理者注

治之名，暗窥摧残之机，军阀之暴敛如斯，疆吏胁迫日甚，或以大军压境，张示席卷声势，或以经济封锁，促其自亡，荼毒频仍，不遑缕述。廿有余载之克诚拥护，其所穷极之处，惟于歧视酷遇而终，长此以往，又何以生存。中国自革命以来，军阀割据，内乱相继，人民涂炭，凋弊不堪，何有顾及边关之暇。乃于去年春，在西乌珠穆沁开大会，决议建设军政府事宜，乃编练蒙古军外，并努力防共，企谋安辑。于是一切规模，乃告大备。今以日、华破和构兵，为谋我邦计，乃不得已，于此树立防卫计画，修复长城以北故土，此实可谓天予吾等以复苏良机。吾等乃奋然蹶起，勇往前进，所以筹画攻势者也。乃召集各盟、旗、市、县长官及军民代表，在绥远城举行蒙古大会，征求众意，经大会决议，本诸太祖成吉思汗所保持之各民族拥抱一致结束大精神，即日建设蒙古联盟自治政府，以蒙古固有之疆土为领域，与各盟友邦，力图敦睦，协力显现其所坚持之确立东洋和平之大理想。公推云王为政府主席，即日宣言蒙古联盟自治政府独立，凡我全体官民应一致拥护，尚望于我民族有理解衷情之国家民族协助，共同促进人类和平，则不止蒙古光荣，亦全世界之光辉也。

成吉思汗纪元七百卅二年十月廿八日

《国际时报》（月刊）

新京满洲帝国外交部调查司

1937 年 1 卷 2 号

（李红权　整理）

百灵庙的一段谈话

洪绩　撰

风比昨晚到时更大了，虽然皮袄、毡鞋的都走不动，但还是刺骨的打抖。时间是五点钟刚过，他们还都没有起，我的心很急，因为车十点就要开，所以趁此机会我悄悄的与一位苏君由昨晚宿的大殿走出来。横在面前的第一个便是成吉斯汗的峨宫，我们穿过了这个纯石质的伟大建筑及许多蒙古式的平房，时天已大亮了，左山一带的炮台、战壕及放哨的士兵都能看清，此时我俩便预〈备〉奔上此山，看看我们守土的弟兄们所构筑的工事及形势。但至山脚下，便被岗士搁〔拦〕住了，通片说明来历后，他很惊奇，并说前面有地雷、电网不能通，很亲热的拉进他们所住的蒙古包里去烤火。进去有五六个弟兄和一个排长围着一堆火在谈话，经岗兵介绍后，他们立即让出座位来。这时我们的话便从这里开始——"很冷吧？你们真辛苦！"面对着那位排长，我这样的问。

"喂！不不，这算什么，过惯了也不见得，你们从陕西七千多里路来跑到这里看我们才算真辛苦。"排长这样很客气的笑着说（以下便是互相的问答）。

问："这次究竟怎样的攻百灵庙？这么短的时间就攻克？"

答："哈哈，说起来真好笑，伪匪军虽受鬼子（指日人）的指挥，但谁肯替他打，当那晚我们攻此山时，一枪没放，只齐喊'中国人不打中国人'，他们都反正过来了，倒杀了许多鬼子的指挥官，真能气死鬼子……"

问："日本不是在这里经营已多年吗？连这点都没顾到吗？"

答："他哪里把中国人放在心里，知道我们绝对是不敢攻百灵庙的，就像这些当匪军的弟兄，不是生活所迫，便是征兵使的他们不得不这样，所以鬼子虽费尽了心血训练，仍是不算什么，你问这位（指着火堆旁的一位兵）兄弟，他是李守信部下哗变过来的，伪满军现在哪个弟兄不是候着我们的大军到东四省来，好哗变痛痛快快的杀几个倭鬼子，因为他们指挥时太苛刻了……"

问："攻百灵庙是什么人指挥？咱们的军队有多少人？"

答："没有人指挥！没有人指挥（他说的很急）！说起来可气也好笑，攻此〔击〕时我们通共才一旅人，还不到三千，但是敌人要一万一千多人，他们是守我们是攻，他们对我们是以逸待劳，同时他们的武器是任何人都晓得的，至于防备的周秘〔密〕那更不用我们说了，但是就这样我们没费六个钟头的时间就完全占领了……"

问："那究竟为什么？请详细……"（没等他说完我就这样的要求）

答："……从十一月起，我们绥远的兵士就不停的有内地的及海外的人来送东西给我们，并讲话说我们现在应当怎样怎样，其实我们何尝不知道，但是黑明总等不着有命令下来，因为这一旅人是住在最前线的，所以更听到的讲演并得的东西多，二十三号的下午我们听到那一位从广西来的老头子和一个女生给我们哭着讲演后，我们的弟兄没一个人不流泪，于时当晚便秘密商议去向旅长请命进攻百灵庙，但是旅长很严格的拒绝了我们这个要求，他说既没得到中央的允许，又没接到傅主席的命令，何况只有一旅人，岂不是想白牺牲吗？但是这时候的士气已没办法压制了，于时我们各连营便推代表在城外开会，这会上最高的官长只是一个营长（吴振江），其余都是连排长及兵代表，当时我们一致通过了即晚出发进攻百灵庙！

虽说一旅人，实际上还是在三个地方住，我们这一团是住在武川县的，其余两团分住集宁及五原两县，均距百灵庙约一百七八十里路，当我们开拔时派表〔员〕分赴那两团通知在二十四号下午六点到距百灵庙二十里路集合，没料我们连夜晚跑来时他们已先到，互谈之下，都是同样情形，团长都没来，于是我们便举吴营长为最高指挥官，从二十三号下午六点分三路开始进攻，两团步兵分攻东西两山，一团骑兵攻南山口大路，北边是个干湖，不能行人，所以放弃。

即晚没到十点东西两山伪军全变，故没费一枪一弹，也没有伤亡，只有南边这一路是鬼子兵直接把守，电网、地雷、机关枪并施，所以一直快明还没攻下，死亡较多，故当时改变方针，用运辎重的那六十辆汽车列项〔阵〕直冲，每列四辆，共坐兵约一营人，大家明知去要牺牲，但弟兄抢坐，均愿冒此危险，最后由吴营长指定一营。

说起来真惨，我们最前排那四辆汽车一开即触地雷，车人全尽，二三两排接着即填平了地雷所崩之壕，接着才冲进这个山口，时他们还玩〔顽〕强抵抗，但我们已占优势，两山上及山口大炮、机关枪齐放，故没有两个钟头全被我们枪杀并俘虏，时十一月二十五号早晨上午八点将过……"（他愈说愈兴奋）

问："占了百灵庙后怎样办？俘虏的都是什么人？"

答："战争结束时我们除死及伤的弟兄约四百余人，但军队由一旅增到了四旅（哗变在内），至于蒙政会的高级王公（汉奸）和日本的特务机关长盛岛中将和高级顾问及日兵共六百余人，一个没有走脱，全被俘虏。"

问："对那些人怎样处置？"

答：“因为一天一夜没有吃一点东西，所以正式占了百庙以后，我们仓促的先做的吃了饭后，吴营长即召全体弟兄（反正的亦在内）开大会征求是否继续进兵及对这些人的处置办法。正在开会时忽旅长及其他团长、营长都来，他们惊的都掉出泪来，但是他们说兵绝对不敢前进，至于俘虏的这些日本高级长官无论如何都要送到归绥司令部然后转送南京，因为这关系国际问题……

但是弟兄谁管这些，立即要执行这些俘虏的我们世仇，至于进兵，到执行这些人以后再说，旅长迫于群情，所以允许了我们的要求，于是在当日上午十二点钟把所俘虏的汗〔汉〕奸及日本顾问、指挥官一共是六百一十二人，除特务机关长盛岛中将外一律拉庙后大干湖中，四面支好大炮、机关枪，整个放了有一个多钟头，当时我们都坐在山上狂呼乱喊……”（他忽立起来说）

问：“那你们为什么要不把罪魁盛岛也这样呢？”（我插着问）

答：“嘿嘿！那便宜了他，你要知道日本的大陆政策的华北执行者便是他，这次的侵略华北也是他在计划，他是内蒙各汉奸王公的最高顾问，故我们对他也当然不能以平常对敌人的手段对付他……”

问：“那你们究竟怎样处置他？”（这时我急甚）

答：“我们再三的征求办法，总没有一个合人心的办法，最后有一位姓刘的连长说过去‘五三’惨案时，日本曾把我们的革命外交官蔡公时拔舌剜眼，所以他主张用那一种办法，来对付这个侵略弱小民族的执行者盛岛先生。于时一致通过。当日下午三点半便在东边的山峰上这样由拔舌起从经剜眼、断臂……一直到各件均分离止，时我们全体士兵在山低〔底〕下呼口号，快乐的淌出眼泪。”

问：“除此以外还得到什么战利品？”

答：“因为百庙是日本西进的中心地，所以给养、军械、文件均储藏在这里，再者他也料到咱们绝不敢进攻这里的，故此次一网打尽，别的不说只面包一项，可供绥军两年之用，其他的军用品及地图，现在我完全都用的是敌人的……"

问："为什么你们不继续进兵？"

答："本来很有把握把商都一带收回来的，但是接着中央派来一个委员说我们不听命令，本应处罚，不过既收复百灵庙，故将功折罪，同时说不日中央就派飞机来保护我们进兵，并有大批军队来帮忙，但是直候到今日……"

正谈话间忽然来了一个士兵说："你们的那几位代表整早的找不着你，同时旅长也派人四处寻找，快点回去吧，因为十二点就有敌人的飞机来，汽车就要开回归绥……"只得把话终于此，我与他们齐握了手，无限应说的话，我们彼此用眼转了转，便仓促的走出蒙古包来！

一九三七，一，六，午夜于学联

《学生呼声》（不定期）

西安学联编委会

1937 年 1 卷 2 期

（朱宪　整理）

日本侵华与外蒙

曹树铭 撰

日本田中文夫在第十三卷第十九号《经济杂志》内，对于华北问题的意义，曾经这样说："解决华北问题，是确立反苏阵线的准备工作。苏联由外蒙古向张家口之进出，是最可怕的一着……这不但为防御苏联的军事壁垒，且可为进攻苏联之根据地。"如今，日本的军事行动的确是一方面向着外蒙进展了！

日本的阴谋家，常常说："我们无意侵华，而侵华正所以防苏攻苏。"自然，日苏关系只有日趋激化的，因为如此，正可以利用日苏关系的紧张空气来转移世界的视听。在日苏问题紧张之下，其他一切有关远东大局的问题，势必被人忽视。结果，日苏问题反变成其他问题的掩护。日本希冀在这一掩护之下，来完成其声东击西的一贯策略，已是数见不鲜的事。换句话说：中日外交是日苏外交反比例的尺度；中日外交紧张一分，实际上日苏外交便松弛一分；而在表面上，也许日苏外交有不必要之紧张，来掩护日本在华的侵略行动。这种烟幕，无非用以欺骗世界，掩护独霸中国的阴谋；但对于有切身利害的中国和苏联，已不能动摇任何人的心！而且因为这种烟幕更明白表示中苏利害的相互关连，乃至促成中苏关系之进一步的密切！

我们知道，日本的大陆政策，在亚洲发展的目标，不只包括中国的全部，并且包括苏联的东部西伯利亚——贝加尔湖以东苏联的领土。日本企图苏联的领土，当然要诉之战争。如果日苏间发生战争，在地理上，日本进攻的路线，除由伪国进攻海参崴及赤塔等地以外，便是日本所梦想的捷径和要道——由我之察、绥直捣贝加尔湖沿岸各地。因为日本如果单独由伪满进攻苏联，伪满便在苏联的包围之中；反之，如果日本取得我国的察、绥，那便很容易向外蒙进攻；在这种场合之下，苏联的东部西伯利亚便在日本的势力包围之中。这对于日本侵苏的企图，有极重大的关键！因为外蒙如被侵略，日本在战略上即可截断苏联西伯利亚的联络。可是这只是日本帝国主义的迷梦，察绥是中国的土地，我国是绝不放弃的，所以最近在那一方面誓死的对日抗战。至于苏联呢，不独对于她本国的领土，固是誓死保全，即是对于外蒙，自一九三六年三月十八日公布《苏蒙互助公约》以来，态度也非常明显。根据《苏蒙互助公约》内最重要两条之规定：

　　第一条　苏联或蒙古人民共和国之领土，如受第三国家或政府之攻击威胁，则苏联及蒙古人民共和国应立即共同考虑发生情形，并采用防卫及保全两国领土所必需之各种方法。

　　第二条　苏联及蒙古人民共和国政府，承认在缔约国之一国受军事攻击时，相互予以各种援助，包括军事在内。

　　充分的表现苏联热烈维护外蒙领土之完整，且苏联于公布《苏蒙互助公约》时，曾说明外蒙如被侵略时，苏联将举其大军一百三十万人以助之。斯达林曾对记者霍华德表示："如日本竟敢攻击蒙古人民共和国，企图侵犯彼之独立，则余等不得不援助蒙古人民共和国，一如一九二一年所为。"更可见苏联为维护外蒙领土之完整，不惜对日出于一战。但有一点，须特别注意：即此项《苏蒙互助公约》之缔结，纯为防守的，而非进攻的。在外蒙领土未被侵略以前，苏联自当在可能范围以内，对日维持和平关系，殆无疑问。

　　日本帝国主义，自"九一八"事变以来，一面努力肃清苏联在东北的势力，在多伦、承德、锦州、卜魁、满洲里、同江及绥芬等地配置日伪大军，一面决定建筑哈纳路、怀远索伦路，更拟将哈纳路延长到黑河，将怀远索伦路延长至海拉尔或满洲里。这两条铁路，一条向着西伯利亚，一条包围外蒙古的车臣汗，无疑的这便是日本将来进攻苏联的交通工具。在未来日本进攻苏联的计划之中，外蒙古方面比较西伯利亚方面重要得多：苏联在西伯利亚的防御工程异常坚固，不易进攻，日本如果夺取外蒙，便可于极短的数小时以内，由恰克图直达上乌丁斯克，横断西伯利亚铁路，断绝东部西伯利亚与苏联本部的交通，而使苏联在东方的军事完全败北。日本对于夺取外蒙的军事准备，以索伦、多伦、呼伦贝尔等地为中心，尤其是索伦为东北通蒙的要道。至于苏联在外蒙的防备，特别注意克鲁伦与乌得两地。克鲁伦为外蒙车臣汗东边重镇，离呼伦贝尔不过百里；乌得在外蒙土谢图汗南部，在张库汽车道，为外蒙通热河、察哈尔两省的要道。由此，可见日苏两方面在攻守上的准备是如何的针锋相对了。

　　因为日本在我东北一手制造伪国以后，伪满与外蒙有七百余公里长的国界线。沿着这一界线的纠纷问题，表面看来，是伪蒙直接的问题，而日本虽在暗中指使伪国如何制造边境纠纷，并向苏联挑衅；但对苏联，日本又竭力规避促使蒙伪直接折冲，这里日本的阴谋有：（一）指使伪满在外蒙设立中央代表，并建筑与伪满通讯之自由电线，借此取得在外蒙境内公开活动的便利，为将来日本侵犯外蒙乃至苏联的准备。（二）促使伪蒙成立正常的外交关系，借以取得伪满之正式承认。（三）避免苏联之直接加入折冲。但是在外蒙方面：则（一）拒绝伪满在库伦设立中央代表，而只同意于边境代表之派遣。（二）根本拒绝伪蒙间成立正常外交关系。（三）苏联并无参加伪蒙谈判之企图，但颇有引日本参加伪蒙谈判之意，借避伪蒙之直接交涉。因一九三五年一月伪蒙间发生之哈尔哈庙事件所成立之伪蒙会议，对手方虽为伪蒙，而其背景则为日苏，终以双方意见不能一致，宣告决裂。当时伪方代表神吉宣言：“因此次会议之决裂，和平解决之机会业已失去，此后对于一切悬案及将来或可发生之问题，决以‘自主的片面的及认为适当的方法’解决之。”查伪蒙界线长至七百余公里，且无确定界限，则边境之冲突，势所难免，将来类似或超过哈尔哈庙之严重事件，自在意料之中。

在一九三五年之伪蒙会议内，无论其结果如何，苏联尚有自由回旋之余地，但在一九三六年苏联公布《苏蒙互助公约》以后，苏联对于外蒙又多一层条约关系及可能的军事援助之义务，是将来伪蒙之纷争，即为日苏之纷争。从此，日苏正面冲突又多一面矣。

一九三六年五月八日拉狄克在《消息报》著论说：

“吾人诚恳的欲树立日苏间友好之国交，但惟有在尊重吾人疆界之基础上始能树立之。吾人希望边境委员会有实效之工作，此会必须设立。东京政府愈努力命令关东军总部，使日军不侵犯苏联及以一互助协定与苏联缚于一起之‘蒙古人民共和国’之领土时，则该边境委员会之工作，愈有效果。”

于此，可见苏联对于伪蒙边境纠纷之关切为何如！

以上仅指伪蒙边境之纠纷而言。若再由日本方面观察，为贯彻其在亚洲大陆政策之实现起见，势必侵吞外蒙，止可以固伪满，进可以攻苏联。至于为贯彻所谓“防共”以及截断中苏之交通，更非在外蒙方面树立政权不可。如果日本在我华北能实现其梦想，无疑的必逐步实现其侵蒙侵苏之企图。将来日本如何在外蒙方面下手，此时虽不可逆料；然日苏之因外蒙，而将发生正面冲突，殆无疑问；所疑问者，只时间之迟早耳。而此一时间之迟早，又以日本在侵占华北能否实现及何时实现为断。过去日本所谓"无意侵华，侵华正所以防苏攻苏"之烟幕，在事实上则为先侵华而后侵苏的分别击破，必如此始能完成其大陆政策之迷梦。因此，可知中苏之利害关系实正相同。而中苏之真正关系恰如唇齿：中国是唇，苏联是齿！

《中苏文化抗战特刊》（半月刊）

南京中苏文化协会

1937 年 1 卷 2 期

（李红菊　整理）

从绥、察抗敌中见到的民族意识

姚宝贤　撰

民族意识，终不可淹没的。从这次绥、察抗敌中，更可得到许多的证明。匪伪侵犯以来，虽有强敌之策动，兵器的供给，声势浩大，也颇惊人，可是国军抵抗，再接再厉的奋发，百灵庙一役，尤足寒敌人之胆。最近金宪章、石玉山反正，张万庆也率部投诚，匪伪溃散，几不成军。我军这样的英勇，荷枪执弹于冰天雪地之间，这是全国民族意识的高昂，我们英勇的国军已深深地彻悟，只有牺牲我们铁与血才可抵抗侵略，达救亡图存之目的。所以说，这次抗敌的胜利，是中华民族民族意识强有力之表露！

一 "英雄吐气"

这是多么动人的事迹，当敌人退去百灵庙之后，我们看到他们机关枪阵地旁所留的子弹，堆积如小丘。然而我们国军终于冲破百灵庙的天险，轻轻拔去异帜，让我们的青天白日满地红旗随风飘扬！

蒙古人射击的技术，确乎不差，某方的督战，也始终不懈。当我们国军攻击百灵庙六小时左右，敌人始终不退，而且增调援军，我们的将士死亡枕藉，前仆后继。有些轻伤的士兵，不愿因伤后退，减少自己的战斗力，仍然继续前进。还有局部的士兵，被人包围，被人命令缴械，他们的悲壮答覆是："我们不当亡国奴，我们要抗战到底！"

这次民族战中，我们守土将士的情绪，和往日不同。晋绥军本以"守战"著名，傅主席"涿州之役"，造成近三十年来中国战争史上稀有的记录。然而此次表现，晋绥军不但能"守"，而且能"攻"。如总指挥孙长胜、副指挥孙兰峰等，及其高级幕僚，皆身临前线，视死如归。他们的口号："我们的血，是中华民族的血，我们须为中华民族而流。不退后一寸，直到我们战死到最后一个，还要挣扎的！"

再看我们英勇的士兵，对着雪片感觉一种奇妙的兴奋。手摸着枪把，异常紧张，恨不得把五十年来的怨恨，一齐瞄准的发泄出来。"不抵抗，咱们真是不抵抗吗？今天瞧瞧咱们的颜色！"弟兄们都默念着这句话。

有些"挂彩"的兵士，尤其壮烈，普通受了轻伤都不让往后抬，还要冲上前去，有一位新闻记者曾问到受伤的弟兄们伤愈后如何编派的问题，他们不约而同的抢着说："干么！白挨敌人一枪就算完？非算账去不可！"（《燕大新闻系战地视察记》，载《大公报》）真是雄壮的语调！

当我们国军冲上前线时，他们要引吭高歌，歌声所及，大有"草木皆惊"之慨。愿全国健儿同声应和吧。特录之如下：

　　拿起你的枪，快快赴前方，和这恶虎狼，拼命的战一场。我受亏已不少，今天和他总算账。告诉你的母亲，莫悲伤，告诉你的爱人，莫惊慌。等到我们打胜了，洋洋得意回故乡。冲过去，炮弹儿，飞过来，莫回避，我们肝脑涂地也愿意，只要报国仇出了这口气。冲过去，莫回顾，莫迟疑，莫休息，把性命交付总理呀，拼命的战一场，才有最后的胜利！

二　"战争胜利"胜过坚甲利兵

这次战争，已从许多事实中证明了"战争心理"对于战争胜败关系远过物质的准备。如百灵庙之克复，我们不能以军事常轨得到了解。百灵庙四面环山，山外为未开辟之蒙古草地，无村落人家，攻击部队进行非常困难，论地势则为仰攻；论接济，则我方毫无。又我方主要者为步兵，前进时多为徒步，疲劳特甚，在对方可谓"以逸待劳"，在我方可谓"以劳攻险"。对方多骑兵，运动甚灵，如攻击不下，则我方步兵，绝不能逃出对方骑兵之蹂躏。对方粮如山积，我方仅果腹而前，对方有足供数万人使用之弹药，我方仅随身之法宝。还有蒙兵射击精确，子弹充足，某方军官复督战甚严。当时我方指挥官见死亡枕藉，早置生死于度外，视弹雨如无睹，于是士气大奋，大半裹创而前，战局为之突变。最后山头夺获，我军始有阵地，而百灵庙已在目前，敌人惊慌失措，四面部队乘势突进，始于十一月二十四日上午九时半，造成此次抗敌中光荣之记录！这是我军"战争心理"克胜敌人坚甲利兵的铁证。我们的将士在这次抗敌中，决没有一个人为个人利害而考虑，大家一致信念为"民族的共同生命而战争"。士兵情绪之坚决，更令人可歌可泣了。难道我们士兵仅仅为三五元一个月的军饷，而牺牲性命吗？因为他们已有正确的民族意识了。

所以从这次民族意识表现的抗敌中，可以检讨出我们伟大的胜利之点（录顾毓琇先生《绥远抗战的教训》的言论，原文载《大公报》）：

（一）敌方威吓无效　敌方以飞机、大炮、坦克车来威吓，我方忠勇的将士不但不屈服，而且采取了出击的防御战略，我们不但没有失地，反而收复了失地。

（二）敌方利诱无效　听说某方前曾以一千万元的重价，来商请绥远当局的谅解，为绥远当局严厉拒绝。

（三）以华制华的计划无效　某方此次驱李守信、王英率伪蒙匪进犯，而李、王部下到底不是人人愿作汉奸，所以作战时既不勇敢，失败后便多反正。从这次经验以后，某方应该觉悟以华制华的政策，终难收效。

三　"知耻近乎勇"

归绥电载："王英部旅长金宪章、石玉山，前后率十团反正。十日发通电，首述反正经过及匪军之残酷行为，并敷陈三点：（一）友邦对吾民族应有新认识，与远大之期待，改变狂噬狡逞之暴行。（二）望辽、吉、黑、热、察同人，及早反正来归。（三）绥远战事已足证明吾民族已彻底觉醒。"

又集宁电载：伪匪张万庆所部共四团，驻扎南壕堑，十八日拂晓，该部旅长安华廷，又团长王子修向绥东县城开拔投诚。

据廿二日集宁电："王英匪军自商都出发，共计二千三百余名，迄今所部丧失殆尽。但四方逃亡，仍归附王英者，先后又达千人。此项残部，即集中商都西北之大陆公司。最近某方对王不满，而王之残部，以王既穷苦无所归，同时复受某方之凌虐，乃决意反正。推团长常寿义秘密由商都到集宁，即谒此间军事当局接洽投诚。此间据报，即派员前往收容，至今日止，王英残部完全告一结束。"

综观上列事实，将士虽失身匪伪，但爱护祖国的观念，终不淹没。这是"知耻近乎勇"的壮举，值得赞美的。

四　"中国人不打中国人"

这次匪伪军每逢国军进攻，自动枕戈的很多。据说那次国军占领百灵庙以后，逼着伪兵缴械的时候，兵士们都说："中国人不打中国人，投降吧！"由此可见中国人毕竟爱护自己的国家！不论某国人如何的麻醉，他们总有清醒的时候。

又据归绥六日电："此次匪伪袭攻百灵庙，曾有大量毒瓦斯弹及烟幕弹，国军自俘虏手中，获得甚多。据俘匪称，我们系受人雇用，但念及国军系我同胞，故不忍放射云。"

这一点"中国人不打中国人"的不忍动机，就可以抗敌而有余了！

五　"赤子之心"

这次绥战发生以后，前方的将士奋勇的抗敌，后方的民众给以经济与精神之援助。各界捐资劳军的踊跃，舆论界一致的鼓励，诚开光荣之记录。

关于捐资劳军一层，自动解囊的很多。还有学生、童子军的总动员，苦口婆心担任劝捐的工作，每日看到报纸的披露，成绩是斐然可观。

最值得注意的，有许多纯诚的小学生，当仁不让的很多。城市的小学生有节省糖果费来劳军，还有乡镇的小学生穷困得没有糖果费的，把吃大饼、山芋的钱节省下来，做慰劳将士的壮举！

试观江宁高桥镇小学生，致《中国日报》记者的一封信，就可"以一反三"，占验到小朋友们伟大的"赤子之心"！

主笔先生：

（前略）城市的小朋友们，他们每个人都可以将糖果钱节省下来，捐助前线将士，可是可怜我们乡里的小朋友，哪里来的糖果钱？但是我们都能在吃大饼、山芋中，节省下来，现在我们联合了本镇的民校学生，凑合了十七元五角三分，捐助给我们在冰天雪地中抗战的将士们。将士们，努力吧！现在正是我们杀贼最初胜利，收复失地的开始！

此颂

撰安

江宁县高桥镇小学谨启

六　"妇人之仁"

"妇人之仁"一句话，是拿它来讥笑一般慈悲和不彻底的慈善家的口头语。并以为妇人的一点仁爱心肠总是不伟大的。可是此次援助缓〔绥〕战的工作中，妇女们牺牲的精神，不足厚非了。前线的看护有我们巾帼英雄，宣慰将士的壮举也有不怕寒冷的妇女们来参加，如以南京妇女爱国同盟会一处而论，热心劝募的成绩，截至十四日的〔为〕止，统计总数为一万二千五百元。并决定推派代表，自备旅费前往慰劳。

还有凭籍〔借〕自己的专长，鬻艺捐资的。《中国日报》曾宣布周兰西女士卖画慰劳前方将士的壮举。

此外，歌女们也有输资的。歌女们的生活，比较是可怜的了，但"爱国不敢后人"，值得赞扬的吧！

最令人感动的，绥远的妓女莲花、金梅等八九人，曾于本月二日带着许多纸烟、糖果，到三处伤兵医院去慰劳。当时还有妓女代表钟乔氏致词，大意为："大家为国家受伤，荣幸已极，我们花界同人除捐资救国外，款已交报馆代收，所带小意思（指纸烟糖果）来院看看大家，请大家安心静养吧！"她们以皮肉换来的金钱，居然慷慨的捐给卫国的将士，这是证明中国人并不麻木，能自救的（《燕大新闻系战地观察记》，载《大公报》）！

七　结语

上列事实，略举其一斑而已。我们可以得着一个结语：这次抗敌，前方的将士牺牲，后方援助的真诚，其方式虽异，但中华民族的民族意识已腾沸到极点！并可以此昭示世界我民族之不可轻侮了！

《国本》（半月刊）
南京国本半月刊社
1937 年 1 卷 3 期
（朱宪　整理）

察哈尔目前情势总的鸟瞰（通讯）

鸿雁　撰

　　察哈尔虽然过去仅有十六县（自察北六县沦失，现只余十县），但它所辖蒙古区域非常辽阔，这个蒙古区域在察北六县以北，东与吉林为界，西与绥北为邻，北边紧连外蒙古，南边接连察北六县，这个蒙古区域东西有二千五百里，南北达三千里，这块蒙古区域叫作锡林果勒盟，因境内有锡林河，故以是名。这个盟过去虽然是受辖于察哈尔，其实它的行政都另成系统。蒙古盟的组织，其情形约等于内〈地〉之省，盟之下为旗，等于内地之县，旗下为箭，等于内地之区。锡林果勒盟共辖十旗，过去盟长为索王，因索王为乌珠穆沁右旗人士，且兼任该旗王爷，所以当他当盟长时代，锡林果勒盟公署即设于乌珠穆沁，所以过去锡林果勒盟政治中心，便集中到乌珠穆沁右旗，当索王为盟长时代，副盟长便是现在之德王。蒙古盟长是选任制，但各旗旗长（不名旗长而名王爷）却是世袭制。虽蒙盟长选任制，但是须呈请中央任命，锡林果勒盟过去盟长索王，还是在清末由清室任命的，他统治锡林果勒盟已数十年于兹。索王为人正直忠朴，在清朝时期他还年幼，在民国初年他的确有些作为，所以深得蒙民拥戴，因锡林果勒盟，东与吉林，东南与热河相连，故当东四省沦亡以后，日本帝国主义者便注意侵略这块地方，第一步办法是用怀柔政策，所以派人与他接洽，请他归顺"满洲国"，并每次派员与他接洽，都携带着大批礼物，如大批的汽车，大批的枪械，其他如衣饰等物，不一而足，但是耿介的索王，已洞悉其奸计，所以一一谢绝，继之闭门不见。日本帝国主义者无法，曾于民国廿二年由关东军司令植田，带武装卫队数百人乘大批汽车，亲到他王爷府与他交涉，想用武力震慑索王，以冀其曲〔屈〕服。然而索王却不示弱，除调大批蒙古团队戒备外，对植田要求归顺"满洲国"一点，并严词拒绝，植田闹一个无结果而回，后几经折冲，结果算是由索王派几个代表至林西（吉林西部一县），用飞机将代表接到长春去观光，并贺溥仪登基。索王〈派〉去的代表共为四人，主要者为乌珠穆沁右旗札萨克（札萨克系一旗政务之协理，秉行王爷之命办理一切）某（姓名不详）及翻译官蒙人宝庆祥，他们在长春，几次在关东军司令部开会，植田要求他们劝索王归顺"满洲国"。但是这几个代表却使节不屈婉转拒绝，他们答覆是："自满洲建国以后，东省境内蒙民（沿黑龙江、吉林西部一带蒙民）五〔王〕公制度不但被剥削，且牲畜征发殆尽，种种钳制，不一而足，西蒙民众震于威势，而多畏慑，此我们所不能归顺之一点也云云。"植田聆此言后，色为赧然，继鼓掌称谓蒙民确是英雄，言人之不敢言，殊可钦佩。继而又言容善自商之吧，遂无结果而散。后该代表见溥仪致贺二次，第一次溥仪仅道谢意，第二〈次〉溥仪云"满洲民族已完了，蒙古民族正是大有可为时候，你们个人找你们个人民族出路吧"。观此数语，话虽简单，却表现了溥仪傀儡的末路。后来该代表等遂返蒙报命，植田礼遇有加。自斯而后，日本帝国主义者，遂认索王冥顽不化，自民国廿四年起，乃改为拉拢德王。德王为人机警，且在北平受过高等教育，操一口流利华语，英、日两国语言文字亦略识门径，素有青年蒙古领袖之称，徒以名利是慕。于是遂中日本帝国主义者之奸毂，今日资送大批金钱，明日馈给贵重礼物。最可怪者，日本帝国主义者，〈为〉达到其目的起见，不惜牺牲日本女子色相，送给德王四个日本青年女子，德王为色利所迷，兼以日本帝国主义者诱惑将来如何如何后，可身为帝王，于是遂认贼作父。德王既与日本为奸，索王目睹斯情，怒焉心伤，遂忧虑成疾，终于去年七月间病故以闻，弥留时犹复留嘱左右，万勿脱离中国，而留千载骂名。索王逝世消息传出后，蒙民良为痛悼，但德王闻此消息后，不惟不痛悼，反额手称庆，诚以索王不死，彼究不能畅所欲为。德王匪惟如此，且当索王才死之后，彼即率兵前往夺印，于是遂不经中央之任命，而僭自称盟长矣，其实德王与日本帝国主义者朋比为奸，意欲相卖蒙古领土，索王已察觉于前，故当索王未死以前，特派代表吉利占泰、陀咯栋加、宝庆祥三人分到太原、北平、南京请缨抗日，时何应钦坐镇北平也，几次请缨抗日，终以何应钦应以应整个动作而停止，后来吉利占泰到京见蒋陈请亦无结果，索王外不能以得中央之援，内不足以消腑〔肘〕腋之变，其忧疾而死，当有以也。

自索王逝世后，德王又得盟印，于是叛变之心，已近〔迫〕不及待，果然无何而蒙古独立矣，先之以蒙古自治委员长自居，继之以大蒙帝国皇帝僭号，并改元称成吉斯汗多少多少年（年数忘记）。当然这一切举措都是日本帝国主义者在那里发动。德王自独立后，于是便招兵买马，大事军备，李守信依附于前，包悦卿成军于后，不数月间而有"八师"之众，外又有王英相声援。这一群汉奸们羽毛丰满，于是遂听其主人之命而发动侵绥，终于绥战爆发。虽知人心未死，汉奸部队相继叛变，最后百灵庙之役，全军溃退，事前日本帝国主义者，曾未预料及绥远抗战军队敢进占百灵庙，所以百灵庙被占后，日本一切军备，如枪械、子弹、面粉、谍报材料俱被俘获，这给予日本帝国主义者一严重损失。汉奸部队既然溃退，二次攻绥一时准备不及，所以退后整顿，且因王英部由土匪凑集而成，军纪过差，又无战斗能力，长此支出庞大军费，日本帝国主义者觉着不合算，所以有一时曾命王英退休而归天津，雷中田亦遣之而返北平。日本帝国主义者所以于绥战失利而未能立即增援大事再犯绥者，因有以下几个原因：（一）日本政局动荡不安，军部意志未能顺利进行；（二）此次犯绥并未预料到如此惨败及损失如此奇重；（三）再行犯绥决非汉奸部队所可成功，调"满洲国"正规军亦未必奏效，自国军队出马又违反了"以华制华"的既定政策；（四）绥战爆发后，中国军队大批增援，万一不利，察北、蒙古以及热河有被危胁或被收复危险；（五）远道出征绥远，万一察北华方进兵，截断退路，与〔于〕军事地理上不利。再则如大规模侵绥与红军发生正面冲突，以及耸动国际听闻，都是不利。有此数因，所以日本帝国主义者，于绥战败退之后，不得不权衡轻重，暂相观望一时。

现在日寇注意整顿德王的基本部队，将德王共编为十师，李守信部亦为十师之一，军队编制数量上虽然不少，但实质上每师只有两千人，不过每师都是骑兵，没有步队，总数不过两万人。至于此种军费，完全由日方供给，每月规定廿七万元，概付以满洲票（每元等于华钞九角八分余）。不过日本帝国主义者虽然对犯绥缓和一时，但它并未放弃侵略政策，它时时还是准备着，这由下列几点事实可以证明：（一）整顿德王部队，派军事指导员训练部队；（二）由热河至多伦之公路积极完成，铺筑由多伦至沽源之轻便铁铁〔路〕；（三）召回王英重又训练部队；（四）利用刘桂棠扩充军队；（五）调查蒙古壮丁，轮流训练。等等举动，都是预备第二次再行侵犯。

最近察北发生了义民抗日的运动。这个事情的开始是这样：缘有张承德者，察北多伦县人。在奉军刘翼飞主察政时，将他收编为骑兵第二师长，后来刘翼飞出察后，彼亦失败，部队流散察北，张本人随何柱国在陕西邠〔邠〕州充骑兵旅长。"双十二事变"

前，张学良令其回察北活动，并给他介绍×××发生联系，因×彼时驻东，接近察北，故有这项联系。他自到察北以后，分两种作法，一种集合旧部，所有张北几县以及张家口附近他的旧部多归往；一种拉拢苏美龙（热河军队）、常子仪（李守信部下一团长）二人，因苏、常过去是他部下，三个人势力集合一起有二千人。另外在察北六县举行民变，连络上成功后，苏美龙及常子仪部首先发动，至各县民变原定六月三日发动。但事机不密，苏美龙被日方扣留，常子仪无下落，逼不得已张承德率苏、常二人残部一千八九百人拉来，游击于多伦以南地带，至民变部分，原定三日各县一齐举动，乃二日崇礼县公安局长发觉他们的所谓阴谋，便要将崇礼民变首领某（姓名不详）收拾。此民变首领为先发制人计，遂于二日发动，将该公安局长杀死，结果拉出一二百人，因崇礼县发动于前，各县未能为一致之动作，所以力量一时未能集中，兼之日方得讯早一日，便派队驰赴各县镇压，有者发，有者则来不及。

还有一事我们应当严切重视：即自德王一意孤行脱离中央，组织"大蒙帝国"后，完全备援于日本势力，并未取得蒙民之同意，不但不同意，而且反对德王的运动，日益积极和扩大起来。德王在锡林果勒盟绝对拥护他的只有三旗，其余七旗完全是反德王的，虽然在表面上也拥护他，实际上处处给他以掣肘，其领袖们都正在〈准〉备反德王和抗日的策动，而参加这种运动的，甚至还有伪军。

这里我们追溯一下察北沦亡的经过：察北六县为甚么丢的呢？缘殷汝耕在冀东廿二县独立后，时虽是商震当河北主席，但不久冀察政权便到宋哲元手中，宋哲元成立北平政委会后，鉴于河北省之残阙，曾想将冀东收复。所以曾派那时天津市长萧振瀛与日方交涉，那时察北尚未失，日方佯称华北方将察北六县给日本，

冀东便可退还，在这个当儿，察北六县廿九军驻军正少，所以便
由李守信将察北六县节节占领。时察哈尔主席张自忠因天津方面
有此种交涉，便也不抗而退，谁知天津交涉冀东收回尚无眉目，
而察北六县已被占殆尽，后来张自忠看事机不好，打算派兵立刻
收复察北六县。当时察哈尔保安司令张充〔允〕荣带兵准备出发
之前夕，犹向天津电询萧振瀛收复冀东可否实现，萧保证绝对可
以实现，并制止出征之兵。所以当时张自忠收复察北之意便行打
消，满望冀东可以收回，谁知牵延日久，冀东尚未收回，而察北
已经变色。日本未废一兵而得察北，简直日本是将察北诳去了，
所以察北之失，萧振瀛实是罪人，萧在二十九军失败者亦此故也。
察北六县失却这一段史实国人至今无人道者，所以补志于此。然
而察哈尔自失却六县后，辖境大缩，在经济上损失先不说，其在
军事上失利最为重大。比如察北六县不失，日本去年犯绥当不能
假道察北，既不能假道察北，绥战当无由发生；再次如察北不丢，
德王亦未必敢在嘉卜寺设府目治，追寻史实，萧振瀛实罪不容诛。
自察北六县失却以后，无何张自忠调长津市，刘汝明继主察政，
刘在二十九军中虽抗战情绪较高，但对收复察北六县还是没有进
展。且尚日本进犯绥远，举凡军事接济，概由张家口运输而去，
如大批汽油、械弹、军装，每日日本汽车数十辆风驰电闪由张家
口市长驱运输北去，此等情形，张家口人士有目共知，省府也竟
无办法。

　　虽则刘对张家口日人的态度，有时倒算是能不示弱，比如日人
汽车在张垣撞伤行人，都能据理力争，要求抚恤。不过刘也不愿
多事，比如在绥战时期，省政府机关报《国民新报》且连绥远战
事一点消息不让登；最近因日本浪人在张家口卖"白面"，关于
"白面"犯也禁止登载。禁止登载原因在恐日本与他捣乱，因为登
有涉及日人不好消息，日人便要到省府与他交涉。最近察哈尔还

有一件丧权可痛的事实，即满洲株式会社为侵占我国交通利权起见，于前年在张垣设立一张多汽车公司，专跑由张垣至多伦路线，原有车八十辆，在绥战时被俘二十辆，损坏二十辆。自绥战结束后，军利品停运，即在营业上着想，拟将华商汽车一律不许行驶察北，由其专利，首由张多汽车公司向日本驻张领事馆交涉，请求通知察哈尔省府禁止中国汽车再行察北，并定自今年二月二十一日起实行。日本领事馆以理由不充分未予转请，又延长一月，即由设〔该〕公司放出空气：华商汽车如再开行，即在察北扣留。中国商人胆小，相率停开，致百余华商汽车闲散无用，数百人因之失业。华商据理尚〔向〕省府交涉，华商汽车既不能行驶察北，何以日商汽车反畅行于张家口，日人既可以在察北扣留华车，政府便可在张家口扣留日车，这样向省府请愿，但政府却系毫无办法。虽然外交办事处也奉命在交涉，但因循数月，结果毫无，而该公司汽车却将察北独占〔的〕。最近设〔该〕公司复为营业需要计，添购新车八十辆，战时载运军利品，平时则专作营业，且所有司机及跟车人员，俱兼任特务工作，日人之阴险及我当局之懦弱，于此可见一般。

日本帝国主义者在蒙古以及察北军事侵略情形，从上边情形中，当可得到梗概，兹再将其在各〔文〕化、经济上之侵略述之于下。日本在蒙古文化侵略大本营，要算其所组织之善邻协会，该会出有蒙文报纸杂志、宣传小册等等，无非宣传中国中央如何不对，蒙民〔如民〕应该"民族自决"，满洲如何如何"王道乐土"等等。总之导劝蒙民独立，归顺"满洲国"，再为施行小惠，如在该会内设立人兽医疗所，蒙古人与牲畜有病，彼可免费代治，又如常用汽车散发糖果于蒙民，更将一般灵秀蒙古青年送到日本求学，这便是善邻协会作的文化侵略。善邻协会总会设立多伦，分社遍布于各旗。至其经济侵略，我们知道蒙民一切需要多于华商供给，这般作蒙古生意之商人，以山西、河北两省人为多，其地址坐庄常设于北平。作外蒙生意者曰外馆，作内蒙生意者曰里馆。在早年外蒙古通商时，外馆优于里馆，那时一年在外蒙古所作生意，常在六七千万元左右。自外蒙古独立以后，中蒙断绝交通，外馆根本崩溃，俱集中于内蒙一带，锡林果勒盟一盟，便有千余家之多。蒙民所需要的东西是绸缎、布匹、刀筷、烟壶、烟嘴、哈达、瓷器、洋糖等，而蒙民土产是马、牛、羊、驼以及皮毛、药材，交易虽通行中国货币，但多是以物换物，所以每当春夏以及秋末，张家口皮毛堆集如山，每与洋行交易，动辄数十百万。近年来外蒙不通，然张家口仍能维持繁荣如现在者，即内蒙古尚能与内地交易。但至察北事变以后，日人竟在内蒙古独占一切营业，故特组织一大蒙公司，所售物品，价格特别低廉，中国商人当然不能与它竞争，现在洋糖、布匹、瓷器等日货已代替〔与〕华货。中国商人因之叫苦连天，再有一二年势必全部被溜〔淘〕汰，此其一。其二，张家口为通商转运枢纽，出入之总集合地，蒙古出产牲畜、皮毛、药材概由此运津出口，现在日人极力发展热河交通，由北宁路、锦州通热河、朝阳之铁路，现已展至热河省垣承德，由承德至多伦之公路亦早已完成，日人用交通方便及运价低廉的办法，引诱蒙古出产由多伦经承德、朝阳、锦州以达营口而出口，欲将张家口变成死地，日人此计甚毒，可制华北经济于死命。其三，至去年十二月份起实行，所有蒙口〔古〕牲畜，无伦牛、马、驼、羊概不许再由张出口，如须出口即由满洲出口。这个毒计是与将蒙古出产引诱到营口出口用意一样，不过这个办法，中国受影响更大。我们知道中国骑兵之马除甘、青产一部分外，大部分出自察北，现在察北之马算是一只也进不来了。最近石友三想扩充骑兵，派员到张买马，竟无丝毫结果。日人除上述几种侵略外，他们还要毒化中国民众，最近在案〔察〕

北逼种大烟，当然还有收税收用，其次为日人在各乡设立之俱乐部，公开聚赌抽头，致使一般民众倾家荡产。日本帝国主义者侵略内蒙之军事、政治、文化、经济等等情形，正分别述之于上。兹再将日人在张垣活动情形述之如下：

日人在张家口势力的划分是这样：在军事上张家口以北属于关东军司令部，张家口属于华北驻屯军，日本驻张领事馆，属于日本外务省，特务机关则又属于军部。在军事上华北驻屯军与关东军司令部又互相抵触，最吃不开的是日本领事馆，张家口特务机关，简直不理他们。最骄横的是特务机关，这个特务机关组织很大，包括察哈尔、绥远、山西、陕北、甘肃、新疆、青海、阿拉善旗、内蒙古等处。阿拉善特务机关在定远营，甘肃的特务机关在鼎新县，内蒙古西部的特务机关过去在百灵庙，不过总的机关是设立张家口，每月经费为七十万元（据其亲自表示），大部分工作是谍报工作。通讯的工具是用写信、口传、电讯三种，无线电报机在百灵庙过去有一架，在定远营有一架，在鼎新有一架，在包头有一架未设立成功。在工作地区范围内，山河、地势、土质、出产、人口数目、树木、水井等等俱在经常报告工作中，特殊的为反日团体、武力布置、军队调遣等等，这又属于特殊的工作，因为他们谍报网过于周密，所以消息特别灵通。至于在张家口，所有日人商店、妓馆、果食店男女人员，大部分俱担任间谍工作，更较比利害的是收买大批汗〔汉〕奸，在张家口即有数十人之多，有者每月给予百余元报酬，有者二三十元者不等。最近察哈尔省会警察队六十名之中，竟有十六名被他们收买，警察第一分区侦探五名亦为他们收买，其次还有天津某报张家口分销处也竟成了特务机关。不仅此也，省府秘书科长竟亦有一二人与他们通消息，最近省会警察官督察长杨金声因通日事机不密，被查觉扣留，株连者尚有数人，正在侦察中。又当绥战克复百灵庙时，日本作间谍工作即有二十余名被俘虏，后俱被传将彼等活埋，此二十余人，在蒙古作间谍已有十余年之历史，所以他们被活埋后，是他们很严重的损失，以上为日人在张垣本地活动情形也。（下略）

《人民之友》（半月刊）

北平清华大学人民之友社

1937 年 1 卷 5 期

（张婷．整理）

蒙古民族的复兴问题

海萍 撰

蒙古民族是中华民国的组成者之一，他们的盛衰，无疑地是与中国的强弱，有莫大关系的。但现在的蒙古民族，却破碎支离，没落到极点了！外蒙古早已宣布独立，成立了另一个社会了。内蒙的东部自黑龙江至察北各盟旗，又早被日本的铁蹄所蹂躏，现在属于中国的仅绥远、宁夏、青海等处的少数盟旗而已。但这残存的三五部落，仍为我们的"友邦"所觊觎，不断的努力"经营"，此次匪伪扰绥，就是利用"建立大元帝国"的口号来发动的。现在虽然因为匪伪屡战失利，而暂时停止进攻，但日本是不会就此罢休的，因为他们是永难忘情于广大的牧场，和数十万勇悍的蒙民的。

我们要复兴中华民族，就不能不顾及于蒙古民族的复兴问题。在这内蒙风云紧急的当儿，我们来探讨蒙古民族的复兴问题，不是一件没有意义的事吧！

打开中国的历史看，蒙古民族和中国本部，从没有间隔过十年不发生纠纷的，秦始皇的筑长城，汉武帝的征漠北，都是用全国的力量，来对付蒙古民族的。后来各朝有的用重金厚帛行羁縻政策，以求苟安于一时，有的连年战争相持不下，而在中国本部一有纷争，则蒙古民族，便乘机向内侵袭。及至成吉斯汗时代，中国本部便被征服了，蒙古骑兵的马蹄，从亚洲踏到欧洲，建立了四个蒙古帝国，这是蒙古民族的全盛时代。但因为他们的文化进展，远落于军事的进展之后，所以未及百年，便土崩瓦解了。他们又从各地败回自己的草地上去，仍然过着旧日的游牧生活。在明代，汉蒙两族还不断的争战，相持于阴山前后，及至满清入关，平定中原之后，整个蒙古便也被征服了，仅仅三百年的时间，蒙古民族便在满清的恶毒政策之下，凋零没落了！

满清时代，统治异民族的手段，是异常毒辣的，尤其是对于蒙古民族，更是残酷无比，他们用了种种方法来消灭这个使他们梦寐不安的慓悍民族。满清统治蒙古有两大政策，第一，用高官厚爵收买有力分子，划地封王，使他们各不相顾，很难集合力量共同反抗，同时造成了一个巩固的封建基础。第二，极力尊奉黄教，强迫蒙古人当喇嘛，这样不仅可以利用宗教的麻醉性来改变他们的好勇善战的本质，并且当了喇嘛是出家人了，绝对不准蓄妻的，蒙古人口，自然日渐减少了。现在蒙古民族还受着这种政策的无限荼毒。

现在的蒙古社会是怎样的情形呢？到处矗立着壮峨威严，金碧辉煌的庙宇，里面住着上百成千的喇嘛，他们除礼佛诵经之外，别无所事，他们享受着优厚的消费，而不作丝毫的生产。"喇嘛"两字的意义，就是"至高无上"，喇嘛在蒙古的社会地位，至为尊严，当了喇嘛，不仅可以不劳而食，并且是概免官差劳役的到处受人膜拜尊敬，所以蒙古人若有四个儿子，一定要送三个去当喇嘛，竭力去供给他们的消费，因为喇嘛不与和尚一般，出家后，由庙中供给衣、食、住，而是由家中供给一切费用的，和我们进学校读书一样，不过不用纳学费而已，但"膳宿概归自备"，拜师时也要奉献相当的礼物，最低限度，也要送上十只羊。若是仅有一个儿子的人家，他们也情愿断宗绝种，而把孩子送到庙上去的。这样他们的人口，能不日渐减少吗？例如四子部落旗，占地将近五千方里，而全旗的成年男女，依廿五年度的统计，仅仅四千七百余人而已。此外，喇嘛教所给与他们的副作用，就是花柳病盛行，生殖率减低，因为男子都出了家，女的便有过剩的现象，很难物色到配偶，为性的需要，所以就不能不和人乱交，同时喇嘛也多不守清规，到处去轧姘头，散布"佛子"的种子。在蒙古人民的脑海里，根本没有贞操观念，所以乱交之风甚盛，因此花柳病的毒菌，可以说普遍地流行于蒙民的血液里，这样生殖率，怎能不减低呢？在四千七百余成年男女的四子部落旗中，仅仅有七百七十二个儿童，这不是很可惊奇的畸形现象么？因此一般人都确切地认定，喇嘛是蒙古人的最大仇敌，它杀害了蒙古民族。

蒙古社会的组织是这样，按照地域划分为盟，如绥北为乌兰察布盟，绥西为伊克昭盟等是。每盟之下有若干旗，一切行政都以旗为单位，每旗的最高军政长官为扎萨克，凡扎萨克都有封号，如亲王、郡王、贝勒、贝子、公、台吉等是。爵位是世袭的，而每旗的扎萨克都是由爵位最高的人来充当。旗之下为苏木，设苏木章京，苏木之下为什，设什长一人，管理数户或数十户蒙民。

每一旗的蒙民都是王公们的奴隶，他们有向王公纳税送羊的义务，王公可以随便抓他们来充当差役，而不给分文的酬金。现在一般王公的生活，还是很为优裕，但一般蒙民，却苦不堪言，因为他们的智识程度非常低，对于恃以为生的牧畜业，并不知道加以改良，所以遇到天灾（如前年之大雪，绥远两盟冻饿而死之牛马等家畜，将近两千万只）或疫病，就无法应付，只可听其死亡，且人口逐渐减少，他们的负担日益加重。所以有许多蒙古人，现在连一顶包都置备不起了。

王公们为保持他们的固有地位，当然不会去改良社会的，仍然沿用着一切成规去奴隶平民，榨取平民的血汗来供自己的享受。因此，我们认定现存的王公们，也是蒙人仇敌之一。他们的存在，在现代已经是一种奇迹了。

我们若是不希望蒙古民族复兴则已，若我们诚意地去扶持蒙古民族，则首先应当取消现存的王公爵位，解放呻吟于奴隶制度下的蒙民，帮助他们改良牧畜，发展教育，把政权从少数的王公手中，夺还多数的民众，他们自然会渐次地为本身谋取一切利益的。

关于喇嘛教，我们虽然顾到"信教自由"的条文，不便于严厉禁止，但我们不能忍心地去提倡，至少"非成年人不得出家"的法令，是要在蒙古也同样实施才对。

这是一个大胆的疾呼，我希望关心于蒙古问题的人们注意，尤其是蒙古的新青年们。在这伟大的民族解放斗争的高潮中，蒙古问题是值得我们重新认识，并再加以检讨的。

《世界文化》（半月刊）

上海世界文化社

1937 年 1 卷 5 期

（李红权　整理）

察北、绥东的三种动态

作者不详

根据最近的消息，察北、绥东的空气又不平静了。这不平静的空气，我们看得到的，有三种不同的动态。

一、驻张北公会镇的伪第六师，奉令向西移动。伪热军第五军区各部，准备入察。

匪首王英，在冀东招收匪类两千多人，向察北输送。

匪首李守信，由德化到商都、尚义、南壕堑等处，视察他的亲信部队，决去弱留强，增厚实力。并向南移动，将为向南进攻的前锋。

李守信部向南移动后，伪满军三千人开抵察北接防。

原属德王的伪蒙军，都有开拔西进的模样。

某方积极扩充匪伪军枪弹，李守信已领到野炮四十八门。在多伦储藏的步枪子弹有五千箱，炸弹五十八箱，炮弹四百箱，战斗机三架。

某方令刘桂堂、王英、张万庆等，在冀东招收土匪，由古北口转往察北，以便随时犯绥。

某方派小组部队潜入绥东，抢劫财物、马匹。

匪伪军步、骑全部，每名新发子弹三百五十粒，并得重要命令。侵绥路线，重在取兴和，同时进攻百灵庙。

二、驻宝山伪军胡宝山旅的连长李得胜，率部下三百六十多人哗变，携去全副枪马。

德王与李守信不和，匪伪军心恐慌，在各部服务的某方指导官，都退出去，并穿中国服装，免发生危险。

三、宋哲元将军赴察省视察建设近况，沿途检阅军队。四月二十八日下午四时，在张垣公共体育场训话，听众万余人。

察北各地，我军戒备极严，入夜都备马携枪，防备敌人袭击。

绥边红格尔图东山下，四月二十七日突来某方侦探骑兵十多人，我守兵立即出击，相持数十分钟，敌骑退去，留死尸一具。

我军在绥边防备极严，防空司令部决举行大规模防空演习。

晋绥骑兵集中大同受训后，实力格外充足，赵承绶于五月一日在大同举行骑兵大检阅。

傅作义将军令部下严加戒备，匪如来犯，立即痛剿。

《中国少年》（半月刊）

上海少年知识出版社

1937 年 1 卷 5 期

（朱宪　整理）

不容忽视的嘉卜寺会议

勉哉　撰

去冬绥东抗战，敌势稍挫，表面暂时沉寂，而内部的紧张，却比战时更为剧烈。一班误国的浅视者，为平等外交和经济提携所诱惑，以为绥东战事，已无问题，今后只须经济提携，即可调整邦交；或竟贿之以皮币，贿〔赂〕之以玉帛，希冀避免敌寇的侵略。这种虚矫卑劣的心理，足以亡国而有余！我们不得不大声疾呼，唤起国人注意，去冬的绥东抗战，只是敌人试验猎犬的预演，我们之小获胜利，并不能担保今后的绝对胜利，我们要切切实实准备血战，惟有血战才能获得民族的生存！

最近一个月来，敌人蛊惑伪军，日益加深，嗾使白俄，移殖内蒙，扩张张北飞机场，赶造黑河大铁桥，一味蛮干，凶相毕露。本月十日，嘉卜寺会议，在日籍军官十一人指导之下，已决定五月进犯，并令各县限于五月十五以前将本年上忙田赋交齐，充实军用。亲爱的国人，我们要火速准备起来，献身卫国的时机已经到了！

《共信》（周刊）

上海共信社

1937 年 1 卷 6 期

（丁冉　整理）

国防前线的外蒙古

布利秋　撰　　平则　译

外蒙的政治、经济现状
（《中央公论》十一月号）

（政治）外蒙共和国的宪法，采取了与苏维埃制度完全相同的组织。以前完全不知道组织的外蒙人，也设立了牧羊业、农业和工场等组合，而受青年联盟的指导。现在支配外蒙的蒙古共产党员约有二万人，青年联盟的会员约有一万人。政权的运用，采取国有统一主义，无论土地、羊、寺院、工场、矿山和贸易，都在政府统制之下。政教分离，男和女、各民族、各宗教间一切平等，废止王公贵族称号，剥夺喇嘛的特权。

政治的体系是这样：十八岁以上的男女都有选举权，被选后，任期一年的议员，每年开国民会议一次，会期一月，议员额数一百数十名，会中推举五名为代表委员，成为执行机关，诠〔铨〕衡各部的部长。这些议员以各地民众和军队选出的为最多，大都是共产党员。国民会议议长和国务总理共同形成行政〔为〕最高机关。自一九三○至三三年，制度曾一再改革。

地方行政由中央任命的长官负责。参与行政的人员〈为〉由受长官指命的地方有力者，大半是在布利雅特和莫斯科受过教育的人。

（教育）一九三四年以来，发动扑灭文盲运动，整理学校。一九二六年制定小学令，一九三三年又经改革整理，学校用品全部由政府支给，男女同学，实施共产主义教育。现在有小学六十五个，学生约四千人，教师约一百四十人；中学五个，学生约六百五十人，修业期限为三年；有库伦大学一所，学生约二百名，也是修业三年，该大学中成绩优秀的学生，都派遣到莫斯科赤色大学去留学。大中学都是旧日官衙所改建，地方的小学校，则多半在部落中张起帐篷来作为校舍。女教员比男教员还多。

（经济）外蒙五年计划中最重要的部门是交通机关，第一条计划的铁路，是从外贝加尔彼得洛夫斯基经买卖城至库伦的双轨线，更拟延展而南通绥远，工事正在加紧建筑中。外蒙原有四大"队商路"干线，不过那是几千年来自然走出来的，广狭不等，崎岖难行，现在已加以修理和重建。各路都以库伦为起点，北向至西伯利亚，西向到伊犁，东向南到张家口，东到哈尔哈。新设的道路主要是有着军事意义的国道，它们远通西安，直连上海。

人口虽苏联的统计也不完全，大概有八十万。汉人现在有五六千；苏俄人在全外蒙有二三万；在贝加尔湖东岸建设自治共和国的布利雅特蒙古人，在外蒙的也很多。

据苏联人的调查，马的数目从一百四十万增至一百六十万；骆驼从三十万增至五十万；牛从一百五十万增至二百万；山羊从三百万增至四百五十万；羊从一千万增至一千八百万；"家畜五年计划"要使今后三年间激增百分之四十。因为矿山的探查不完全和交通不便，矿业五年计划不明。距库伦三十五粁的那赖哈煤矿颇有希望，推定埋藏量三亿普得（每普得约十六公斤半），因此五年计划中煤的年产量从一万粁〔趸〕增至五万五千趸。此外，东部近呼伦贝尔的桑贝子南方十二尪〔粁〕有很丰富的煤田，科布多地方也有三处煤矿。

金矿自来有名，其他银、铅、亚铅、石墨、岩盐等各处均有开采。工业有制革、木料、炼瓦、机械等，都集中于库伦，全归政府支配。其他家庭小工业都归工业组合统制，不许各自的自由，主要有粗制毛线、皮革、靴鞋、毛皮、制粉等小手工业。这里也如苏联一样，以五年计划努力于提高效率。

输出及输入贸易，全部经西伯利亚以至苏联，据报告输出、输入均达八千万圆，实际上统计极秘密，无从得知，因为依输出、输入的金额，即可推定军需品的动态。输出品有家畜、皮革、毛皮、兽骨等；输入品有谷物、茶、烟、纸、火柴、玻璃、衣服、化妆品、铁器、机械、汽车、石油、农具等。库伦也有兵工厂，但产量不多，所以武器弹药和飞机也有大量输入。

"军事四年计划"努力于发展电报、电话、邮政事业，尤致力于无线电，最可注意的是库伦大无线电台的建设。

外蒙并非一个完全是草原和沙漠的"国家"，库伦北连西伯利亚山系，林产颇多，种类有落叶松、枞、桦、榆、白杨、柳等，年产有十万公亩。农业虽为蒙古人所不喜，但在都市附近也栽培小麦、燕麦、裸麦、黍、大麦，年产约二万吨。但是那样广漠的大地，只出这点谷类，当然必须输入了。因此外蒙的"自给五年计划"就利用集体农场制，强制喇嘛、有闲阶级和妇女去作业。

（外蒙的作战准备）军事工作中主要的是铁路。一九二四年苏蒙条约定后，苏联的铁路权着着扩大，获得建筑恰克图—库伦—滂江双轨铁路的权利。新设线有维尔涅乌定斯克至库伦的九百粁，塞弥巴拉丁斯克至乌里雅苏台的二千粁，都已设计完毕。汽车路的计划有库伦、张家口间的一，〇六〇粁；库伦、买卖城间的三七粁；库伦至乌里雅苏台—科布多—苏联雅孔嘎间二，三八〇粁；库伦、鲁伦间七二〇粁；乌里雅苏台—赛尔乌苏达—张家口间一，七〇〇粁，此外乌得、达里岗崖牧场间的军用汽车路开通与否不明。但苏联的计划是远大而切乎实际的，现在正向中国输送相当多量的武器弹药，这些路是未可轻视的。

外蒙水路有塞楞河从国境到厄金果尔河口二九四粁，鄂尔浑河口以上七二粁，苏联都得到独占的航权。更重要的是航空路，那有从旧伊尔库次克经买卖城到库伦的定期航空；还有从库伦到塔什干和新疆的航空路。这〔还〕渐次扩大，要向西安发展。有线电以库伦为中心尽量向四方扩展，全以军事为本位。

军队的主力，集中伪满边境附近，在桑贝子和塔木赛克一带配置七八个师，其他则配置于库伦及南部内蒙边境，以三个军团向这三方面派遣。该三军团主要是骑兵，此外，步兵从二旅增到三旅，炮兵增到二团，另加约六千名的特别国民军和机械化兵团。飞机从二百架增到三百架，大炮、高射炮、轻重机关枪、战车、装甲汽车队、货车队等，级级从西伯利亚移入，以备现中国事变的波及。以库伦为中心，全力进行军事工作。库伦有两大兵工厂、发电所、化学兵器工厂及无线电台的设备。

日本间谍的外蒙潜行记（《改造》十一月号）

我的计划怎样到外蒙去，是前年夏天的事。据说自九一八后，日本人绝对不能入境。但是曾有几个日本人，听说白俄败将在哈尔哈内地的草原埋有金块，他们就扮作猎人，深入那里，结果都被外蒙兵捕获，但后来却全部生还，这件事实使我坚信可以去得。当我在满洲里作入境的准备工作时，幸而遇到一个以前熟识的俄国人，我决计凭他在苏联领事馆中求些便利。我在法国时曾学过些绘画，因此我告诉他：我是个画家，现在生活困难，只有靠外蒙沙漠的写生来谋生。他很同情我，很快去代向一个领事馆的青年书记斡〔斡〕旋。但是书记不能保证。后来，我拉了那书记和领事三人同游，也许是为感情所动，入国许可证虽没有，他却答应了写张承认我是画家的个人证明书。

从满洲里到札赉诺尔是坐的火车，那是六月中，下了车，找辆中国破马车向南前进。

到了达赉湖后向西前进，沿途遇着蒙古人所作的路标，"鄂博"，这是用石和泥堆起来，上面种了树的。波状的丘陵蒙着青草，小路曲折得像鳝鱼，慢慢走着，看见前方聚集着七八个蒙古包，这是罕楚哈。想在这里换马车，但一个马夫都没有。"包"中蒙古人男女四五十聚到马车的四围来。原来蒙古人为了放羊要随着水草，所以人口时有增减，这里是大家族，每"包"住有三对以上的夫妇和他们的儿女，所以人口很多。

天晚下来，又见两个"包"，想借宿一宵。于是马夫在大声招呼：请把狗拴上！如果不把十几只猛狗拴住，就不能接近那包了。草原的夕阳落得特别快，蒙古人把狗聚拢来，已是天黑了。夜里没有灯，他们是太阳落山就寝，黎明起来。蒙古人所有的羊有时达七八百头，羊是非常重要的，把它们集在中心，外边聚集一圈牛马，外围再聚着猛狗，布下三重的圆阵。夏天的草原，白昼酷热而夜里急速转冷。不知道洗澡为何事的蒙古女人，取出干的牛马粪在包外烧着，围着火烧烤了一只小羊，给我们充饥。他们是新巴尔虎人，是不拜喇嘛佛的喇嘛教叛徒。我们在粪火边睡下，他们却把毛皮铺在草上，看着星睡，靠星来辨认草原道路的蒙古人，这睡法真有神秘感呢。

蒙古包

旧外蒙贵族

北方大陆的天亮时也特别快，吃过了牛奶作的团子，送些谢礼，告别而行。日中到达萨别里钦部落。中国马夫把马车借给我，他回去了，现在由一个康健的蒙古青年赶车，走得稍快。沿途有"鄂博"、羊群、骑马的蒙古女人。溯克鲁伦河而上，在无山的草原上看到三座的山，据说是博克多的佛山。遥见几十个骑马的，是朝山去的，蒙古人见山而思佛，相信越高越得天神佑护。过了第三夜，蒙古马夫不肯再前去了，只得以伪国币五十圆买了一匹马，一人独行。

过了第五夜，到了一处，各处支着帐蓬，这是"满洲国"国境警察派出所，那边是外蒙国境了。警察说：那边的梅里根敖拉庙就是暂定的国界了，外蒙兵有时在西方小山上出现。从那里向西是一步也不能过去的。那夜就在这里住下。次日骑马向南方，向似乎是国界的地方绕路而进。那天一个人影也没见。在草原上睡了一夜。天亮了，突然两骑马赶来，他们正是外蒙兵。他们的强悍态度使我恐怖，也不问什么，随即把我带着西行，前后各一个外蒙兵，把我夹在中间，也不知往何处去。经五六小时，到了克鲁伦河边。这里的天然道路是由砂土和自然的煤屑形成的，坚固得可以走汽车。不久来到河边一排岩壁的地方，山上支着七八个帐蓬。上得山时，二三十人欢呼而来，里面有两个俄国人，他们是指挥这些蒙古兵的班长。他们看了我的文件，说：这是领事馆员个人所写，没有用处；也许还是假的。我只知此地是克鲁伦河沿岸，后来才知是沙喇舒巴台。次日他们把我的眼蒙上，用马送去后方。大约是向西沿克鲁伦河行走。晚上停的地方有二三十个蒙古包，在这里，给我吃了些牛奶团子和茶。这里有四五个俄国人，四五十蒙古人。知道这是克鲁伦即乌尔达，据说夏天有路可通赤塔，冬天结冰后还可走汽车。住了一夜，再蒙上眼，和行李同装一货车，颠了一天。把眼放开时，吃了一惊，这里有炼瓦造的大房子，有电灯；这是车臣汗部的首府。在此拘留了四天，我苦求转送库伦，经允许了，次日搭乘赴库伦的货车而行。

这里离国境四百公里，大库伦则有七百公里，从这里坐汽车十几小时可到库伦。在车臣汗，蒙古包是固定在一地的，有的地方也有瓦房和像兵营的东西，听说有飞机场，却没看见。要开车时又用黑布把眼蒙上，不知走的什么路，但觉车走得快时，急激摇动，也听到水声，似乎是在修理中的有水溜的天然道路。

这时的汽车夫是俄国人，我的眼虽蒙了，嘴却能说话，和他攀谈。途中吃了两回饭，他都把我眼睛放开。午饭时看见右手的河大概是克鲁伦河，有丘陵，岸边有重重断崖；左方是草原，有些砂砾，但是不见沙漠；北方似乎是西伯利亚的连山，古人说蒙古没有树木是不对的，近西伯利亚有很多密林。向西行更近大库伦，道路经过人工修理，货车也能开足马力了，这些道路似乎是新的支线。

库伦有大的炼瓦建筑，电灯通明。这里的拘留所比车臣汗的区署大七八倍，但也大同小异。拘留的第四天提出去审问。官吏一半是俄国人，在言语上很讨便宜。俄国人因为找不出证据，在我的肚带里取出一件重要的东西，以为是证据了，及至展开细看，忽然哈哈大笑，原来那是一张德川时代的春宫。结果，我被当作色情狂的傻画家而释放了。

等三四天押送车臣汗出境，就暂时拿拘留所当旅馆住下。我要求描写库伦风景，却是不许，照相固然绝对禁止，绘画也不行的。但是有辆空货车，就利用它看看库伦的市街。旧市有蒙古人的固定蒙古包的街市和中国式的街市，很不清洁，往往有中国人，但是俄国却一人不见。新市街与旧市街间稍有距离，那里道路是新式的，有近代都市风，有瓦斯和水道，在市街区域大概有二千户，这是前年的话，现在也许住宅更增加了，人口看样子大约有六七千。

再乘货车回车臣汗，现在是傻画家了，不再蒙眼睛了。库伦南方见有一座高山，那叫汗山，高约五千二百尺，是外蒙喇嘛教的大灵山，但在共产党统治下，因为宗教是鸦片，喇嘛也被禁止了。途中骆驼队满载粮食，饶有画意。路上新立的电杆如林，道路也有改修新设的。也遇到几处烟囱集合的村落，产业计画也可以从各个村落看取其轮廓。各处乡村的蒙古妇女上身穿着蒙古衣服，裙子却是俄国式，这可说是外蒙的新式样，头发剪成俄国式的女子也常常看到。互相敬礼，也有用握手的。这些在蒙古礼仪上都是急激的转变。蒙古人虽不是农业的民族，现在各处也看到集体农场了。

归途和去时的道程不同，是向南方走的。有几个蒙古包在烧着，据说那是为了杀灭鼠疫菌。蒙古人一发鼠疫，马上就将衣用具和"包"一起烧掉，他们的怕惧鼠疫较文明人尤甚。车上所见喇嘛庙的废墟极多，外蒙著名的拜庙，现在也成为禁例之一。一路上天空常见飞机，处处有无线电柱。有时走着很好的重建过的道路，这样地到了车臣汗，由此循原路回到"国"境。回顾外蒙

所见，显然的，草原的蒙古是已在苏联指导之下，向近代文化迈
进了。

《抗战半月刊》
广州战时出版社
1937 年 1 卷 6 期
（朱宪　整理）

最近的绥境蒙旗与蒙旗工作

张鱼　撰

绥远境内内蒙旗盟，系有鄂尔多斯部即伊克昭盟所辖七旗、乌兰察布盟六旗、土默特部一旗，与绥东右翼四旗，共二盟十八旗。虽然现在除伊克昭盟尚较完整外，大部分均已沦陷敌手或被胁附逆，但我第×集团军傅作义部，曾于六月间由晋北进至丰镇、集宁、凉城（该三县为绥东四旗所在地）等地，包围归绥城。挺进军马占山部，亦曾由绥西挺进至包头、五原、安北各县（乌盟境地），最近蒙古保安队复深入固阳、武川（乌盟达尔罕旗、四子王旗、茂明安旗所在地）一带展开游击战争。所以绥远全省及所有绥境蒙旗仍在我控制之下，敌人在绥远也已像有〔在〕山西一样，陷入泥淖之中。其"以华制华"的分化政策，虽然在过去曾在少数王公中收到了相当效果，可是再也不能欺骗曾身受其惨无人道的残杀、奸淫、奴役的成吉思汗的子孙了。绥境蒙旗已经在蒙旗指导长官公署、绥蒙政会领导下团结起来，动员起来，配合各抗战友军，肩负起保卫祖国、收复失地的神圣的任务。现在我们先将绥境各蒙旗的近况作一概略的报告，然后再介绍绥蒙指导长官公署及绥蒙政会最近的工作动态，以飨关心蒙古之读者。

一　各盟旗近况

（一）鄂尔多斯部（伊盟）

　　鄂尔多斯部，即伊克昭盟，位于归绥城西约三百余里，东、西、北三面，均沿黄河，南隔长城而与宁夏、陕西二省为邻。本盟所属各旗计有：（1）准噶尔旗；（2）达拉特旗；（3）郡王旗；（4）乌审旗；（5）鄂托克旗；（6）札萨克旗及（7）杭锦旗等七旗。伊盟现在是绥境蒙旗中较完整的一盟，同时也是绥境蒙旗的政治、军事中心。绥境蒙政会及伊盟保安长官公署均设于本盟札萨克旗。盟长沙克都尔札布，简称沙王，职位札萨克（统带之意），本旗为札萨克旗。副盟长原为阿勒坦鄂齐尔，简称阿王，本旗杭锦旗，但自本年四月间阿王被敌人掳去后，副盟长一职至今犹付厥〔阙〕如。沙王为人诚实真挚，惜太软弱，且体弱多病，惟对抗战颇为坚决。其保安长官公署，专负训练伊盟保安队之责，一切计划、训练、指挥事宜，均由参谋长褚大光负责，褚原为西安行营派驻伊盟之联络员，因得沙王信任，乃聘为参谋长。保安公署实力薄弱，势力仅能达于札萨克一旗，其他各旗均不能深入，现正积极调整中，将来自可成为伊盟武装的统一领导机关。

　　（1）准噶尔旗，旗地设托克托县，无旗长，新王年幼，尚未至继承王位之龄（十四岁），该旗札萨克任务，原由东协理奇文英（汉名）、西协理奇凤鸣（汉名）代理。现奇凤鸣投日，该旗札萨克遂由奇文英一人护理。该旗武力原有保安队×百余人，奇凤鸣附逆时，曾带走×百余，现只剩半数，由奇文英统率，惟闻奇凤鸣附逆后，颇为后悔，有反正可能。准旗蒙民文化程度尚高，旗内设有同仁小学一所，纯为汉化教育，历届毕业学生遍布本旗，如能加以组织，略施训练，可为宣传蒙民、组织蒙民、训练蒙民、武装蒙民的基本干部。

（2）达拉特旗，位于萨拉齐、包头、五原三县境，旗内垦地最多，蒙民务农者亦多，故地方富庶异常，俗语有云"三公一札萨，抵不过一个烂达拉"，即形容该旗之富饶。本旗旗长（札萨克）康王（康达多尔济），人极聪敏能干，对照相、驾驶汽车、修理无线电等，均技术娴熟，惟其尝好白面，性好挥霍。前数年该旗发生旗民"督贵运动"（一种人民监政运动），即系由其挥霍过烈无度，民生困苦所激起。本旗政治情况，较为复杂，康王弟章巴拉多尔济，见旗政腐败，康王又不孚众望，遂一面暗中反对乃兄，一面则与日人勾结，由日人委为该旗札萨克。另有所谓"大太太派"者，系由其母主使，因不值其子所为，前在河套一带反对甚烈。去年归绥陷落，绥境抗战部队经由达旗西撤，该旗团长森盖怂恿康王派兵堵截缴枪（森现已任伪蒙第十师师长），并以我察、绥军事失利，认为国家大势已去，于康王府改悬日旗表示降日。蒙旗保安队白海峰部及挺进军马占山部过境时曾与发生冲突，后由挺进军将康王府包围，将康王逮捕押解至××行营。所以现在该旗札萨克、协理均悬缺，旗务暂由东、西两梅伦维持，将来将由何一梅伦护理札萨克任务，尚不可逆料。惟有少数旗民，以敌人已派章巴拉〈多〉尔济为该旗札萨克主〔王〕，得康王开释，回旗复职，办事处则可设于榆林，以与伪达旗对抗。惟一般蒙古青年及当地驻军以康王曾经公然悬挂日旗，并拦劫抗日部队枪械，群起反对，故恐难实现。

（3）郡王旗，旗址在绥西东胜境内，札萨克为布图〔图布〕升吉尔噶拉，俗称图王，下有恭协理。图王为人忠厚，颇为旗民爱戴。

（4）乌审旗，本旗不属县境，位于绥省西南方，郡王旗之下，与鄂托克旗毗邻。现任札萨克为特古斯阿木古愕，简称特王。去年以前特王被其保安队长孟克尔居软禁，孟把持旗政，特王政权被篡夺殆尽，同时乌、鄂两旗毗邻，时因边境问题发生武力冲突，去春冲突尤烈，后经绥省派兵武力调解，边界纠纷乃得解决。绥军于解决乌、鄂两旗边界纠纷后，即以迅雷不及掩耳之手段，开往特王府，将孟克尔居解决。因此特王得以重握乌旗实权，故特王与蒙政会及蒙旗指导长官公署感情甚笃，并因孟克尔〈居〉失败后逃亡日本，企图利用外力推翻特王恢复旧日势力，益增特王对国家民族之拥戴。特王弟奇玉山（汉名），任该旗西协理，奇精明干练，又深晓大义，特王界倚颇深，为乌旗有数特出之人物。

（5）鄂托克旗，本旗亦不属县境，位于绥、宁边境，前任札萨克噶拉藏罗勒玛旺木苏一，通称噶王，自去年逝世后，其子旺王年幼尚未袭职，故该旗实权实际掌握于喇嘛章文轩手中，本年春敌人曾派人前往活动，无甚结果，惟闻该旗现尚潜有敌驻绥特务机关人员，我为防患未然计，已派兵前往，与该旗保安队协力监缉。本旗幅员广阔，地方富庶，且有盐池，出产丰富。因地理上与债务上种种关系，故与宁夏关系较为密切，章由宁夏任保安司令，有保安队×千人，军民感情尚称融洽。最近某路军派政工人员三十余人，入于杭锦旗边境桃李明地方组织汉人（该地汉人员为多），并为巩固后方，成立人民自卫军，委樾兆、史仙舟为正副司令，章颇不为然，因此发生误会，引起纠纷，后某路军开往三百余人，以为保护，章更不悦，并因失意政客从中挑拨，致使事态一时颇为严重。绥境蒙旗指导长官公署，鉴于事态扩大，为免除民族间无谓磨擦计，经与某军会议结果，由某军自动退兵，于是事态始得平息。

（6）札萨克旗，旗址在东胜县境，本旗地方既狭小又贫瘠，由沙王子鄂齐尔胡雅克图（鄂王）任札萨克。本旗内部本极一致，但自沙王重用褚大光后，形成反褚拥褚两派，所幸斗争不甚明显，不致激起事变。本旗现为伊盟政治中心，绥境旗政会即设于本旗。

（7）杭锦旗，本旗位于伊盟内西北部，原由阿勒坦鄂齐尔（通称阿王）为札萨克，阿王同时并兼任伊盟副盟长与绥蒙政会副委员长，为绥境蒙旗有数杰出人物。对本旗旗务，处置尤为井然有序，故本旗内部团结一致，从无派系之争。本年四月间阿王被敌人绑架至绥远后，本旗札萨克任务，即由西协理色登多尔济护理，对于札务现正积极调整中。闻阿王被绑后，敌人利诱威胁，无所不用其极，阿王气节凛然，不屈不辱，故最近有被害讯。

（二）乌兰察布盟

乌兰察布盟位于绥北，绥新公路即经由该盟而入宁夏，并为内外蒙古交通孔道，关系西北国防殊为重大。惜现在本盟各旗，大半已处敌伪控制下，自张鼓峰事件发生后，敌在本盟与外蒙边境，构筑炮垒及其他防御工事，并移调前方作战部队来此增防，其用意固在防止外蒙出兵，但难保其不为进攻我大西北之准备，实不容吾人漠视也。本盟辖（1）达尔罕旗；（2）四子王旗；（3）茂明安旗；（4）乌拉特东公旗；（5）乌拉特中公旗及（6）乌拉特西公旗等六旗，原由巴王（巴宝多尔济）任盟长，并兼绥蒙政会副委员长，副盟长原为潘王（潘德恭察布），亦兼绥蒙政会副委员长之职。

（1）达尔罕旗，本旗位于绥远武川县境，东为四子王旗，西为茂明安旗，南为土默特部，北连沙漠，有汽〈车〉路通百灵庙、归绥。本旗札萨克原为云端旺楚克（俗称云王），自云王升任国府委员后，即由其子车苏特巴勒卓尔承袭札萨克，但因车王年幼（现仅十八岁），故实权掌握于沙贝子（云王侄）之手。现该旗完全处于日人势力范围内，备受暴敌蹂躏，惟我蒙古保安队及绥远民众抗日自卫队亦已深入本旗，展开游击战争。

（2）四子王旗，即四子部落，本旗位于武川之北，百灵庙之东，原由潘王任札萨克，潘王老朽昏庸，早已附逆，故该旗现已沦于敌人掌握中。

（3）茂明安旗，本旗在固阳县境，北与外蒙古毗邻。地窄民穷，札萨克齐默特林庆库尔罗（通称齐王）。

（4）乌拉特东公旗，简称东公旗，亦即为乌拉特后旗，位于安北县境，札萨克额托克色庆占巴勒（通称额王），已于去年病故。日寇犯境时其夫人巴云英（汉名）率部抗战，现在××一带，整饬所部，准备恢复故土。

（5）乌拉特中公旗，本旗［特］位于安北县境，地方富庶异常，惟保守性甚强，由巴王子林庆三格（通称林王）任札萨克，本旗为巴王本旗。巴王对中央与日本态度素来模棱两可，不接不离，迄至现在，巴王犹避居"林印"，不住王府，所有一切对日交涉，均由林王出面应付，中央如能派得力大员前往抚慰，晓以大义，似尚可期其翻然来归，参加抗战。

（6）乌拉特西公旗，位于包头、安北县境，札萨克石拉布多尔〈济〉（通称石王），已逝世。去年日寇西侵，石王夫人奇峻峰，毅然率部抵抗，转战绥西，为期半载有余。中央以其大义凛然，忠勇可嘉，委为乌拉特防守司令，故奇现在除护理该旗札萨克任务外，尚在××一带，督率所部与敌周旋，为蒙旗有数之英雄也。

（三）土默特部

土默特部，仅一旗，旗址即为省制归绥、萨拉齐、清水河、托克托及和林格尔等五县之地。本旗部族众多，所谓"土默特"即蒙语"无数"、"一万"之意，盖形容其部族之多也。本部族民约有万余人，除极小数尚住蒙古包过其原始的游牧生活外，大多数族民都已完全改营农业，且已忘去蒙语，与汉族同化矣。现任总管云祥，为绥省绥蒙人中之有数博学多能者，声誉蜚然。云现在榆林主持绥蒙政会会务，并联络各旗盟策划一致抗战事宜。本旗一般文化水准，亦较其他各旗为高，历年均由公费资助本旗子弟到国内外留学。现该旗虽仍在日伪控制下，但我傅××、何××、马××及绥省民众抗日自卫军，均已深入该旗，傅军且曾越过清水河而达于××，自卫军亦在该旗各地，广泛地组织民众、武装民众，予敌人以重大威胁。

（四）绥东四旗

绥东四旗，就是前察哈尔右翼四旗，即：（1）正黄旗；（2）正红旗；（3）镶红旗及（4）镶蓝旗，在绥东丰镇、兴和（正黄旗）、集宁、陶林（正红旗）、凉城（镶红、镶蓝）等五县之地。此四旗原属察哈尔，民十七国府决议察、绥改建行省，将察省右翼四旗划归绥省管辖，惟此四旗之划归绥省管辖，只是土地管理权上的转移，蒙民则仍由察省治理。现此四旗，沦陷已久，无多足述，惟闻正黄旗总管达密凌苏龙因与德王友善，已任伪蒙第九师师长。最近有骑兵某军与某路军游击支队深入该地，活跃异常，敌以不堪其扰，曾分十路围攻，然均为我一一粉碎，我各部队仍多留在该地，展开游击战争。

五〔二〕　最近的绥蒙工作

（一）绥蒙指导长官公署

绥蒙指导长官公署，即绥远省境内蒙古各盟旗地方自治指导长官公署之简称。二十五年二月与绥境蒙政会同时成立于归绥，指导长官为阎伯川氏，惟实际负责者，则为参赞石华严。该署任务系在指导蒙政会推进蒙古各盟旗自治工作，但因过去蒙政会本身不能负推动责任，故一切工作，均须由该署自行负责推动矣。该署组织设第一、第二、第三等处。第一处为一般的总务处。第二处司理财务、建设、教育等工作。第三处专司保安、特务之责，此外内有秘书室一，设秘书二人。该署现在鉴于过去蒙旗工作只注力于王公等上层分子，而忽略了广大的蒙古群众和勇敢有为的蒙古青年，当兹全民抗战时期，更非唤起蒙古青年、蒙古民众，担负起保卫蒙古，保卫有历史光荣的成吉思汗的陵墓，进而保卫祖国的神圣任务不可，故于最近成立蒙古工作团三团。其主要任务，系在宣传蒙民、训练蒙民及组织蒙民。工作团工作，系取分区工作制，以免流动而收实效。其第一团负责札萨克、准噶尔、郡王等三旗；第二团负责乌审、鄂托克二旗；第三团负责杭锦、达拉特二旗。此外尚有抗日艺术队一队，由漫画家张仃领导，现亦归指导长官公署节制，在蒙旗工作，其工作系偏于利用绘画、漫画、戏剧等作普遍的抗战宣传。

　　到蒙旗工作，固然在物质上，往往会遇到意想不到的困难和艰难，但是因为蒙旗社会组织的严密，如旗下有札兰（类似我们的区），札兰以下有苏木（类似村的组织），每一札兰有一札兰章京（又名参领）为首长，苏木则有苏木章京（又名佐领）为首长——对蒙旗工作的展开，有不少帮助和便利。此外蒙旗还有一种“台站”制度，是一种通信网或联络站的组织，在伊克昭盟，就有六个“台站”（札萨克旗独缺），每站距离为四十里，首领称“章盖”，不受札萨克节制，现“台站”改为牧场，章盖总管为杀虎口牧场场长。场长黄梦熊，但最近国防会议议决取消，使各旗间顿然失去联络，情报迟滞，当此敌军企图西犯甚亟，匪首王英复于包头收罗旧部，拟利用其过去在绥西、河套一带的潜势力，以收

"以华制华""不攻自克"之效，此种"台站"制度若能善于利用，加强组织，对情报之传递，将有不少补益！

指导长官公署过去在绥远的时候，就因为蒙旗工作只集中于王公上层分子的不够，蒙古留学京、平青年的腐化、官僚化，和优秀干部的缺乏，与绥蒙政会合办"自治训练所"一所，每期由每旗保送蒙古青年四人受训，毕业后，充任自治工作干部，现该旗为配合目前抗战需要，展开蒙旗抗战工作，拟扩大组织，将所址设于札萨克旗，所长原为云祥，现由石华岩、沙王负责。同时该署鉴于蒙古文化落后，深盼国内文化水准较高，有志蒙古工作而须〔且〕能吃苦耐劳的青年，为民族而赴蒙古工作。

此外，该署为顺利地组织蒙民，解除蒙民痛苦，直接参加抗战起见，最近竭力注意于改善蒙民生活，惟欲真正解除蒙民痛苦，必须取消种种封建的剥削和奴役，严禁驻军的骚扰蒙民，并确立明确的民族政策，使蒙古民族获得民族平等、民权自由、民生幸福的真正权利。

（二）绥境蒙政会

绥境蒙政会系于二十五年二月二十五成立，该会原由百灵庙旧蒙政会分化而成，其职权依照国府所颁该会组织大纲的规定，系在办理乌兰察布盟所属各旗、伊克昭盟所属各旗、归化土默特旗及绥东五县各旗的地方自治事务。由伊克昭盟盟长沙王任委员长，其委员本为乌伊二盟十三旗札萨克、绥东四旗、土默特部之王公总管充任，现已缺其大半，仅伊盟札萨克旗鄂王、乌审旗特王、郡王旗图王、准噶尔旗护理札萨克奇文英，连同土默特部总管云王、委员长沙王只六人而已。该会组织，前极庞大，全因人而设，现经缩编：1. 秘书处，由荣〔云〕兼任秘书长；2. 参事处，由奇文英兼任；3. 财务处，由鄂王兼任；4. 军事处，由特王兼任；5.

民运处，由图王兼任，各处下各设主任一人，均由蒙古青年充任，经常负责处务之推行。该会此次改编，设立民运处，为该会之一大进步，对于将来蒙民动员，开辟了光明灿烂的前途。

三　蒙民动员与蒙民自卫

全民的全面抗战，势非动员全民族的人力、物力、财力参加抗战，不足以确保抗战的最后的胜利，这已是全国上下一致的呼声。具有光荣的历史传统的蒙古民众，尤其是觉悟的蒙古青年，自然也不甘落后，他们现在已经在云祥、白海峰、巴文峻等蒙古先进号召下，成立了民众总动员委员会，广泛地动员蒙古民众参加抗战，粉碎敌人"以华制华"的民族分化政策。同时，在蒙旗自卫武力方面，现在已有（一）蒙旗独立旅和（二）蒙古抗日军两支有力的武装。蒙旗独立旅的前身，是蒙旗保安队，大队长云继先，云附逆后由白海峰率部反正，并将云击毙，白自任大队长。抗战以后，西安行营嘉白忠勇，将保安队扩编蒙旗独立旅，任白为旅长。白为留苏学生，其部下亦多属留苏青年，故都具有较高的政治认识和坚强的抗战决心，前于收复神木、府谷诸役中，已经表现了他们伟大的力量。

现在蒙旗工作，由于多数蒙旗陷落，所以工作的展开，有赖于武力的保障，不论是争取蒙旗、组训蒙民，或瓦解伪蒙军都是这样，蒙古抗日军就是为保障这些工作的展开而产生的武力。现在他们的工作，在军事方面正着力于：1. 训练并整理蒙旗保安队，抽调各旗保安队分期集中训练，乌、伊两盟，土默特部及绥东四旗各为一区；2. 是瓦解伪蒙军，争取伪蒙军反正。

×　×　×　×　×　×

总之，现在的蒙旗情形，已经不是德王等蒙古败类统治下的蒙旗情形了，蒙旗已在急激地动荡中，真正的成吉思汗的子孙，将在这次伟大的、全民的对日持久战争中，继承他们光荣的英勇的传统，伟大的历史的传统，发挥更光荣、更英勇、更伟大的力量。

《民族革命》(半月刊)

山西民族革命半月刊社

1937 年 1 卷 7 期

(朱宪　整理)

外蒙古论

傅于琛　撰

为什么要研究外蒙古？简洁的答覆：因为外蒙古地方是我们的！

也许有人要问：难道你还是根据历史帝王传统思想，把它当做"藩属"，要它缴纳"年贡"，把人民的血汗献给中国吗？

我们不能不指摘这样封建主义的遗毒，是四十余年来孙中山先生"扶植国内弱小民族，使它能自决自治，对于国外的侵略强权，必须抵御"的民族革命主义所深恶痛绝的。在中国被日帝国主义灭亡的危迫时期，我们认定外蒙古地方是我们的，有这样的主要理由：

第一，外蒙古的民族生活与传统习惯，和中国各民族有极密切的关系。

第二，目前外蒙古的政治、经济、社会、文化的发展，形成了反抗日本的并吞远东的"满蒙政策"的主力军。

第三，外蒙古的军民"不准"日伪军及浪人"跨进国土一步"，这不仅是全世界弱小民族反侵略战争的括括〔呱呱〕叫的代表，而且是中国团结御侮的北方屏障。

因此，我们可以说外蒙古是：和平堡垒，抵抗侵略者的铁城。

是的，外蒙古的政府与人民，一致的摈绝了帝国主义的侵略。在国际帝国主义明争暗斗的宰割远东弱小民族的过程中，外蒙古不仅是领土主权屹然独立，而且经济与政治完全没有殖民地化或半殖民地化的耻辱，这件事情，使许多人吃惊。甚而有些不相信外蒙古民族已经完全独立自由自主的人，第一怀疑"外蒙古是苏联的殖民地"，以为那里的"经济被苏联侵略"，"军事是苏联兵力的化装"，"政治是苏联扶植的傀儡组织"。他们不相信外蒙古强盛的第二个原因是"地广人稀"，"经济文化落后"，"人民的知识不够做民主国家自卫的主体"，"国力不够独立自主"。

但是，事实粉碎了"外力依赖主义者"的滥言。外蒙古在政治、外交、经济各方面被苏联侵略的事实，一向无人举出来过，即令在侵略者的宣传机关，也找不到一点可靠的材料。

至于讲到外蒙古的国力，在那四百几十万平方里，约占中国总面积七分之一的大地上，人口仅只八九十万（一九二一年革命前仅六七十万人，蒙人占百分之九十三，其余为汉人及俄人）。如果要机械地把人口、军力、出产、财政等状况，来比较满洲伪国或日本帝国主义，外蒙古似乎只有沦亡在"满蒙政策"下的命运。

因此，我们对于外蒙古的观察，必须扫除一切皮相之见的态度，不应该单只从地理的，或自然的现象去看它，也不应该机械地从物质现象上去看它，也不应该从局部的、偶然的状态去看它。老实说，综合物质经济生活、社会结构、政治关系及整个精神文化的发展看起来，外蒙古的强盛，决不是神秘不可思议的事情。

一个社会经济、文化落后的弱小民族，何以能够从原始游牧部落的封建农奴制的阶段，在短短的十几年中，飞跃到现代集体化的机械生产，彻底民主政治的阶段？

外蒙古的发展，对于这种问题，作了肯定的答覆：只要人类能够把握着时代的方向与环境的重心，在适当地改革过程中，不必一定要刻板地排演社会进化史。在这种从民族自身的政治、经济的努力改革的过程，民权的发展与民族自卫力的伸长，是必然的结论。

　　自然，外蒙古的改革，决不是轻而易举的事情。在打破国内特种势力与国外侵略者的过程中，有着重重垒垒的难关。在建设新的物质与精神文化以前，最宝贵的经验，便是觉悟的国民大众齐心一律，百折不挠，临机应变地策略与战术上的正确运用。首先，我们且看这落后的外蒙古民族怎样摆脱奴隶的锁链？

　　外蒙古人的经济文化生活，在一九二一年革命运动以前，回忆起来，那种"逐水草而居"的情形，似乎很少可以称道的——有的，便是在整个民族生活上，束缚着重重的锁链。远自一一七七年，蒙人元世祖率领游牧的战士统治中国，征服欧亚大陆的时代，曾经有一页光荣的历史。但自一三四一年（元顺帝二十五年）后，蒙古人因为游牧民族的文化无力支配欧亚各先进文明国的封建文化，在各被征〈服〉民族纷纷复兴的过程中，它的势力就逐渐衰落了。不但衰落，而且在原来部落游牧生活上，加上一套沉重的封建的制度。在那里，萌芽着幼稚的农业与工商业，一直沉闷到十九世纪末，及二十世纪初期，帝国主义追逐到远东，外蒙古突然被侵略者看上了。英美商品开始在那里角逐。俄国沙皇把它看为开拓殖民地的近水楼台。日本的大亚细亚主义，逐渐向满蒙伸手。

　　满清专制皇帝在两百年前立国的时候，封外蒙古为"藩属"，使那老底子就披着封建架锁的蒙古社会，愈加顽固。

　　第一，王公贵族——这是满清皇帝赐予的世袭制度，分为亲王、郡王、贝勒、贝子，公——镇国公、辅国公——等爵位。这是依最初各酋长的部众之多少及战功之大小而封赠下来的。王公贵族们，是享有管辖并剥削臣民及奴隶的特权阶级。他们是不劳而食的"天生骄子"。生产事业的不能进步，便是这辈王公贵族所赐予的。

第二，喇嘛僧——这是十三世纪从西藏传到蒙古的喇嘛教所形成的特权阶级。他们利用外蒙古（内蒙的热、察、绥远、宁夏各省也有喇嘛教）人民信崇迷信，礼拜活佛的习惯，专门聚敛钱财，极尽麻醉之能事。最高的教主为库伦的活佛，即哲布尊丹巴呼图克图。外蒙古的财富、学术、文化便是用喇嘛教的神秘幻想装置着的。喇嘛寺院的雄壮伟大，内面供的金佛，藏的无数珍宝，便是外蒙古的物质文化的精粹。这些一切，都是"佛爷"的专有品，是人民血汗的结晶。

第三，平民——这是外蒙古的柱石，有特定的权利与义务，有户口、婚姻、优恤、赋役、兵役等制度，规定他们的生活。他们在喇嘛教的束缚与王公贵族的压迫之下，辛苦勤劳地经营所得，大多被剥削去供给特权者享乐浪费了。在平民之间，又有贫富的分别。经济上的悬殊，使他们的上层分子（如高利商人等）升到特权者的寄生地位，不幸的穷苦分子，每每沦落到奴隶一般的可怜命运。

第四，奴隶——又名"家奴"或"奴才"，是贵族、喇嘛及富豪乃至平民所践踏的最下层阶级。他们在社会上，没有享受户口、兵役等制度的资格，他们所有的，便是无条件地给自己主人终日劳动，这是最悲惨的"人"！他们多半是由战争得来的俘虏，或破产的平民，妻子、后代都永远做奴隶。主人对他们有生杀予夺的大权。富豪或特权者时常把他们作为互相馈送的礼品，或买卖的商品，简直跟牛马一样的可怜。

在封建制度的束缚，及喇嘛教的迷信麻醉之下，王公贵族、喇嘛及富豪等剥削阶级，不仅是政治上的统治者，而且是法律上的直接裁判者。他们对于平民及奴隶，在生活与行动上，都有绝对超越的控制权力。但对于满清及俄皇时代的外商，特别是军政长官，在无力抵抗时，却是恭顺已极的。这便是外蒙古的半殖民地性的奥妙。在一九二一年革命以前，外蒙古确是最落后的半殖民地。它既是中国满清（后来的北洋军阀也跟满清差不多的以"藩属"看外蒙古）的"藩属"，又是俄皇理想中的殖民地，英、美、日、德等国，又把它当做商品销场与争取原料的"处女地"。在这样重重束缚与无限制的榨取之下，蒙古人民的经济生活一天天地堕落，自由一层层地剥去。民族灭亡的暗影，笼罩了整个民族！

一九〇五年的日俄战争，俄皇失掉了满洲、朝鲜的特权，马上就决定南下，进行并吞外蒙古的诡计。一九一一年派兵威胁，并诱劝哲布尊丹巴活佛离中国独立。在一九一七年俄国革命爆发，苏维埃政府，却主张一切民族平等自由，宣布放弃外蒙古的特权。一九一九年北京政府的筹边督办使徐树铮，企图收回外蒙古，但毫无建树，使蒙人对中国失望，以致一九二一年二月，白俄将军谢米诺夫在日帝国主义唆使之下，外蒙古险些儿变成了进攻苏联的炮垒与"大陆政策"灭亡中国的根据地。当时，外来的侵略与封建主义的压迫和出卖民族利益的劣政，极惨地蹂躏着蒙古人民，到了生死存亡的严重关头。于是，在一九二一年爆发了反侵略主义的全民革命，外蒙古民族便从此逐渐地摆脱了奴隶的锁链。

在驱逐帝国主义的全民族革命中，外蒙古各阶级是一致为民族独立而奋斗的。但因王公贵族及喇嘛僧的剥削与特权的压迫，及其对于革命的不真诚，使平民愈加觉悟封建与迷信的足以使国家不能进步。到一九二四年哲布尊丹巴逝世，平民便乘势进行反教权的运动。取消了以前的元首制度，将活佛的御玺移交国民政府管理，宣布共和，由"国民大会"决定国事大权，并委任政府官吏。同年十一月八日至二十八日，国民大会制定了两种重要的建国文件：

（一）经济政策——"取消一切剥削的寄生阶级——王公贵族、喇嘛及高利贷奸商的选举权。""解放奴隶劳动。""土地、矿山、森林、湖川及一切自然财富收为国有。""设立经济委员会，改善国民经济。""组织中央消费合作同盟，防绝外国资本的榨取及奸商的操纵。""设立蒙古工商银行，统一金融。""废除人民对于寺院的纳税义务，活佛领地的居民，要对国家履行一切国民的义务。"一切非法的榨取制度，从此消灭，奠定了民主共和国的物质基础。

（二）蒙古共和国宪法——"改君主立宪政体为民主共和国。""政教分离，喇嘛不得干涉政治。""男女平等、民族平等、宗教信仰同权。""废除王公贵族的尊号。""宣布一九二一年以前与任何国家缔结的国际条约及债务，一律废除。""废除个人及各官厅机关对于外国人的债务及连带责任。""言论、思想、集会、结社的自由。""选举平等自由。"反帝的民族革命与反封建的民族革命，便遵照这宪法的精神，坚决地胜利着。

由于经济上反剥削制度与政治上民主制度的确立，新的外蒙古就缩短历史过程，向新世纪迈步！

翻开一部社会进化史，我们知道，世界各民族从原始畜牧经济发展到农业经济、机械生产的工商业，乃至集体化的生产与消费制度，这是多么悠久而迂缓的过程，可是，外蒙古缩短了这个"过程"。在十几年之间，由于政治上的统一改革，决定了整个民族经济从单纯的游牧生活，飞跃到现代化的农、工、商业的生活，从原始、愚笨、粗劣的技术，飞跃到机器、电气的技术。

畜牧业在外蒙古经济上占极重要的地位。据一九二七年调查，牧畜占全部经济中的百分之五十八·五，农业为六·八，牧草为一·五，狩猎及家庭工业为三，商业为二·一，运输〈业〉为〇·二〇。一九二八年，占全外蒙古人口百分之八十三的中农与贫农，只有家畜总数的百分之四十五。同时，占人口百分之十七的封建的和资本主义分子，却占有家畜总数的百分之五十五。可是，到一九二五年，封建贵族的畜牧业完全消灭，喇嘛的牲畜数目，从比一九二五年的二，六四九，〇〇〇头，减少为二二四，〇〇〇头，目前，喇嘛寺院的家畜，占全国的百分之一还不够了。一九二四年全国家畜为一三，七七六，一一九头，一九三五年增加为二二，三七二，四八〇头。平民一个经营单位的家畜，一九一八年为六十头，一九三五年增到一一五头，财富约增一倍。这种飞速的进步，自然是经营改革与消除剥削制度的结果。

寺院的耕地地面，在一九二四年为四千海克脱（一海克脱约合华亩一七·五亩），一九二九年减为七十海克脱。一九三六年以来，外蒙古国立农场及集体农场，已极发达，北部增加了广大的耕种面积，完全是平民的产业。国家规定从事农业的人，无代价取用土地，贷与资金、种子、农具，并免征三年粮税。农业机械技术，一天天的被采用着。

自一九二四年以来，外蒙古政府开始设立了各种工场：木材工场、制毛工场、铸造机械工场、制革工场、酒精工场、煤矿厂、发电所、炼瓦厂、汽车厂、印刷厂、制鞋厂、面粉厂等现代工业，这些都是革命前所没有的。一九二七年外蒙古工业总投资为三一八，〇〇〇蒙圆（约合华币七分之四强），一九三四年增加到一五，八〇五，〇〇〇蒙圆。劳动者人数，一九二七年为二二五人，一九三五年为三四九二人，其中百分之九十为蒙古人。一九三五年，外蒙古政府将各业综合经营的结果，一跃而增加了生产总额的百分之九〇·八。劳动时间，根本取消了从前的十五六小时工作制，而实行八小时工作制。工资逐年都在增加。除国家工业外，家庭工业也很发达，它们构成三十三个组合，拥有一千余组合员，一九三四年生产额达五百万蒙圆。无论是国营工业或组合工业，都是摈绝了资本主义的榨取关系，而为创造集体社会文化的基础。

此外，交通上的出路，汽车、铁道、航空、轮航、邮政、电报、电话都飞速地发展着。

支配商业，防止私人奸商操纵的蒙古协同组合，在一九二四年仅只办理四，一四六，〇〇〇蒙圆的事业，一九三四年以来，增加了十几倍。在这期间，占商品总流通额数的成分，由百分之二十增加到了七十以上。职员人数从五六〇人增加到二，二三四人。其中蒙古人所占的地位，从百分之二十八，增加为八十九。一九二三年到三四年间，训练出了三三八位会计专家。

外蒙古的对外贸易，在质与量上都有惊人的进步。一九三二年的对外贸易为六〇，六七三，〇〇〇蒙圆，约当帝俄时代俄国对外贸易的五倍。在输入品中，王公贵族、喇嘛的消费品、奢侈品激减，一般平民的生活必需品，及再生产的提高文化的物品，大大的增加了。一九二九年到一九三四年间，汽油输入增加十倍。最近五年来汽车及机械、水门汀等生产原料输入，增加了五倍。

在金融信用方面，蒙古国立银行，尽有很大的任务。该银行设立于一九二四年，一九二五年发行银行券。一九二六年三月起铸造银币（称为脱格里克）与铜币（称为孟格）。它不仅调整交换，统一金融，而且贷款，帮助平民的畜牧、农、工、商、运输等业。贷与全国经济的款数，一九二七年为三，四二九，〇〇〇蒙圆，一九三三年增至六九，七五三，〇〇〇蒙圆。该行资本，从一九二四年到一九三〇年增大了十二倍以上。蒙古人的行员，从一九三〇到三四年间，从百分之二十四增加到七十一。

由于外蒙古的农工商业的发生与发展，牧畜业的伟大的进步，以及金融货币的高度发展，在一般建设的需要上，林业与矿业也有空前的进步。虽然在各新事业的创立和改革的时候，曾经遇到不少的困难或某种失败，但在民主原则之下，全体国民合法则的协力，毕竟创造出新的社会经济生活，一方面彻底的扫除了原来的"逐水草而居"的落后状态，同时，超脱于帝国主义经济的恐慌与浪费的环境之外——这就造成了外蒙古民族的日益强盛与无限度的幸福。

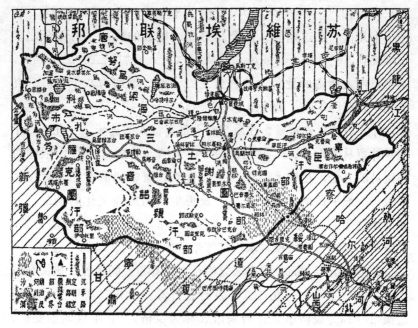

外蒙古地图（敬之）

外蒙古的强盛与幸福，可以拿共和国的总豫算来说明。一九一八年国家总豫算为一，七二二，〇〇〇蒙圆，一九三四年增加到三，五二七，〇〇〇蒙圆①，增大了三十几倍。而且，在国家财政的构成上，有了质的变化。革命前外蒙古政府的总豫算，完全是为了地方上的消费，寄生阶级的封建领主与喇嘛寺院年金的浪费，对于平民的经济文化，是毫无帮助的。当时财政来源，全赖关税收入与向帝俄政府屡次的借款。地方财政的来源，完全出自对于平民的苛捐杂税，及汉人的高利借贷所抽的贿金。这些非生产的税收，一天天的使外蒙古陷于贫穷、堕落乃至衰亡的境地。

革命以后，国家的财政收入，大部分为王公贵族或外国私商的

---

① 原文如此，疑数字有误。——整理者注

累进所得税，及国营与协同组合企业的税捐。支出方面，行政费继续减少，经济文化建设费迅速地增加。行政统治费，一九二八年占全岁出的百分之四十六，一九三二年占二十九，一九三四年减少到九·九。经济生产费的支出，一九二八年占全岁出的一〇·三，一九三四年增加为二八。文化建设费，一九二八年为二，八二〇，〇〇〇蒙圆，一九三四年增加为五，〇四七，〇〇〇蒙圆，差不多增大了两倍。同时，平民租税的负担，在一九二七年为四，九〇〇，〇〇〇蒙圆，一九三四年减少到二，〇〇〇，〇〇〇蒙圆，差不多减轻了一大半。

外蒙古人的幸福与体格，随着全民族的建设与强盛，日益增大。医生、看护、医院、疗养院、药局迅速地普遍地增多。人民治疗疾病，完全免费，开支全出自国家财政。

教育方面，有大学一所、中学六个、小学七十个。此外专门教育方面，有技术学校、医校、兽医校、会计校、理财校及戏剧校十余个。库伦的文盲已将扫尽，全国文盲亦在加紧扫除中。通俗科学书籍、定期刊物、报纸亦很发达。民族艺术中，诗歌、音乐、戏剧、无线电收音机、电影、体育……一切都很普遍地发展。

由于教育文化的提高，及政府以民主原则对于政治经济的提倡，蒙古人的和平、互助、互爱及自卫的意识与生活特别加强。因而，抗敌的力量，就愈来愈加坚固了。

因此，日本的"满蒙政策"，自"九一八"起，占领东北四省之后，不能入外蒙古国土的一步。企图恢复帝国的白俄领袖谢米诺夫将军，及其旧部西利布俩阔夫、扎哈诺夫、保博夫等阴谋家，二十余年以来，在日帝国主义援助唆使之下，夺取外蒙古的工作，愈来愈成了泡影。最近，据《外论社》及北方电讯消息："这一批白俄在长春、天津、绥远、包头、宁夏额济纳、阿拉善两旗，从某某特务机〈关〉长那里运了许多弹械、款项，准备暴动，谋组伪组织，首先占领内蒙，进一步包围华北、外蒙古、南俄，直取新疆。"在这侵略者与封建专制主义的联合威胁进攻的时候，外蒙古的抗敌堡垒，具有何等重大的使命！一九三六年春季，外蒙古与苏联订立互助条约以来，世界上的和平国家及弱小民族，都把外蒙古看为反对侵略战争的挚友。在中国和平统一，收复失地，抵抗侵略者的奋斗使命上，新外蒙古，在民族解放主义与实施宪政的路线上，是我们所引为何等亲切的同胞弟兄！

《新学识》（半月刊）

上海新学识社

1937 年 1 卷 11 期

（朱宪　整理）

蒙、藏、回疆政教领袖之调查

叔齐　辑

中央因欲洞悉边疆之实际情况，故饬蒙藏委员会筹备召集蒙、藏、回疆政教领袖来京展觐，并便于请示施政方针便利起见，曾经制定《蒙古各盟部旗行政长官分班来京展觐办法》、《达赖、班禅代表来京展觐办法》、《边疆宗教领袖来京展觐办法》、《新疆回部领袖来京展觐办法》、《蒙、藏、回疆来京展觐人员招待规则》、《赏赉办法》及《展觐礼节》等，业经呈奉行政院转奉国民政府核准备案并通行知照矣。前本拟于十二月二十日招集来京，预备觐见，后因绥远战事关系，缓期举行。兹将边疆政治及宗教领袖名称分述如左：

一　蒙古盟、部、旗行政长官班次

绥东镶红旗总管　巴拉贡扎布

绥东镶蓝旗总管　孟克鄂奇尔

乌蓝察布盟盟长　巴宝多尔济

伊克昭盟盟长　　沙克都尔扎布

鄂尔多斯左翼前旗护印协理　　乌勒吉巴雅尔

鄂尔多斯左翼中旗扎萨克　图布新齐尔噶勒

鄂尔多斯右翼前旗扎萨克　特固斯阿木固朗

阿拉善霍硕特旗扎萨克　　达理扎雅

额济纳旧土尔扈特旗扎萨克　　图布升巴雅尔

青海左翼盟盟长　　索诺恩旺济勒

霍硕特西前旗扎萨克　才拉什勒布

霍硕特前首旗扎萨克　发噶环尔却立

霍硕特西后旗扎萨克　齐木棍旺扎勒拉布旦

青海右翼盟副盟长　达什那木济勒

霍硕特前左翼首旗扎萨克　栋阔林沁

霍硕特南左翼末旗扎萨克　棍布扎布

察罕诺们罕旗代理扎萨克　温宝

新疆旧土尔扈特东路盟盟长　敏珠策旺多济

伊盟帮办盟务　噶勒藏罗勒玛旺扎勒扎木苏

二　边疆宗教领袖班次

阿拉善达克布呼图克图

五台山扎萨克喇嘛阿旺益喜

归化城弘智永顺扎萨噶巴迪彦齐呼图克图

四子部落额尔德尼达尔罕堪布

西宁托布敦拉布节灵庙光通智远却布桑呼图克图

青海刹罕寺诺门罕额拉根堪布罗布桑丹毕尼马

归化城锡埒图呼图克图

甘珠尔瓦呼图克图

那木喀呼图克图

阿嘉呼图克图
敏珠尔呼图克图

《边疆》（半月刊）
南京边疆半月刊社
1937 年 2 卷 1 期
（李红权　整理）

国防前线之绥远

廖兆骐　撰

一　引言

　　绥远战争，酝酿甚久，而爆发于去平〔年〕十一月二十四日。交锋以来，我军以迅雷不及掩耳手段，收回百灵庙，捷电频传，举国欢忭。而前线的军事，遂转趋沉寂，而未来之大战，正在酝酿中。外弛内张，乃敌人疲我兵力之战，故近来前线之军事，依然吃紧。若吾人就历史方面观测，则此次战争，为绝不可幸免，诚以我国边患，常苦于北方蛮族，秦始皇之筑长城、石敬瑭之割燕云十六州、真宗澶渊之盟、英宗土木之变，无一非肇祸于北狄，而使我受困今日鏖战之绥远一带也。今者绥事虽由伪蒙匪军内侵，其实发纵指使者大有人在，他日者，短兵相见，匪军崩溃，则中日之战，因而掀起，自属意中事耳。且吾人于近数十年来，不观夫中日无时不在纠纷中乎？每于国际变乱，或中国有内乱时，日本必乘机侵略，如辛亥革命时，日人乘机并吞朝鲜，收入版图；袁氏称帝时，提出二十一条件；欧战发生时，占领青岛；民国二十年大水灾，占领东三省；全世界经济恐慌中，乃复西侵热河，并成立"冀东防共自治政府"；两广事变，乃要挟察北六县自治。现在更利用欧洲多事之秋，且英美之联合未臻巩固，中国之统一未久，更借防俄之美名，积极从事西犯绥远，以遂其手创"大元帝国"之阴谋，故纵使匪伪叛徒，充当先锋，使行其"以华制华"之办法。呜呼！来日方长，我国之疆土有限，敌人之欲壑靡穷，抚今追昔，可知此次战争的必然性矣。今后绥远能否为中华领土，固靠前方将领抗敌之决心及士卒之用命，一方尤须全国国民，集中力量，誓为后盾，庶几不致再有沦亡之覆辙。日人如仍侵略无已，吾人能再持容忍退让之态度乎？东北半壁河山，已沦为异域，此西北之半壁大好江山，希共同努力保存之。今余既非政治家，又非军事家，对于绥远之政治问题及军事问题，愧无意见贡献国人，仅以地理的眼光来谈绥远问题，使国人对于绥远问题，特别重视耳。兹将绥远问题分为一般情形、现状及将来三项述之于后。

二　绥远的一般情形

绥远在民国十八年始建为省治，国人均谓为最近开发之省，与热、察二省并称为内蒙，以与外蒙并列，于是错解由此而生，此种错误观念，汉奸以之作为叛乱理论的根据，但绥远为中华之领土，并非外化之邦，汉族经营本省历史悠久，成绩蔚然。春秋时赵武灵王就在河套设云中、九原、固阳诸郡，即今之归化、托克托、清水河、兴和等地，历秦汉两代，经营绥远，不遗余力，一方〈面〉驻守重兵，耕牧其中，以防外患，一方面由内地各处移民于此，以充实国防，并设有五郡，领县凡四十余。自雁门以北，阴山以南，东自代郡起，即今之绥东丰镇、凉〈城〉各县，西至朔方郡止，即今临河县境，中间有定襄、云中、五原三郡，即今之归、托、清〈水〉和〔河〕及萨拉齐、固阳、包头、五原各县地，后魏曾建都于和林格尔，即今之和林县，隋唐亦皆设置郡道，唐初设有振武军，以实行屯田办法。及至明初，乃隶属大同道，洪武初年，李文忠曾在旧胜州实行驻兵屯田，广事垦殖，引渠灌溉。清末张之洞曾设丰宁押荒局专司提倡垦殖，其后岑春煊复协力提倡，于是政府乃派贻谷为垦务大臣，绥远的开垦事业，乃日臻进步，豫、鲁、湘诸省之民相率移往垦殖。由上以观，历代经营绥远，从未间断，决非最近始行开发者也。

关于绥远之自然情形，则绥远为内蒙古之一部，居内蒙之中心，东连察哈尔以达平、津，西接宁夏可通甘肃、青海、新疆，北与外蒙为邻，南以长城与山西、陕西分界。全省面积计三〇四，〇五八方公里，大于浙江省者三倍有奇（浙江省面积为一〇一，〇六一方公里）。全省人口，据民国二十四年之调查，为二百三十万人，仅当江苏人口百分之七。绥远全境约可分为三部，北部阴山以北，属乌兰察布盟蒙旗牧地，南部河套以内，属伊克昭牧地，即所谓鄂尔多斯高原是也。惟中部黄河沿岸，地形低陷，渠道纵横，灌溉便利，农作繁兴，居民稠密，所谓"黄河百害，惟富一套"之河套是也。绥远全境，现有一市（包头市）、十六县、二设治局，其位置都在河套附近，其余为蒙旗辖境。前者面积不足全省面积之三分之一，而其人口乃达二百万人，其余三分之二之蒙旗地域总人口仅三十万，内汉人占半数，计十五万，县局辖境十九皆为汉人，蒙人殊少。绥远纬度约介于北纬三十八度至四十四度之间，其地气候寒冷，雨量稀少，大半属草原性地带，少数为不毛之沙漠，如归绥一月平均温度，为摄氏零下十二度，全年温度在零下者计有三个月，各月温度在十度以上者计有五个月，七月平均温度高达二十四〔年〕度，较南京仅低三度，故塞北夏季之热，不减于南方，而冬季之寒与长，则远甚于南方也。归绥雨量平均全年约四百公厘，约当南京雨量百分之四十，北平雨量百分之六十。绥远物产，农、牧、矿并著，农业以河套附农为最盛，产物以小麦、筱〔莜〕麦、胡麻为著，蒙旗牧〔旗〕牧地盛产牛羊皮毛，矿产以煤为著，如归绥、萨〈拉〉齐、包头，均以产煤著称。

绥远之重要，实由其地势使然。绥远之北，隔戈壁沙漠乃与蒙古相接，蒙古自独立以来，久为我国政权所不及，俄人势力，操纵其间，故绥远者，已不啻为我国北边国防之前线。绥远之东，为察北。察北六县，已于前年随热河陷于匪伪之手，故今日之绥远，已不啻为中、日、俄三国实力相会之点。又因绥远为平绥路所经，东南行一昼夜可达北平，南下经大同，可通太原，过榆林，可抵陕北，西南溯河而上，可通宁夏、甘肃，直西行可通新疆，再加后套之富，绥、包之繁盛，真所谓南北东西四达之重镇，故于军事地位上，极为重要。

三　绥远的现状

近来国人痛国难之日深，靡不以保守绥远为念，此种思想，以为绥远至今尚为我国之领土，殊不知绥远大部土地早已入于他人之手。关于此点不特〔能〕不将历史上之情形，略为叙述：原来，我国历来筹边之一贯政策，向采恩威并用，如汉朝之于匈奴，唐朝之于突厥，靡不先恩而后威，或先威而后恩。虽有时与恩威并用之原则违背，而其结果则同，满清政府曾采恩威并用之策，乃收治边之大效。民国以来，既无恩又无威，或有威而无恩，结果边疆叛离。晋、绥毗连蒙旗，无论在政治上、经济上均有不可分离之关系，晋绥当局承袭清朝厚往薄来、抚绥镇压之策略，治理蒙旗，确有见地。数年以来，不特晋绥地方当局与蒙旗各王公、事官等，彼此相处甚善，毫无裂痕，即汉蒙人民，亦无争执表现。然而晋绥当局之地方政策，其所及之范围有限，其他各省地方当局，又未作同样之努力，而国家更缺少一贯之策略，于是百灵庙

蒙政会成立时，晋绥当局之蒙旗政策，显然与要求自治的青年王
公主张相冲突。同时绥、察各蒙旗有力王公，在思想认识主张各
方面，均发生冲突。当此时也，日本，本其国策，侵略中国，第
一步占领东三省；第二步攫取热河；第三步侵略察哈尔；第四步
进攻绥远；第五步则出兵辽〔宁〕夏、甘肃及青海，故于民国二
十二年侵入察哈尔，愚弄察、绥蒙人，发生独立运动，成立冀东
伪组织。同年十一月，百灵庙德王等与中央大员黄绍雄氏谈判内
蒙自治问题，伊盟副盟长阿王及四子部落等，咸居于调停地位，
而不立于要求自治之地位，此固表示德王与阿王对于自治之认识
与主张相异趣，又为察境蒙古与绥境蒙古王公意见格格不容之点。
当时谈判自治之结果，有分区自治及设立整个自治机关之甲、乙
两种办法。若中央政府能采行分区自治，则与绥蒙有不少之便利，
结果中央以整个自治易于指导起见，故于百灵庙设立蒙古地方自
治政务委员〈会〉。自此以后，绥省政府与蒙政会之风波纠〔纷〕
至沓来，了无宁日。由事实上言，百灵庙既在绥境，而热、察又
因外患关系，蒙政会之工作，似应倾全力于绥远蒙旗，而蒙政会
与绥省府，尤应互助进行，始获便利，岂料发生税务纠纷，造成
绥蒙裂痕之导线，西公旗事变，愈使不合谐之绥蒙各走极端。且
德王处置西公旗之不公允，更足离乌、伊两盟各旗王公对德王之
情感，及至去冬察北局面变动，绥东一度告急，而蒙政会与乌、
伊两盟及绥省府间之裂痕，更致无法调和，于是百灵庙蒙政会工
作停顿，而德王离庙返滂江另作新谋之策动矣。绥境蒙旗王公为
防范日本势力之侵袭及自保起见，纷电中央政府，请求在绥境另
设蒙古自治委员会，以统治伊、乌两盟旗政务，原设之蒙政会，
则专理察哈尔省盟旗自治工作。中央政府为顾虑蒙人之主张，及
内蒙现有之环境，乃准所请求。于去年一月二十五日，国府明令
派沙克都尔扎布为绥境蒙古各盟旗地方自治政务委员会委员长，

巴宝多尔济、阿拉坦鄂齐尔、潘第察布为副委员长，齐色特巴勒珠尔等十五人为委员，于同年二月二十三日在绥垣正式成立，情形极为热烈。汉蒙团结，中华民国万岁欢呼之声，震惊全蒙，此种现象，为民国以来所未有。绥境藏政会成立后，百灵庙蒙政保安科长云继先、政治科长苏鲁岱等，以德王久离庙会，谣言繁多，于同年二月二十日率官兵千余人离开百灵庙，表示不与德王合作。二十五日云等电南京军政当局，声述离庙原因，并归附绥境蒙政会。至此百灵庙蒙政会之无形瓦解，德王与绥境蒙旗王公的分歧，另怀野心，毫无顾忌〈，已完全显露〉。按德王为内蒙青年王公之代表，刚愎自用，常以成吉思汗自命，于二十二年冬之内蒙自治运动，便想脱离中央，嗣因种种牵掣，未能成功。当绥境蒙政会未成立前，谣诼繁兴，泰半关于百灵〈庙〉蒙政会之事。德王初尚有电报辩白，后来竟与中央断绝消息。迨去岁二月绥境蒙政会成立，德王已决心脱离中央，与蒙匪卓什海、李守信等结纳，于同年六月在嘉卜寺另建局面。设有"内蒙防共自治军政府"，德王便发号施令，派遣包悦卿往热河及察东北招纳匪军，因有日方援助，实力较为雄厚，此等匪军，以"防共"为名，除将察境蒙旗断送，目下叛将吞蚀绥远及西二盟，此种事实，极为严重。由上以观，嘉卜寺已经成为侵略绥远之根据地，毫无疑义。

　　日本之对于蒙古问题为大陆政策之第二重点之见地，主张首先完成内蒙之占有，坚实华北之控制，并且打通西北之门户。现在内蒙之侵占，除热、察蒙旗已无问题外，绥境蒙古，尚未宰割，所谓绥东问题，在此情况之下，应运而生。绥东是指镶蓝旗、正红旗、镶红旗、正黄旗及丰镇、兴和、集宁、凉城、陶林五县而言。此等地方虽属于绥远，但在日本及伪察哈〈尔〉盟长卓什海等人观之，谓为绥东乃察哈尔盟之叛离部分，无论如何，必须加以征服，故自察北陷落后，绥东即告危急。日本屡次指援〔挥〕

蒙匪卓什海、李守信等部进攻，初以为不攻，即可收拾绥东，岂料侵犯未久，转瞬即被绥东守军及蒙古民团迎头痛击，打得落花流水。近来中日情形日渐恶化，蒙匪伪军又卷土重来，进攻绥北、绥东，以嘉卜寺为中心，分由滂江、商都、张北三面进攻绥北及绥东。进攻期在匪方预备建筑军事防务工程及军队之调动情形观之，约在废历年底，我方前线将士，亦正枕戈待旦，如匪伪来侵，当与痛击。

四　绥远的将来

匪伪军在国际背景支持之下，进犯绥北及绥东，是有重大意义，其目的不仅侵领绥远，并且着眼于蒙古、宁夏、青海、甘肃、山西等省。关于此点，吾人可分两方面言之。第一，伪进攻绥北即阴山以北，乌兰察布盟各旗地所属。阴山之后，有固阳、武川两县，因阴山横亘县城与绥东及归绥等处，自成天然界限，民二十三年，内蒙要求自治，中央设蒙政会于百灵庙，因该地为绥北腹心，衔接内蒙各盟，交通便利，地位重要。去岁绥东战事发生，匪伪军侵夺绥东计划失败，又转换方向另图绥北。此次蒙匪乘乌盟武力薄弱，一方面侵入百灵〈庙〉，威胁乌盟；另一方面，则欲袭击武川、固阳，沿阴山而下，历五原、安北、包头、萨拉齐诸县而达归绥，再与察北匪军互相呼应，夹击绥东、晋北，企图一举而将绥远全境及乌、伊两盟各旗，席卷而得，其作用之远大，意义之深远，不可忽视。第二，匪伪军虽数次进犯绥东，连遭重创，但自始至终，不放弃进犯绥东之策略，此点颇值吾人之注意。如果匪伪军占有绥东五县及右翼四旗以后，从北平至包头长约八七五公里之平绥铁路，必然被其控制。而集宁、丰镇与张家口所形成之三角地带，对于占领内蒙与西北各省，尤具有重大之战略意义，如察哈尔省的张家口，被伪匪军取得，则匪伪军据有张家口与丰镇，便可截断北平与太原经大同之交通。此后，太原与北平之交通只有石家庄。故匪伪军如取得丰镇，不啻为日本开辟经大同至太原之大道。则归绥、大同、张家口煤矿之富源，亦将被日人囊括而去矣。

吾人尚有不能已于言者，匪伪军在国际背景支持之下，觊觎绥远，不仅欲夺取绥远全境，且欲席卷乌、伊两盟及土默特各旗，再进而袭击晋、陕，控制同蒲、正太两路，完成对华西北部之包围线。另一方面，更欲侵略宁夏，越贺兰山经阿〈拉〉善旗而至新疆，以包围外蒙。然欲达此目的，日本必令匪伪取得平绥铁路。何以言之？盖平绥铁路在目下事实上已成为国界，其关系极为重要，前已言之。故吾人对于平绥铁路之防守不可忽视。但言防守，颇非易事，其主要原因在于运兵困难。现在平绥路受伪匪军之威胁，根本已不能运兵，中央如运兵入绥，不外两路可通：第一，由津浦路到徐州，经陇海路到郑州，经平汉路到正定，再由正太路到太原，由汽车道至大同，最后始到绥远。第二，由津浦、陇海两路到潼关，渡黄河乘同蒲铁路而至太原，由汽车到大同，再到绥远。但其中困难甚多：第一，由潼关至风陵，必经黄河，但此处黄河铁桥，尚未成功，渡河不易；第二，正太、同蒲两路均为窄轨，其他各路火车不能在该两路上行驶，必定经过换身之麻烦；第三，同蒲路（由大同到永济——蒲州——之铁路），仅成蒲州经太原到原平一段，由原平至大同仅通汽车，且须经过雁门之险，太原至蒲州一段速度太慢，八百里之距离，须行二十五小时，若和六百里之距离的京沪路最近所开之飞快车，只需四小时二十分，其中相差，几有四五倍之多。吾人若以绥远地形来论攻守两方之便利，普通均以守方占优势，但就绥远之情形观之，却与上述相反。目下绥东、绥北、绥西，都有敌人之军队，战线太长，防守不易。此种情形与欧战时法国在东部防守巩固，岂料德人从北部进攻，一时兵力不易调回，几至巴黎失守，有何异点？在此四面楚歌之秋，绥远非有庞大兵力，不能虑其无失也。且吾人纵能保守平绥路，但宁夏、甘肃、青海之危机，仍不能免。今试假设平绥路为日本所得，则其进攻可有二种路线：第一，由绥北取得五原，溯黄河而上，由汽车大道，经宁夏而达兰州；第二，由平绥路南下，经大同至太原，而占领山西全部。日人向第一条路线进攻乎，抑向第二条路线进攻乎？以著者之推测，必由第一路线进攻无疑。关于此点，其根据有二：第一，可以减轻国人和国际之注意，此点可以过去之事实证明，日本在取得察哈尔之后，只进攻绥远，而不进攻河北，推其原因，厥为河北人口繁盛，占领河北，一定全国沸腾，国际间行将引起不少之纷争。日人很聪敏，将绥远大部占去，国人尚未注意。日人现握山西之经济权，开发山西之富源，于愿已足，此时日人又何必进攻山西乎。况绥北一片平原，旷无人烟，日人虽有大宗军队，横行其间，谁人又能拦阻之耶？第二，绥北半为蒙人，半为汉人，到宁夏、甘肃又半为回人，半为汉人，日本可利用民族歧异之机会，以煽惑蒙人或回人，挑拨汉蒙、汉回之争，如达此种地步，恐西北之半壁河山，无形中非我所有矣。

五　结论

绥远是国防之最前线，是华北及西北之屏障，又是我整个民族的生命线。日人之侵略是其国策，第一步亡东三省，现在业已成为事实；第二亡华北，现在整个之华北，已亡去一半。绥远乃华北之关键，其形势非常扼要，处于进可以攻，退可以守之地位。如吾人欲收回失地，就军事上言，绥、冀可以同出兵，以收夹击之效，如保持疆界，绥、冀乃互为倚〔犄〕角之势。东三省之沦亡，形成华北之危机，现在绥远乃全民族之命运所系，吾人不能一误再误，任胡骑蹂躏。据一般观察，以中国之力量足可与日本一敌，且可握最后之胜利，此言虽属偏激，但日本后顾之忧不一而足，一方须以充分之力量防俄及殖民地，一方更须相当之兵力防止国内之反动，故日本决不敢孤注一掷。按历次侵略，皆用剑拔弩张之方式，以恐吓我国，我国人士，受其愚弄，给以相当之让步，结果，不费一弹一卒，而坐获胜利。目下日人又施其故技，侵我绥远，但我已有相当准备，前方将士，争为先死，以报国仇，而后方爱国志士之慰劳与勉勖，又为空前所未有，以此制敌，何敌不克，此其可以操胜算之券也。矧此次绥战被匪首王英、李守信裹胁而去之同胞，莫不有中国人不打中国人之觉悟，即此一事，已觉国魂之复活，民族意识之苏甦，睡狮醒悟，真此时也。有此即可以操胜算之券矣。今吾人当大声疾呼于吾同胞之前曰："速赴战，驱胡虏于塞外，湔积怨于一朝，时不可失，同胞速起！同胞速起！"

《边疆》（半月刊）

南京边疆半月刊社

1937 年 2 卷 2 期

（訾茹　整理）

所谓"蒙汉斗争"

谭辅之　撰

去年十二月号日文《大亚细亚主义》上《蒙汉斗争》一文，其内容是说这次绥远之战是表示蒙族与汉族的斗争，其斗争的原因是由于汉族压迫了蒙古民族，这次蒙古军之入侵，是一种被压迫民族的求自由独立、求解放的表现，是一种进步的民族革命战争，反之，汉民族既压迫其他民族，当然是帝国主义者了。这次抗战，显然是一种对蒙民族的侵略战争，所以该文的结论是主张帮助弱者，抑制强者，为了东亚和平，为了要完成大亚细亚主义，便就要扶助蒙族，甚至满、回、藏等民族，向汉族反抗、进攻。所以某方之援助伪匪也就"师出有名"了。

这真是一种挺巧妙的理论！这理论不仅掩饰了自己的侵略的狰狞面貌，装点成为急公好义的君子，把自己的民众麻醉起来，欺骗他们，而且把我们形容成万恶的帝国主义了。我们真是庆幸，不知道我们几时一朝就变成了这样强大！无怪乎某方硬要说"九一八"和"一二八"都是我们的侵略行为有以致之。我们如不加抵抗，听人家侵略、占领、蹂躏，那倒是温和柔顺的君子，是以平等待人的民族；如我们要保守自己的疆土和主权，那就是帝国主义民。好一个"侵略"的定义！

实际上这次绥远的战争又是怎样性质的战争呢？先拿现在的伪满来说。"九一八"事变之发生，是溥仪和满人反汉人的表现吗？

那次占领满洲的军队是满洲军呢，还是某国人？现在之所谓“满洲国”，实际是满人脱离中国而独立构成的满民族的国家呢，还是某国的傀儡？“满洲国”不用说了，而冀东伪政府呢？满洲伪国还可以借口是满民族不胜汉民族之压迫而独立的国家，满洲至今究竟也有满人之存在，而冀东之独立，又是汉民族压迫了哪一个民族？殷汝耕该不是异族人吧，何以我们那自称为仁义之邦的仁义之师要帮助他独立？如果我们要去戡定冀东的反叛，也就是帝国主义在侵略弱小民族不成？这真是滑天下之大稽的理论！

　　蒙古族受了汉族的压迫，为甚么不于“九一八”之前反抗，为甚么要在东四省和察哈尔被攫取以后才反抗？汉民族如真正是侵略者，那就该不是抵抗、防守，而应该一开始就是进攻；反之，蒙古族如真正是被侵略者，那就不是内犯、侵扰，而是退让。但是这次战争的实际情形又是怎样的呢？首先就是伪匪联合的进犯，其次才是政府军的防守和反攻。某方所称之被压迫民族的伪匪，先是占据了中国的满洲，其次熟〔热〕河，其次察北，其次绥东、绥北，而某方所称之侵略民族，则首先是让出东北，其次是节节退到西北。奇怪的是被侵略者和侵略者的行动恰巧相互倒置了。

　　然而其实满民族和蒙古民族，又何尝是侵略的民族呢？在我们这整个的中华民族（包括汉、满、蒙、回、藏）被敌人压迫的时候，谁都是被侵略者。他们其中虽有少数的背叛者、汉奸，但都是受了某方的威胁、利用，决不是生来就长了反骨。比如这次伪匪军中之许多反正的军官和兵士，不正表明这一点了吗？满洲现在的老百姓，其生命财产，不是随时都在被杀戮被夺取吗？比之从前更不自由，更受压迫。所以“满”、伪、匪等都同样是被侵略的民族的一分子，他们之向内侵略，都不是出于他们的本意，而是他们被压迫被驱遣被胁从的结果。他们之内犯，并不〈是〉受了汉人的压迫，并不是他们就是侵略者，而实际上倒是侵略者利用他们，威迫他们，使他们不自愿地作了人家的侵略的工具。谁是侵略民族，这是显而易见的。

他们不仅压迫人家作其工具，而且百般的挑拨、煽动、迷惑，想把他的工具的脑筋改变过。因之他们一致地制造出一种理论，认为这次绥远之战是蒙族反抗汉族的斗争，使我〈们〉的蒙古同胞忘却了背后牵线的魔手，忽略了共同的敌人的阴谋，转移了视线，把自己的同胞当作敌人，把自己的敌人当作急公好义的君子。这种挑拨各被压迫民族间的感情的手段，是帝国主义者要"以华制华"，使"自相残杀"的惯技，他才好从中取利，省却了许多力量。

但是这是很容易被揭破的奸计，伪匪军战斗力之薄弱，反正部队之日有增加，就是一个证明，就是各汉奸首领也有相当觉悟，溥仪辈之极不自由，"如坐针毡"，德王之被严重监视，难道这尚不足以唤醒他们的迷梦吗？至于伪匪中之兵士，他们之所以暂时跟着某方走，完全是由于武力之强制，决不是心悦诚服；同时对于政府军也极表同情，对于某方表示息战。某方之以大批的督战队在军队后方监督，只准前进，不许后退，不然，便加以剿杀，这就证明匪军兵士之不用命，不肯自己打自己人；同时也更露骨地彻底地认识了所谓扶弱抑强、急公好义的某民族之残酷毒辣的手段。他们如一朝有机会脱离其羁绊，他们便要反正，或变成义勇军的，被压迫的民族始终是占在一条战线上的，无分乎蒙族和汉族，我们共同的敌人是侵略的帝国主义。

现在世界上民族间之斗争，再不是出于纯侵略的野心了，而且也并不是每一民族与另一民族都有仇恨和歧视之心，也不是各民族间没有相互调协联合的可能。现在民族间的斗争，主要的为经济斗争。一方面是帝国主义对于落后民族的经济侵略，一方面是弱小民族反抗这侵略的抗战。如英国之于印度、埃及等民族，如意大利之于阿比西尼亚，如我们的友邦之于我国都是。各民族间，除了某民族侵略某民族的经济，和各侵略民族间为了分赃不均，因而发了斗争以外，在现在很少有其他性质的民族间的斗争的，除非是煊〔渲〕染了旁的色彩，受了旁人的利用、挑拨。占在相互平等的地位的各民族，是没有甚么斗争的。尤其是同居于被压迫地位的各民族，那便是"同病相怜"，不仅不"同室操戈"，自相火并，而且要联合起来，"共同奋斗"。

所以此次伪匪之进犯和政府军之抵抗与反攻，并不是蒙族与汉族间之斗争，而是某方之主使、策动、挑拨离间，以达其经济侵略之目的，这次战争不仅不是蒙汉斗争，而且是表示出中国这一整个的被压迫民族对侵略者之抵抗、反攻，而开始争取民族生存、独立。

帝国主义者"如出一辙"，惯于玩这蒙蔽、欺骗、殽混的把戏，不仅某方而已，如去年英属巴勒斯坦事变，便是帝国主义在从中指使，挑拨回族和犹太族两者间的狭义的民族感情，让他们自己内哄起来，他才好从中取利，控制着双方，使双方都打得筋疲力竭，再没有多的力量来对付共同的敌人时，他才好轻易地把他们驯服着。其次如德国人之压迫犹太人，这是希特勒不能用旁的方法解决国内的经济的、政治〈的〉矛盾，便掀起德国民族对犹太民族的仇忿，而转移了一般人的视线，其他如提倡白色人种之对付有色人种，美洲的门罗主义，东方的大亚细亚主义等，都不外是这种用意。这更证明某方所宣传的"蒙汉斗争"完全是帝国主义分散弱小民族的抵抗力量的一种奸计。

要民族间没有斗争，便要各民族共同平等，没有侵略者和被侵略者。但要怎样才能达到这境地呢？第一便是侵略者之甘愿自动停止侵略，第二便是被侵略者之抵抗这侵略。但是由于资本主义到了独占阶段之必然的结果，帝国主义的组织机构本身就带有侵略性的，要他自动停止侵略，决不可能，所以还是迫得非采取第二种方法不可。

　　为了我们的民族之独立自由，为了世界各民族之达到平等，为了全世界的和平，我们都要抵抗。绥远这次的抗战，完全是民族革命战，决不是蒙汉之斗争。我们拥护这民族战，推进这民族战，直至我们的被侵略的整个民族恢复了独立自主的境地为止。

《内外什志》（半月刊）
南京内外什志社
1937 年 2 卷 2 期
（李红权　整理）

绥远前线仍静寂

作者不详

绥东、绥北，近仍毫无军事行动；匪伪军迩来调动转忙，大约因李守信等所部，颇多不稳，某方乃将其调回多伦、沽源监视。其新调部队，亦未到齐。前方屡传某方即将策动德王等再犯绥东。然依目前观之，在日国会复开之际，外交尚举足不走，恐不致积极大举进犯。

大部伪军调集商都

据由察北得来消息，化德某特务机关长官，奉到长春指令，即刻督促李守信、德王等，指挥伪军前进，攻取红格尔图、土木〈尔〉台等地。此项消息传到后，迭据前方报告，匪伪军并无大规模调动，证之事实，李守信部方大批哗变，并与南壕堑张万庆部互通声息，喊出回家口号，一批已越草地入热河境。且德王、王英等部待机反正者，皆不乏人，匪伪正有自顾不暇之势。刻下某方军二百余人，分驻商都、南壕堑，一联队由多伦拨调张北，伪热河及兴安警备军多数驻守商都、化德、南壕堑三处，而以重兵镇守察北要冲，极似正在镇压不稳，调整阵线其间。进攻绥东，某方原无时不在积极准备中，此时倡言攻红格尔图、土不〔木〕尔台，不过兴军心之计，有之亦仅小范围犯扰。匪伪军侵绥军事重心，原在张北，数败之后已移至多伦。现张北、多伦大筑工事，商都第一线，化德第二线，数十里战壕已完成，用作战防守。某方正轨〔规〕军节节西开，巨量飞机、坦克车、子弹补充前线，每度侵绥之心，将与日俱进。

《新闻旬刊》
南京金陵大学新闻学会
1937 年 2 卷 2 期
（朱宪　整理）

关于《绥远守土抗敌专号》的几句话

徐校长　讲述　　杨秘书　笔记

绥远守土战事，虽是我国御侮抗敌最光荣的一件事，然而，许多尽忠报国的阵亡军民，是为了正义而牺牲了！因此行政院电令："三月十五日在归绥举行民国二十五年绥远守土战事阵亡军民追悼大会，是日全国应一律下半旗志哀。"

以"人格救国"为校训的本校，在当天中小学男女部师生集会志哀，并由安司铎举行弥撒圣祭，为阵亡爱国教友祈祷。

自"九一八"事变发生以后，频年以来，前线军事常是失败，但是这次例外，战事结果胜利，尤其是红格尔图一役的胜利，占了此次抗敌历史中的最荣誉的一页。这是谁的胜利呢？是公教教友的"人格救国"的真精神！可见要"除国难、争国光"，贵乎人格的修养有素，即孙总理所谓："舍身以救世，宗教家之仁也！"希望本校师生，努力成己益世！

还有一点报告：中华公教进行会总部，曾发起购买两架救护机，献给政府，本校师生，也曾乐捐。乘此机会，将有关系的各件，一并发表。

谨以《绥远守土抗敌专号》，介绍本刊读者之前！

《安徽私立崇文中学校刊》（半月刊）

安徽崇文中学校刊处

1937 年 2 卷 5 期

（李红权　整理）

内外蒙古政治的过去与现在

沈云龙　撰

自绥边抗战发生以来，国人由于日方指挥伪蒙匪军的进攻，乃重新感受到整个"蒙古问题"的严重。因为今日外蒙已受苏俄卵翼独立，内蒙亦大部分随九一八事变沦陷，所残剩的察、绥蒙古，在地势上，不仅是我西北晋、陕、甘、宁、新、青诸省区的屏蔽，且为日人企图西进包围外蒙之必由的途径。加以所谓日本大陆政策与苏俄远东政策的冲突，因近年来事势的推移，其重心已由满洲改趋于蒙古。由此可知"蒙古问题"的错综复杂，隐患未已，势不容不重加检讨。笔者爰就内外蒙古政治的过去与现在，作一简明的概述，或可为关心边疆国防者之一助。

一

蒙古原为我国北部诸游牧人的总称，自成吉斯汗崛起漠北，奄有华夏，而蒙古之名始大著。迄后元室覆亡，顺帝北归和林（一名喀喇和林，在今外蒙古库伦之西南，为元之旧都），其后裔各汗王仍处于大漠，时时为明边患。至部落分布状况，大致如下：

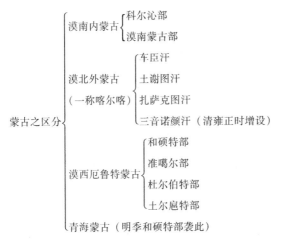

蒙古之区分
- 漠南内蒙古
  - 科尔沁部
  - 漠南蒙古部
- 漠北外蒙古（一称喀尔喀）
  - 车臣汗
  - 土谢图汗
  - 扎萨克图汗
  - 三音诺颜汗（清雍正时增设）
- 漠西厄鲁特蒙古
  - 和硕特部
  - 准噶尔部
  - 杜尔伯特部
  - 土尔扈特部
- 青海蒙古（明季和硕特部袭此）

　　漠南内蒙古与满洲接壤，其科尔沁部，即今之热河北部，及辽宁洮南一带地；漠南蒙古部，则今之热、察、绥三省所在地。当满清未入关时，势力强盛，并吞邻近，科尔沁部畏满洲兵力，遂遣使首先修好；继漠南蒙古诸部以察哈尔部（明时称插汗儿）被清多尔衮所灭，亦相率臣服。惟漠北喀尔喀，以大漠阻隔，顺治初始入贡。及至准噶尔与喀尔喀构衅，康熙亲征，而青海诸部内附，于是蒙古三大部尽归清有。其后，准部再叛，雍正复用兵西北，兵力所及，且达于今之科布多、唐努乌梁海等地。乾隆时，平定准部，至是漠西厄鲁特部，亦收入清朝版图。

　　清朝经营蒙古的方法，关于行政组织，仿照满洲八旗，采取盟旗制度。旗为蒙古部落之最小者，合旗为部，合部为盟，皆因其会盟之地而称之。盟设盟长及副盟长，旗设旗长，旗长世治其民，称为扎萨克。扎萨克之下，有协理台吉、管旗章京、拜生达等助理旗务，其官职系统如下：

```
        ┌协理台吉 ┌闲散梅伦 ┌闲散扎蓝
        │        └印务梅伦 └印务扎蓝—笔帖式
扎萨克 ┤管旗章京—管旗副章京—参领—佐领—骁骑
        │〔骑〕校—催领〔领催〕—什长
        └拜生达
```

扎萨克统治一旗事务，有管辖旗众治理及司法之权，职为世袭。至扎萨克之辅佐协理台吉，则非出自扎萨克之自由任命，必须呈请该管盟长，就该旗内闲散王公以下台吉以上推举之，将被推者中之前二名，列为候补，呈请理藩院圈定一人任命。其余官员，自管旗章京以下，乃至骁骑校等，亦无不选补自台吉及部众以内。惟盟长之产生，则由理藩院开列盟内各部之扎萨克及王公，呈请任命，又按同一方法，选任副盟长一员，助理事务。

此外复派遣驻防大臣驻在各要地，以任控御之责，兼管辖无扎萨克之部族。例如于内蒙设察哈尔都统，驻张家口；热河都统，驻热河；绥远将军，驻绥远。于外蒙设定边左副将军，定边参赞大臣，乌里雅苏台参赞大臣，驻乌里雅苏台，统辖喀尔喀诸部及唐努乌梁海等地，于科布多设参赞大臣及帮办大臣，驻科布多城，仍归定边左副将军节制；复于库伦设办事大臣，办理恰克图、库伦等处通商、贸易、交涉事宜。于青海蒙古，设西宁办事大臣，驻西宁。于厄鲁特蒙古，则自准噶尔部平定后，除新土尔扈特受辖于科布多参赞大臣，旧土尔扈特及和硕特，均归伊犁将军节制。

当满清盛时，蒙古全部政令，总于理藩院，但实际上蒙古仍与自治无异。其与中央之关系，大致如次：

（1）对于蒙古行政，一任各旗扎萨克之自治，而汇治于盟长，受各该管中央任命之驻防大臣或地方官之监督。

（2）对于蒙古人之司法，由各扎萨克行使职权，事小者决之于扎萨克，大者决之于盟长。

（3）扎萨克所领辖之土地，有为汉族开放之地者，其行政、司法委之地方官；扎萨克只征收额定之地租，但同开放地内，对于蒙古人，则归该管扎萨克管辖之。

（4）对外交涉、边防事务，由理藩院办理。关于地方重要事项，由驻防大臣会同理藩院奉请施行。

（5）关于军事，由驻防大臣指挥监督。

（6）关于各部封爵、喇嘛入觐、贡品、俸禄、锡赉、仪制、会盟、给恤、叙勋、任官等，均由理藩院办理。

满清以蒙疆土地辽阔，人民慓悍，习骑射，耐劳苦，喜动好战，故因其俗崇信喇嘛，而采用愚民政策以统治之：一面以亲王、郡王、贝勒、贝子、镇国公、辅国公六等爵位，分封蒙古诸盟旗长，表示荣宠而羁縻之，一面尊崇喇嘛，利用宗教，于无形中销毁其刚劲不驯之气。此外复禁止汉蒙通婚，禁止蒙人使用汉姓名，以防其汉化。于是经过清朝二百余年的统治，素来强悍雄武的蒙人，一变而为痿〔萎〕堕愚昧，不复振拔。今日蒙人之容易受他人的煽惑诱胁，甘作傀儡，造成四分五裂的局面，不能不说是清朝误用政策的结果。

二

清朝对于蒙古之政治区划，仍以大漠南北分为内外蒙古，总计内蒙共辖有六盟二十四部四十九旗，此外尚有察哈尔部八旗四牧群，呼伦贝尔八旗，及归化土默特、伊克明安、杜尔伯特、阿拉善、额济纳五特别旗，亦属入内蒙范围。光绪时，关外改建省治，即今之辽、吉、黑三省，遂将呼伦贝尔八旗及伊克明安特别旗划入黑龙江省，内蒙六盟中之哲里木盟大部划入辽宁省，小部划入吉、黑二省。入民国后，成立热、察、绥三特别区，将内蒙六盟中除哲里木盟外之余五盟，及察哈尔部、归化土默特旗划入。民国十七年，热、察、绥改为行省，复将额济纳、阿拉善两旗合甘肃之宁夏道，成立宁夏省。于是内蒙诸部落，在名义上，胥归纳于各行省之中，实则盟旗制度未废，复又改省设县，是不啻在同一区域内而有行政上的双重组织，迄今各盟旗与所管辖之省府间常起纠纷者，其原因即在此。兹再将内蒙盟旗及改隶省区之划分，列表如左：

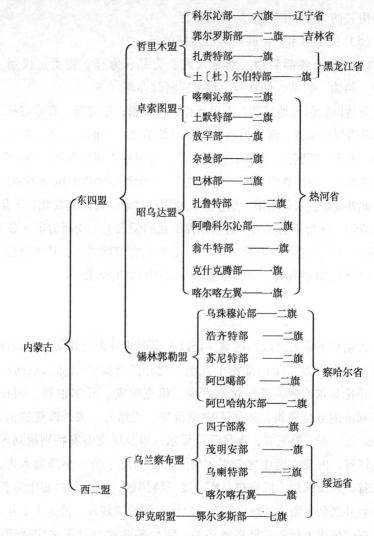

- 内蒙古
  - 东四盟
    - 哲里木盟
      - 科尔沁部——六旗——辽宁省
      - 郭尔罗斯部——二旗——吉林省
      - 扎赉特部——一旗
      - 土〔杜〕尔伯特部——一旗 } 黑龙江省
    - 卓索图盟
      - 喀喇沁部——三旗
      - 土默特部——二旗
    - 昭乌达盟
      - 敖罕部——一旗
      - 奈曼部——一旗
      - 巴林部——二旗
      - 扎鲁特部——二旗
      - 阿噜科尔沁部——二旗
      - 翁牛特部——一旗
      - 克什克腾部——一旗
      - 喀尔喀左翼——一旗 } 热河省
    - 锡林郭勒盟
      - 乌珠穆沁部——二旗
      - 浩齐特部——二旗
      - 苏尼特部——二旗
      - 阿巴噶部——二旗
      - 阿巴哈纳尔部——二旗 } 察哈尔省
  - 西二盟
    - 乌兰察布盟
      - 四子部落——一旗
      - 茂明安部——一旗
      - 乌喇特部——三旗
      - 喀尔喀右翼——一旗 } 绥远省
    - 伊克昭盟——鄂尔多斯部——七旗

$$
内蒙所属
\begin{cases}
呼伦贝尔部——八旗 \\
伊克明安旗——旗 \\
归化土默特旗——一旗—绥远省 \\
察哈尔部——八旗—察哈尔省 \\
额济纳旗———旗 \\
阿拉善旗———旗
\end{cases}
$$

此外在黑省嫩江流域，满、蒙、汉三族杂居之地，尚有达呼尔三旗，索伦五旗，鄂伦春八旗，毕拉尔二旗，总名为布特哈打牲部。至哲里木盟之郭尔罗斯部分前后二旗，前旗属吉林省，后旗属黑龙江省。卓索图盟另有两独立旗，一名唐古忒喀尔喀旗，在热河境；一名锡埒图库伦旗，在辽宁境。察哈尔部八旗（分属察、绥两省）四牧群之外尚有达里冈崖、商都两牧场。

民国二十年九一八事变发生，日本以武力占据辽、吉、黑三省，二十二年日本继续占据热河，于是在各该省境内之蒙旗，亦随之沦陷。日人为完成其一贯的满蒙政策起见，复将内蒙之政治形态分化，并粉碎其旧有的政治组织，而置于"满洲国"体系之下。兹根据日文《蒙古年鉴》所载，伪满管辖下之内蒙行政区划如左：

$$
(1)\,兴安东省
\begin{cases}
喜札嘎尔旗 \\
布特哈旗——扎兰屯（省公署所在地） \\
阿荣旗 \\
莫力达瓦旗 \\
巴彦旗
\end{cases}
$$

$$
(2)\,兴安南省
\begin{cases}
库伦旗（旧锡埒图库伦、喀尔喀左翼、唐古忒 \\
\quad 喀尔喀各旗之区域） \\
科尔沁左翼三旗 \\
科尔沁右翼三旗——王爷庙（省公署所在地） \\
扎赉特旗
\end{cases}
$$

```
              ┌ 扎鲁特二旗
              │
              │ 阿噜科尔沁二旗
              │
              │ 巴林二旗——大板上（省公署所在地）
（3）兴安西省 ┤ 克什克腾旗
              │
              │ 翁牛特旗
              │
              │ 奈曼旗
              │
              └ 敖汉旗

              ┌ 额尔克纳右翼旗
              │
              │ 额尔克纳左翼旗
              │
              │ 索伦旗——海拉尔（省公署所在地）
（4）兴安北省 ┤
              │ 旧巴尔虎旗
              │
              │ 新巴尔虎左翼旗
              │
              └ 新巴尔虎右翼旗

                  ┌ 郭尔罗斯前旗——吉林省
                  │
                  │ 郭尔罗斯后旗——滨江省
                  │
                  │ 杜尔伯特旗  ┐
（5）兴安省外蒙旗 ┤            ├ 龙江省
                  │ 依克明安旗  ┘
                  │
                  │ 喀喇沁三旗  ┐
                  │            ├ 热河省
                  └ 土默特二旗  ┘
```

伪满统治内蒙之最高机关为国务院下之蒙政部，蒙政部之下为兴安省各公署，省公署之下为旗。旗长改由中央任命，废除扎萨克世袭制度。关于旗之军事及行政，采取中央集权，以减削其势力。是以蒙旗经此一度强制分割后，所谓内蒙六盟，实际上属于我国者，仅剩锡林郭勒盟、乌兰察布盟、伊克昭盟、察哈尔部（民国二十三年二月改部为盟），及归化土默特、额济纳、阿拉善三特别旗而已。"河山依旧，面目全非"，吾人对此，将作何感想？

三

内蒙行政区划及政制之变迁，既略如上述，兹更进一步说明外蒙之政治的今昔情形，为便利起见，暂将科布多及唐努乌梁海列入，一并叙述。他如漠西厄鲁特诸部，今均隶属新疆省，以不在本文范围之内，姑从略。

当清顺治初年，外蒙喀尔喀三部——土谢图汗、车臣汗、扎萨克图汗——各遣子弟来朝，清廷为设八扎萨克，以领其地。康熙时，厄鲁特部准噶尔汗噶尔丹东侵喀尔喀，占领漠北，寇入中国。清军乃大张挞伐，败之于克鲁伦河，噶尔丹穷困自杀，朔漠平定，喀尔喀诸部复还归牧，重编三部为五十五旗。雍正三年，准部再叛，以土谢图部额驸策零从征有功，诏率近族十九扎萨克，别成一部，称为三音诺颜汗，至是喀尔喀共为四部七十四旗。迨乾隆中又增至八十三旗，附辉特一旗、额鲁特二旗。其后续有变更，共分为四盟——即汗阿林盟、齐齐尔哩克盟、克鲁伦巴尔和屯盟、毕都哩雅诺尔盟——九十八旗，统称外蒙古。清末受俄人煽惑，遂与中国脱离关系。民国十三年创设蒙古人民共和国，其疆域包括喀尔喀四部及科布多。

科布多在喀尔喀之西，唐努乌梁海之南，与阿尔泰两地原为喀尔喀蒙古与额鲁特蒙古互争雄长之地，因是其地境问题，历久犹为清朝与准噶尔间一切纠纷之根原。迨至乾隆时，征服准噶尔部，伊犁全境悉隶版图，而清对科布多、阿尔泰之主权乃完全确定。清廷乃于科布多设参赞大臣，兼辖阿尔泰，并于其地分设三音济雅哈图盟杜尔伯特部十六旗，青色特起勒图盟新土尔扈特部二旗，巴图色启勒图盟和硕特部四旗，其他不设盟者有阿尔泰乌梁海部七旗，明阿特部一旗，扎哈沁部一旗，额鲁特部一旗。民国七年将阿尔泰并归新疆省，于是科布多实际所辖者，仅三音济雅哈图一盟及明阿特部、扎哈沁部、额鲁特部三旗，今俱归入外蒙共和国。

唐努乌梁海，俄人载籍中称苏渥德（Saicle），明朝称为兀良哈，在元时已归附中国。康熙五十二年，乌梁海总管科罗尔买投诚，由外蒙公爵博贝收抚。考乌梁海原分三部，一为阿尔泰乌梁海，现属新疆省；一为阿尔泰淖尔乌梁海，辖二旗，同治八年，中俄划界，割归俄属；三为唐努乌梁海，共分六旗：其中库苏古尔淖尔乌梁海，达尔哈达沙毕乌梁海二旗，于民国初年外蒙第一次独立时，归附外蒙活佛，遂以其地划并土谢图汗部内；余如唐努、肯木次克、萨尔吉格、托锦四旗，因与外蒙政府不和，不愿受活佛统治，而别成一区域。民国十五年，遂自设共和国，改国名为唐努都温，并加入苏俄联邦，故名为独立，实则不啻苏俄之附庸。

兹将外蒙在满清时代所辖之盟旗，及入民国后分别隶属情形，列表如左：

外蒙盟旗行政与内蒙相同，仍保存其自治势力。清时曾派遣驻防大臣，分驻库伦、乌里雅苏台、科布多各要地，以任控御之责。民国初年，仍照清制，并无变更。直至民国九年始正式颁布库乌科唐镇抚使及所属各官署组织暂行条例，规定其所管辖区的组织，复设立西北筹边使一职，从事经营蒙疆。时适外蒙自动撤消独立，故中国势力在外蒙以此时期为最盛。及至民国十一年以后，苏俄势力东侵，直入外蒙，以威逼利诱的手段，煽惑二次独立，于是遂有所谓蒙古革命党创建"蒙古人民共和国"，中国势力乃完全被逐。从民国十三年起，中国政府政令即不能达到外蒙，而外蒙军政大权，反辗转归于苏俄的掌握。至民国二十年，更将盟旗组织，重新划分为十三行政区域，其名称如左：

（1）东部

（2）肯特部

（3）中央部

（4）农业部

（5）库苏古尔部

（6）后杭爱部

（7）前杭爱部

（8）扎布干部

（9）土〔杜〕尔伯特部

（10）科布多部

（11）阿尔泰部

（12）南戈壁部

（13）东戈壁部

外蒙在十三行政区域（蒙语称为爱伊玛克）之下，设置三百二十四"苏满"，"苏满"一称"贺旬"，相当于内地之县，乃由过去之旗改成。其下为"巴古"，相当内地之乡镇，由五"吓古"组成。至于"吓古"，亦称"阿尔班"，为自治行政之最小单位，约辖十户至二十五户。

此种新的区划，完全出自苏俄意志，一面借此减削旧蒙王公势力，一面又可适合苏维埃的组织，渐渐将外蒙导入苏俄联邦范围以内。由此可知苏俄所谓"扶助弱小民族"政策，其运用的方式，毕竟是高人一筹！关于外蒙中央改制及其他情形，笔者在本刊一卷十一期《苏俄控制下外蒙之现势》一文中，曾详为论及，兹不复述。

<h1 style="text-align:center">四</h1>

自外蒙受苏俄卵翼独立后，实际上中国北部之边疆，已缩短至漠南之内蒙；而自九一八事变后，辽、吉、黑、热相继沦亡，所谓内蒙者，东四盟已去其三，仅存锡林郭勒盟及西二盟尚金瓯无缺。惟锡盟东北部，与辽、热接壤，故日人觊觎心切，时往煽惑，以民族自觉、自治、自决之说，游说诸王公之前，恫之以民族濒于危亡，惧之以外蒙势力内侵，将打倒王公制度，王公辈平素昧于外势，与中央又少联络，而中央亦复漠视蒙情，一向认为无足重轻，于是少数青年王公为巩固其固有地位及将来势力计，乃由锡盟副盟长德穆楚克栋鲁普（简称德王）联络西蒙乌盟盟长云王、伊盟盟长沙王及各旗代表，于民国二十二年五月，在百灵庙集会讨论自治办法，旋于八月电请中央要求给予内蒙高度自治权。中央为适应此种需求，乃于二十三年四月明令在百灵庙成立内蒙地方自治委员会，并指定云王为委员长，索王（锡盟盟长）、沙王为副委员长，德王为秘书长。嗣于二十五年一月，中央改任云王为国府委员，由索王、德王分任蒙政会正副委员长，于是内蒙自治运动始暂告一段落。

但蒙政会虽告成立，而内部委员意见并不一致。加以德王野心极大，自负不凡，事事揽权，独断独行，兼与日人及伪满时相勾结，各方对之深致不满。因此，蒙政会内遂分成若干派别：一是亲日派，以锡林郭勒盟及察哈尔部青年为中心；一是元老派，以云王及旧蒙王公为中坚，事事主张持重；一是以绥境蒙旗及归化土默特旗出身的青年为中心，主张与政府合作，对亲日派采取警戒的态度。此外，伊盟盟长沙王、副盟长阿王及四子部落旗扎萨克兼乌盟副盟长潘王，亦反对德王亲日，遂不参加百灵庙会议，并宣告与之脱离。中央乃复于二十五年一月设立绥境蒙古地方自治委员会于伊金霍洛，指定沙王为委员长，巴王（继云王之后为乌盟盟长）、阿王、潘王任副委员长，自此以后，内蒙境内乃有两个自治委员会。此种临事枝节应付之方策，实质上予旗人在政治、经济上发生何种影响，殊属疑问；以视日、俄对内外蒙经营之积极，计划之周密，殊不能同日而语！

当日本在《华北停战协定》之后，即开始作侵略内蒙西部之企图，首用武力占领察东多伦，以为进窥西蒙之根据地，同时在多伦设立特务机关，以小德小惠，笼络东旗之王公、青年，作为引诱西蒙王公、青年之钓饵，并用以华攻华之毒策，使蒙汉屠杀，造成蒙汉两族互相仇视。另派武装军人深入西蒙乌、伊两盟及土默特、额济纳、阿拉善等旗，从事蛊惑，且时有日本飞机、汽车开往威吓，以造成西蒙官民之惶恐不安。及至察、绥境内两蒙政会相继成立，日人对于内蒙独立的策动并未终止，反而愈趋积极，除对主持察境蒙政会会务的德王，极尽威胁利诱之能事以外，始则命令"满洲国"伪军李守信部于二十四年九月率队由热河进攻察北，占据沽源、宝昌、康保、张北、商都、化德等六县之地，继则利用德王，收编匪军，与伪满联合，于廿五年十一月进犯绥远，幸百灵庙（现改为百林庙）、红格尔图两战役，被我驻军击退，于是日人侵略西蒙之野心始稍戢。

记得《大公报》记者长江先生在《动荡的西北》一文里说："日方之对绥远，是作为战略的机动地带而对待，和察北与冀东之作为满洲外廓者不同其性质。察北与冀东之维持，为防御满洲之前线，而绥远之经营，则为侵略中国西北之津梁，而西北之图谋，又为策划中俄未来战局之张本。百灵庙光荣的战争，根本粉碎了这一企图，不但日方进入西北之路已不通，而绥远且成了将来战争中最北的有力支撑点。"的确，今日一般侈言中华民族出路者，均谓不在东南，而在西北，视西北为中华民族之生命线，自有其相当理由。而现残剩之察、绥内旗〔蒙〕，实为西北第一道国防线，在东可以规复已失之辽、吉、黑、热四省，在北可以控制独立之外蒙，若仅此察、绥内蒙而不保，则藩篱尽撤，不但晋、陕、甘、宁、新、青诸省立即危殆，已失之内外蒙，更永无恢复旧山河之一日！愿我国人，死守此西北国防第一线！

《国论》（半月刊）

上海国论月刊社

1937 年 2 卷 8 期

（李红权　整理）

绥远垦务总局解决河套移民纠纷

派员清丈垦地实行按户授田
鲁省移往垦民莫不表示欣慰

作者不详

　　山东省当局前因鉴于鲁省民生憔悴，曾于民国十四年，在绥远包头成立山东驻包移垦事务所，派王鸿一、郝中衢为正副主任，主持办理，向河套移殖贫民七百五十户，除事务所经常费不计外，先后共发下地价洋六万七千元，并经绥远垦务总局在河套丰济渠以东，拨予上等生荒七百五十顷，令移垦事务所主持按户分配，每一户移民，给予垦地一顷，自种自食。开办迄今，已十有一载，无如该移垦事务所副主任郝中衢，自民国十八年接充正主任后，对所领之地价数万元，悉数侵蚀，分文未缴，而所有绥远垦务总局拨予移民之垦地七百五十顷，亦一手把持，据为己有，除将该项垦地私行卖去一百二十六顷十二亩外，其余之地，则尽租于当地佃户，放租自肥，一亩亦未分与移民，以致山东垦民，流落塞外，啼饥号寒，厥状至惨。垦民逼于求生不得，求死不能，随于民国二十二年五月，在临河集合全体垦民，向当地法庭，控告该主任郝中衢盗卖垦地，侵吞公款，殃害移民，放租自肥各节，请求当地法庭清查处理。自涉讼迄今，纠纷已达数年之久，中间虽迭经审讯，以该案事关两省，情节复杂，迄未清理宣判。缘此山东移民河套垦务，十余年来，殆完全陷于停顿状态，山东移民流落塞外，生计几濒断绝，移民逼处万般无奈，今岁乃又推举代表，向绥远垦务总局呼吁，请求将垦地按户分拨，以维垦民生计于垂绝。绥远垦务总局总办石华岩氏，以迭据该移民代表等苦吁恳求，慨念山东移民流离苦痛，为作一劳永逸之彻底解决起见，乃决定将前时所拨与山东移垦事务所之垦地，一律收回，由垦务局自行按移民现有户数，照户分配，已于日前通知山东移民代表王常照等，务于本月二十日，将现有在绥山东移民，齐集合于山东垦地，听由垦务总局派遣监丈委员石育麟，协同驻临垦务分局局长孟兆瑞，将垦地逐段丈清，照移民户口册，按户点名分地。每移民一户，授田一顷。至于该事务所主任郝中衢，私行盗卖与当地土著之地，一律作为无效，该郝某盗卖垦地，吞款殃民，应受刑事部分，则归临河司法处依法审判。现悉山东移民，接得垦务总局斯项通知后，以石总办肯毅然彻底解决山东移垦河套纠纷，恤念民艰，移民全体无不额手称庆，感颂石氏之德惠，移民六百余人于日前齐集垦地，表示欣慰，而垦务总局派遣之监丈石育麟，亦由绥抵临河，即协同驻临垦务分局局长孟兆瑞，赴丰济渠山东移民垦地，实行清丈，按户分配云。

《西北导报》（半月刊）

南京西北导报社

1937 年 2 卷 11 期

（丁冉　整理）

嘉卜寺的实况

虞卿　撰

　　嘉卜寺是蒙古语，实际并没有任何寺院。在民国二十三年设治以前，还是一个荒凉的山沟，仅在张库汽车道旁开设着几家车马大店，收税机关，和些游牧民族的"蒙古包"，以及一所名实不副的汽车站（所以当地人又将它叫做"汽车站"①）。可惜设治没到一载，大好山河，就不明不白的变色了！当德王在此成立所谓"蒙古军政府"以后，即将嘉卜寺改名为"德化市"，现在就用着这个名称了。

　　嘉卜寺整个的市面，是落在一个三面环山的山陬里。各山巅上，均有极坚固的碉堡，在军事上，为天然要塞。仅东南一隅是平原，张家口去的车辆，皆由此处入口，某方的飞机场就建筑在它的右边。街为七十尺宽的天然马路，两旁疏疏落落的，建有一丈八尺高的砖面房子，商店皆在三、四、五横街一带，所谓"蒙古军政府"和某方"特务机关"，高高的矗立在街道西北端的一个小土丘上面。沿此向东走五十多步，有两丈宽的乾沙河，直流市面，所以每到山洪暴发时，全市三分之二，皆成泽国。当过去设治之初，该地方当局者在正北山脚下，掘了宽有六尺，深有一丈的大水渠，企图将水引于市外，可惜当时只建有一个雏形，所以

---

① 原文如此，疑有误。——整理者注

近年来山洪暴发的时候，仍不时的泛滥全县，因此每次下雨后，来往的人都感到极大的不便。

在嘉卜寺的伪蒙古军政府组织系统是：主席一人为云王，副主席二人，一为沙王，一为索王（已在去年七月间与世长辞了）。这三个人仅有其名，而本人终未到嘉卜寺一行，其中底蕴，想国人已知之甚详，无须费辞了。主席之下为总裁，总裁一人是德王自任，相当于行政院院长，总揽府内一切大权。总裁之下为办公厅，设主任一人，是蒲英达赖。此为最高机关，下设法制、经理、铨叙三科，参谋、参议两部，军事、内政、财务等八署。科有科长一人，办事员若干名。参谋部部长为李逆守信；参议部部长为吴鹤龄，并均有办事员若干名，一理军事，一管内政。署各有署长一人，科员若干名，事务官二人，办事员若干名。并由署以上，均特设有顾问若干名，军事署内为数更多，其用意所在，不言可喻。伪蒙古军政府内的办事员大都是汉人充任，其余上级职员，都是蒙人和×人，无论大小事件的决定均以××人的意见为依归，绝对不敢擅自行事，所谓自治也者，当然也就是这样一回事罢了。

市公署是于"蒙古军政府"成立后，才把旧有的德化县公署改的。内有正副市长各一人，李逆守信任市长，副市长是张某（为热河蒙人），秘书一人为房某（东省人），顾问一人为榊原（日人），指导官一人，为蒋玉涵（韩人），负译话责任。总务科科长为张文友（东省人），财政科科长为郭某，警务科科长为陈某（河北人），建设科科长为张某（东省人）。各科均分股办事，股长一人，文牍主任一人，科员二人，雇员若干名。所谓市政府的行政权亦操于××人手里。薪俸的规定——凡雇员一律十五元，科员及征收员二十元，主任二十五元，股长三十五元，科长五十元，秘书及指导官六十元，副市长三百元，市长五百元。如果勤于公务，每月另有赏金，数目多寡不定。一般职员，对工作异常努力，每到上班时，均于摇铃前到班，绝没有一人迟到的。据他们说："到的迟了，不但得不着赏金，并且挨耳光子！甚至还要打破饭碗呢！"在市公署内，某国顾问特设密查一人，为察南涿鹿县人，叫王继周，专负调查职员们和地方人士的言论行动，并刺探蒙人的消息。

自从李逆守信等占据德化后，首先将各机关改为合署办公，并均增设若干×籍顾问。所谓合署办公，在表面看来与旧的组织固然不同，但它实际上，不过是取消了几个机关，使××籍顾问便于控制而已。至于一切行政、制度、法律的内容，大部分均依吾国的定则。例如公文一项，公文用语，公文纸式样，缮写格式，均与前同，不过上行文，在结尾地方，略有变更，就是在谨呈长官某的后边，又加上顾问某一词。并在长官某，和顾问某下面，加了一个殿字。兹将德化县白土卜子乡立初级小学校教员呈县公署的呈文书左：

呈。为请领事：窃查政治维新之今日，学校亦随之而兴创，但兴创之学校，首重教育，故职久欲研究日语，以便辅助教育，奈值此书未便印发，今既颁印出来《中日语对照》一书

钧署各科股业已齐发，职校欣然欲领。为此恳请

钧署准予发给，实为公德两便。谨呈

县长颜
                        殿
顾问官上田

                                        教员康耀先圍

据"德化市公署"职员说：自从××人接任顾问后，把办公费一项就取销了。凡公用物品要用的时候，临时呈文具领，手续极繁，如果遇××顾问不高兴的时候，去领物的人，就糟糕了！

不仅不给，还要申斥。总之，在敌人势力之下讨生活，实在是一件苦不胜言的事啊！

《申报每周增刊》
上海申报周刊社
1937 年 2 卷 24 期
（李红权　整理）

国防前线右翼的支持点——绥远与内蒙

马中侠　撰

以现在的情势说，内蒙——实际是绥远变成国防的前线了。以历史的痕迹说，内蒙是历来北族进扰的根据地，以地理的地位说，内蒙是北部半壁河山的屏藩，以帝国主义者侵略目标说，内蒙是日本"大陆政策"必争之地，也是赤俄"东进政策"主要目标——现在内蒙的大部已经被日本先着手掠去，所余的只有察省的南部和绥远的四旗二盟了，而匪伪在日本指挥利用之下，进扰不已。当去年十月及十二月中，我们乘国内统一的壮气，及绥省当局的努力，对侵略者与以痛击。先有百灵庙的收复及红格尔图的胜利，后有大庙之收复，及进围商都的形势。我们最高领袖蒋先生鼓励国民说："百灵庙之收复是我们民族复兴的起点。"原本打算一鼓作气继续作雪耻的工作了，想不到前方士气方盛之际，民众踊跃输将之时，忽传来"西安事变"之恶消息。于是人心消沉下去；目光转到西安，我们主要的工作，不能不暂停了。可是在最近几日消息，伪匪军欲在华北局势紧张声中，打算卷土重来，再谋大举。河北省现已成为国防前线正面之冲突地段，那么内蒙尤其绥远终是我们保守生命的前线右翼支持点了，它的地位，它的重要，它的国际关系……我们亟应明了，今就所知一叙其梗概。

一　绥远地方政治的特殊状况——地方政治之复杂

内蒙的行政组织，是中国地方政治最复杂的一角，以现在来说，一方面有封建余势的盟旗组织，一方〈面〉有与内地一样的省县组织，同时又有蒙古王公在中央政府指挥之下的自治组织。这种复杂的状况，或者就是受匪伪及日本进扰的绝好机会，而我们想明白绥远的地方政治状况，也就必须先明了这种复杂状态，因为绥远是内蒙的一部分。

（一）绥远的盟旗组织　所谓盟旗就是古时的部落，是一种酋长和家族的总集体，这种组织的背景，自然是封建势力的趋使，满清征服蒙古后，为取怀柔政策以事羁縻，为的分散其原来势力，故就其原有部落而建盟旗。盟的领袖为盟长，旗的领袖为旗长，蒙语曰"札萨克"，旗是地方自治最小单位（有如内地之县），也是蒙古地方政治的中心，札萨克由蒙古最有名望的王公选出，地方实际的政治力量都操在札萨克手内；而在本盟各札萨克中，再互选一人兼理盟长职，盟长实际不一定能支配全盟各札萨克，不过全盟开会，他是居主席地位。

内蒙包热、察、绥三省地，以察哈尔作中心，共分成六盟，二十五部，五十旗。外有察哈尔、归化土默特两特别部；东四盟中的哲里木盟、卓索图盟及昭乌达盟，已随热河沦亡了（现为伪之兴安省）。东四盟中所余一锡林格勒盟，现已合于察哈尔部，改名曰察哈尔盟，现在是在背叛祖国的德王及卓什海统治之下，所存在的只有西二盟及归化土默特与绥东右翼四旗，即一般人所称的"绥境蒙古"，今分〈别〉列表如下：

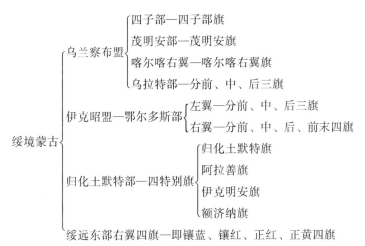

上表应该说明的，就是绥东四旗，本来是属于察哈尔的，但自察北六县失陷以后，乃归绥远统治，现与丰镇、兴和、集宁、陶林、凉城合称为"绥东"，是匪伪扰乱的现在目标。现在我们再把盟旗内部的组织简列一表，俾明其组织之特点。

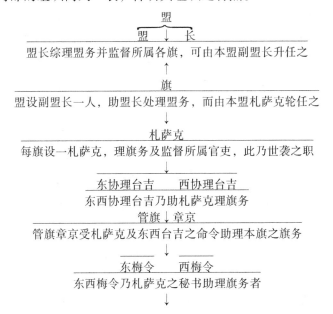

参领

参领受札萨克之命理地方之兵事

↓

领佐

佐领为参领之助理

↓

骁旗校

每佐设一人以助佐领

↓

领催

视每佐事务多寡而设领催

↓

兵丁

（二）省县盟旗的关系　民国三年七月六日，以教令第九十三号，公布都统制，以热河、绥远、察哈尔三地为特别行政区，热河理十五县，察哈尔理八县，绥远亦理八县，这些县治大都是汉人移住最多的地方。自从民三以后，内地人移殖的更见加多，所以县治也随之继续增加，到民国十七年，乃设计建省，到十八年即改三特别区为三行省。现在热河所属有十五县（二盟，十部，十七旗），察哈尔所属十六县（一盟，五部，十旗），绥远所属十八县（两盟，五部，十三旗）。以现在论只有绥远尚保持其全省地面。

内蒙，实际固然是仍为省县盟旗的双重组织，但大部地方这两种组织利害，已渐趋一致，其尤以绥远有蒙汉感情联络得最好，譬如土默特部现几已全改为县治，乌盟与伊盟的南部，亦大部开垦设县，又绥东四旗与县治相同。当察省四县失陷，四旗王公不肯附逆而归绥省指挥，所开垦以后的土地，虽归县治来管理，然尚有必租与蒙民的规定，俾使蒙汉人民，永居利害一致。而主绥当局，亦尽心竭力想法，使蒙汉民族情感协和，例如去年二月二十三日绥境蒙政会成立时，绥垣蒙汉表示团结之诚，实从来所未见，宜其此次绥北、绥东几次战事，盟旗同胞及各王公为国出力逐敌，引导国军作战，此亦善于治绥的结果，蒙汉同胞大团结可期矣！

（三）自治之组织　内蒙古自治运动的发生，早在民国初年，因一时受辛亥革命思潮的影响，及外蒙古独立运动之刺激，故当时就有数旗独立之事，及民八又有"达乌里全蒙临时政府组织"之运动，后直到民国十七年，察哈尔盟旗代表尼玛鄂特索尔、纪伦等，赴南京作自治运动活动，并条陈十款，但无结果。到民国二十二年夏，内蒙自治运动乃急转直下，乌兰察布盟长云王，锡林格勒盟长德王及锡盟各旗代表，在百灵庙集会，后七、八两月又开会数次，十月九日到会之人最多（六十九人），云王为主席，前后连开会五次，费时十六日，公推云王为内蒙自治委员会委员长，索王、沙王为副委员长。而南京中央方面，闻此消息，先于九月、十月有行政院及蒙藏委员会数次讨论，结果派内政部长黄绍雄、蒙藏委员会副委员长赵丕廉，前往内蒙巡视，廿二日到平，廿六日赴内蒙，到十一月十日方分乘汽车达百灵庙。德王等极表欢迎，时各王公所开之会亦告暂停，听候中央大员处置。

由十一日到十八日间，黄、赵与各王公集会四次，结果决定两种办法：甲种是分区自治，如锡盟、察部设一区，乌、伊盟及土默特部等设一区，以外各盟旗依比例设区。乙种办法是在内蒙只设一个自治最高机关，名曰"蒙古自治委员会"，直属行政院，后来黄、赵赴京，及至廿三年二月廿八日中央政治会议，通过《内蒙自治办法原则》八项，决定采用乙种办法。"蒙古地方自治政务委员会"设于百灵庙，国府特派驻平何应钦为指导官，赵戴文副之。任命云端旺楚克、索诺木喇布坦、沙克都尔札布、德穆楚克栋普鲁、阿拉坦鄂齐尔、巴宝多尔济、那彦图、扬桑、恩克巴图、白云梯、克兴额、吴鹤龄、卓特巴札普、贡楚克拉什、达里札雅、图布升巴尔雅〔雅尔〕、荣祥、尼玛鄂特索尔、伊德钦、郭尔卓尔札布、托克托胡、潘弟恭察布、那木济勒色楞、阿育勒乌贵廿四人为委员，指定云王为委员长，索王、沙王副之。可是我们要明了蒙古要求自治也是有背景的：

（1）近代新的潮流已经刷新了一部分蒙古青年，他们思想不像过去那样保守了，因此他们居于领导地位，作各种活动。

（2）国家内部多事，过去无暇顾及边区，中央对边省更少联络，故对蒙古此等新思想之青年，无羁縻之联合，放任过甚，而给他们本身一种活动机会。

（3）这种青年，无疑的是要找他们的政治出路，并且也有一二颇具野心的青年，如德王即其一也，这部分人，最易为帝国主义者所利用，日本向以利用蒙古王公为行"满蒙政策"之手段，德王不久以后，即上了日本的圈套。

因有以上三个原因，所以蒙政会成立不久，内部就分成德王派、云王派、绥远派等等。因为绥远二盟王公多老诚，忠于祖国，主张蒙汉团结，与野心勃勃，甘为日本驱使之德王等自不会相容。

当黄绍雄在百灵庙讨论自治之时，伊盟王公及四子部落，就根本反对自治之组织，与德王、阿王冲突几次。不久察北为日人所掠，更尽力煽动德王等独立，故为绥境王公所不满。当察北事变之发生，绥东也随之告紧，结果百灵庙之工作，不得不暂时停止，德王返滂江，百灵庙就等于日本的特务机关了。绥境王公为自保，为防日本之侵略，乃纷电中央，请求在绥另设一自治委员会，以保伊、乌二盟，中央顾全内蒙之环境，乃允所请。二十五年一月廿五日，国府明令派沙克都尔札布、巴宝多尔济、阿拉坦鄂齐尔、潘弟恭察布、齐色特巴勒珠尔、齐英特凌清胡尔罗瓦、额尔和色沁扎木巴拉、凌度〔庆〕僧格、石拉布多尔济、噶勒发罗勒玛旺札勒扎木苏、唐〔康〕达多尔济、图布新济尔噶勒、特固斯阿木固朗、鄂济尔呼雅克图、荣祥、沙拉布多尔济、达密凌苏龙、巴拉贡札布、孟克鄂齐尔十九名为绥境"内蒙古各盟旗地方自治政务委员会"之委员，并指定沙王为委员长，巴王、阿王、潘王副之。当时会址设于伊金霍洛，阎锡山为指导长官，后改于绥垣举行成立典礼，二月廿三日那天，绥垣蒙汉团结情绪之烈，为从来所未见。

绥境蒙政会成立之后，百灵庙蒙政会之保安科长云继先、政治科长苏鲁岱等，以德王久不在庙，外面谣言盛多，三月二十日率官兵千人，离庙归绥方〔境〕蒙政会，自此，百灵庙之蒙政会等于乌有，德王的野心及日本侵略之形势，更露骨表示出来。实际蒙政会只有绥境一个了，到百灵庙为国军所收复，匪伪及日本势力全被驱逐，猬集于察北，以嘉卜寺为中心了。

总以上三点，因内蒙地处边境，民族性尚未一致，而地方亦不得不有那种特别形势〔式〕的组织，因为我们过去无力顾及边远，故给帝国主义者〔有〕以煽惑利用、挑拨离间的机会，又兼蒙古青年一二野心，甘附仇敌，造成现在内蒙非常复杂的局面。如果想要收拾这种局面，恢复我们的失土，惟有以绥远为起点，以蒙汉联合为手段，共同抗敌御侮了。

二　绥远省〈地〉位及其重要性
——地理地位及产业地位

（一）地理位置之重要〈性〉　绥远，是内蒙古的一部，位全蒙西南，北控外蒙，南襟晋、陕，西接宁夏、甘肃、青海、新疆；东掌平、津，呼应相助，河山相脉，为历史上之要塞，为自古北族肆扰中原之根据地。然以现在的情势观之，已成帝国主义者争夺之目标，指使匪伪扰乱之前线，而蒙旗本身能力薄弱，又无整个团结之组织，一部又已为帝国主义者所利用，强敌更继续利诱威吓不已，因此绥远无论省县及盟旗，都加重了国防的责任。

绥东丰镇、凉城、兴和、陶林、集宁五县，位于右翼四旗境内，东邻张北县境，南至长城得胜口及杀虎口，与山西石〔右〕玉县连界，西至归绥县东（相距仅九十里），北与商都县，及西〔四〕子王旗毗连。境内多重镇要区：如大青沟，系由集宁通商都之孔道，为军事上必争之地，因其为集宁之屏藩。他如兴隆庄及十八台，为蒙汉交易市场，亦富庶之区。五县交通已甚便利，如归绥至凉城，凉城至杀虎口，至集宁及丰镇，都已筑成公路，而平绥路贯于当中，集宁即为此路之中点；如匪伪占去绥东五县及右翼四旗，则平绥路即直接受其控制，因而集宁、丰镇连及张家口，都随之而不保矣，更可以截断北平与太原经大同的路，即不啻为日本开入晋之大道。另一方面亦可侵宁夏，越贺兰山，经阿拉善旗，进攻新疆，包围外蒙古，所谓唇亡齿寒，华北、秦、晋、甘、宁皆将不保矣。则绥省尤其绥东一境之地位，其重要可见。

（二）经济地位的重要性　查绥远省全面积，约为一百十二万三千九百方里，已设县的，占去五十三万四千七百六十方里，尚有五十八万九千一百四十方里，为蒙旗蓝〔牧〕地。人口，于十八县治内，有三十万六千○九十六户，一百七十七万七千七百八十五口，兹将绥省十八县人口分布情形列表如下：

县别	土地面积（单位:方里）	户数	口数
丰镇	20,600	44,375	254,335
兴和	11,200	16,937	93,681
集宁	37,200	11,432	69,114
凉城	36,000	38,500	192,600
陶林	36,000	9,066	42,239
归绥	26,650	47,359	253,097

续表

县别	土地面积（单位：方里）	户数	口数
包头	47,400	29,183	136,956
武川	80,000	3,800	159,490
萨拉齐	30,600	29,836	153,848
托克托	31,400	11,771	98,500
和林	28,800	39,874	92,056
清水河	27,700	10,525	46,467
固阳	35,200	6,983	34,855
东胜	14,650	4,120	31,554
五原	22,100	5,259	25,515
临河	22,500	12,580	56,593
安北	25,800	4,049	28,016
沃野	960	465	1,860
总计	534,760	306,096〔326,114〕	1,770,785〔1,770,776〕

依上表，每平方里尚不到四人（三人强），与内地每平方里平均六百八十人（如江浙各县）相比，其差别悬殊，这"天罩穹庐龙〔笼〕盖四野"的广大平原，肥美土地，正是吾民族生存之美土。

至于绥远土地开辟，远在战国时代，及秦、汉则军事屯垦并重，从雁门以北，阴山以南，东自代郡起（即今绥东五县），西至朔元（临河境），为屯垦区域。北魏时，都和林，〈即〉盛乐郡，设州置镇，开发更见迅速。直到唐，于绥设振武军，立受降城，行大规模之屯田办法，辟农田，兴水利。入于两宋，则辽、金、元相继辟营绥土。明时，归大同管理，设玉材〔林〕、云川、宣德、万胜诸卫，李文忠屯田河套。及玉〔至〕清时，秦、晋遇灾荒，饥民分越包头西去，移入绥境者更多。光绪二十八年，张之洞提倡开垦，设"丰宁押荒局"①，政府派贻谷为垦务大臣，广集垦户，一时绥远垦业大兴。及至民国，河南、山东、湖南等省人民，亦多往垦殖，所以到现在，绥远的产业及地方经济，颇有可观，盖亦数千年经营之结果。今将各调查统计列表，以明绥远省之经济状况：

（1）绥远省牲畜产额（单位：只）

羊 二三八，九二九		驴 五，六二九
猪 一一，七七六		牛 五，一五九
马 一一，〇九六		
骡 五，六二九		骆驼 四，二〇四

（2）绥远皮张的产额（单位：张数）

羔皮	六七五，三〇二	驴皮	二，八九八	驼皮	五，六八五
滩羊皮	一〇二，二三一	狼皮	一，九一〇	家猫皮	一〇，四四一
各色羊皮	六四四，九二七	汗〔旱〕獭皮	五四，八五七	豹皮	一〇
马皮	七，五四八	兔皮	三三，一六三	熟牛皮	六九
牛皮	六，一一三	小牛皮	三，三〇七	猞猁皮	一，五四三
生黄羊皮	二四，四三六	白板皮	六四九	灰鼠皮	一三七，一〇一
骡皮	六七二	银鼠皮	三，四七一	土豹皮	一七二
狐皮	二一，九一九	獾子皮	一，六五四	熟马皮	九
猕猴皮	一，〇三四	扫雪皮	四一九	野狸皮	八，三一六
股子皮	九七五	猾子皮	一八〇，七三三	兔尔狲皮	一，四一九
黑皮	九二	狗皮	六，五五二	皮条	一七八
羔腿皮	五，三八七	沙狐皮	一四，〇九八	貂皮	一〇〇

---

① 原文如此。丰宁押荒局设立于光绪八年，即 1882 年。

（3）绥远毛类产额（单位：斤）

驼毛	二,〇三二,五二三	马鬃	八,三三七
绵羊毛	二三,〇七二,九〇九	犀牛尾	一,七五七
猪毛	四二九,一二九	马尾子	四,五七二
山羊毛	二二七,八四一		
猪鬃	二〇,〇五七	杂色马毛	一,一四五
山羊绒	五四八,三九二	杂色马尾	六,八二一

以上三表材料采自《西北向导》第十期九至十页，乃民廿三〈年〉七月至民二〔廿〕四〈年〉六月之调查。

（4）绥远近年来煤产产额（单位为吨）

种类	民国二十年	民国廿一年	民国廿二年	民国廿三年
烟煤	六四,五〇〇	五四,〇〇〇	四四,〇五六	三〇,一四四
无烟煤	二三,三〇〇	一三,九六〇	八,六二七	九,八二七
褐煤	三,五〇〇	一,二五〇	四,〇五六	一八,〇〇〇
总计	九一,二〇〇 〔九一,三〇〇〕	六九,一五〇 〔六九,二一〇〕	五六,七三九	五七,九七一

（5）绥远近三年来之农产状况

种类	民国二十二年	民国二十三年	民国二十四年
小麦	一,九五四	三,〇三七	二,五五三
大麦	九二一	九九五	九六四
高粱	一,五七五	一,一八二	一,六五五
小米	二,〇二一	一,五八九	一,八〇〇
糜子	二,〇三〇	一,七四二	二,三一九
玉米	八九	七四	八六
燕麦	三,二六二	五,七七九	四,七〇五
豌豆	一,二二五	一,六三〇	一,二五〇
蚕豆	七四〇	九三七	四七二
大豆	五三一	二九二	三六九

以上二表采自二十五年度《申报年鉴》。

以上五表为绥远省境生产之概况，除此以外，出产药材甚多，尤以甘草、大黄、祁草等最多（可参看《西北向导》第十期《绥远论》一文）。至于铁〔盐〕产，如百盐池、贡吉拜申、红盐池、大海滩等地产盐最多，只就大海滩一地，每年可产盐二百五十多万斤，晋、绥食盐多靠此产。又如归绥之石墨，萨拉齐山之石棉、陶林之水晶、宝石，固阳之石矿，杭锦旗碱湖、鄂托克旗碱湖所产之碱，年产有四千三百二十多万斤。

从以上所述生产情形看来，绥远之富，不亚于东北一〔三〕省，但因外蒙"赤化"以后，绥远屏藩已去，而绥远之产物不能与外蒙交易。今日，日本更促使匪伪西侵，绥境蒙民，正感到恐慌，有一部生产物，已不能由察外输，又兼去冬风雪为灾，各盟旗牲畜冻毙甚多。现经几次战事，地方更感恐慌，可是挽救这种危机惟一的办法，只有我们整个国家有办法，绥远才有办法，因外患频仍，无力建设富庶边区，尤其以绥远为然，吾人所望者，亦即先除外患，保守此大好河山！

三　日本侵略绥远的面面观

（一）日本进侵内蒙的政策与阴谋　日本侵略满蒙的野心，可以说远在日俄战时，其时的中心人物，就是伊藤博文，曾由日驻沈阳领事，收买大批喇嘛，组织所谓"观光团"，观光东京，觐见日皇□下，日本利用喇嘛之根基，后来直到民国四年，日本向袁世凯所提出之二十一条，其中第二项就是对蒙古的要求，而此时南满路线已经成了日本侵略满蒙的"东印度公司"。继而更修满铁支线，如四洮路等，俾〔伸〕向蒙境，这些侵略行为，中国当时是无力抵抗的，所以日本为所欲为，而因他更看不起中国，进行侵略的野心愈来愈积极，况朝鲜、琉球、台湾已入日本之手，在他们野心焰焰之下，终产生日本对中国侵略的具体计划，即谁都知道的"大陆政策"，"满蒙政策"即包含大陆政策之下。全部内容为：第一期征服台湾；第二期征服朝鲜；第三期征服满蒙（东三省及内外蒙古）；第四期征服全中国，而渐及于南洋（即括亚洲而有之）；第五期以既得者为根据，而向世界问鼎。

这种野心计划，可详见于田中义一奏折，及佐苏清胜所著之《满蒙问题与日本的大陆政策》一书。其中主要部分，还是注意于先征服满蒙，此即"九一八"事变之由来，与今日日本扰乱华北，及侵略察、绥的由来，如以现在已成的形势来说，日本西窥之必要：

（1）乌珠穆沁旗，毗连辽宁所属科尔沁左中、右中两旗，如不取察、绥则辽宁不固。

（2）乌珠穆沁旗，邻近热河所属巴林、札鲁特、阿鲁科尔沁等旗，不取察、绥，则吾国随时可以收复热河。

（3）苏尼特旗，当张库大道之中心，乌珠穆沁旗，为张家口至满洲里之大道，略取绥、察可断中苏交通之路。

（4）锡盟及察部十二旗群，北接库伦，南接关内，故北可进攻蒙、俄，西可据甘、宁，南可捣平、津，有如满清入关之形势。

所以在南次郎为关东军司令官时，积极主张，以侵满成功之勇气，直接席卷内外蒙，而完成满蒙之部分政策，但至《苏蒙议定书》成立，而南次郎解职，植田谦吉继续任司令官时，对"大陆政策"的执行，主张先侵占内蒙，再继侵外蒙，并主张把持华北而打通西北门户，这与华北驻屯军的意见，不约而同，所以现在他们正在一致执行着所谓"完成内蒙之占有"，当然，所谓"内蒙"，现在只有绥远一部了。他们理想的阴谋是：

（1）分化蒙古政治形态，及打碎其组织，而把他分属到"满洲国”的体系之下；此即对东部蒙古之已成办法。

把东蒙分成东分省，以札赉特为中心；北分省，以河〔海〕拉尔为中心；南分省，以哲盟中部为中心，各分省上设有“兴安总督署”。热河一部为中分省，皆以旧蒙王公为省长，这部分工作，日本已经完备成功了，亦即对田中计划已执行一部了。

（2）进行扶植西蒙，使之亲善日“满”，图组成自治政府，先作成半独立之形式，此即现在正积极进行之办法。

第一步，使西二盟疏远中国，而渐进于半独立。第二步，由日“满”先承认西蒙独立政府。第三步，进行将东西蒙打成一片。此种阴谋，自民国二十二年已经开始工作，此即内蒙要求自治之由来最大原因，其中主其事者，即甘心附帝国主义的德王，这步工作，已经因蒙古王公有大部是爱护祖国，不甘附逆，而日本已失败，尤其自百灵庙为国军收复后，日本更无成功希望，现在只扶植德王，在察北以化德（嘉卜寺）为中心，组织伪政府，为虎作伥。

（3）日本还希望有第二个傀儡出现——在日人的谋划下。

如运动内蒙自治成功后，并东西蒙两部为一体，进行建设如“满洲国”一样的傀儡“蒙古大源共和国”，以之为工具，罗外蒙而有之，最后使满蒙协合起来，使满蒙一同进到日本的怀抱去。此即日本所谓之“满蒙政策”者也。

（二）日本侵略内蒙的方法与设施　日本侵略蒙古，既有以上的政策和阴谋，然其侵略的方法和设施，可就现势再分述之。

（1）利用蒙古旧有王公　日本对我之侵略行为，最惯用的，便是“地方外交”的办法。其对内蒙仍不出于此。一方在言论上宣传“满蒙一元论”，并以满蒙非中国领土，以惑乱世界听闻，一方则实际怂恿蒙古旧式王公，如田中奏折上说：“内蒙古现以王公旧制为治，其主权，明在王公手内，我如欲进出内外蒙古，可以与蒙古王公为对手，而缔结条约，便可有种种机会，而增我国力于蒙古也。"故溥仪登傀儡台时，日本以飞机载内蒙七王，到长春去观礼，使满蒙趋于合调。

（2）利用蒙古新起青年　蒙古新起之青年，可以德王为代表，他是个有思想而具有最大野心的人。他常以成吉思汗自命，内蒙运动自治，即由他引起来的。初成立百灵庙蒙政会时，因多方牵制，他没有什么表示，到绥境蒙政会成立时，他就决心脱离中央与蒙匪头卓什海及土匪李守信等，于今年六月时，已在化德（嘉卜寺）另建局面。这自然是日本迎合着这部野心蒙古青年，而造出的傀儡把戏，现在他们的势力，集中在嘉卜寺及滂江，组织什么"内蒙防共自治军政府"，又有什么"大元国"、"蒙古国"的名称造出来。

（3）利用蒙匪及土匪　去冬内蒙大雪为灾，蒙民有些因贫寒流落为匪，因此更增加德王、卓什海等的势力。后来热河蒙人李守信也被日本拉去，先夺去察北六县，设伪军司令部，后侵占绥东、绥北，以商都作为军事中心，成立"蒙古国"，并于张北设立两处军事学校，强迫十五至二十五岁之蒙古青年入学当兵。在九月以前，成立"蒙古独立军"两军，约有两万人，主要军官由日人担任，军火由日方供给。这部匪军，现已与嘉卜寺之德王联合在一起，日供飞机三十架，分驻张北、商都、滂江及化德，而以化德作中心，并联合其他土匪。但这种方式，现在渐感有很多的毛病了。德、李、卓互相排挤，伪匪内部渐有涣散的样子，日人近更调张海鹏军队来加强伪蒙军的实力，可是人民不堪伪府的压迫，所以有人民自卫军的兴起，这可证明它引用这办法之失败。而匪伪大部也都是具有爱国心的，并且已开始收复失地了，这些伪和匪，仍不难终为祖国出力。

（4）经济的掠夺　日本取得察东、察北以后，第一步，便是攫取关税的管理权，借此可与伪满发生较密切之关系，凡向东经由多伦的输出货，概行免税，而南输者，课以苛税，故由大连及多伦，运货汽车售价，比由天津方面来者，要贱四五百元。其目的既要统制内蒙市场，更须夺取外蒙向内地的贸易。

（5）文化及麻醉工作　今年九月间，日本外务省文化事业部，已决定在蒙古方面，拨款十万，在百灵庙附近，设立"蒙古研究所"，分政治、经济、文化、历史各部门。就国内大学中选派人员，到那去从事研究，以期养成"蒙古通"。现在滂江、化德甚至在包头，由日人主办所谓"亲善协会"、"善邻协会"各团体，他们的工作，表面上是从事如医务等各慈善事业，如到地方散放药品，及救治贫民，实际所作的，一方为调查、宣传，蒙古自治声调多由他们放出。

同时，日本人势力所到的地方，一贯施行他们的烟、赌、娼三大政策。所谓烟，不仅强迫人民种植鸦片，而由日人运入大批毒品，如海洛英、红白丸等等，毒醉我国同胞。我们看到东北四省，及冀东、平、津的情况，就可以知道日本毒化中国的野心了。现在他在内蒙也同样施行此种政策（见绥远及察北、华北各通询〔讯〕）。

（6）交通之谋划　据最近张家口通讯："察北自被伪军占领，军事、政治、经济、文化各方面，均操之某方手内。对军事积极再求扩充，以期于最短期间，取得绥远。对经济之侵略，则以大蒙公司操纵商业，某方货物，均由东省运到热河，再转运察北倾销。我国之原料，亦由大蒙公司包运出口，近某方复感察北军事日渐澎涨，货物之销路亦广，虽由热河之赤峰至多伦，修筑之轻便铁路已通车，然军火、货物，由张北、商都、嘉卜寺以及绥东附近等地，用汽车载运，殊歉迟缓，因欲修筑直达绥东之干线铁路，而完成东北与察、绥直达通车之目的。现某方之计划，先兴修多伦诺尔至绥东达平地泉之干线铁路，中经红庙子、宝昌、张北再折向西北，经庙滩村至商都，其计划固在直达绥东之平地泉，然在其未得绥东之前，决不易实行。拟先修至商都，再完成张北至张垣，然后再修支线，与平绥路衔接，刻某方派员测量路基，已告完竣，正在积极赶筑中。"

总以上六点，日本侵略我绥省，是有政策的，有计划的，同时也有毒辣方法的。而总括言之，就是他们传统"大陆政策"的执行，方法亦即传统下来的"以华治〔制〕华"方法。因为他要竭力节省实力，好对付不久将来的对俄作战，可是我们的国家已完全统一，我们的民族已渐全觉悟，不但我们不能再放弃寸地寸土，而还要收复失地，我们的国民，以后也趋向团结，不再为帝国主义指使。近日匪伪之反正，蒙民拼命守卫国土，都是充分的证据。

四　中、日、俄对内蒙的三角形势
——日本侵略行为的前途

日本的"满蒙政策"，不但其对象为内蒙，而外蒙也包括在内的。俄国的"东方政策"，不但不能放弃外蒙，而对内蒙已早俱野心，以求得内蒙为外蒙之外卫。可是我国不但认为内蒙，尤其现尚为中国力量所及的绥远，为我国半壁之屏藩，更认绥远是中国民族复兴的起点。那么如此一来，绥远的关系就复杂了，而其地位更增重要。日本对绥的侵略行为，也就由此可以断定他的将来。今加分述三方关系如下：

（一）日俄与内蒙古　《纽约时报》载："日本想诱惑内蒙王公，建一独立'蒙古国'。即日人所宣传之'大元国'，并且'满洲国'已允将兴安省并合于'蒙古国'之内。而该计划之最令人惊讶者，即憧憬的'蒙古国'，不仅包括内蒙，且将外蒙，以及现为苏联领土一部之布里雅特蒙古共和国，亦包括在内。合计此三部土地，人口约四百余万，面积有一百万平方里。"（见 Russia Faces Japan on Vast Asia Froot, New York Times, April 5, 1936）可见日本视内外蒙古，是苏俄"赤化"远东的走廊，其"赤化"力量，不仅及于中国，而很易染到朝鲜、东三省，甚至日本三岛去，这只就政治关系而言。如果再以军事眼光去看，日本对苏俄的抗争，最操胜算的，就是由外蒙过去截断西伯利亚铁路的后段，使苏联失去与后方的联络（关于此点，可参看《前途》四卷十二期拙稿《由日苏在远东格斗的形式说到日德反苏同盟》一文）。

如再看苏俄，对内蒙也并未放手。我们知道：苏俄常嗾使外蒙古蒙人，利用种族与喇嘛教的关系，赴锡、伊、乌各盟旗游说，并以恢复王公势力，及接洽饷械等项，利诱内蒙王公，并不断派遣联络员，携财货潜入内蒙各旗活动。并常以蒙文册子及传单，鼓吹内蒙附外蒙。苏俄此种举动，一方图为外蒙建设外围，一方图苏俄货物可经库伦、多伦入张家口，到长城、华北来。如果就军事上说，苏俄不但丝毫不会放松外蒙，如史达林所说："蒙苏已订有互助协定，如日本进犯蒙古，苏俄将以全力保护之。"而且一旦取到内蒙，则对"满洲国"形成大包围形势，这种情势的紧张，已在"满"苏及"满"蒙屡屡冲〈突〉上十足表示了。

（二）中日与内蒙古　上述日本对内蒙军事及政治上之重视，我们绝对不要看错了，如果苏俄没有攻击日本行为时，日本决不会越蒙古而侵向西伯利亚。盖西伯利亚之全部，在经济上的价值，尚不及中国之一省，况日本此时，尚无进攻俄国的能力，他的目的，即在如何方法，把中国整个在他一手支配之下，不再为任何国所"分肥"，故日本对苏俄最大限度，压迫其退出远东，不干涉他独自宰割中国就够了。正如六月份英《圆桌季刊》所载之《东亚之安定》一文所云："日本经济目标，不在海参威〔崴〕及库伦，而在天津与上海，质言之，日本'大陆政策'之目的，在中国，不在西伯利亚。特为其实行便利起见，必须在中国与苏俄间取得一块土地，将中俄分开，并在蒙古树起军事的边界，以防苏俄。"可见就是日本的"满蒙政策"，不过是"大陆政策"的手段，主要目的，还是希望把整个中国吞下去！况且在消极方面，日本占去了蒙古，可以截断中国国际路线的一方面。

以现在形式〔势〕来看，在日本进行侵略内蒙之际，一方屡屡向中国提出"共同防共"的无理要求，一方和德国成立了"反苏同盟"，目的就在把希特勒的"国际反苏阵线"，拿到中国来作他侵略行为的烟幕弹，拉中国作他的牺牲品。作者执笔之时，盛传日本又提出"日本要自动剿共"的强硬要求，谁都知道，这自然是又进一步的帝国主义行为，中国早已看得明白，中国此时统一了！中国本身可以"剿共"，中国将士可以守土，不但如此，中国还要为民族生存而收复我们已失的土地呢，现在已经自内蒙着手了。

总以上三方关系，内蒙的地位，在日本是侵占中国的桥梁，在苏俄是想建外蒙的外围地带，对于主权者的中国呢，则无论对日或对俄，内蒙都居于陆上国防之中心。内蒙一亡，则中国之咽喉已为敌人所扼，欲图挣扎，则大势已去，内蒙失于何，则中国危亡于何，故不欲求中国民族之生存则已，欲求民族生存，则必守内蒙，必恢复已失内蒙之一部，不久的远东大战，则远东三个主角中、日、俄谁把持住蒙古，则谁操胜算，其然欤！

五　结语

综观以上所述，蒙古民族，无论东向附日，或北向附俄，历史推演之结果，皆离不开最悲惨的命运，因为日本存心利用，苏俄立意欺骗，都会使蒙古民族陷于沦亡，要言之，"非我族类其心必异"。日俄两国，所执之外交词令不一，而同视蒙古为工具则同。此时唯一之计，唯中国能挣扎摆脱帝国主义的羁缚，则蒙古可能获得正确之解放，否则必同归于尽。凡我蒙古同胞，应认识此点，反省爱护祖国，勿为敌人所诱惑，而为其做无味〔谓〕牺牲！

同时祖国方面，也必须竭尽能力，捍卫国土，一方必须力改从前忽视边疆之错误。

（1）在政治方面　我们过去从满清至民国十七年以前，治边者，多存五日京兆之心，到处勒索地方，致不但地方经济未能开发，而民族感情方面，亦未能容〔融〕洽，致与帝国主义之进行侵略机会！

（2）在经济方面　过去中央无力培殖〔植〕边远，对边省又无开发之具体计划，内蒙土产甚多，牧畜尤盛，然蒙古同胞之生活成〔程〕度，与内地比相差仍悬殊者，亦即地未尽其利，民未尽其能之故。今后努力亦必注意于此。

（3）在文化方面　内蒙文化之低落，罪当归于宗教思想之拘束，致风俗习惯永保其游牧状态，而不易接受新时代之文明。故改革内蒙，促进其文化，必自改良宗教思想起。

总之，今日之急务，首在国防建设。国防之要地，莫过于边省，今日情势，尤以内蒙绥远为最重要，更看眼前之国是，首在御侮及自卫，御侮之对象，无疑的是日本，而敌人已由内蒙入侵，故内蒙绥远是今日国防之中心，是试验吾人御侮能力、自卫能力之实验室，惟望国人其重视之，其努力卫护之。

《边疆》（半月刊）
南京边疆半月刊社
1937 年 3 卷 1、2 期
（刘哲　整理）

由绥远抗战谈到回教徒之救亡责任

伯余　撰

自匪伪侵察扰绥以来，全国上下受是项压迫后，已有显著觉悟，感到匪伪之后台××，得寸进尺，永无止境，于是群起作抗战救亡之工作，以匪伪扰绥，非局部问题，乃我中华民族生死存亡之紧要关头。幸此次前方将士用命，誓死抗战，绥远主席傅作义将军有悲壮奋励之谈话：

> 绥省被人觊觎，已非一日。身为疆吏，负荷守土卫国之责，御寇平乱，悉为责任分内之事。任何人居此职责，自然发生此责任心。本人受命主绥以来，平时深察彼己情势，夙有态度，一言以蔽之，曰：不说硬话，不作软事。应付措置，力求合理。国家主权领土，最高决定之权属之中央，疆吏不能稍有主张。数年来本人御寇卫土，无不秉承中央意旨。此次匪军进犯性质，与历次无异。本人秉承中央意旨，以尽职守土，态度亦同。至匪此次被剿，遭受重创，预想必继续进犯，我方态度简单明白：不使领土主权任何人侵占尺寸，持我忠贞，待彼奸贼而已。

吾人读此谈话，感到十分悲壮，并看明前方将士之决心守土。再，因抗战而受伤之士兵，近于后方医院中，常以粉笔在壁上书："头可断，血可流，誓不做亡国奴！"之自勉语。由此见我绥方之最前线抗敌健儿，已具有钢铁一般之意志，在此冰天雪地烈风刺骨之环境中，表现我整个中华民族，不甘受他人之压迫与侮辱，绝不苟安，绝不气馁。后方人民亦与前方将士同心迈进，无论其为贫富贵贱，咸以其所得所有，捐往前方，小学生之节省糖果费，及摇旗呐喊向各处募捐，监狱中之囚犯绝食省费，乞丐之慨捐，歌女之义务演唱，妓女之组队赴绥劳军，皆足以表现我国上下一心，抗敌救亡之奋斗精神。

近日匪伪方面之反正队伍，日有所闻，并有大家回家去之口号，某方之利用中国人杀中国人之计谋，将由此而失其效用矣。凡世居于我土血统相同者，皆为同胞，既为同胞，即应有彼此爱护、共求生存之义务，绝不许互相仇杀之事实存在。匪伪军中之同胞，或为环境所迫，或为一时走入歧途，一旦环境许可，或心地省悟，必走入正轨，负起其救亡图存之责任，此为理所当然之现象。

再论及我回教同胞所应走之途径与态度：整个中华民族之组成，以历来居住我土之每一个体为单位，我中华之回教徒，亦占有此个体中之大多数，中华民族之存亡亦即我中华回教徒之存亡，中华民族强盛，我中华之回教亦能振兴，此为任何人所不能否认者。既如此，我等之生命相连，当然不容有些微之裂痕。他人击我之头，手足虽未直接疼痛，当亦感受不快，我身之任何部分，皆不许他人侵袭；明乎此，我回教徒于国中之地位确甚重要。国内之回教徒，除新疆之一部分回族外，所有生活习惯、语言等，皆与非回教徒相同；相异之点，不过饮食之一部及信仰不同耳。近有少数思想错误者流，倡以中国之所有回教即回族，言论方面有违整个中华民族生存进展之途径。须知我辈之祖先居于此葬于此，世代相沿，皆在此广大之中国领土中，生息相续，我等之祖国即可爱之中华民国，非另外尚有祖国在；更不可己身置于客居地位，我等即中华民国之主人翁。国中之回教徒、非回教徒，既皆为主人翁，则作主人应负之责任，当然群力担负，不可稍具少负之观念。

　　××帝国主义者利用种族之界限，分划我整个中华民族，已有显著之证据者，如满、蒙之演变，满族本已汉化，而彼利用种族之界限，要弄前清已逊位皇帝作傀儡，组伪满国，一切发号施令，皆操于×人之手，我东四省之人民，受尽荼毒之苦，眼见一般良民被其惨杀，彼之经济侵略，毒品诱害，使我几千万良民有灭种之虞，稍具常识者，早已窥透××帝国主义之毒辣手段。蒙族散居内外蒙各地，度其游牧生活，本极相安无事，彼则利诱王公及少数不良分子，组伪大元帝国，要出成吉斯汗之灵牌作号召，此次侵察扰绥举动，即其预定计划之推进。殊不知此次遭受迎面痛击，未得顺利进展，而彼则野心不死，仍时刻演变其鬼蜮技俩。

　　彼于分划满蒙之外，更进而运用回教与回族之不分，希于浑水中摸鱼，鼓吹中国之回教与汉人为世仇，应趁此时机，全中国之回教徒联合起来，于中国之西北另建回教国家。此等蛊惑手段，本极毒辣，彼更利用入教办法，潜入回教圈内，施小惠于无知教徒，以达其大欲。观乎此，凡我教胞，均应及早觉悟，万勿上彼圈套，而置我整个中华民族之安危于不顾也。

　　凡一独立国家，必备有主要三要素，即主权、土地、人民是也。主权为我们所有，土地为我所有，人民亦为我所有，然后始能称为一独立国家，三者缺其一，即非完全独立国家。现今世界上之犹太人，总数在一千五百余万，而彼无一定土地，更无所行使其主权，故犹太人不能称为国家，此一千五百余万犹太人漂泊于各国中，虽有称为巨富者，而皆被人卑视。今之印度、安南、朝鲜等国，虽有国之名称，有广大土地，众多人民，而其主权操于他人，不能自主，国内一切，任人宰割，任人侵凌，人民所受亡国奴之滋味，实有笔难尽述者。故欲求我等本身之安全，信教自由，子弟们能永居于此地，永享此地之幸福，非由现居于此地之大众，一致团结救亡不为功。

近世各弱小民族，皆趋于团结一途，各弱小民族中之回教国家，更走到同一战线。土耳其国内各教派，皆将鸿沟化除，凡属土耳其族民众，于土耳其国内，无论其信何宗教，属何派别，概不作国内争执，以土耳其国为土耳其人之国家，他人不能插足其间。西亚北非一带之回教国家亦群起效仿，如伊兰、阿富汗、埃及、阿拉伯等国，亦将国内各派各教联成一气，谋己国地位之稳固，而后与他回教国携手，共谋脱于帝国主义之束缚，向帝国主义者联合抗战，未闻有国内尚未团结一致，而与外国联合携手者。吾人虽信回教，此刻舍弃我国而投于任何回教国家，彼亦不能开门收纳；若不幸国家灭亡，吾人虽信回教，亦当被视为亡国奴，当亦以亡国奴之待遇加诸于我。

吾人对于己身所处之地位，既有明确之认识，则知国内各教，皆我兄弟，兄弟间化除阋墙之见，共同携手，乃理之当然，外力如何压迫，如何利诱，皆不为所动，将士用命，疆场杀敌，人民应具整个有力之后援，敌人虽再强至百倍千倍，亦不难被迎头击回，我中华民族之永存，皆赖全国同胞之共同努力也。我回教团结精神，更当普及于我中华民族之全体，铸成铜墙铁壁之御侮阵线也。

《晨熹》（月刊）

南京晨熹社

1937 年 3 卷 1 期

（李红权　整理）

绥东形势之紧张

侧　撰

最近华北情况，渐趋好转，人心也觉安定，不图消息传来，绥东形势，突呈紧张，前途仍多隐虑。此虽或属空穴生风，庸人自扰，然据最近平、津各英文及华字报连日所载，"张北西南公会村一带，集有多数番号不明之军队，企图分窜察西四旗边境……"，"侵扰绥东之匪军，已被绥远军队击退……"，"百灵庙军队陆续向商都集中"，"绥东形势紧张，某方暗中策动，包悦卿新编蒙军，已自滂江进驻商都，有与蒙边自治军王道一部，会同大举图绥"云云，等等言之凿凿。似此则绥东之形势激化，已不可掩。故在现在此等急变情势之下，吾国舆论方面之所属望者，一在有守土责任之绥远主席傅作义氏，应秉勇敢沉着守正不阿之精神，以资应付，一则中央政府应速确定国策负责解决以免一误再误也。试言其故：

一，属望于傅主席者　绥远为我北门锁钥，自库、恰、满、热相继沦陷，唇亡齿寒，危及内蒙，仅余此殿〔瓯〕脱地之绥、察两省，今绥东若再受扰害，则冀、晋之藩篱尽撤，华北立呈危殆。故一般舆论咸属望有守土责任之傅作义氏，抱最大决心捍卫边疆，保固吾圉。傅氏向称骁勇，昔年晋、奉之役，力守涿州孤城，举国皆敬服其英名，现虽五尺之童闻绥东告急，亦皆曰有傅氏在，必能屏藩绥东也。今日之事，远非昔比，毋待繁言，吾想傅氏亦必毅然以"当仁不让"自负也。惟事势未可逆料，彼方恃有背景，现虽暂被击退，其必积极准备，再图大举，情势显然易见。故国人若专责望傅氏一人，未免奢望太甚，不近情理。吾人所望于傅氏者，只在其能以守涿州之决心与勇气，力守绥远。尤其属望举国一致，群策群力，援助傅氏，使得尽力保存此半壁江山，勿贻噬悔之嗟，则幸甚矣。

二，属望于中央政府者　日前（本月五号）宋委员长临行赴保之前，曾发表谈话，略谓"中国欲图复兴，全赖自力振作。余始终主张维护主权，政府极应因时制宜，确定国策，俾人民有所适从"云云。

寥寥数语，对于秉政时弊，可谓一针见血。我们可说一句"不怕挨骂"之语，即于无办法中想出办法，终胜于有办法而坐误因循万万也。当今国步维艰，政府若不有确定国策，则沦亡覆辙，殷鉴不远。是以国民现在一致之愿望，只希望中央能速确定一整个之国策，由正当之途径，以寻求一条活路，切不可由中央转到地方，地方转到中央，尽管绕弯子，闹别扭，致使无形中上了大当。须知人虽说不侵略我，安能禁其实际不侵略我，表面说不威胁我，安能禁其不变相威胁我。绥东近日之形势，乃最显明之例。据闻驻张北县境之伪军，有内蒙古第一军、第二军，西北防共军，边防自治军，兴亚联合军团独立师，蒙古青年学生军等，多属杂牌队伍，无纪律，无军事常识，号称八千之众，其器械有飞机二架，唐克车六七辆。内中尤以德王之态度，最惹人注目，彼等受人煽惑，欲建设蒙古大帝国，但在外交上公开的官话"这是中国人的问题"，或是"虐政下的产物"，"不知"二字即可托卸责任。诚然我们自己的不肖，难怪人家这么讲。可是中国之土地有限，而零宰碎割之手段无穷，政府对外抵抗无力，犹可托词解说，对内抚驭〔御〕无方，究属责无旁贷。总之中央政府，对边疆，应如何绥抚，使其不至携贰；对人民，应如何安置，使其不至挺而走险；对外交，应如何确定国策，使之走入轨道，即退一步设想，总以避重就轻，不要弄成蚁穴溃堤，流为江河，此为人民无上之希望也。而今事实摆在目前，察东已成朝夕岌岌之形势；纵使为报纸所载，目前之匪虽被击退，而后患方张。何况李守信等，盘据内蒙一带，其势亦滋蔓难图，加以背景之煽惑策动，瞻望前途，诚有令人不寒而栗者。所以我们希望中央赶速确定国策，收拾此种残碎的局面，不要徬徨模棱，尽管发挥一方面的威信与纪纲，还要再进一步，力谋疆土与主权之完整。今已达见兔顾犬之最后阶段，绥东之呼声，望中央政府亟起图之。

《正风》（半月刊）

北平正风杂志社

1937 年 3 卷 1 期

（朱宪　整理）

怎样在乡村中进行援绥运动?

中国农村研究会:

这里的学生,多是从乡村来的,他们对乡村的工作,颇感兴趣,尤其绥远抗战爆发后,更是磨拳擦掌的要到乡村工作去。我们的工作方针如何,实有早日规定之必要,以便指导他们的实践工作,请将工作纲领寄下。完了,祝努力。

李青阳启　十二月八日

青阳会友:

八日来信所提农村中援绥问题,诚极重要,兹择要答覆于下。

让我们把农村中援绥运动一般的原则问题,提出来加以讨论。

第一,绥远抗战是民族自卫的一部分,把民族自卫运动深入农村中去,实在具有绝对的重要性。所以我们应该尽力发挥农村所有的力量来响应这次抗战。因此援绥运动在农村中应该用持久的精神,形成日常生活的一件重要工作,而不能看作一件应时的运动,做一下就算了,做一下就完了的事情。所以,在开始的时候,我们绝不能只打算募一次捐,演说几次就完结了事,我们必须周详地筹划着广泛的持久的计划。

第二,我们要特别注重农村的民族意识的政治教育,要从援绥这件特别事件上,进行一般的政治教育,持久地具体地告诉大众民族危机和民族出路。具体地说,我们可以:

1. 在农民集居的地方举办每日一次或三日一次的援绥壁报，报告许多消息，发表简单的文章来教育民众。

2. 举行经常的定期的演讲，以及定期的在农民集居的地方举行讨论和谈话。

3. 要在一切的集会中，无论是庙会、集会、旧年的提灯会，甚至在茶馆、酒店中都要有计划地进行援绥宣传，要充分地发挥话剧、化装演说、图画以及当地曲调改编的援绥救亡的唱歌的力量。

4. 有学校的地方，教员本身要先筹划自身的援绥宣传：（1）在学校的史地、社会、音乐、图画、国语课程上，怎样以援绥智识教学生；（2）怎样去教学生在农村中（在他们的家庭中和村庄上）进行援绥宣传；（3）怎样联合其它学校来共同进行；（4）怎样和农村中的人士联合起来进行；（5）怎样与学生家庭联合（例如举行援绥恳亲会等等）；（6）怎样在寒假期（农闲时期）内进行农村服务，谋农民福利，同时进行援绥宣传（请参考本期张西超先生论文）。

5. 援绥宣传非但要有计划（例如怎样决定内容、搜集材料），并且宣传运动的本身需要良好的组织。怎样才是良好的组织呢？主要是尽可能的把农村中一切有能力有热情的人士与团体都吸收进来，不问他的社会地位如何（高的或是低的，贫的或是富的）。这就是说不仅去宣传"联合一致，共同援绥"，而且宣传工作的本身也应"联合一致"来进行。要认明"宣传"本身就是"团结"，只有"团结一致"的宣传运动，才能有"团结一致"的效果。

第三，援绥运动非但要深入农村，并且要深入农村中一切的团体组织。无论是新的改良的，或是旧的保守的，公办的或私立的，团体当中的工作人员，以及团体以外的人士，都应该大公无私地相帮着进行他本身团体范围的援绥运动。关于这个问题，《中国农村》（月刊）三卷一期上已有《国难中的农村团体组织》一文，作详细的讨论，可供参考。在那篇文章上，已经说过的原理，现在不必再重复了。可是用什么方式深入到一切团体组织中去呢？现在且提出四个方式出来：

1. 联合一切团体组织的领导分子，要与联合它的团体分子，同样重要。在最初的时期，对于旧的保守的团体，联合上层，往往比新的改良团体，来得更重要些。同时，援绥运动是全民族的利益，与上层分子的利害没有冲突的地方，他们可能来合作，所以应该联合在一起。但是并不是说永久停留在这样上层的联合，应该努力从这样的联合进到整个团体分子的联合。

2. 农村团体组织很涣散，只看见个人，不看见团体，可是援绥运动要尽可能地要用团体的力量和名义来发动（当然不必排斥个人力量和名义）。举例来说，譬如在一个或几个村庄联合起来演十本援绥的草台戏，很可以集合许多团体（如合作社、学校、农场、某某姓的什么堂、某某业、某某帮、某某会等），表明出来，今日是哪一个团体的戏，在团体当中可以发生竞赛作用，可以在村庄上听到，某某校、某某帮、某某业的一本戏为最好，某帮、某业的人真热心，真值得佩服。这样可以使得民族意识深刻渗透到各个团体中去。

3. 在各种团体的个人，要在本团体中，努力民族自卫的宣传教育，发挥自卫力量。

4. 尽可能地参加或帮助各种团体的组织和运动。

第四，援绥运动，不能忘记组织民众。这种意见，虽然每个人都会了解的，然而实际地做起来，就会毫无办法了。大家都会对农民这样说："绥远真重要，如果失掉了，就亡国了，大家起来援助吧，大家团结起来，组织起来吧！"农民听见你的话，点点头转身走回去也就散了，讲的人转回去也就完了，心中带着失望的情绪，这是必然的。

农民的组织，不是一两句话可以造成的，它必需在运动的基础上才能成立的，在工作的必要上，才能严密的。并且在不断的运动和教育过程中，才能健全的，这是与上述的第一点有关系的，我们必需有长期的持久的工作。同时，必需具体地决定许多实际的工作活动，从这些工作活动中，才会产生组织。所以，与其首先就谈组织，不如先规划具体的工作活动。例如，长期的谈话会和村庄壁报，一定有许多有兴趣的参加者和读者，发展下去就是农民自身教育团体。在上述演戏的例子当中，经过一度或几度的演戏，为着筹备、照料、管理、扮演等事的关系，进一步就成为农民的宣传团体。

在许多组织当中，尤其要注重自卫的团体，可以指出由于援绥，要认识自卫的重要。从最简单的打拳弄刀起，到现代的防空消毒、救护消防乃至于保卫后方、镇压汉奸暴动的军事技术，都要练习，要实地的去做，要在这些工作中，经过长期的努力，才能产生坚如铁石的农村国防组织。

今日就单以这四点奉覆，希望你经常的用具体问题讨论。

　　　　　　　　　　　　　　通信讨论组　十二月二十日

　　　　　　　　　　　　　　　　　　《中国农村》（月刊）
　　　　　　　　　　　　　　　　　　中国农村经济研究会
　　　　　　　　　　　　　　　　　　1937 年 3 卷 1 期
　　　　　　　　　　　　　　　　　　（朱岩　整理）

忘记了绥远没有？

作者不详

这一月来，因为西安事变，全国人民的视线，都集在陕、甘问题，而忽略了绥远的抗战，甚至忘记了绥远的风寒雪冻中的战士，忘记了这些战士与敌人残杀肉搏的惨状。

须知陕、甘问题，固然关系国家的安危，而绥远的抗战，尤其关系国家的存亡啊！我们固然不能不注意陕、甘问题，然尤其不能不关心绥远的抗战啊。

日来绥远的前线的情况是怎样呢？据外电传绥远情形，因日伪匪军之活跃，已暂趋紧张，日来伪匪军除以小股侦骑出动袭扰绥东华军阵地外，复向绥北一带继续增兵，热河方而〔面〕之日正规军亦续向察北移动，观其动作，显欲在此最近期内再行大举侵绥，由此可见，日伪匪军又形活跃，绥远形势又紧涨〔张〕了。

《上海党声》（周刊）

国民党上海特别市执行委员会

1937 年 3 卷 3 期

（丁冉　整理）

要求外蒙同胞一致参加全民族的抗战

孙慕迦 撰

　　伟大的抗日战斗，已经将中华民族整个的灵魂溶合起来，震醒起来。在目前我们已经协和了一切内在的政治上矛盾，经济上冲突，团结凝固，只在"抗日图存"四个大字下，度共同的奋斗生活。因为事实很显然，日本帝国主义者侵略中国最后的目的，是在消灭我们民族的整个生存力。它的方法第一步是分裂，第二步是掠夺，第三步是灭亡。我们拿东四省情形来讲，日本帝国主义者首先制造出一个伪国，培养一部分汉奸来做统治民众的爪牙。可是实际的鹰犬则又用朝鲜的汉奸，作高一等统制的工具，然后方拿日本浪人作最后的监督。所以他们便利用满洲这个历史名词，拿来做分化的口号，等到利用成功，他们的强盗面目就不客气地展开来。不但掠夺我们的土地财产，而且进一步就要消灭我们文字语言，以至禁止我们种族的延续。这些已经是最痛心的例子，不能不使我们大家同心省悟的。

　　在最近的更进步侵略中，日本帝国主义者仍然采取这种无耻的策略。他企图用华北的口号造成北方五省的独立，用蒙古的名义来造成第二个伪国。可是在这个全国一致震愤中，这种阴谋无疑地是要被击成粉末了。因此，在这里，我们不能不希望我们外蒙的同胞，赶快起来加紧我们民族大团结，共同夺取光荣之胜利。

　　在田中奏折上和多田小册子上，都已经显示过日本军阀的迷梦，是在进攻外蒙完成包围苏联的阵形，占取华北资源并胁服中国，以为日俄作战之后方策应。这阴谋如今也被中俄两国的互助打破了。可是中国本部虽然已经发出反抗的怒吼，而外蒙同胞对于这种马上到来之外侮，恍惚还没有明显的警觉。这是全民族的一个共同危机，也就是日本分化毒计最巴望得意的一点。我们要打破目前的难关，打击日本的计划，惟有要求外蒙同胞迅速发动抗日的战斗。

为祖国的原故，若干旅居欧美的华侨都已经悉索敝赋，作大量的捐输了；为正义的缘故，无数国家也曾大声疾呼斥责侵略者的暴行了；为人道的缘故，各国的民众都曾捐输救济我们的伤兵、难民；为和平的缘故，英美民众且不惜自愿牺牲他们的性命。难道与我们共祖先，同历史，而且还在中华民族拓展史上占着最光荣一页的外蒙同胞，就能默然无动于中么？成吉斯汗的英烈后裔，难道可以让历史上的世仇——倭寇——来吞并他们么？

中国的国策——三民主义，是对各民族一律平等。而对外的关系讲，外蒙也是被认为中国的领土。所谓"兄弟阋墙，外御其侮"正是今日的说法了。假若说北方的援军再继续的败退，日本的军队进入了绥远、山西腹部，甚至进展到宁夏，那么外蒙的同胞恐怕也就要被包围了。趁着此时可以互相接应的时候不动作，真的便要中倭寇各个击破的战略了。

有人也许说，因为外蒙与苏联曾订有军事条约，恐怕因此要牵动欧战，这也是一偏之见。外蒙无论他现在居于若何的地位，总不至被人认为与苏联一体，那么外蒙出兵并不一定就是苏联出兵，何至引起德、意的发动？至于说苏俄要顾虑日本，这也是懦夫的想法。日本的进攻中国即是进攻苏联的先声，苏联岂不明白？难道苏俄今日还怕得罪日本不成？

事急矣！寇深矣！为今之计只有外蒙出兵是最好的一着。由外蒙经察北入热河，这样可以牵动日本在华北军事的全局，可以促进我们第八路反攻的胜利，可以发动伪国更大的内变与义勇军的声势，同时更可以增加国际上的声援，也就是黩武主义者最致命的打击。我们因此不能不希望当局，采取迅速有效的方法促请外蒙的出兵，而各方面蒙古有关系的同胞，更应当尽最大的力量发动外蒙同胞舆论上的助力。

我们边疆运动者常有三个信念：第一是注意国防，尤要注重边防；第二是注重边防不能不注意边族同胞的自治与自决；第三是边族的自治自决要联系在统一的基础上。目前已经把这三个问题的重要性明显的展开了。北方的局势自从晋北失败以后，反攻或有相当的困难。而要结束北面的战局，尤非打入热河不成功，这个便非更展开边境的斗争不可。外蒙在自身的利害上，在历史的关系上，在对苏的外交与国策上，均有和我们一致行动的必然趋势。只要不是糊涂透顶或者应付失宜，这着决胜点，还应当早日布置才是。本来十几年来国内纷扰不宁，对于我们边族同胞一直没有想个妥当办法，趁着如今对苏外交好转之时，我们正应当把五族共和之名，要更具体化实践起来。这些例子如俄国的联邦，英国的自治属领，都可以作我们的参考。何况大敌当前，死生呼吸之际，还有何不可商量之理。

让我们三呼中华民族团结万岁！中华民族复兴万岁！中华民族胜利万岁！来欢迎外蒙同胞，一致参加历史上最有价值的民族战斗！

《边疆》（半月刊）
南京边疆半月刊社
1937 年 3 卷 6 期
（丁冉　整理）

国防前线——绥远——的乡村工作

天津《大公报》

作者不详

绥远在去年危难最严重的一年，不顾一切困难，脚踏实地的去做乡建工作。他们因为认识了目前的危机，看清楚了解决危局的办法，只有将那为社会基础的农民组织起来，他们知道这是一条民族出路，他们能认真办理。记者到绥，处处探询关于这件伟大工作的真相，今特介绍于次，以备参考。

历史告诉我们，绥远早就成功了我国西北的屏藩。自国难严重以来，绥远便形成了我国西北的国防最前线。去年绥远最危难的一年，虽然已经因政府的苦心支撑、国民的合心协助，算是已经过去，然而我们不能认为绥远已是走上康庄大道，我们只能认为这是绥远危难的开始。

绥远省政府当局早就认识了绥远前途的危机，看清了绥远社会的需要。

现在的绥远，占有一百五十万方里的广大土地，然而只有二百三十万的人口，在这二百多万人口之中，蒙旗人民约有二十余万，商工业及自由职业者等人口，共约六七十万，其余一百二十万便是农业人口了。又因为现在绥远的政治是民主政治同王公政治同时混合存在着，这种情形反映到经济情况上，便是商业、农业与游牧经济同时混合存在着。绥远的农民占了全部人口的半数，同时绥远的财政收入，每年约达三百万，其中田赋收入约占六七十万，为各项收入中之最多者，这一点也是可显示出绥远农业经济的重要性。所以绥远当局认为，绥远的主要经济是农业经济，单以绥远农业人口的数字来研究，我们也可以看出绥远农业经济是否已有了稳定的基础。绥远农业人口为一百二十万，其中妇女约为四十万。根据绥远当局研究他们农村内男多于女的原因，是因为每年从晋北和陕北来绥远营农业的人民，春来秋往，为数委实不少。这些农民多不携眷同来，所以乡村的妇女较少。又因为绥村〔远〕的耕地面积，在前曾有一度减少，农民的经营方法，又是那样落伍，绥远的农村年来日趋破败，这一切都可以证明绥远主要经济，还未曾建立下一个巩固的基础。

绥远的当局为发展地方经济，以往是在不断的努力，如同肃清土匪、整理金融、取消苛杂，都有相当的成绩，也可以说布置好了建设的基础。在这个建设的基础之上，一切建设似乎都应当比较地易于进行了。但是始终因为种〈种〉政治的和种〈种〉经济的原因，绥远当局繁荣商业和建设工业的理想和计划，终于未能实现，他们经过几次实验的结果，认清了当前的需要不是发展工商，而是整饬农村的阵容。他们决心要建设新的乡村，为了充实建设新乡村的人材，他们便在二十四年的二月九日，成立了乡村工作人员训练所，这便是绥远建设工作的开端。

（中略）

在此后一时期中，各乡镇的建设工作，分为四部，计自卫、文化、政治、经济等四项。乡导员所负的使命非常重要。

在自卫方面：（一）要严格训练后备队，注重战斗教练（特别是防御战及游击战）、防空、防毒、侦探、救护等，使团丁有担任乡镇附近地带一切警戒保卫之技能。（二）编组服务队并严加督饬其工作，每间平均抽调十人服务，以代旧有警乡〔乡警〕。（三）

迅速设置传递网，并切实执行传递职务。（四）修理自卫工事。（五）充实自卫武器。（六）注意查验民有枪枝。

在文化方面：（一）认真办理义务教育，教学方面应注重儿童身体健康，及提高儿童之勇敢性，唤起儿童之国家观念与民族意识。（二）办理民众教育，为健全地方之国防计，乡导员必须乘机办理民众教育，利用标语、口号，集合演讲，说明国难之严重，唤起国家观念及民族意识，俾有热烈之抗敌情绪，及为国家奋斗、为民族牺牲之决心，同时并顺便将防空、防毒、通讯、救护及一切战时应有之常识及技能亦尽量灌输，使能有自卫之能力。

在政治方面，则整顿乡政，并严防汉奸匪类等一切活动。

此外在经济方面：（一）迅速建仓积稻。（二）严防食粮出境。（三）推广改良猪种及鸡种。

以上各项工作，均已办有相当成绩。关于现在正着手进行之工作，一为整理乡村短期小学；二为实行乡镇宣传工作。并利用各乡镇现有之小学教师，组织各乡镇宣讲团，在附近各村落定期集会宣讲。此外则利用各乡镇现有之服务队，组织家庭宣传队，更利用各小学之较大学生，组织儿童讲演队及儿童爱国歌咏团等；一〔三〕为扩大春耕工作，如规定增耕地亩数，召集乡镇农民开扩大春耕大会，如有荒地而未能耕种者，即由乡镇公所代行招租，务须增加耕地亩数至相当数目。其次则为进行凿井运动，由县遵照建设厅凿井计划，并按照各乡现有耕地亩数，其能凿井区域，切实规定各乡本年应凿井数目，并规定增凿数目，督饬办理。各县局乡导员除负以上各种责任外，在去年绥远挺战的过程中，曾充任了□敌效果的指挥者，或作运输接剂〔济〕的兵站，或作搜索敌情之侦探，策动其编练之服务队，执行工作，这是绥远乡建运动最初所未曾想到的意外收获。

绥远的乡建工作，其最大目的，是为大多数民众谋现实的福利。其第一步工作，也就是领导民众，发挥其本能，从事目前最迫切需要的工作。绥远既成了国防的最前线，于是绥远全体民众也必须具备做最前线战士的资格，以及挺战前一切急需的防御建设。绥远乡建会是要领导各乡镇建设起稳固的社会基础，训练民众，使有自卫能力。这原是该处主要工作之一，到对外战事发生，该会这一种工作，乃愈发显得迫切而重要了。绥远乡建会认清楚了这点，乃抓住了自卫命题，实行对全省壮丁总动员，领导壮丁分别从事固守碉堡及各乡防御工事之建筑，并对全省壮丁实施有计划的组织与训练。规定在每间壮丁之中，精选十人，组织各间服务队，并分政治、文化、经济、卫生四组训练，使各壮丁能实际在各间担任乡建工作之服务。及去年十一月，又参照《自卫团体条例》暨《编练细则》，制定二十五年度《绥远省自卫团后备队训练实施办法》，训练期间定为四个月，以十二月一日开始，至本年四月十五日截止。

　　绥远全省壮丁人数，省政府曾在民国二十四年调查一次，结果自十八岁至四十岁者，共为四十六万余人。后经自卫团决定，应征壮丁之年龄，自十八岁至四十五岁，其人数乃增至五十万以上。

廿六，四，五，北平通讯

《中国农村》（月刊）
中国农村经济研究会
1937 年 3 卷 7 期
（朱宪　整理）

绥边情势之检讨

都　撰

　　自绥边国军抗战获胜，红格尔图一役予匪巨创，百灵庙、大庙，次第收复，一时紧张空气，乃得渐见缓和。虽某方暗中之策动，仍在积极筹维，军容给养之整饬，依然未见松懈，然其大举侵扰之计划，迄今犹在按而不发之中。即有局部冲突之事，亦只以游击之方式，作多方之试探，以牵掣吾人耳目而已。两月以来，腹地人士，视线所注，始而集中于西安事变，继则转移于三中全会，对此国防第一线之萦虑，比较上乃有暂形冷落之势。今内部措置，大体就绪，整个团结，已无问题，一致对外之情绪，自将较前为更烈，而绥边局势最近之变化，亦诚有重予检讨之必要。

　　某方蚕食察、绥，蓄怀已久，虽遭挫沮，岂所甘心，其必出于更大之狡展，要亦吾人意计所应有。然以大势所趋，最近殆有不能不略予踌躇者，故倏称进窥张垣、独石口，倏传绥东将有新发动，实则商都、康保等处，匪伪纷纷东退，存储张北军火，亦复大批运回。最近据闻察北伪军，大都退入热境，张北特务机关，亦已撤往多伦，就表面观，绥边寇祸，似可暂纾，非有特殊变化，战机庶免重燃。某方之所以暂时放弃积极政策者，国军防御巩固，士有必死之志，一也。通国愤忾填膺，一致联络援助，二也。反正空气突浓，无法加以控制，三也。汉奸势力销沉，失其利中目的，四也。盖某方始终欲凭睡〔唾〕手之故智，蕲不劳而坐获，惮用自己实力,作正面之接触,深恐事态逼僵,转成不了之局,其患得患失之心理,亦不难予人以共见。借令当时国军捍御不力,则匪伪自将长驱而直入,亦无由激反正之壮志,借令全国援应散漫,则某方必目觑破我弱点,更何有日后之顾虑。故今兹凶焰之熸消,一由于前线誓死守土之有人,二由于后方一致团结之形成。

明乎此,则吾欲保持国土之完整,宁尚不知所以自处,以某方之诡谲多端,烟幕频施,声东击西,是其惯技,以退为进,正复难料。吾人决不能错认目前之形势,遽抱苟安之乐观,唯有以旦夕不弛之毅力,为随时应付之准备,下牺牲一切之决心,谋全国意志之集中,其有别具肺赐〔肠〕,倡为蛊说,荧惑军心,破坏团结者,举国人士,必共弃之。

一月二十六日《申报》

《统一评论》(旬刊)
成都统一评论社
1937 年 3 卷 10 期
(朱宪　整理)

论察北民变

王之英　撰

迩来各报纸上，差不多每天都载有察北民众反抗日伪军的新闻。不仅沽源、商都等县纷揭起反抗之旗，攻打公安局所，包围日伪军部队，即整个的察北六县，可说是完全陷在动荡鼎沸之中。这些事实告诉我们，察北民变，已到了如何开展和严重的形势。

我们站在民族的立场上，除过表示无限同情之外，且要从根本上认识这个事件的动因和其重要性。因为这个严重而光荣的事件，绝不是偶然爆发的，也不是如某方所谓是由某人煽动而起的。同时，这个反抗的火焰燃烧起来以后，在这民族危机日益严重的关头，更有着十分重要的意义。现在他〔我〕们先分析他爆发的动因：

第一，自去年匪伪侵犯绥远失败以后，大批的匪伪军都退集到察北的一隅。对于地方人民的蹂躏和负担，可以说是达到最高的程度。而最近数月来，匪伪军在某方的指导之下，又跃跃欲试，且从各方面收集来的匪徒，如刘桂棠、王英等，纷纷由冀东及口内各地向察北移动集中，其增加人民之蹂躏、负担自不待言。久溃之疮，又遭铁刺，其起而反抗，势属必然。且自植田大将飞往察北各地视察，内蒙驻屯军成立后，敌人对察北的侵略，亦更进一步。统治压迫人民的各种机关（如保甲、连环保等）的日益密布，毒化政策（如敌人以二百万元在张北设立制毒机关，各县各区均设有劝诱人民吸毒品的俱乐部等）的日益猛进，使察北六县的民众，除过甘做亡国奴日趋死亡外，只有走上实行反抗的一途，希冀由死亡的道上争取一条生的出路。

第二，绥东抗战胜利，匪伪军整师整旅的反正，已对久处在敌人铁蹄下的察北民众，给予了以直接的刺激。觉得敌人抵敌阵线的日益强大，收复察北、冀东的声浪，已弥漫全国。这种呼声，播扬在察北的民众中，实际上成为一种有力的鼓励，增加了他们反抗敌人的勇气。奋斗途中，望见了光明，哪能不再接再厉呢？

上述的两种主要动因，便促进了察北民众抗敌的怒潮。在这种怒潮之下形成了他的严重意义。

自汕头青山事件发生，相随而来的青岛税警团事件、天津圣农团事件，以及惠通公司的私运邮航事件，都证明了敌人对我们的侵略，正在与日俱进的施行着。特别是天津驻屯军司令田代借赴榆关阅兵的名义，出关与关东军司令植田会商以后，不特决议了冀东、察北不能归还我们，且进而积极在华北酝酿更大的阴谋，宋哲元久滞乐陵，北返无期，即其事实的反证。而冀东汉奸，又乘机在平、津方面大事活动。这都是说明华北局势，现在已处在十分危急的气氛中里。每个中国人民，均应急起努力，作保卫华北的运动。

察北民众，在这个严重的时期，以最大的牺牲，起而作抗敌的争斗，这不特给敌人当头的棒喝，使敌人大起恐慌，而且表现了民族抗敌运动的猛进。北望朔漠，何胜激奋。

目前争斗的情况，虽因事机不密，且缺乏组织的力量，受到敌人很大的摧残，未能夺取得重要区域，毁灭敌人最大的兵力，然其反抗形势，仍在艰苦前进中。希望举国上下与各地民众，急起声援。特别是绥东与察南方面，应更就近予以切实的帮助，则察北失地，不仅可以迅速收复，察北民众，可以即出水火。而敌人在华北的阴谋，庶可予以迎头击破矣！

《西北导报》（半月刊）

南京西北导报社

1937 年 3 卷 10 期

（丁冉 整理）

现阶段的"内蒙"问题

叔棣　撰

在这里，我们所谓"内蒙"问题，就是指着绥省境内的伊克昭盟、乌兰察布盟、绥东四旗，再加汉化最深的土默特旗。自从德王上年的酝酿独立，绥境蒙政会在中央监督指导下成立以来，这里的各盟旗，就已经与热、察境内的各盟族〔旗〕，在政治体系上脱离了关系，而单独成为一个问题，使我们不得不以另一种眼光去看，并且也不得不以另一付办法去处理了。

在积极方面，他们是不是具有充足的人力、物力、武力、组织力……等等，足以替我们中华民族负起国防第一线守卫的责任；在消极方面，这一切实力的有无，正也是决定了他们拒绝外来鼓动力的大小，因而，也就决定了他们内向心的强弱。

实际呢，无论在积极方面、在消极方面，他们的力量，实在是空虚得很，以人口说，绥境各盟旗，总起来人口不到二十万。在一片辽阔的区域上，住着异常稀少的人口，由陕北边境，向伊克昭盟走去，一直到外蒙古，据说，在其间，要觅一条绝无人烟的路线，是一点也不困难的。去年，日本飞机初由包头飞往宁夏的阿拉善旗时，沿途上，不独官府不知，连看见飞机的人，也一个都没有。而最成为问题的，就是各盟旗的人口，几乎是固定率的，不断减少。原因呢，一共有三个：（一）前清的时候，规定各盟旗人民，每家有兄弟三人的，必需有两个做嘛啦〔啦嘛〕。这种规定，一直沿习了几百年，渐渐地，形成了一种风气，就是：对于充当啦嘛，认为无上的荣幸，不当啦嘛，被留家里传种接代的呢，就认为无上的不幸，被大家称为"黑人"（意思就是见不得亮光），一见人，就躲藏起来。这种风气，到现在还在各盟旗盛行。（二）卫生不讲求，有病就求佛念咒，至于中医、西医，在他们那里，是从来都很少有的。（三）性操守的不讲求，花柳病盛行。这一切，使死亡率必然超过出生率，于是，人口也就成为固定率的〈不〉断减少。

他们物力的空虚，在担当国防上讲，其危机较人力方面为尤重。一切新式的物质设备，是根本谈不上的。到现在，还过着原始的游牧生活，虽然在世袭的牧场上，有着不准任意越界占用的习惯；但，在一遍〔片〕辽阔的草地上，蒙古包可以随便移来移去，这些人，至多只有部落的种族观念；至于国家的疆界、主权，以及民族等观念，到现在还是很薄弱。以前，虽曾有过因汉人开垦他们草地，而引起很大反感的事；但那原因，还是多半属于种族的成分。换句话说，如果敌人以这做煽惑他们的借口，而暗中把领土主权偷了去，在他们也许是不会觉得的。

武力方面，各盟旗平均起来，每旗约有枪械五百枝左右。最强的，怕要数伊克昭盟的乌审旗和鄂托旗。这两旗，所以武力较强的原因，却是受着两旗彼此间纠缠多年不决的界限争执的刺激；不然，恐怕也不会扩充武力。去年绥东四旗抗战，震动一时的达密凌苏龙总管，在那时，也仅仅有枪一二百枝。至于新式武器，当然更谈不上。我们为充实国防力量，当然有大大地充足他们武力的必要；不过，比这更必要的，还是怎样才能使扩充后的武力，为我们国家民族所用。最近，中央对这两方面似都顾到了，而见诸事实的，也已经有阿王、潘王的两处。

分析到他们的组织力方面，最令我们注意的，有两种人物：

（一）由世袭而来的各王公，以及（二）受有新知识的知识青年。整个地说，各盟旗的旧有组织，实际是一片散沙。这种破碎支离的组织，根本不会发生领导人民一致行动的力量。于是，整个盟旗居民的组织中心，就不得不落在各王公的威望上，以及少数知识青年的活动上了。现在，绥境各盟旗共有王公十五位（内石王出缺，暂由萨王护理），有总管五位（内厢〔镶〕蓝旗缺总管）。这些王公们，全是绥境蒙政会的委员，在蒙民里，他们是最有力的人物。至于知识青年们，在从前，本来是各王公所极度讨厌的人物。他们看到外蒙由知识青年们手上推倒的王公〔王公的〕事实，所以，民国二十年以前，在外受教育的青年们，回到家乡去，往往被害；而那些正在外求学的人们，也都起着汉化的名字，甚至有不承认自己是蒙古人的。近年来，情形转变了，王公们为应付复杂的环境，左右往往罗致些知识青年。而这些知识青年们呢，所尽力鼓吹王公们所做的工作，却是各式各样的政治运动。前几年连串而来的内蒙各种异动，未始非出于他们活动的结果。现在，在绥境蒙政会里，他们已经有一部分被罗致了，以后的情势，也许会和缓些的。一位在盟旗工作多年、熟悉种种情形的朋友，曾向我说过一句很痛心的话："我们政府的姑息，使德王和他左右的野心家们，轻启了政治的野心。这野心，被敌人一利用，就演成了去年侵绥的活剧。"以那么松懈的组织力，我们如果指望它领导蒙旗人民，一致行动，为国防作长城，是很困难的；但在相反方面，一经敌人挑动，成为内政上的异动，却很有可能的。这，是一个很值注意〈的〉危机！

　　绥境的各王公们里，任充委员长的沙王，是一位忠厚长者，副委员长的阿王，是最有头脑、最有能力的人物，尤其名震遐迩的达密凌苏龙总管，以及以"塞□文豪"闻名一时的土默特旗的总管荣祥，这些，皆不失为贤明而富有内向心的人物。在这些人们领导下的绥盟旗的政治，今后只要各方督促得当，我们是可以相当放心的。至于知识青年们，大概以土默特旗为最多，留俄者，在十人以上，受大学教育者，也有十多个，受中学教育的，总在二三百人。绥东四旗方面，合起来受教育的，有土默特旗的一半的样子。至于伊、乌两盟的各旗，那就非常寥寥了。

《统一评论》（旬刊）

成都统一评论社

1937 年 3 卷 16 期

（李红权　整理）

德王为什么做汉奸

钱华　撰

从前的蒙古地方自治政务委员会设在百灵庙。办公处是一个极大的蒙古包，内部布置十分富丽堂皇。每年开大会时，要容纳二百多人，也分成许多小室，会议厅铺着很厚的地毯，装着新式火炉，跟洋楼大厦也不差什么。许多蒙古王公都出入其间，秘书长德王更常川来往。百灵庙向来是宗教区域，并且是蒙汉交易所的大商场，自蒙政会设立以来，更成为内蒙政治中心。这次绥战发生，又成为匪伪军作战的根据地，其在地势上的重要性真是与日俱增。从前凡是到过百灵庙的中外旅客，或其他团体，必定要先拜会这位内蒙古新派领袖、兼任蒙政会秘书长的德王，他们所得到的印象，都异口同声的说是很好。现在这位德王已是匪伪军发号施令的傀儡领袖了，傀儡的幕后操纵者，便是举世所指的某方。某方根据那一贯的满蒙政策，高喊着内蒙为帝国国防第一线的口号，积数十年的经营布置，鼓动挑拨，使内部分化崩裂，以坐收渔人之利，这也是天经地义之事，毫无足奇。但是聪明的德王为什么肯甘心受某方的搬弄利用呢？确是件值得研究的问题，也是解决内蒙问题一个重要关键，所谓知己知彼，方能百战百胜。记者在百灵庙的时候，把这事经过一番调查，访问过许多从前接近德王的人物，在绥远、在张家口、在北平，也搜集了不少材料，如今概述如下。

一 不懂日本话

德王的姓名全文叫德穆楚克栋鲁普，现年三十六岁，生在察哈尔锡林果勒盟苏尼特右旗（又名西苏尼特旗）。前清光绪三十四年，方才承袭苏尼特右旗札萨克郡王职位，民国元年驻张家口时，加封为亲王职。民国八年正式接札萨克印，民国十四年段祺瑞在北平召集善后会议，德王代表锡、乌、伊三盟出席大会，被任为临时参政院参政。民国十五年升任锡林果勒盟副盟长，十九年任察哈尔省政府委员。二十二年蒙古地方自治政务委员会成立，任委员兼秘书长，二十三年察省境内蒙古各盟旗地方自治政务委员会成立，任委员长。德王幼年求学于绥远及北平的蒙藏学校，汉文很有根基，说得一口极流利的北平话，后来他在王府里请了一位美国教员，研究英文和欧美各国的政治、经济、军事学识，对于一般的国际形势颇为明白。他的英文程度，勉强可以和英美人士敷衍几句，但是很能用功，订阅许多份中外报纸，关心着世界时事的演变。在许多蒙古王公中，他的思想和学问的确是最新颖的了。因为这次匪伪和某方的关系，许多人说他是日本留学生，其实他不会讲日本话。最近许多日本军人到王府去拜访他，都是由特务机关长盛岛少将做翻译的。从他个人历史过程方面看来，倾向于欧美成分较多。他的足迹除却东三省、华北外，始终没有踏上扶桑三岛的土地，和日本人的往还是最近几年来事，说他是日本留学生，会日本话，真是太偏于想像了。

二 野心的演进

德王的老家是在滂江，滂江是蒙古话的译音，这地方根本就没有江河，真如跟察境蒙政会所在地的嘉卜寺一样，嘉卜寺亦是蒙古语，那边亦没有什么庙宇，内地的旅客想去游览滂江、嘉卜寺，那就闹成笑话了。德王的西苏尼特旗王府布置得很富丽，尤其是他的书房间，充满着中外各种报章杂志和其他许多书籍，壁间悬着希脱拉、墨索里尼、凯末尔的肖像。在这里他时常招待中外新闻记者，和远道来的贵宾。他的确是位蒙古的学者，具有政治家的风度，丰富的世界智识，同时他还是位艺术家、音乐家，有极聪明的天才，唱歌、绘画都有相当功夫。他的骑马本领更为不弱，跑马射箭是他每天清早的功课，发弹和射箭的命中率，已经在水平线以上，对于蒙古摔角也是一个好手。在府里空闲的时候，有时玩玩照相，开开汽车，小机器也能自己修理，但是他的服装、起居、饮食很为平民化，府里虽然有北平厨子，除去晏〔宴〕客外，还是吃些蒙古普通东西。蒙古人具有古代的美德，最讲信义交情，对于王爷的尊敬服从，对于喇嘛的诚心信仰，真是五体投地，丝毫没有不真实的心理。所以对于这位能迎合时代潮流的摩登王爷，当然格外加重他们的尊敬和服从心，很情愿的听他指挥驱策。德王的额前长有一个黑痣，凑趣的人就说他有帝王之相，德王的野心也就因此勃发起来，同时再加以环境的凑合，物质的诱惑，使他的野心日就膨胀，终造成今日的局面。他妄想利用外力，恢复他祖先成吉思汗的功业，所以他这几年来，广事搜罗有智识蒙古青年，喊起蒙古民族解放的口号，要建立独立国家。他痛恨前清对付蒙古的羁縻政策，尤其是牢不可破的宗教信仰，认为喇嘛教断送了蒙古民族的生命，便竭力把新时代的学识向蒙古青年灌送，一般蒙人接受了新的洗礼后，都认这位德王是成吉斯汗死后出现的慧星。许多比较头脑新颖的王公也死心塌地的拥护他，崇敬他。德王一方面也因为求治太切的缘故，在蒙政会任秘书长时代，遇事把持，操纵一切，得罪了其他王公，造成了察、

绥盟旗分治的局面，同时因为种种导火线的连续爆发，急速演成
了他接受某方的侵蒙条件，甘心作傀儡领袖，来实现他做成吉斯
汗第二的迷梦。许多老成持重的蒙古有识之士对于德王急不暇择
的手段，当然都表示非常的不满，就是德王本人自从绥战失败以
来，也未常不痛定思痛，觉悟前非。有人问德王道："你想利用人
家，现在呢，人家倒把你们夹〔挟〕持上了，动弹不得，这是从
何说起！"德王当然是哑口无言。不过我们根据全国团结一致，中
国人不打中国人的口号，总希望已被人家利用者，能急速走上自
新之路，我们当然可以宽其既往，竭诚合作。况且德王确是位新
时代人物，有一部分势力，而某方满蒙政策根本的打碎，必有待
于满蒙人本身的大彻大悟，从心理上筑起长城，来抵抗毒辣的分
化侵略。俗语云，往者已矣，来者可追，这是我们民众对于德王
所抱的唯一希望呀！

三　阴谋与亲善

　　某方实行掠夺内蒙的计划，是与侵略华北相并进的，而其处心
积虑于侵略蒙古阴谋的进行，是远在五十年以前。自从外蒙古倾
向于苏联后，他们以内蒙与外蒙有广大的接壤，是将来大陆大战
中作战的重要阵地，所以掠夺内蒙的进行更加紧工作，并且内蒙
有广大经济资源，亦是某方资本主义特别垂涎的一端。某方特务
代表遍布内蒙，一方面从事侦察地形和资源等事，另一方面则尽
量从事挑拨鼓动的工作，使蒙古大小王公分化，对于中央日渐疏
远，造成所谓内蒙明朗化的局面。这种特务代表里面，以前驻百
灵庙的特务机关长是盛岛博士，他是兼少将衔的一位最著名，手
段也最毒的蒙古通，说得一口道地的蒙古话，某方的侵略阴谋，
可以说是完全由他计划实施。他现在已经五十五岁了，流浪蒙古

近三十余年。最初他在库伦，后来辗转内蒙各地，他做过喇嘛，熟习喇嘛经文，现在娶了一位蒙古妻子，一切生活都是蒙古化了。他的身材很瘦小，胡须留得很长，喜欢饮酒，说笑话，表面上真是和蔼可亲，几十年来在蒙古吃尽许多艰苦，皮肤也作赭红色，身体却十分结实。蒙古人是喜欢些小便宜的，他就利用这点拼命的化小钱，所以一般的蒙人都与他有好感。他在百灵庙开了一所善邻学校，免费收蒙古小学生，第一目的便是灌输他亲日观念，里面蒙文和日文并重，汉文却一概删除。现在察北处处是这样的教育机关。同时他在百灵庙还设了一所骑兵军官学校，和善邻医院。蒙古人很不讲究卫生，所以疾病瘟疫很多，向来有病就请喇嘛诵经，结果是死的多，活的少，现在有了医院，免费诊治，当然感激了不得，一般蒙人的心理，就逐渐变成日人为可亲，华人为可怕，这种阴谋手段实在厉害。善邻的意思与通行的亲善提携有同样的妙用，所谓笑里藏刀，这样的亲善提携，真是可怕。但是我们要反问自己为什么蒙汉是一家，蒙人对于我们还存着可怕的心理呢，此点不设法根除，蒙古问题便永远不得解决。"从可怕转为可亲"，必待政府与民众协力去做，更盼望边省当局特别能注意及此！

《统一评论》（旬刊）

成都统一评论社

1937 年 3 卷 17 期

（朱宪　整理）

我所知道的察哈尔省

塞外人　编述

一　开场白

不多几天以前，我曾接到一封旧友的来信，信里说有这样几句话："……朋友！你现在是首都官费求学了，千万不要忘记了水深火热时刻在敌人铁蹄下蹂躏的故乡——察哈尔。我已经是亡国奴了，可是亡国奴的苦痛，只有亡国奴才知道，贵县（龙关县）虽然还未离开祖国的怀抱，可是也见过敌人的狰狞了，现在不过只有一息苟延残喘的余气。希望你不要读死书，课余之暇，应该把塞外的实情，介绍给内地关心边疆的同胞……"我的朋友是多伦的人，所以发出了这沉痛的呼声，我曾经也和大学毕业生——甚至直接负教育边疆青年的先生们研讨过，这现在被敌人控制的察哈尔，他们有的认为张北县是张家口，或者更误认张北县在青海省；同时曾经也读过一些文化界有权威的杂志刊物，他们也有同样的错误，上面的标题是多伦、商都……等县，下面叙述的是张家口、宣化……的事实；在从察省长成的我看来，真是笑掉了人的大牙，他们（至少是有一部分人）为了买〔卖〕文，而自欺欺人。近来搜集到几本参考书，原拟将我所知道的察北六县概况，介绍于关心边疆人士之前；可是我想一部分人的错误，多半是由于对于整个察省的认识不清楚——至少有些人认识不清楚！所以打算先介绍察哈尔整个的轮廓，然后再继续将察北六县的概况，分别介绍出来。至于察南十县（原属直隶省之江〔口〕北十县），因风俗、习惯、政教各方，与内地相差不远，故略而不谈（尚请读者诸君格外原谅）。这便是本文和读书诸君见面以及继续将要和诸位见面的"察北六县概况"的目的了。作者固限于时间和篇幅的关系，不免挂一漏万之处，尚希读者详加指教！

二　察哈尔全省概况

（甲）地理形势

（1）沿革——察哈尔，本为蒙古语，是近边的意思，因明季为插汉儿部，今遂转音为察哈尔。北境原为内蒙古的一部分，在周、秦、汉、唐的时候，或称猃狁，或称匈奴，或称鲜卑，或称突厥，且〔至〕明代则称插汉儿。康熙十四年，以喀尔喀、厄鲁特部落，编为估〔佐〕领；以镶黄、正黄、正红、镶红四旗，驻张家口外；以正白、镶白、正蓝三旗，驻独石口外，镶蓝一旗，驻杀虎口外；均统治在察哈尔都统之下。民国十二年，改为察哈尔特别区，属十一县——张北、多伦、居庸、商都、宝昌、康保、兴和、陶林、集宁、丰镇、凉城。民国十七年，本党北伐成功，南北统一，改为省制，将兴和、陶林、集宁、丰镇、凉城五县划归绥远统辖，以张北六县和蒙旗锡林郭勒监〔盟〕及左右翼八旗（即原察哈尔本部的地方）加旧直隶省口北道十县——蔚县、万全、阳原、宣化、延庆、怀来、涿鹿、怀安、赤城、龙关——而成察哈尔省。

（2）疆域——在中国东北部，东接热河省滦平县界，和丰宁、围场、经棚、林西等县及克什克腾旗、巴林旗、阿鲁科尔沁旗、札鲁特旗等地接壤，西至〔与〕山西省天镇、绥远省兴和等县、四子部落旗及外蒙古土谢图汗接壤；南至山西省灵丘县界迤东，与河北省徕〔涞〕源、易县、徕〔涞〕水、宛平、昌平各县接壤；北至锡林郭勒盟及达里冈厓〔崖〕北境极边，与外蒙古东部车臣汗接壤；东南至沽源县极边，自河北省昌平县界迤东，北折与河北省怀柔、热河省滦平各县接壤；东北至锡林郭勒监〔盟〕东北境极边，自热河省札鲁特旗界迤北，西折与辽宁省哲里木盟、黑龙江省索伦及外蒙古东部车臣汗地接壤，西北至达里冈崖、锡林郭勒监〔盟〕西北境极边，自外蒙古西部车臣汗迤西，南折与东部土谢图汗地接壤；西南至蔚县西南境极边，自山西省广灵县迤南东折与山西省灵丘县接壤。

（3）面积——八十三万方里，小于绥远。

（4）人口——有一百九十九万余人，为汉蒙杂居，稍多于绥远。有误以为三百九十余万人者，实在相差太远了。

（5）省会——在张家口，北蔽长城，南环洋河，东西高山屹峙，为北平至蒙古各部的要冲，更为蒙古与河北间一大锁钥，军事、商业之重地。（张家口系属于万全县第六区地，自民国十七年察哈尔改省以后，万全外〔升〕为首县，县治移设张家口，与察哈尔省同治。有人误张家口为市者，或张家口与万全县辨别不清者，皆非。）张家口即张垣，别称东口，有城凡二，北名上堡，南名下堡，二堡的中间，廛市连接，热闹异常；自民国三年，自行开放为商埠。

（6）重镇——有宣化、居庸关、张北、多伦等地。现在先把宣化和居庸关略述于下面，至于张北和多伦，留待以后详述。

（A）宣化——濒桑干河支流洋河的左岸，为平绥铁路必经之地。前临居庸关，后接张家口，西北凭石窰子，南依十八盘山，倚山为城，形势雄壮，是省南的军事重镇。

（B）居庸关——在延庆县东南七十里，有四城：中间是关城，关城南面十五里是南口城，北面八里是上关，再北面十七里是八达岭，东面叠翠山脉峙立，西面长城粉壁跨过山脊，横亘四十里，中间通行的道路，宽仅数步，两山夹寺〔峙〕，巨涧中流，是北平的屏障，也是省南的隘塞，为用兵必争之地。现在平绥铁路，盘山而上，于数处隧道凿通过此山。

（7）地势——北部多沙漠，南部多山峦，阴山山脉从绥远入境，向东分成二支：

（A）向东北走分成一支，名为阿尔葛灵图山，是为热、察的天然界线。更东进至多伦东，结成白岔山。

（B）向东南走分成一支，横在独石口的北面。这支山名随地而异，都属阴山。

河流有滦河（源出沽源县境，北流到多伦，名为滦河）、白河（源出赤城，入沽源）、桑干河（源出山西，东流入察哈尔南境，至涿鹿附近，洋河经万全、宣化注入此河）等。

（乙）交通

（1）铁路——有平绥铁路，由北平经居庸关至怀来过宣化、万全等地，向西经山西大同而入绥远。

（2）汽车路——公路以张库路为最重要，由张家口大境门出发，向西北行，经张北、康保、滂江，穿沙漠而抵库伦，全线很长，需时四天到六天才可达到。其次为张多线，由张家口至多伦，中经沽源，一日可达到。察南则有沙龙路（由沙城至龙关）、沙赤路（由沙城至赤城）、宣蔚路（由宣化至蔚县）、张阳路（由张家口至阳原）、宣龙路等，皆无经济上之价值。然自察北六县被日伪军占领以后，在商都、康保、多伦的中间，都新筑有军事公路，是我国察北、绥东的一大威胁。

（丙）经济情况

察省各种物产，虽然没有正确的统计，但是畜牧、盐池以及其他植物、矿物，产量都很丰富，现在分述如下：

（1）牧畜事业——马的产量占全国第一位，精悍善驰，每年约产四十余万头；盖因蒙人多以畜牧为生，所以牛、马、羊、骆驼等家畜都很蕃息；皮毛也很多，尤以张家口的皮货，运销内地或外洋，世称为北口货，品质和绥远的西口货相等；所以有"中国阿根廷"的称誉。

（2）矿产

（A）盐池——是察省的最大利源，全省各地，所在多有；每年大量运销东三省和平、津各地，价值甚巨；假称为蒙盐。只就乌珠穆沁旗一带，每年产量便达到三十万石。如果把其他各地合并计算，出产数目当然要远超过这个数额了。

（B）铁矿——以龙关、宣化的龙烟铁矿出产最多，质也最精，埋藏量有九一，六四五，〇〇〇吨之多，可惜在经济提携的动听口号之下，最近已落到敌人手里了。其他阳原、怀来也产之。

（C）金矿——察省南部泥沟产量很丰，其次万全县属的紫岩寺，延庆县的和尚头，也都产之，年产量尚无专家之统计。

（D）曹达——散产在各地方，本省约年产二千万斤。

（E）石炭——南部宣化、蔚县、怀来、张北等地产之，推定约产五〇，四〇〇万吨。在一九三〇年全省约产一一四，五〇〇吨。

（F）煤矿——万全、张北、蔚县、宣化、怀来、阳原、怀安、延庆、宝昌、商都、康保等县出产非常丰富，尤以宣化的鸡鸣山煤矿为著。

（G）其他银、铅、硫磺等矿，亦颇丰富。

（3）植物类——有米、麦、豆等，最多为磨茹〔蘑菇〕（即口磨〔蘑〕），非常有名，药材亦多。

总之，察省人口，多于绥远，可是土地荒焦，急特吾人开发的，也很不少；尤其是察北锡林郭勒盟的地方，人烟稀少，如果政府能够有计划的移民开垦或开采，对于国家有莫大的利益。

（丁）政治地位

我们谈到察哈尔省的政治地位，就不能不分开两面去讲，就是内蒙古和县制二部分。现在先来谈内蒙古。我们知道外蒙古早已经是独立了，在去年俄国和外蒙古正弄得"订什么协定"热闹的时候，我国便提出严重的抗议，可是只承认中国的宗主权罢了。至于内蒙古，为清楚起见，先列表于下：

```
            ┌ 辽宁境内——哲里木盟
       ┌ 东四盟 ┤ 热河境内 ┌ 卓索图盟
       │        │          └ 昭乌达盟
内蒙古 ┤        └ 察哈尔境内——锡林郭勒盟
       ├ 西二盟——绥远境内 ┌ 乌蓝察布盟
       │                    └ 伊克昭盟
       └ 西套蒙古——河套以西
```

在上面的表内，属于他省的，不在本文讨论范围以内，姑不多赘；而察哈尔省内的锡林郭勒盟，是硕果仅存的土地；可是自从"九一八"事变以后，热河相继沦陷，敌人把辽、热各蒙旗，打得粉碎，另设伪兴安省，置"兴安总督"，在伪兴安省内，训练大批中国人做汉奸，而美其名曰"蒙古青年军人学校"。民国二十二年德王倡言自治，民国二十四年察北六县被日人嗾使下的蒙伪军所占领，于是察省硕果仅存的内蒙古锡林郭勒盟，便名存而实亡了。既非蒙政府的自治，也不是中央或察省的政令所能达到，而实是被敌人操纵的可怜者了。所以现在谈这一部分的政治，只好谈到这里为止罢。

至于另一部分的察南各县政治，和内地没有两样，不过仍然有它的特殊情形存在：就是在省政府的上面，还有个冀察政务委员会，而不能直接接受中央的政令。不消说，察哈尔省的人民，除了担负省政府的政费以外，还要给冀察政务委员会奉上一部政费。在这里有一个极可重视的问题，就是察哈尔省自从蒙古自治、察北六县沦亡以后，税捐当然涓滴不能收入了，只剩察南的十县。以十县的小小面积，而担任一省的政费，我们知道"麻雀虽小，五腹〔脏〕俱全"，加以连年天灾人祸重重交迫之下，嗷嗷待哺的十县察民，怎能当得起这个重担子呢？再加上冀察政会的不断向省府提款，于是穷僻的察省各乡村里，只是〈看〉到催款索捐的警察，耀武扬威！而有冤无处诉的穷苦农民，亦只有含泪忍饥的度日了。这是一个急待解决的当前重大问题。

再次谈到察哈尔政治地位的重要。我们看了上面察省政治的现状，不能不使人失望，可是单单失望，无济于事，我们应当看清楚察省政治地位重要性，去努力改造现状，并且收复我们的大好河山！今分二点说明于下：

（1）正当国防前线——察哈尔现在正当国防的最前线，自从长城战后，要隘已失，敌人可以长驱直入察省的省会—张家口，大境门哪里能抗御敌人无情的炮火于万一呢！张家口若失，平绥路截断，那么整个的华北便入敌人手掌心中了。所以我们要想保守我们现有的领土的完整（尤其是名存实亡的察省），进而收复我们五年来已失的土地，非严守国防最前线硕果仅存的察哈尔十县不可。

（2）察北六县不能迅速收复，便是绥远剿匪抗战的最大威胁。你看国军收复了百灵庙、大庙以后，敌人曾在商都建筑巩固的防御的工事，而一群汉奸们，又逃到张北县、嘉卜寺等地再称起

"什么王"来！不幸而察南和绥远有失，那么不但华北失去屏障，山西、陕西的门户顿开，而且宁夏、甘肃、青海、新疆的藩篱都毁，整个的中国，便岌岌可危了。

我们看了察省政治地位的重要，真使人不寒而栗，我们应该怎样迅速努力呢！！

（戊）敌人侵占察北进窥全察的目的

敌人侵占察北进窥全察的目的，用不着我们多述，只看日人山县省〔有〕朋和田中义一的大陆政策的四个步骤，便可完全明了：

（1）征服台湾。

（2）征服朝鲜。

（3）征服满洲。

（4）征服中国全土。

第一和第二两个步骤，早就完成了；第三个步骤，也在民国二十年"九一八"事变以后，逐渐完成，现在只有第四个步骤尚在积极进行，所以敌人侵吞了察北，便要进窥察南和绥东、绥北，无非是要完成大陆政策，征服中国全土的第四个步骤罢了，我们该怎样守土抗战呢？

（己）敌人侵略察哈尔的经过

最后，我把伤心的惨痛的血迹—敌人侵略察哈尔的经过—很简略的叙述一下，让我把悲丧的痛泪，洒在这洁白的纸上吧：

敌人侵占了东北四省以后，便积极的策划着第二步无理行动；于是在民国二十二年，敌人族〔嗾〕使察省北部锡林郭勒盟副盟长德穆楚克栋鲁普（即德王），倡言成立自治政府，脱离中国主权，加入伪满洲国版图，当时中央政府宽宏大量，委曲求全，以期德王翻然自省，便派了黄绍雄先生北上和德王几度磋商，采纳德王意见，折衷办理，成立了蒙古政务委员会，以云王为委员长，德王为秘书长，军政部长何应钦为蒙古自治指导长官；终因背后的力量太大，无论中央如何优容，终觉不满欲望，竟于二十四年一月四日由德王率领蒙古保安队占据了察北六县（六县见前），不久，便成立了伪内蒙军政府，由德王为首领，以伪军李逆守信，蒙古保安队长卓逆世海和包逆悦卿等为军长，招收了许多土匪，编成蒙古军，中间虽然经过大滩会议的一度商议，但终是我国失败，而敌人一兵不用，一枪不放，轻轻的把六县土地给易色了。这还不够，并且阴谋建立"大源共和国"，擅自改了年号——改为成吉思汗建国若干年，换了红、黄、蓝、白四色国旗，德王又亲至长春和溥仪成立"满蒙军事协定"。事情到了这个地步，中央政府便明令另设绥远蒙古政务委员会，而把德王所领的察哈尔锡林郭勒盟除外，可是德王仍然领导着蒙政会在百灵庙办公，到二月下旬，蒙政会保安科长云继先率领官兵千余人，退出百灵庙，通电脱离德王，请求中央和绥远省政府援助。不过侵略察、绥，是敌人预定的计划，一方面伪蒙军李守信部即在敌人的指挥之下，向绥东边境移动，一月十七日，占领了张家口大境门。当时德王遂〔虽〕表面通电否认叛国，可是到了去年绥战爆发以后，便表面也不顾了，直到现在，察哈尔的问题，虽然沉寂，绥远战事，虽告平静，可是商都、张北、嘉卜寺等地，仍然在酝酿着侵略的举动，绥远主席傅宜生将军说的好：绥远战争，并没有平静，实际上很紧张，这是一针见血的明眼人之高论；我们仍然要刻刻注意着，怎样才能收回失地！

三　结语

上面把察哈尔全省的大略轮廓介绍过了，它—察哈尔—有丰富的宝藏，朴实耐劳的人民，是国防前线的重地。现在研究边疆问题的人很多；这篇东西，本不足取，是〔但〕是我们研究边疆，应该注意到实际问题和细微事实；或者因此可以引起读者们再注意沉寂了许久的察哈尔省，作者便很满意了。

《康藏前锋》（月刊）

南京康藏前锋社

1937 年 4 卷 6 期

（李红权　整理）

察北、绥东的近况

作者不详

近半月来，绥东的形势，越法〔发〕和缓了，现在特把那边各方面大概的情形，写出来给大家看看：

（一）某方想退还察北六县——某方前几天曾在张北召集匪伪头目们开会，商量着退还察北六县，但这是好心，是坏意，还不敢说；

（二）匪伪军大部撤退——匪伪军和某方人近来大部分都撤回多伦、热河，同时长城各口的某方警察也全撤退了，他们的撤退，也许是缓兵之计；

（三）某方积极整顿伪军——某方以伪军作战能力不够，乘着没有战事，把伪军编成十师一军，军部设在化德，在张北设蒙古行营，各军队里都设下指导官，按着他们军部的意思加紧训练，他们的用心，不问可知；

（四）德王消极——德王虽叫做伪蒙政长官，但凡事都当不了家，现在他母亲又去世了，心里很不高兴，听说有脱离蒙伪军政府的意思，但真心如何，谁也不知道；

（五）商都城匪伪军火并——留在商都的匪伪军尹宝山部和苏美龙部一千多人，在本月四日自己干起来了，在城里抢了好几阵；

（六）我方加紧准备——伪匪方面，虽然眼下没有动静，但山西、绥远的官家却一点没有放松，并认为伪匪军的撤退，是再进攻的准备，所以更加紧训练士兵和民众，并把反正的军队一齐调到山西南部去训线〔练〕。听说绥远、山西的官家，决定在最近训练一百万能扛枪作战的民众。总之，那边现在是很平静的，但看天气暖和以后，有什么变动吧。

《田家半月报》
济南华北基督教农村事业促进会
1937 年 4 卷 6 期
（刘哲　整理）

苏联蒙古工作的现阶段

[日] 原胜 撰　　正寰 译

日苏对立之历史的情势

现在日本与苏联在远东的冲突，固然已经变成国际政治问题的焦点，但为其背景，而且又是其原动力之特征的历史潮流则有三：那就是中国的国内统一和组织之发展，美国对中国市场之经济的进攻，以及苏联在西伯利亚的工业之飞跃的进步和成功。

日本正和这三种进展着的历史的潮流之过渡期的斗争，在奋斗着。日本为什么要这样呢？正因为这些潮流，威胁着日本的原故，这种情形，即使一看有田新外相在议会中所做的，具有充分技术的目的意识之初次演说，也可以知道——日本不得不借着确保海外原料品的供给和制品的销路，以维持国民之经济的生存。因为中国资产阶级的势力是分散的，不是统一的，所以其阶级的力量，无论在对内方面或对外方面都是无力的，不能使军阀与其兵力，变成自己阶级的工具。但是，近四五年来，中国的资产阶级，使其代言人——武断的独裁者×××，进攻和征服各地方割据之军阀，向最后之完全的统一方面发展下去。他方面，我们虽然不能忽视因为中国资产阶级纵然可以利用民众，但却不能改善民众的生活状况，所以无产阶级底革命势力之抬头，是重大的事

实，然而中国资产阶级，随着中国全国之逐渐统一，而被高度地
提高和组织化起来的经济发展之水准，对于日本对华之经济的进
出，确是决定的障碍。但在美国方面，中国资产阶级之中央集权
的国内统一，却是其对华经济进出之决定的良好条件。何以言
之？因为美国现在，处于因长年失业和慢性农业恐慌，而日形狭
隘的国内市场之情况下，痛感到扩大并强化国外的市场，特别在
对各殖民地及半殖民地的国家之贸易与投资中，发见其自国脱离
危机的路线。因此，纵然现在美国在华的投资不过二亿二千万
元，而日本的投资则在美国的一倍以上，但是关于美国对中国新
市场积极进攻的情形，只要一看美国对德国的投资四十亿元，就
可以想像出来。美国这种必然地对华进出，对于日本是一大威
胁。最后，二十世纪可惊的历史的潮流，则为西伯利亚的工业
化，库兹尼克及马克尼特高尔斯克的钢铁工场、军需工场以及其
他工业之发展都告成功，西伯利亚铁路的双轨计划和庞大的输送
计画之完成，沿海州设置的精锐飞行大队，这些对于日本都是极
大的威胁。

即使根据以上所概念地乌〔鸟〕瞰了的远东目前之历史的潮
流，也可以看出，日本，特别是急进派，在这些潮流还未发展、
扩大到不能抵抗的程度以前，想强化日本之"远东的安定势力"。
其强化日本势力的第一步行动，就是"满洲事变"了。但自此以
后，日本的热河进出，确保华北特殊权利，内蒙独立问题，和
"从赤色势力下拯救"出外蒙的问题，都陆续发生了。于是在华列
强间的势力范围以及太平洋上列强相互间的均势都破坏了，事实
上《华盛顿条约》是被撕毁了。

与满洲和蒙古接壤，在亚细亚大陆上和日本的各方面都有连接
关系的苏联，对于日本的这种战斗——过渡期的战斗——既不能对
之毫不关心，又不能持轻举妄动的态度。特别是因为日本这种过

渡期的战争，大概包藏着反苏战争之危机，因为以苏伪和伪蒙之"不确定的国境线"为中心的，日伪与苏蒙的国境警备军，不断地反覆着武装冲突的原故。苏联在对日备战的场合，为着巩固对日战争的兵站地和海陆军的根据地，在西伯利亚置有精锐的飞行部队，在海参威〔崴〕港敷设水雷，从朝鲜国境图们江岸起，由兴凯湖和黑龙江起，构筑了亘满洲里一带的漫长而庞大的碉堡，布留爱尔（即加伦将军之真名，译者注）所统率的二十万红军，已严阵以待。尤其是苏联援助中国的民族解放斗争，和反帝的普罗列特利亚的斗争，使这种民族解放的战线更为扩大，使中国断然反对日本和其他的列强。特别是外蒙，根据所谓苏蒙相互援助条约，站在对日伪备战的共同阵线上，但这乃是必然的动向。所以这样说的原故，正因为俄国革命，促成外蒙的反帝斗争和自己之经济的民族的独立，外蒙终于在一九二一年，利用苏联的援助和经验，建设了外蒙人民共和国。此后，外蒙发达到非资本主义的道路上，从而苏联的援助和经验，更其必要起来，所以现在的苏联与外蒙，尤其处于不可分离的友好关系中。

指导外蒙苏维埃经济化的苏联

国际政局被民族〔底〕地联结起来，被给与一种特色的事情在现在是已成过去了。现在，国际政局则被阶级〔底〕地联结起来，被付与一种特色。其例证，在欧洲可以举出以西班牙的人民战线和法西战线为中心的国际的动向，而在远东，则可从外蒙方面的国际关系中看出来。这就是土肥原将军曾对美国的新闻记者的访问发表谈话道——蒙古为中国领土的一部分，日本对蒙古无论哪一种的独立运动，并没有任何指导和帮助的权利。但是蒙古现在正被赤色的势力威胁着，中国却无力以防卫之。因此之故，中国、日本和伪国必须"连合"起来，把蒙古从赤色势力的侵略下，或从赤色势力的影响下拯救出来——（New york Times，纽约《泰晤士报》，一九三五年十二月）。然而外蒙的首相甘顿对美国 E. P 记者罗易顿，谈到关于伪蒙国境划定问题时，曾作以下的豪语道："日本代表虽然说明亚细亚人，应该有同一的目的和政策，但皮肤的颜色，不是决定目的和政策之异同的东西。而且我们不愿×（蒙）人和其他被压迫民族站在同一的地位上。——尤其是外蒙认为日本的蒙古进出，是侵略的行为，——我们具有固守独立，防御侵略者，而且为拥护自由而战，直到流尽我们最后的一滴鲜血为止之觉悟。侵略者必须明白：你们的对手，不是卖国的将领们，而是为着全蒙古民族及其利益，而绝不畏死的政府当局！"外蒙，假若根据他外蒙首相的话说来……（此处原文删，记者）是期待者〔着〕对于自国（外蒙）之发达非常关心的苏联，能够积极地与以支持和援助的（一九三六，一，三日塔斯社通信）。

苏联和蒙古的这种密接关系，我们可以从检讨两国的经济关系中充分地加以评价；在那里我们能够看到外蒙借着苏联的指导之苏维埃经济化的进展。

为中央亚细亚高原之东方落后的游牧者之国的外蒙人民共和国，当俄国革命以前，在帝俄殖民政策之压迫和国内的封建贵族、封建僧侣——喇嘛僧的支配下，其经济的、社会的发达极度地受到各种阻害。工业、铁道和发达了的农业这一切都没有，居民之生活水准是极度的低下。但是自从受到所谓沙皇白色政府崩坏，和苏维埃赤色政府树立的俄罗斯革命的影响后，外蒙一旦切断残酷的奴隶社会之桎梏，像那种半原始的社会，就采用了急进的社会主义的政策，实行没收封建的王公、喇嘛僧和寺院的财产，扫除一切特权阶级，否定资本主义，土地——森林——水以及其他的天

然资源一概国有化等等，便犯了所谓极左的错误。但是到一九三
二年，就清算了这种极左的指导之谬误，毁灭现存的封建社会制
度的残滓，因为外蒙之经济的基础已被清算，所以社会就变成可
以前进的，以阶级斗争为基础，而采取在非资本主义的发展上成
功的生产样式，计划着外国贸易的独占，创设农牧的集体农场，
组织协同组合和国营工业等苏维埃底经济化。

　　关于苏联对外蒙的这种苏维埃底经济化之斗争，派遣顾问或指
导者，利用他们底经验的情形，只要一看以下的事实可明了。即
外蒙的经济会议议长，财务省税务委员长，经济省农务局的指导
长官，国营农牧场的顾问等，都是从苏联派遣来的人们。运货汽
车和定期搭乘的长途汽车之经营，蒙古运输公司（国营货物运输
机关），蒙古银行（职员六百人中，三二％为苏联人），石油输送
同盟（汽油、煤油、矿物等输入贩卖的独占机关），购买家畜、羊
毛等原料和贩卖道路建筑材料的机关，苏蒙贸易公司等各种经济
机关的活动，都和苏联具有密切的关系。尤其值得注意的事实，
则为苏联对远东开发的大工业之东渐，遂渐接近外蒙，外蒙在苏
联工业上，已经变成供给原料地和输入加工制造品的场所了。

　　如前所述的苏联和外蒙的关系，在两国的贸易上，到底是怎
样地被表现出来呢！为容易理解这个问题起见，举出一些统计
来罢。

苏联的对蒙贸易（单位：千卢布）

	一九二八—二九年	一九三〇年	一九三一年	一九三二年
输出	一六·四〇〇	一七·八一九	三七·三四三	四一·三九五
输入	一五·二〇〇	一九·七四五	二八·八三三	一九·二七八

苏联对蒙输出商品统计（单位：卢布）

	石油及其产物	火柴	糖果、甘味类	水门汀	香水、化妆水	化学药品

	石油及其产物	火柴	糖果、甘味类	水门汀	香水、化妆水	化学药品
一九三〇年	四九五，〇〇〇	二八，〇〇〇	二六六，〇〇〇	一九，〇〇〇	八二，〇〇〇	四九，〇〇〇
一九三一年	一，〇九〇，〇〇〇	一一一，〇〇〇	九〇一，〇〇〇	五八，〇〇〇	一四，七〇〇	一三，九〇〇

（注）这是高诺理氏在华盛顿的 Institute of International Studies 上提出的论文——《苏联的东方经济政策》——中所发表的统计，因为没有在这以后的统计可资利用，所以仍引用之。而且即使说到此后的统计，还没有能够推翻像前举统计表中所题〔提〕示出的那种关系的数字。

倘一考察前表所示的苏蒙贸易之惊人的跃进关系，尤其是一看中国内地和外蒙的贸易，显出如下的急剧下落的关系，则对于苏蒙经济关系，以及外蒙和外国的关系之理解，将要更加明白的。

中国内地对蒙贸易的关系（单位：千先令?）〔（注三）〕

	一九二七年	一九二八年	一九二九年
输出	二七·六〇〇	二五·四〇〇	八·七〇〇
输入	一二·〇八〇	一〇·七八〇	六·〇〇〇

（注）根据前举的高诺理氏的论文，高氏说道：现在中国对蒙贸易，唯有输出少量的茶而已。向来中国商人所好采办的蒙古出产之羊毛、毛皮、生皮及鞣皮等，在中国中部市场上是再也看不见了。

其次，我们可以根据外蒙经过其人民消费组合同盟的活动，知道外蒙是怎样地把自国的原料品，输出到苏联呢，因此可以观察到外蒙是怎样地参加到苏联的工业活动中呢，从苏蒙经济的不能分离的关系上，来看一看外蒙一元化的动向罢。

蒙古人民消费组合同盟的原料贩买〔卖〕表

	蒙古内	对输苏出	经过苏联输出	向他国输出
一九二七—二八年	八%	六〇%	一%	三二%
一九二八—二九年	六%	七三%	一八%	三%
一九二九—三〇年	九%	五〇%	四一%	〇%

（注）拙著（原作者）——《列强在华工作及其经济势力》——二一四页。这以后的统计，虽然我手头没有，但在这个统计表里所表现出来的苏蒙关系，更其走着向上发展的道路之真相，是不难想像到的。

参加外蒙扩充军备的苏联

一个国家和其他一国的经济关系，越被提高到彼此不可分离的密接的程度，则这两国之间，政治上的援助关系和军事上的攻守同盟关系，就越容易缔结，这是很自然的道理。据去年春天所发表的苏联和外蒙的军事协定来说：一、增大外蒙的战斗兵力，增加外蒙军的苏联军事顾问；二、调整外蒙军和苏联远东军的关系，并促进其合作，其真伪又当别论。总之这几点，大约可以说是该协定的主要内容了。

无论如何，外蒙对于苏联的远东军，在战术上甚至占有决定的重要地位一事，根据远东红军总司令布留爱尔和外蒙陆军部长德西特之间，一向所作，和现在正在作着的各种相互援助的对日伪之军事工作，是可以看出来的。例如：约有七万五千的外蒙人民军，借苏联军事教官的赤军化的训练，从苏联供给坦克车、装甲汽车、山炮、野炮、飞机等，开设外蒙首都库伦和苏联赤塔间的定期航空路线，以及铺设赤塔——库伦间的军事铁路等，都被实行起来了。所以现在苏联派遣军队约三个师团，配置在与伪国接壤地带的桑贝子，鲍以尔湖的南岸，哈尔哈一带。又在为对伪军事行动之根据地的桑贝子方面，常驻军用飞机四百五十架，靠近满洲里的克鲁伦河的左岸且齐汗飞行场，约有三十架轰炸机待机出动，在哈尔森庙附近，派有赤军汽车队和骑兵队，在伊瓦布尔芬庙驻有步兵旅团和骑兵旅团，在哈海特方面，建造机关枪队、炮兵部队、坦克车队、骑兵队的木造兵营和蒙古包，在乌里雅苏常川设有赤军经理部，在买卖城则建设军需工场、飞机场、储藏库、军事学校，在乌高姆尔有兵五百，野炮二十、坦克车五，托姆次克有兵五百、野炮十八、坦克车三，正在相机而动。

因为即使从外部充分地观察事实之真相，也是不被允许的我们，除了拿出具有浓厚的主观意识的官厅的统计，和由御用的通信机关中得点近真的消息而外，是别无任何方法的，而且因为是关于军事方面的事情，特别像作战上军队配备一类的事情，都是绝对秘密的，所以作者不易得到关于外蒙军备状况之全部真相的记述，只有根据《上海日报》的记事，略述外蒙的军备状况如上。假若把最近一二年来，时常不断发生的——苏、伪——伪、蒙越境事件——与国境警备队之冲突事件，一同加以思考，则苏联和外蒙对日伪军正进行着一切准备战争的情形，是可以充分想像到的。但外蒙准备战争的程度及其严重性，和日本所唱导的建设"王道乐土"与"驱逐赤色威胁"的工作之进展，根据绝不允许站在其影响圈外的内蒙之动向，是可以比较正确地度量出来的。

内蒙问题之发展及其重大性

内蒙问题之进展，和外蒙问题的进展完全走着相反的道路。即外蒙是在"异常深刻注意的组织者"道木巴道尔奇的指导下，顽强地下面挣扎起来的游牧民族的下层大众，对帝俄的进攻，中国的高利贷与商业资本家的榨取，和国内封建领主等的压迫，完全推翻，利用苏联的经济，建设起外蒙人民共和国。内蒙则是借封建亲王的德王之睥睨内蒙古，和李守信等，从上面而来的力量，在"反对赤化"、"以蒙治蒙"、"驱逐国民党"等口号之下……（此句原文删）他们为"民族独立解放"而奋战。内蒙的这种进展，正如外蒙之已经进展到那种地步一样，客观的说起来，都具有所谓从汉民族支配的桎梏下，获得隶属民族——蒙古民族的、社会的、经济的自由之历史的"民族战争"的一面真理。这就是要求大喊着中华民族解放的孙中山和××党，在三民主义的旗帜之下，没有真正解决了的蒙古民族的矛盾之解决。当然这种战斗是进步的呢？抑或是反动的呢？这又是另外的问题。

无论如何，德王和李守信等对××党——南京政权所要求"内蒙独立运动"，为图这种运动的成功而引起军事行动及其发展性，无论是对日本，无论是对伪国，都有极深刻的影响。这种情形，假若把为"内蒙独立运动"的斗争主要纲领之一的"反对赤化"，和毛泽东等红军想进出予〔于〕绥远一带，与外蒙得到连络，再把下面日本关东军和伪国的声明书合并考察的时候，就可以充分明了了。

南京政府——关东军当局说——……根据其惯常手段之远交近攻政策，近来对苏联通款曲，排斥日本关于防共的劝告，明显地转变到容共政策之结果，使中国共产党和由外国而来的嗾使赤化的诸势力增大了，因此，远东和平正在显著地受着莫大的威胁。这次内蒙军之所以敢蹶起作战，实在是为着要摆脱中国共产党和与共产党相勾结的军阀之压迫，而不得不采取的防共自卫手段。其目的，乃在以两国国策之密切的一致，关东军一方面对于内蒙军的行动，具有莫大的关心，而希望内蒙军之成功，他方面，第一，在和"满洲国"毗连着的地方，因为这种战乱的影响，对于"满洲国"波及一种扰乱治安的危险。假若中国有全国濒于赤化的危机之情形发生，则关东军就不得不做适当的处置。（关东军当局声明，《读卖新闻》，十一，二八）

伪国也发表声明：

内蒙古这回之所以蹶起独立者，乃由于在中国国民党党阀政治下，多年的欺骗、榨取、掠夺等压迫的宿怨，固然也是其原因之一，但其主要的原因，可以认为是想从夹处于这方面是最近几乎全部赤化的中国的西北，他方面是已经完全赤化了的外蒙古之间的内蒙古地方，把不逞分子，一律扫除净尽，以避免内蒙古被赤色势力侵略的危机，而采取的紧急自卫行动，（中略）不待言，即在"满洲国"方面，对于赤色势力的侵略，也具有举全力以与之拉〔抗〕争的决心。因之不用说，"满洲国"对于这次内蒙之防共自卫的神圣战争，给与极大的同情和关心。今后绥远问题的情势之发展，倘若影响到"满洲国"的利害上，则"满洲国"就要做必要的处置了。（《读卖新闻》，十一，二八）

看了以上所举的两个声明书之后，似乎没有再加以说明的必要。德王和李守信等的"内蒙民族解放战争"之发展，最后止有把中国的西北数省，脱离国民党的统治，切断赤色外蒙和赤色的中国西北部的连接点之过大性，那就是日本随着日伪和外蒙人民共和国政权之尖锐的对立，开拓进攻苏联的出路。然而这种动向，事实上因日、德、义国际的防共协定的结成，更其深刻地，被放置在促进国际关系恶化的情势之下了。

无论如何关于日本和苏联的冲突，使我们看到两国间社会制度和指导的意识形态之辩证法的对立，最后提出"怎样才能解决这个问题呢？"的答案，是非常迫切的。这个问题，直到这篇文章写完为止，在现在的国际情势上，依然担负着重大的任务。例如：狡猾的英国，为了牵制欧洲法西斯的德国、义大利，便采取接近苏联的策略（例如英苏的长期借款），或者想结成英、法、美民主主义国家的集团，但为从远东驱逐对皇冠上最好的真珠似的印度之赤色的威胁，和从大陆方面，防止日本由满洲而华北——向中国中部的势力之南渐，在海洋方面，阻止日本对南洋、印度的突进，因而威胁着英国的经济势力与支配的地位，所以英国以"苏联的威胁"来教训日本，使日本作反苏的战争和后退到反动的路上。他方面英国教南京政府攻击日本，不阻止这种活动，而且在援助南京政府的借口之下，获到实际上的权利。然而英国决不把日本当作敌人，依然留有如前所述的，日英接近之余地。伦敦《泰晤〈士〉报》曾经说过：日本现在正在白热的国家主义中燃烧着。其极东安定势力之理想固然很高远神秘，但其表现则是非常现实的。在日本贯彻这种使命的前途上，横有美国和苏联的障碍。即使日本能够避免苏联威胁之现实而深刻的武装冲突，然而日苏在思想上、经济上的冲突，恐怕在远东最近的将来，终要残留下重大而决定的烙印罢。在这种情形上说来，一种日英的同盟，是应该为日英两国所欢迎的（东京《朝日新闻》，一九三六，八，九）。此处所引的《泰晤士报》的社论，是说明英日两国，都想重温英日同盟的旧梦的绝好的资料。

　　无论怎样，在中国的广大民众间，反对半殖民地国家之殖民地化，全国抗日的势力，是逐渐抬头了。中国的×军由江西而入四川，更由华北向绥远方面前进，这是意味着中国的×军渐和苏联的远东×军战线接近了。而且不但是中国一国的民众如此，即在全世界广汛〔泛〕的民众之间，"反殖民地"的斗争是已经高扬起来了。

　　这样说来，苏联的蒙古工作，固然一方面被这种国际的情势所

刺戟、所限制，一方面却被执行下去，但至少可以如下地来加以
说明：就是日本的蒙古工作和华北工作越极积〔积极〕进行，则
苏联开发远东地方的速力，越发急速，越发提高苏联在外蒙的地
位，外蒙已经变成苏联世界革命的最宝贵的实验室，同时业已变
成苏联大工业的原料供给地了。

　　　　　　　　　　　　　　一九三七年一月三日于北平旅次
　　　　译自一九三七年一月号（新年特大号）的《日本评论》

　　　　　　　　　　　　　　　　　　　《西北论衡》（月刊）
　　　　　　　　　　　　　　　　　　　　西安西北论衡社
　　　　　　　　　　　　　　　　　　　　1937 年 5 卷 1 期
　　　　　　　　　　　　　　　　　　　　（朱宪　整理）

非常环境下察绥人民要说的话

漠羊　撰

一

　　一个人爱己身、爱团体、爱国家的意识与行为，可说是造物所赋予的本然素质，任凭怎样不开化的民族与国家的各个人民，都有同样秉赋，且几乎没有高低程度之别。弱小的黑人国阿比西尼亚的人民，竟敢与强大的意大利新式军队决斗，非至放尽最后的一弹，绝不放下他们的笨重的枪，这种不惜牺牲血肉头颅的精神，全是他们那一点爱国心所驱使。所以有人要说，某国之强，由于人民的爱国，某国之亡，由于人民之不爱国。我根本不能相信，因为他不明白人类的心理与事实的根据。

　　"九一八"以后，国土一再被占，城市屡被破坏，人民屡被屠杀，甚至未占的土地，中央主权不能完全行使，而敌人的武士可以作攻守战争的游戏场，世界上未亡的国家中，再找不出这种同样的耻辱现象。这种奇耻大辱，等于亡国尚未灭种，中国人民之不能爱其国，政府不能治其国，似乎成了铁一般的事实。但是我们如果稍一回顾"九一八"以来，人民对于国事所有的行动与意识的表现，则知中国人民之爱国精神，不但不逊于英、法、日本的国民，甚且有以过之。在"九一八"之夜，敌人不顾国际公法，放弃文明立场，用恶兽般的行为，进兵沈阳，炮击我驻军，焚毁我建筑，屠戮我人民。我政府在拥护《国联盟约》与维持国际信义的原则之下，除申诉国联，以法与理的方法解除这种暴行外，并宣示国民，用镇静态度，听候政府之处置，与国联是非的宣布。此时全国同胞除了通电各国，报告这种暴行的经过证明，与屈辱的事实之外，绝无反常的举动。这种守秩序、崇法治的精神，绝非不爱国的人民所能办到。及至国联处置失效，敌人再度深入，国人洞晓强权之下公理无用，乃决心抗敌救亡，进行以下几项工作：

（一）组织义勇军驱逐敌人　在敌人压迫环境下的东北民众，不顾敌兵的枪杀与屠戮，不谋而合组成了义勇军。当时政府与东省的交通已被敌人截断，义勇军队不但得不着政府的援助，且失去了彼此的联络，然而这些战士，并不因此而减杀爱国的勇气，再接再厉，一拼再拼，与敌军苦战，且数度杀败敌兵，收复城池，终以弹尽援绝，致遭覆没。妇孺共晓的马占山、苏炳文、王德林、李杜等，便是统率这伙爱国战士的头目。中国人民自由结合到疆场上杀敌效死，这便是爱国精神表现的一种。

（二）捐资捐薪援助战士　在身处边远的国民，因不能达其与敌拼杀的爱国精神，于是节衣缩食，输财购械，以慰劳沙场上的战士。自东北事变起，迄"一二八"之后，长城喜峰口之役，此种精神的表现，尤为热烈。沪滨抗敌之战士，既一再而挫寇氛，举国人民的捐输，动辄巨万。捐输之人，自资产富有之家，至贫穷乞食之流，均表现其一己之爱国赤心，这是民众爱国精神在物质上普遍的表现。

（三）督促政府作整个抗敌计划　国人既晓然于依赖国联之失败，与各个抗战之无效，乃出督促政府作整个抗敌图存之举。于是通电请愿，主张宣示有效办法，对敌抗争，复我国土，绝食卧轨之举，层见叠出。这是人民意志上爱国一致的要求。

然而在这种热烈爱国狂潮澎涨之下，为什么对于敌人的侵略没有丝毫应付，对于国势的垂危没有丝毫的挽救，而且敌人的利刃深入腑脏，整个民族的生命，实未卜其能否存在，这究竟是甚么原因？这个问题，我们可以归纳到下列的几个答案：

（1）国人爱国的意见一致，抗敌的主张不同，掀起思想上争执的波澜。

（2）地方实力的领袖多作救国的单独行动，敌对政府，引起不少的内争。

（3）政府负责领袖，对于救亡抗战的工作，〈缺〉乏明白的表示，人民在苦闷之余，多趋消极。

从以上的三种答案，我们可以检查国人的思想与行动，是以救国始而以误国终。国难发生以来，国步终未能臻完善者，坐因这三项事实所促成。不过在一种原理上讲，只要目标相同，步骤虽暂时纷歧，终久必归一致的，证诸绥战发生以来，这种纷歧的意见与思想大致已归于统一，而救亡抗敌的工作，也有了曙光。现在政府对这种救亡抗敌的工作进行到了甚么程度，正在办理甚么，前线上的情形如何，我们也有概括列举的必要：

第一，政府救亡抗敌的决心　在过去，政府对于这种救亡抗敌的工作，也曾一再努力，一再宣布，如国难会议的召集，一面交涉一面抵抗政策的宣布等，所惜这些都成了不兑现的支票。近一年内政府的工作，可说是正与以前的办法相反了。我们再找不出政府一篇一篇的长谈阔论，然而我们却见到政府当局努力的苦汗，滴成了不少的事业，这里我们可举的，有币制的改革、有交通的开发、飞航的进步、教育的革进。人事方面，用最大的宽容，解决两广，统了西南半壁的政权，最近更费尽苦心用政治方法，解决陕变，这都是政府决心抛弃武力镇压，以谋对外的决心。而甘、青、绥的划作剿匪区限令外侨退出，与剿匪大员的任命，更表现政府的实际御侮决心。

第二，政府用至大的努力来集中全国的实力，并统一全国的救国思想与步骤　自己的力量不集中，能夠〔够〕对外取胜，这是骗人的空话。谁都知道打了胜仗，保种强国的男儿，可以名垂青史，受万世的景仰，但是孤注一掷，断送了整个民族的生命，使子孙世代为人作奴，恐怕是最傻的勾当，必定成了千古的罪人，略有常识之人，决不出此。"九一八"之后，政府除对闽变的危险分子，加以戡乱的紧急处置外，徐〔余〕如同盟军的解决、四川军的整理、黔滇的视导，及两广事件，未加一兵，即归统一。至政府内部的组织，更打开党政门户，收容了真正的学者，负责推进内政。至于对青年及民众的思想方面，政府更用坦直的态度一再招集谈话，表示抗敌的决心，并片断的宣示进行的方策，使躁急的青年与热血的国人，不致误会政府目前的处置，而别生纷歧的枝节，在进行救亡工作上，这是最有意义的办法。

第三，前线上的情形是怎样的　匪伪自二十四年末，进扰察北沽源、宝昌后，即攫到察北大部的地盘，嗣经二十五年初，遂近〔进〕占张北，直窥张家口，整个察北尽入匪伪之手，匪伪既据察北，于是招兵买马，修养整顿，作进窥绥远的试探。直至十一月十八日红格尔图的惨败，十一月二十四日，百灵庙一役的狼逃，遭遇了意外的赏赐之后，敌人的诡计与匪伪的本身，不能不有转向，我们再看现在察、绥前哨是什么光景。

（A）深明大义的匪伪首领与部队相率投诚，为祖国出力，国军特予收留，重加赏赐。

（B）执迷不悟认贼作父的匪众首领日夜会议，谋聚集流亡重新编练，再图送死。

（C）幕后的敌人，恨匪伪的失败与投资的拆〔折〕本，于盛怒之下，对于匪伪首领或贬或杀，重新改编部队，且多派督战队或径任下级军官。

（D）绥东、绥北的我军，凭借了坚固的工事，下了为国效死的决心，准备冲杀。

（E）宣化大道上万国公司成立，成为运输军械供给匪伪的大本营。

（F）匪伪到处抓夫派饷，察北同胞逃散殆尽。

（G）察南的我军操练不懈。

二

"欲征服世界，先征服中国，欲征服中国，先征服满蒙"，这是敌人一贯不变的国策。从"九一八"起至溥仪傀儡上了宝座止，他们第一步的计划成功了一个阶级，其间我政府当局，或忙于求援国联，或忙于对内整理，对敌人第一步的计划，不但未加摧毁，经过所谓《塘沽协定》、《何梅协定》及"大滩会议"之后，敌人进而决心完成其余的一段。

敌人的计划，在使整个中国不存在于世界，在使整个的中华民族成为奴隶。我中国的同胞既不甘作贱种，都应准备与敌一拼，争取自己的生存，尤其是站在察、绥前线的人民，应作拼命的先头队。这里我们要代表察、绥五百九十余万人民，申述其处境的态度与最低的希求。

（一）我们的态度

甲、始终拥护政府信赖政府　在现在国际情形之下，人民个己的生存要靠团体力量来维护，这一团体力量不坚固，人民的生活就要感受威胁。国家是人群生活有组织的团体，政府是推动国家庶政的机关，所以一个统一的中央政府，为实现人民安定生活的基本团体，一国的人民对于他的政府不能不来拥护。不过我们拥护政府，也绝非盲目的，我们所要拥护的政府，是代表大多数人民利益的。现在的国府，是国民革命主义下的产物，十余年来，经过多少事变，再加国难严重，能够艰苦应付立定基础，对于雪耻抗战，已具有最大决心，其间诸种处置，虽不免有可指摘之处，然而最近的一切事业成绩的表现，已显露足以负复兴民族的大任，全国民众只有一致拥护，国事方有起色。至于政府对外的交涉，在过去显然居了被动的地位，人说怎样我便怎样，人进我退，以致有不少的耻辱条约，竟含泪而签订了。然而在最近的二三年间，尤其在二十五以内，中央对日的外交，已把握着惟一的原则，即失地必须收复，侵略必要抵抗，无理要求，绝对不受，冀、察领土，必须完整，观于绥远抗战之有力，南京谈判之无结果，政府态度，厘然可证。因此，我们站在火线内的察、绥人民，对于已下负责抗敌雪耻、收复失地的中央政府，竭诚拥护，对于政府不屈的外交，始终信赖。

乙、愿为敌抗〔抗敌〕复土牺牲，愿为民族流血　敌人自"九一八"以来，开始其满蒙政策的进行，而且获得极大的成功。目前的唆使匪伪，进扰察、绥，便是要完成满蒙政策之最后的工作。他们鉴于已往经略东三省、进取热河的轻而易举，认为中国政府与人民，个个是甘作奴隶的贱种，于是驱使乌合的匪伪，进行攻取绥远。然而红格尔图迎头的一弹，使敌人惊晤〔悟〕中国的官民尚知为国效死，百灵庙之一役，更使敌人明白中国的寸土，中国人早晚须要收回，在红格尔图之战胜，与百灵庙的克服，全国民众狂欢庆祝之时，我们参加或站在火线上的察、绥人民，是何等兴奋！这种的欢呼庆祝，不仅鼓励冲锋陷阵的战士，实足以策励我们人民为国效死的精神，不管察北的匪军如何丧失天良，甘充敌人的鹰犬，但其中大部的兵士全是中国的良民，有了机会便可以跑回来，所以我们察、绥人民只愿有政府的领导，作收复失地的工作。我们是塞外的健儿，久经风霜之锻炼，与敌人拼杀的机会一到，我们便是这场武剧上各项角色的干部，即不幸一时屈服在敌人犀利炮火之下，国军暂时的退了，然而我们不死的人民仍与敌一拼再拼，或作潜伏的部队，来与国军策应，直到流尽我们最后一滴鲜血。

三

匪伪自侵绥失败后，在敌人指挥之下，秣马励〔厉〕兵，已有了长期的准备，再度的侵扰，早晚要实现的。我们为整个消灭匪伪，收复失地，对于政府当局，有下列几点的希望。

（1）要守绥远先清察北　　察、绥为冀晋的屏障，乃我国北方仅存的国防，察北虽已入匪伪之手，而察南与整个绥远，在国防上仍占极重要的地位。察、绥若继热河而沦陷，则中国东、北两面的国防尽撤，敌人对我国大包围的计划已成，随时可以置我国于死地，所谓华北的自治呀、独立呀，那都任敌人摆布了。所以这时候绥远的必须死守，察北的必须收复，乃成为全国的一致的要求，亦为敌我存亡的最后关头，站在火线上的我们察、绥人民，只有企求中央与地方军政当局领率军民坚决守土，并对察北的匪伪加以痛剿，以倒其进扰老巢，而开始我们收复失地的初步工作。绥远的坚守，当局已下了决心，而且成绩为举世共知。最近军政部次长陈诚氏，在杨村防次对某记者谈话谓："……不仅绥省境内，应予彻底肃清，为求绥境之安全计，即匪伪作为扰乱绥东根据的匪巢察北，亦非收回不可。"这是中央军事当局进行收复失地开始后，第一次负责的谈话，我们察、绥人民愿尽全力来拥护政府这种政策之成功，同时希望中央与察、绥地方当局作有系统的整个的联系，进行抗敌复土的工作。

（2）招抚察北的流亡，赈济绥远战地的余生　这次绥战的发生，是察北一伙失掉人性的匪伪同胞，向绥远进攻，表面上是中国人打中国人，骨子里是××人借刀杀人。溯自匪伪军占据察北后，开始作侵绥的活动，于是抓夫派款，编练队伍，而察北各处县政府由××派到顾问，县长局长须听命于顾问，处理一切政务，稍不遂意，毒打随之，地方稍有知识之辈，或中学毕业资格者，随时抓捕认为反×，立即杀害。一般人民因供应不周，或应对不清，横遭毒打与屠戮者，不可计数。因之全部的察北成了匪的世界，人民逃散几尽，所有不能离开家乡者，便成了匪伪的奴隶了。所以察北的人民，一部〈分〉是被迫而流散到察南或附近的地方，以期最近察北收复，重返故乡；一部分是无法离开故乡，任凭匪伪蹂躏的可怜虫，图一时苟活，静待国军的收复。总之，他们是有相当主国观念的，若任其常此离流失所，穷无所归，在生活无路的时候，被匪伪招诱，危及国防，而且断送了他们的本性，来残杀自己的同胞。那么，这时候我们政府当局急应设法招抚，不但要使他们有生活安的〔的安〕定之所，而且要给以相当的工作，准备将来进行恢复国土之大事。

绥东、绥北经过几度拉锯式的攻守战，匪伪终于失败了，但是在这四五个月的期间，上空有敌机的轰炸，地上有匪股的进扰，人民死于非命者，不知凡几，生者无家可归，嗷嗷待哺之众，不下几十万。这一般的同胞，在战前已经担任过建筑工事的艰巨工作，战期或担任运输，或协助杀敌，他们在战争胜利上，有伟大的劳绩，而战后的结果，是庐舍被焚，衣食无着，在风雪凛冽的朔漠间，他们的生命，几于不保了，所以我们希望政府作整个的赈济，急赈与工赈同时并举，俾火线上的同胞得着至大的安慰。最近绥远战地灾区调查视察团，业经调查竣事。二月五日晚已分三组出发，赴陶林、集宁、兴和、武川等地放赈。关于政府当局这种举办的赈济办法，我们是万分赞同，我们所希望的，要把这种赈济继续起来，所发出去的赈款，不但救了战地内同胞的生命，而且要使他们再进一步作防敌工事的建设。

（3）抗敌区内的负担务要平均，以期减少人民间的不平，增加抗敌的力量　记得民国二十四年的春天，胡适先生在天津《大公报》有过一篇文章，述及他的一个外国朋友对他说："你们中国有一件极危险的事，就是一切的担负，一切的税捐，都要出在穷人身上……"（大意如此，措词不能原录）这话可以说道破中国政治腐败黑暗的核心。我们中国自辛亥以后，虽然踏上民国的路子，但是封建剥削的积弊，仍未铲除。迄至民国十一年以后，军阀的混战开始，大多数民众所受的压迫与苦痛不减于专制时代，在战争征发的时候，地方富绅，假名公益维持等会的名目，办理地方支应军队的事情，不但个己不出供应的款项，凡是个己的亲朋及有瓜葛之人的财产，都要受到保护，甚至有因此而发洋财的，那么这款项究竟出自谁人身上，这便是穷而无告的大众血汗了，这是社会上最不平的一件事。因此大多数的人民，厌恶地方豪绅的压迫，甚于外国的仇人，于是认为某国人来，或者可以给他们报一点宿怨，解一点痛苦，这种心理危夕到了万分。

现在整个的民族斗争就要开始，凡是国民就应担负救国抗战的责任，方克有济。所以在抗敌区内的一切担负，务要设法使得其平，过去土劣把持压榨贫民的办法，必须彻底改革，这样才能使一般国民知道自己的国、自己的社会以及自己的同胞之可爱，而愿参加抗敌，这样一来，力量自然伟大，民族的复兴才有希望。

《西北论衡》（月刊）

西安西北论衡社

1937 年 5 卷 2 期

（朱宪　整理）

蒙旗自治训练所

作者不详

月中出发各旗分组招考新生

（绥远通讯）蒙旗自治人员训练所，决于三月一日成立，内部简章早已通过，兹为进行招生起见，特派周勇、吴斌明等十二人为招生事务人员，共分五组，除第五组由该所考委会负责招考土默特旗及绥东四旗外，其第一、二、三、四四组，约于十五六日离绥，昨日起迄十四日止每日下午二时齐集于官署聆受各长官训话。兹将办理试验人员分区分组及考试科目、招生简章暨训练招考人员科目等分志如下。

招考自治训练所学生分区分组并考试科目及办理试验人员：

第一组组员周勇、德力格尔山、荣玉书，招考区域：达拉特、准噶尔、扎萨克、郡王等四旗，考试地点：扎萨克旗王府。

第二组组员周后生、王天籁、王庆，招考区域：鄂托克、杭锦、乌审等三旗，考试地点：杭锦旗王府。

第三组组员吴兆吉、赛尚阿、吴斌明，招考区域：四子王、达尔罕、茂明安等三旗，考试地点：达尔罕旗王府。

第四组组员段培基、武兴烈、色尔固楞，招考区域：中公、东公、西公等三旗，考试地点：包头。

第五组组员为该所考委会，招考区域：土默特、正黄、镶红、镶蓝、正红等五旗，考试地点：土默特旗政府。

以上各组考试科目：1. 常识测验；2. 口试；3. 体格检查。

招生简章

宗旨：以灌自治常识及增加生产建设技能为宗旨。名额：绥境十八旗每旗正取三名，备取一名。投考资格：体格健全、资质聪颖、蒙语畅熟并略通汉语粗识文字者为合格。年龄：十七岁以上二十四岁以下为合格。修业期限：普通班六个月，专门班一年。修业课程：普通班授以各项常识及浅近文字，专门班授以军事、畜牧、卫生、家庭工业各专门技术。入学手续：由各旗旗政府保送，经本所覆试录取者。覆试日期、覆试地点、考试科目，由考试委员会择定另行通知。待遇：膳宿、制服、书籍、川资统由本所供给，毕业以后分发绥蒙会及各旗服务，或呈请长官公署录用，或介绍相当职业。所址：暂设绥远省城。

《边事研究》（月刊）

南京边事研究会

1937 年 5 卷 3 期

（李红菊 整理）

绥行杂感

立天 撰

去年十二月间，正值前方战争紧急之时，作者曾有绥远之行，滞留前方半月之久，绥北、绥东前线以及后方各重要城市均曾一到，目睹前方情况，感想颇多，拉杂记之，以向〔饷〕读者。

良好的收获

（一）攻击防御的成功 九一八事变时，我们的政策是"不抵抗"、"无限制的退让"。于是日人不费一弹，不折一兵，垂手而得东三省。热河战争时，也是如此。至今思之，尤不胜愤慨也。嗣后淞沪及长城之战，虽曾抵抗，但只是消极的"抗"，敌人来攻，便起而抵抗，敌人去了，便也暂时休息下来，绝未作乘势攻击的尝试。等到支持不了的时候，便退下阵来，这是淞沪及长城时候的战争，其不同于九一八事变时者，只是由"不抵抗"而变为"消极的抗"而已。这种"敷衍式"的被动战争，不但一般人民对之不满，即一般从事战争的勇敢战士也是愤愤不平，谈到战争的结果，则更易使人责难。胜利当然是得不到，充其量保持原有阵地而已。我方处于被动的地位，敌人处于自动的地位，敌能乘我之危，而我不能伺敌之隙，故终必失败也。"前事之败，后事之师"，鉴于过去之失败，此次绥战之主持者遂采取攻击的防御战

术，目的虽在防御，但所采的方法，却不是从前那种"消极"的
"防"，而是积极的"攻击"的"防"。在敌人开始攻我之前，以
先发制人的方法，先摧毁了敌人攻我的能力。利用这种战术，一
战收复百灵庙，使敌人失去侵我西北的根据地，再战规复大庙，
将匪伪逐出绥境。不但匪伪不敢轻易犯我，即幕后之策动者，也
为之胆寒。我们已经由"挨"打的地步长进到"先发制人"的地
步了。这是绥战不同于往昔淞沪及长城战的地方，也是绥战中战
术运用的成功，足见军事当局谋国之忠，策划之周也。但这就是
我们的理想战术么？不，绝对不是。"攻击的防御"虽胜过"不抵
抗"、"消极的抵抗"多多，但还不是我们理想中的战术，我们理
想中的战术是"前进中的攻击"，收复一切失地。我想忠心为国的
贤明军事当局，在不久的将来一定能满足我们的希望。

　　（二）以华制华政策的失败　　九一八事变时，敌方不战而得三
省，讨去了一个大便宜。于是引起了他们的"讨便宜"心理，以
为中国的一切都可用恫吓、威迫等等手段取得之，用不着付什么
代价。于是敌方对我交涉任何事件便以找"便宜"为政策，总期
不牺牲而能得到最大的收获。其进行的方法，差不多也都按着一
定的公式：以汉奸扰乱，以兵力恫吓，以利益诱惑。更借着其特
殊势力，于各处安插汉奸，以便遂行其以华制华的政策，因汉奸
之丧心病狂，敌人的这种政策，遂屡试屡验，于是更坚强了敌人
对于"以华制华"政策的信念。当然这次绥远战争，也不能例外，
仍是照抄旧法，但结果却与往次不同，这个在过去曾百试百验的
妙策，现在却行不通了。扰乱、恫吓、利诱都失败了，不但无所
获，反而大蚀其本，已经费了六七千万元的"蒙古帝国"竟成泡
影，诚出彼等意料之外。不特此也，而伪军之时时反正，更予彼
等以莫大之打击。这种事实很明白地指示给敌人：中国人并不是
丧心病狂的人，"以华制华"的政策行不通了！军政当局也不是从

前的当局了，利诱、威吓绝不能动摇他们坚决的抗敌意志。要想得从前那种"便宜"是没有了，对中国任何方面的侵略都将要遭受到强烈的抵抗，想要有所获必须付很大的代价。中国的民众已经觉醒了，在民族生存的抗战中，他们每个人都是勇敢的战士。"利诱"抵不住他们的"爱国心"，任何手段也不能使他们背叛祖国，充作汉奸。不要再枉费心机吧，"以华制华"的政策是行不适〔通〕了，要想干，请亲自出马，我们勇敢的战士正在等待着你们！

（三）民气士气之激发　有些人以为这次绥战的收获只是百灵庙、大庙等地的收复，这是极浮浅的看法。除此而外我们精神方面的收获，大此何止百倍！自九一八事变以来，国土日蹙，外交屡次失败，一般人民都充满了悲愤、忧郁的情绪。嗣后敌人得寸进尺，永无止境。我政府因国力未充，不敢骤作强硬表示，于是敌人的野心，屡屡如愿以偿。人民的心情多由悲愤而转变到失望，积极一点的人多不甘压迫，而走入歧途，消极一点的人，多由失望而转变到悲观、颓废，尤其是处在敌人铁蹄蹂躏下的同胞。民气、士气之消沉，真是开有史以来的新记录。偶尔谈到了国家的前途，只是长吁短叹而已。这种情形的确为中国的前途罩上了一个黑暗的影子。其间虽经淞沪及长城战之刺激而稍兴奋了一下，但因均系局部抵抗，结果失败，与一般人想像中的伟大民族战争恰恰相反，轻微的兴奋，又成了大大的失望，由此打击更加增了他们悲愤忧郁的情绪，甚至于失掉了民族的自信力，怀疑到政府抗敌的决心。惟此次绥战所表示者，却不同于往次之局部战争，当局采取攻击战术，调遣中央劲旅应战，动员各种新式步队，这显示了政府抗敌的决心。战争的结果为失地之收复，光荣的胜利！这显示了民族抗敌力量的伟大。消沉了的民气、士气，经此刺激而旺盛起来了，全国民众踊跃捐款劳军，纷组战地服务团，服务前方，军士更争赴前线杀敌，以战死沙场为荣，某地驻军因请求派赴最前线杀敌未果，而责难长官待遇部属之不平等，更有士兵，闻后方军饷缺乏而愿捐饷助战者，士气之盛，近年所未见也，恢复了民族的自信心，坚强了抗敌的决心，怀疑政府的心理，也变而为信任、拥护。绥战政府显示了它抗敌的决心，人民表示了爱戴保国卫民政府的意志。不但从前政府人民间之隔阂一扫而空，更因相互之了解、信任而密切地合作起来。由于陕变中人民对政府之态度即可见其一斑也，如陕变发生于绥战之前，绝难如此圆满解决。有人谓绥战为中国当前之一大转机，此种观察甚为正确。

（四）民众武力之可恃　国内各地多有民团之组织，去年绥远当局更将全省壮丁分批调省，施以军事训练。此种民团在剿灭零星股匪方面颇著功效，对大规模之对外战争还未参加过，而此次绥战得力于民团之处颇多，如红格尔图之战，无民团之助力，恐难有此光荣之战迹也。红格尔图之民团与军队合作，奋起御敌，牺牲精神并不下于军队，沉着应战，与敌人苦战三昼夜，敌方器虽利，匪伪虽众，我阵地终不为稍动，此种精神诚令人钦佩。由于绥战之经验，知道民团的武力，在将来的民族战争中一定能担负起重大的工作，尚希各地当局将一般民众，都训练成勇敢的战士，使他们担负起复兴民族之重任。

（五）国际地位之提高　自九一八事变，不抵抗失去东北后，几次之对外战争又每战皆北，外交方面亦无往而不丧权辱国，国家之懦弱无能，暴露于外人之眼前，招其蔑视侮辱，国际地位因之大大低落。此次绥远抗战，我军奋勇杀敌，不但未失寸土，且斩将搴旗，先后收复百灵庙、大庙等重要地带，使敌人丧胆，匪伪心寒，国际视听为之大变，不复以我为酣睡之狮，懦弱之羊矣。从前以白眼视我者，不得不对我重做估价，无形中国际地位，顿增百倍！

此外如敌人气焰之减低，汉奸之丧胆，敌人侵略路线之被切断，我西北边防得以巩固等等，难尽陈述。总之，绥远战争已使全国人心振作，士气发扬，并使全国军民确知只要全国团结，奋起御侮，不但不能再失寸土，即失地亦不难收复，诚我民族复兴之起点也。

应当改善及努力的几点

（一）充实科学设备　现代的战争趋向科学化，旧式的武器万不适用，故从事现代式的战争非有精良的新式武器不可，因国力所限，我方军队对此方面之设备稍差，据旅绥期中之观察，实有积极充实之必要。例如前方汽车不敷用，军队运输常难迅速，攻取百灵庙及进援红格尔图二役中，均曾遭遇此种困难。二分子、武川等重要城镇与百灵庙间之通信，只赖有线电话，并无无线电通信设备，倘因大风或其他事故将电线折断，常误要事；进攻百灵庙时只有少数装甲车前导，后方军士不得不乘载重车随之，以致遭受重大牺牲；红格尔图之役因无大炮，不得不以土炮应战，诸如此类之事实很多。为战争易于取胜计，为减少牺牲计，科学设备实有积极充实之必要。

（二）灌输军事科学知识　前已言之，近代战争趋向科学化，故参加战争之军士必须具有充足之科学知识。我国军队多募自穷乡僻壤，未受教育，对科学知识尤感缺乏，过去淞沪及长城之战因之吃亏不少。据淞沪战中担任科学工作之林继庸先生言，当一二八战时，日人用电网防守，我军冲锋误触，阵亡者甚多，血肉模糊，为状甚惨。于是一般士兵对电网生过度之恐惧心理，虽以科学方法断其电流，多数兵士仍不敢上前，坐失许多机会。某次日人施放烟募〔幕〕弹，因弹为磷制，故有强臭，兵士吸之，均以为中毒气，军心恐惶，不可终日。以后虽印说明书，解说烟幕弹之功用及其无毒之性质，且战地风向正不利于敌人施放毒气，但一般兵士均不置信，由此证明在现代战争中兵士非具有充足之科学知识不可，且此种知识应于平时灌输之，临时行之，收效较微。作者认为绥战之主持者，对这方面要特别注意，值此前方战争不甚紧张之时，正宜从事此项工作。至于担任此种工作之人员，则不妨就绥省中学生施以特别训练，然后分派于各军队中从事此种灌输科学知识的工作。举凡一切防毒、防空以及各种科学之利器之原理、使用方法等等，均应在讲授之列。

（三）改善士兵之待遇　中国的兵士最能吃苦耐劳，任何外国军队都比不上。这是我国军队之优点，但绝不能因其能吃苦而忽略其生活状况，实际上有些军队中的生活过苦了，就连最低限度的需要物品也常感缺乏，以致影响到战斗力。例如绥远冬天气候异常寒冷，而兵士之御雪服装多不全，或不好，两个人只有一件皮大衣，全体出动夜战时，有一半人即没有皮衣，经不起寒风的侵袭，战斗力大为减弱，此外，御寒必需之良好手套、套袖及靴鞋等亦颇感缺乏，因此多数士兵的手足都冻坏了，军中食品，亦太粗劣。当然我们不敢希望我们兵士们，能有像外国兵士的那种舒适的生活，但最低限度的必需品是要具备的，生活方面也要尽力改善。全国军队过多，因国力所限，欲求于短期内全部改善，似非易事，但在最前线服务之兵士，因需要最切，应最先改善之，为数既不多，改善亦非难事，希望军事当局，注意及之。

今后的希望

绥战现正陷于停滞的状态中，但任何人都知道，绥战绝不能永久停滞于这个局面之下，迟早是要转变的。或者匪伪侵犯失败，幕后指导者亲自出马，大举来攻。为将来计，我们应乘前线沉寂之时期，速谋实力之充实，绝不应因目前之沉寂而稍现松懈。

察北是我们的土地，热河以及东北三省都是我们的土地，数千万同胞正在呻吟于敌人铁蹄之下，急待援救。所以我们的目标应是收复失地，援救水深火热中的同胞，绝不是维持绥远的现状，而置失地于不闻不问。我们应自动地冲向前去，发动神圣伟大的民族战争，恢复我完整华丽的河山！援救我数千万受制于敌人之下的同胞！

《西北论衡》（月刊）

西安西北论衡社

1937 年 5 卷 3 期

（朱宪　整理）

蒙古问题与中、日、俄

刘震世　撰

一　绪言

"蒙古问题"在今日中国的边事，是一个最严重的问题，造成这个问题的素因，从前单独是俄国东进侵略的"东方政策"所形成。现在，日本自从"九一八"事件，生产所谓"满洲国"的傀儡政府后，"大陆政策"的满蒙合并，因积极进行，和俄国发生直接的"日俄冲突"而形成了。

"并吞蒙古"，是帝俄时代传统的一致东进目标，因为自从光绪二十九年"日俄战争"的结果，帝俄的"满蒙属俄"的美梦，给日本打破了。同时，俄国在满洲所应得的权利，拱手让给日本，满洲受日本势力所虎据，因此便把"并吞蒙古"做一致努力"东方政策"的侵略目标了。苏俄革命以后，"大斯拉夫主义"和"世界共产主义"在原则上虽有不同，但"并吞蒙古"的计划，却是前后一致的。当一九二一年苏俄政府在签订《俄蒙条约》以后，便毫不客气的向蒙古政府提出七项要求，这七项要求是以"赤化外蒙"做目的，而有"蒙古青年革命党——苏俄御用的共产团体"的《蒙古劳动国民权》的宣言，废止王位，并实行苏维埃式的共和政治，造成第二次外蒙独立了。

内蒙古在日本帝国主义野心家，老早已有"满蒙政策"的倾向，把蒙古后台的苏俄，最近借小题大做，不惜因蒙古问题，向苏俄挑战，造成日俄冲突事件。我们知道，日本自从占中国东北四省，内蒙、华北，又在所谓视作禁脔了。本来日本未占满洲三省前，日人所指蒙满，通常指东北三省——辽宁、吉林、黑龙江——和东部内蒙古——即日人在中华民国四年提出"二十一条条件要求"中列东部内蒙古一条，称哲里木盟（共四部十旗，都是编入辽、吉、黑三省）是南满所辖的东部内蒙古，又把热河划入东部内蒙古的范围——叫做满蒙。所以，日本占据东北三省后，又侵略热河，完成了他们所梦想的"满蒙政策"达到实现。但现在又把外蒙古、察哈尔、绥远，看作"蒙"的区划，焦心积虑，从事进行侵略的工作了。外蒙古是苏俄的禁脔，日本想夺去，怎能日俄冲突不扩大呢。

日俄因"蒙古问题"发生冲突，这点对于中国是极有不利，内外蒙古都是中国整个国家的领土，也是中华整个民族的同胞，成吉汗思〔思汗〕的子孙，就是我黄族的子孙。不过中国现在因国力微弱，对于西北边防，鞭长莫及。同时，东受日本"大陆政策"的蚕食，北遭苏俄"东方政策"的虎视，才使边陲受辱吧。

但是，我们既然不能积极抵抗强邻势力的侵入，必须要用消极团结民族精神的真诚来做攻破长城的巨炮，最后抵抗的胜利，造成土耳其的复兴，这是我们最好的模范了。

"蒙古问题"到了现在是非常复杂。所谓"外蒙古共和国"和"满洲帝国"，现在是各欲以其傀儡的面具，在国际舞台上登场，其实，承认所谓外蒙古共和国的，现在只有那苏俄一国。同时，所谓满洲帝国的，也只有日本一国，除了日、俄两国以外，世界各国便没有一国敢是真确承认所谓满、蒙两国的身份了。从这点看来，外蒙古在苏俄不独承认是独立国家，而且视同苏维埃的一联邦，这是事实上所不能否认，不过外蒙古是中国领土，到现在还没有承认曾经瓯脱罢了。内蒙古在满洲和那热河的部分，也是和苏俄一般，给日本独占，事实上所不能否认，也是没有承认脱离中国领土的版图罢了。所幸内蒙古还有三分二是服从中央，那中央和内蒙的隔阂，经蒋委员长前年巡视温慰，已完全解消了。

二　日俄侵略蒙古的动机和现势

日俄两国的积极侵略蒙古，著者在绪言里已有简略的谈及，现在溯远寻源，研究它〈为〉甚么要向这个沙漠渺茫的蒙古来侵略呢。这点在今日边事危急的当中，是一件最有价值的研究目标。因为中国边防疏忽，惹起强邻野心逐逐，于是边疆成了问题了。边疆问题，从前清咸丰八年五月三日，因鸦片战争失败后，订了《天津条约》以来，到了现在还是有增无减，所谓"外蒙问题"、"新疆问题"、"满洲问题"、"西藏问题"、"滇边问题"，和自从日军占去东北四省后，更创出"内蒙问题"和"华北问题"了。在这七大边疆问题，满洲问题，现在已不堪回首；新疆问题和西藏问题，都是成了边疆悬案；滇边问题和华北问题，现在进行解决；单独所谓"蒙古问题"便成了远东火药库的爆炸线，最近的"内蒙问题"又有造成导火线的可能性。所以"蒙古问题"便是现在边事最有价值的研究呢。

内蒙问题，日本是野心家，外蒙问题，苏俄是主人翁，这两点是我所不能否认的目标，因为这点，便把中国领土完整的蒙古，来研究中、日、俄三国的关系。蒙古绝对是中国应有的主权，所以绝对不能说中国有侵略蒙古的动机。因此，现在研究的，是只有日俄两国。因便利读者明了研究的重心起见，便把日俄划分两方面吧。

甲　日本方面

日本〈为〉甚么要侵略内蒙古，而且又要把势力扩张到外蒙古呢？这个问题，在著者所得的解答，是有下列方程式：

日本侵略蒙古动机→日本殖民问题→日本大陆政策→亚洲主人翁

从这个方式，可知日本侵略蒙古的动机，最初是殖民问题，最终是亚洲主人翁的目的了。著者知道有些人必定很疑惑，日本为甚么舍去繁荣丰富的华北，去争夺荒凉硗贫的蒙古呢？这个疑问确实最有研究的价值，依著者个人研究所得，简单来说，"独占中国，排除障碍"，八个字的解答吧。

日本在环境上是不能不要积极进行殖民政策，殖民政策的对象，是不能不要积极进行侵略中国。因为日本的领土，在明治初年，仅得二万四千七百九十四方里（日里），那三岛（本州、九州及四国）的地方，地域狭小，山岳稠叠，概属山地，没有千里的旷野，那所谓平原的，是山脉纡徐倾斜面，或是沿岸的冲积地，不是山间狭小地和溪谷就是了。在太平洋沿岸的关东平原，和日本海沿岸的越后平原是比较大些吧。日本因为地势的关系，可以开辟地亩来耕植的，只有百分的十五，计它全国地力，仅足五十兆的需用，尚嫌不足。同时，日本人口，每年增殖达三十万人，人口过剩，土地狭小，于是不能不向外发展，来解决殖民问题了。

殖民问题，在日本虽然是急求解决，但可以解日本殖民问题的途径，只有两方面可走：一方面是向海洋发展，用南洋群岛做鹄的；其他方面是向大陆发展，那朝鲜、满洲是来做依归。在这两途径的利害相较，那向大陆发展是有效，而且中国的锦绣江山，地大物博，当鸦片战争后，庞大的中国，外强中枯，暴露了出来，更增日本大陆政策的野心，坚毅自决的进行了。况且向海洋发展，不单独有路遥的不利，更有易遭列强的反抗吗〔呢〕？本来向大陆发展，也受帝俄直接的冲突，但在日本人的目光看来，解决帝俄大陆的冲突，比较制止英、美、法、荷的反抗，是容易许多吧。

日本人到明治即位，幕府归政以后，百端维新，把日本的国势兴起。在一八七一年，占我琉球群岛，及一八七五年，窃了我国库页岛和俄国换得千岛群岛后，更发生向大陆发展的殖民问题了。所以在一八九五年割我台湾，把庞大的中国击败，实行殖民朝鲜向大陆发展的第一步骤，但当进行同化朝鲜的时候，更进一步窃窥满洲。当时满洲在帝俄看来差不多是禁脔，卧榻旁边，怎容他人鼾睡，于是初由利益冲突，后来成了武力冲突，一九一〇〔一九〇四〕年，日俄战争便爆发了，结果帝俄惨败，在满洲的利益也转让给日本，同时朝鲜也从中国并入日本了。一九一九年欧战告终后，更取得旧德属加罗林群岛的代管权，俨照〔然〕太平洋上的霸主。日本这种国势强盛的飞进，更足促成大陆发展的必要的趋向，于是便产生了所谓田中密奏的"大陆政策"出来了。

大陆政策最初的目标，这〔就〕是并吞满蒙，得了所谓"大和魂"的满蒙后，北进可以略取西伯利亚，西征可以侵入中国内部，南下可以占夺印度、南洋，东向可以横行太平洋上了。最后的目的，那是所谓"亚洲主人翁"的欲望，便把大陆政策结束。因为欲望这么大，所以一九三二〔一九三一〕年"九一八"的炮声，造成日本帝国主义的工具，完成日本大陆政策的初步。

日本强夺了内蒙古的热河，这时又要向绥远、察哈尔和外蒙古方面进攻了。日本为甚么要占据绥、察和外蒙呢？因为日本企图独占中国，排除障碍。蒙古问题既是日俄直接突冲〔冲突〕的根苗，也是日俄未来决战的地域，那目的都是扩展独占中国的势力，日俄两国都是感觉彼此在内外蒙古的现有势力，含有极大威胁，企图独占中国的障碍力，尤其是日本的大陆政策，有危受〔胁〕

苏俄新兴的东方政策的破坏力。同时，日本对于企图亚洲主人翁的成败，必须解决未来日俄战争的胜负。因此，在未来日俄大战中，外蒙古无论如何是一个战略上的决定据点，所以日本关东军在攫得中东路非法成交以后，最近又开始对于蒙古的军事活动，来做对俄备战的一个严重步骤。如果蒙古和中东路一样给日本所取得，那末日本军部的大陆政策，可以说完成了一半了。日本最近大陆政策的进行，不在华北而在蒙古，更注意外蒙古的积极态度，那原因是因外蒙古在苏俄远东军对日作战的右翼前卫，苏俄如果把外蒙古放弃，勃利亚特蒙古共和国便立即受到日本的威胁，使日本关东军的铁蹄，可以蹂躏贝加尔盆地。那末苏俄远东军的后方，有被日本截断的危险，苏俄数年来极力经营的远东军，不难受到最后的惨败，致使东方政策也要取消了。从这点观察出发，所以二十四年七月二十五日，日本大阪朝日新闻社，也发言主张日本对内蒙必须取积极态度，因为内蒙一方面和"满洲国"毗连，有扰乱"满洲国"的可能，同时和隶属的外蒙邻近，外蒙倘不承认"满洲国"的亲和及交通原则，"满洲国"即认外蒙势力的侵入，就是苏俄势力的侵入（刊在大阪《朝日新闻》是日社评的《华北五省与内蒙》内），这点可说是代表日本对于日、俄、内外蒙古关系在舆论上的反应了。

日本因为有上面所讲侵略蒙古的动机，于是在内蒙古方面，鼓煽独立，二十四年冬，进攻察北，二十五年冬侵入绥远。在外蒙古方面，是从二十四年一月哈尔哈事件发生，日俄对外蒙古的冲突已至短兵相接，日俄所争，表面在一个三角洲，实际潜伏远东战争的危险。所以二十四年十一月二十五日满洲里满蒙会议的破裂，是在意料中的事，因为日本占了满洲、热河四省，在战略上对于外蒙古已经形成一个弧形阵线，察、绥两省，现在日本又想造成附庸的实现，于是外蒙古东、南两方面是将进一步受日本的大包围。同时，我们也知道外蒙古是苏俄贝加尔盆地的外围，而且又是苏俄东区的后防。所以满洲里满蒙会议，不过是日俄远东备战的点缀吧。最近日本强化伪满军备，苏俄积极在伪俄及蒙伪边境构置攻势的防御工事，是远东的火药库爆炸，便在目前了。

乙　苏俄方面

我们知道日本对于蒙古侵略的动机，是有两种相联的心理，一种是殖民问题的发生，他种是大陆政策的步骤。至于苏俄对于侵略蒙古的动机，在上面所讲的日俄对于蒙古的关系，也有多少明白，但不是这样简单，在著者研究所得的解释，是有下列方程式：

苏俄侵略蒙古动机→苏俄远东问题→苏俄"赤化"政策→世界共产主义

从上列的方式，可知道苏俄对于蒙古的侵略动机，最初是远东问题，最终是世界共产主义了。至于所谓"赤化政策"的名称和主义，不同帝俄时代，但帝俄时代东方政策的目标，和现在的"赤化"政策的目标，是没有差异的。

俄罗斯国境跨连欧亚二洲，这是世所公认的大国了。但它的版图虽然是大，可惜没有海口，完全是一个闭塞大陆的国家。它的建国是在九世纪的时候，当时俄国仅有欧洲的部分，十三世纪给成吉思汗所征服，建立钦察汗国，差不多有二百年的久远，才脱离羁縻，又过了百多年，彼得大帝即位，在西历一六八二年，东略西伯利亚，西取波罗的海沿岸的地方，才渐渐强大起来，造成今日跨连欧亚两洲的局面了。

西伯利亚和中亚细亚最初是土人盘据的地方，当唐、元的时代，和中国接近一带，曾被征服臣属中国。俄国占有这地方的时候，是在西历一六三二年（即崇祯五年）后，从西向东，又从南向北，渐渐和中国属地接触了。一六八九年割我额尔古纳河西面的地方，一八四〇年割并右哈萨克和布鲁达，一八五八年割黑龙江东北的地方，一八六〇年割乌苏里江东面的地方，一八六四年割伊犁河下流一带，一八六八年灭布拉哈，一八七三年并基发，一八七〇年和一八八三年占我新疆沿边一带的地方，一八九六年又和英国私分我国的帕米尔高原，所以俄国在帝国时候所得亚洲的疆域，直接或间接从中国得来的，约占五分之二了（注一）。

　　我们要知道彼得大帝是一个志向在海的侵略野心家，和日本完全相反，这也是环境所造成，因此频年和瑞典作战，略取波罗的海东岸的领地，于是在芬兰湾头，建了圣彼得堡新都，求做俯瞰欧洲的窗户。但芬兰湾是一个长期结冰的港湾，所以到了皇后加太邻二世的时候，又和土耳其两次战争，略取克里米亚和黑海北岸的地方，虽更得一个俯瞰欧洲的窗户，但握有黑海出地中海门户的博斯普鲁斯和他大尼里两海峡，仍在土耳其的手上，这两海峡是黑海的咽喉，于是在尼古拉一世的时候，再次和土耳其开战，便掀起克里米大战（一八五四年至一八五六年）了。在当时老朽的土耳其本来哪是俄国的敌手，俄国用武力来对付土耳其，差不多像摧枯拉朽，可是遭了英国的妒忌了，因为英国不想俄国跃出黑海，有占夺海王的冲突，所以当土耳其节节溃退的时候，便联结法国把俄国击败，仍把俄国闭塞在大陆上了。但俄国不因克里米战败，便忘了土耳其出海的途径，在亚历山大二世的时候，又复再次和土耳其开战，但是结果又遭英国和奥匈的反抗，使俄国感到欧洲出海的困难，不能不要转向亚洲方面发展了。但亚洲的波斯、印度出阿剌伯海的途径，又在英国势力的范围，只有向中国方面发展，企图侵略满洲，可以从黄海出海。所以在清咸丰八年，强割黑龙江东北的地方，咸丰十年，又割去乌苏里江东面的地方，使从海参威〔崴〕出日本海，来做俯瞰亚洲的窗户。光绪二十四年，借故强租中国北洋军港的旅顺、大连，来做侵略满洲的基础，可是这基础当一九一〇〔一九〇四〕年日俄战争后，给新兴的日本，从根本推翻了。海参威〔崴〕出海的途径，又给日本闭塞了。这样才绝了俄国出海的欲望，缓阻帝俄时代东方政策向海的前进了。

日本虽然能绝了帝俄向海的亚洲发展，但不能缓阻帝俄在满洲日本势力范围以外的亚洲大陆发展，所以帝俄对于中国西北边陲，野心勃勃，中国的蒙古、新疆，便是最好的目标了。在日俄战争以前，清同治三年，割去新疆沿边一带，后来又和英国私分中国的帕米尔高原，那同治三年的《塔城条约》，便是外蒙古失地的最初了。在日俄战争以后，帝国更专心注意侵略蒙古，同时，中国更因自从道光以后，用人失宜，蒙情日涣，外蒙古更受俄国的煽惑，帝俄更利用宗教、王公和财力，来联络活佛，外蒙古第一次独立，便在三年十月十九日爆发了。

哲布尊丹巴呼图克图宣布独立，称大蒙古国，用"共戴"做年号以后，俄国借了外蒙古喀尔喀请求赞助独立，派兵入据库伦的名义，居然把外蒙古看做俄国的保护国，清宣统也没奈他何。辛亥革命，民国成立，民国二年袁世凯用大总统的资格，致书哲布尊丹巴："外蒙同为中华民族，数百年俨如一家……外蒙与汉境唇齿相依，犹堂奥之于户庭，合则两利，离则两伤……贵喇嘛识见通达，必能审择祸福，切勿惑于邪说，贻外蒙无穷之祸。"哲布尊丹巴曾覆电袁氏："外蒙僻处绝境，逼近强邻，中国远隔海隅，鞭长莫及，苟不独立，何以自存……业经布告中外，起灭何能自由，必欲如此，请即商之邻国。"从这点可见帝俄是有支配外蒙的实力了。

在民国六年欧洲战事正在剧烈地当儿，俄国突然发生了革命，外蒙官府才迭次要求中国政府派兵前往边防，那时北京政府因地势的必要，于是决议先行增加内蒙古守卫军队，然后在民国八年六月十三日，又特派徐树铮做西北筹边使。同时，俄国旧党谢米诺夫又想利用蒙古做根据地，来威胁蒙古，那时蒙古人觉悟知道不依附中国，是不能自存，而且当时徐树铮的兵威甚盛，于是外蒙王公等首先创议撤消自治，归政中国政府，后来又和活佛声说外蒙现势和必须取销自治情形，活佛便在民国八年十一月十七日请求撤治。中国政府接得呈文后，便在二十二日颁布撤治命令，且将从前的《中俄蒙协约》（在民国三年八月，由毕桂芳、陈箓和俄国驻蒙大臣亚历山大密勒尔及外蒙司法副长额尔德尼卓囊贝子，在恰克图会议，正式开会四十八次，往来晤谈约四十次，议了九个月，才在民国四年六月五日订立，共二十一款。那条约在中国所得到的，不过是空空洞洞的宗主权，驻库伦大员的卫队比较俄领卫队多五十名，在有仪式的时候，中国驻库伦大员表面上列最高地位，除了这三事，其他权利，完全和俄国相等，没有什么分别）取消。虽驻京（北平）旧俄公使提出抗议，有"各国彼此订立国际条约，除发生战事外，一方面不能单独取消"的言辞，但我国外交部直截痛快的覆他一句："所称国际条约单独取消之先例，比例不伦，本政府不能认为同意。"俄使便哑口没有说话。在这个时候，帝俄因发生革命，给苏维埃政府推倒。同时，在帝俄时代把持的外蒙政府，也是冰消瓦解，外蒙古终算完全归服中国，结束了帝俄时代侵略蒙古的东方政策了。

帝俄为甚么要东攻呢？这是有四个原因：（一）是因帝俄好大喜功，有开边拓土的野心；（二）是寻求不冻港；（三）是想在中亚细亚找个市场；（四）是国内革命暗潮隐伏，随时都可以爆发，为避免内乱计，所以帝俄积极向外扩张势力，来博得国民的欢心。至于帝俄侵略蒙古的动机，在一九一六年突厥斯坦（即是土耳其斯坦）总督古洛柏金将军上俄皇尼古拉二世书里有说："……至于中国呢，这是俄国将来的大患，有四万万的人口，可怕不可怕呢？

从前成吉思汗出新疆而西征欧洲，结果是俄国被轭于蒙古之下者垂数百年，为先发制人计，俄国不得不取伊犁，并蒙古、吞北满，使天山与海参崴之前间成一个直线，直线以北的土地都属于俄。"从这点可见一斑了（注二）。

但是到苏俄布尔塞维克党（共产党）在一九一七年十月革命以后，苏俄东方"赤化"政策，便从苏俄远东问题转趋积极了。

苏俄东方"赤化"政策，是胚胎在一九一三年俄罗斯社会民主劳动党（就是布尔塞维克的前身）干部会议的时候，列宁在他彻底主张"民族自决"的议案说："任何民族均有自由脱离本国并随意建设独立国家的权利。"当布尔塞维克党在夺取政权的第二天，便发表了通有名的"民族自决"的宣言。从这个宣言，我们可以看出苏俄对东方的策略：它对于苏俄联邦以内东方民族的政策，是在扶植他们的独立，以及政治、经济、文化的向上；至于苏俄联邦以外的东方民族政策，是在鼓动他们的民族革命，来摧毁帝国主义列强在东方的势力。这种政策，于是造成苏俄远东问题的素因了。

因为布尔塞维克党对于全世界弱小民族及被压迫民族的宣言有说："苏维埃政府认为列强对于弱小民族的宰割瓜分，是一种违反人道的莫大的耻辱，并决心在最短期内签定一切废止战争的和平条约……各民族均以平等为原则……"这个宣言发出后，使在亚洲占有极多殖民地的英国，和正在进行侵略中国的日本，发生剧烈的"防赤"战线运动。同时，苏俄想打倒英国在亚洲的优势，更感觉到日本在远东的威胁。于是他们的目光，便从中亚细亚渐渐移到远东，最初是想利用中国国民党来操纵一切，最后它看见中国不肯奉行莫斯科苏维埃政府的意旨，而且还要"清共"，因此，它觉得有在远东示威和实占蒙古的必要。外蒙第二次独立和中东路事件，这是苏俄的原形恶相也完全揭破，从此它在亚洲方面便丧失了"弱小民族"的救星的资格了。

　　日本大陆政策，是把西伯利亚沿中国一带的俄国领土，也包括
在内。这点直接利害关系，怎不使苏俄发生远东问题，何况第二
次世界大战，有在太平洋方面爆发吗？所以苏俄全力夺外蒙古来
做贝加尔盆地的外围，和使苏俄东区的后防，得一种安全的保障。
同时，在战略上，在日俄大战爆发的时候，苏俄贝加尔区的军队，
便可越过外蒙古来直捣东蒙，和远东特别军成了桴鼓相应的形势。
外蒙古在苏俄这种远东问题的切身关系，于是外蒙古便成了侵略
蒙古的动机，它对于内蒙古也是梦寐不忘呢。

　　苏俄最近把一切重工业从东欧迁去西亚，在表面上是使苏俄第
二次五年计划完成，免除新兴重工业在危险地带，有受空军轰炸
的袭击，但在实际上，是因西方"赤化"政策的路径行不通，集
中实力来向东方发展，而且增厚远东国防实力，来解决苏俄的远
东问题，于是波斯、印度、中国，便是发展的目标，外蒙古"赤
化"不过是东方"赤化"政策的一个步骤吧。

　　外蒙古自从归政中国政府，取消独立后，仅有年余，又阴谋独
立。它所以阴谋独立的原因，是有三点：（一）是徐树铮和直系对
抗失败，外蒙活佛、王公久受徐氏遇事强迫，差不多把外蒙统监
自居，因此便在民国九年七月徐氏失败后，狡然思动了；（二）是
日本的蛊惑，日本和外蒙古最初的接触，在民国七年五月十六日，
斋藤李〔季〕次郎和靳云鹏订《中日军事协定》后，无端允许日
本军队通过库伦，使日本煽惑外蒙得有门径；（三）是俄国白党的
作祟，民国九年冬，那俄国白党谢米诺夫部将思〔恩〕琴和巴龙①
受日本供给军械，结合蒙匪，侵犯库伦。在民国十年三月二十一
日，外蒙活佛便宣布第二次独立了。外蒙政府这时完全受谢米诺
夫把持，当时外蒙有志青年和布里雅特在恰克图组织国民党，建

　　① 巴龙恩勤，并非两人，后同。——整理者注

设蒙古临时政府，和巴龙、恩琴所立的专制政府对峙。后来蒙古临时政府知照苏俄，苏俄因巴龙、恩琴的企图有危及国本，便在民国十年七月，从赤塔派兵会同蒙古临时政府军队，进取库伦，把巴龙、恩琴的党羽剪除，那时外蒙古便入了蒙古国民党的手上，成立蒙古国民政府，脱离中国的关系了。但到了民国十二年二月二十日在莫斯科订立的《俄蒙密约》后，苏俄便把外蒙古看做苏维埃联邦之一了。

外蒙第二次独立后，蒙古问题既然和苏俄发生关系，所以便有中俄谈判蒙古问题的产生。自从民国六年，俄国起了劳农革命后，中俄邦交，就此中断，直到民国十二年三月二十日外交部命王正廷筹备中俄交涉事宜，在民国十三年〈五月〉十四日才定了《中俄协定》十五条。但因那协定的第四条有规定"帝俄与第三者所缔结之条约，凡有妨碍中国主权的，一概无效"的文字，当时外交总长顾维钧恐怕《俄蒙密约》发生有效，便和苏俄代表加拉罕交涉文字上的修改，到了五月三十一日才确定签字，所修改的文字，不过把帝俄两字删去罢了。至于协定里规定签字后一个月，双方正式会议一节，苏俄用延宕的手段来对付，不肯举行，那外蒙的撤队问题，便没有端倪了。到了民国十四年三月六日，加拉罕才照会中国外交部说："苏俄政府得蒙古当局的同意，开始撤兵，外蒙俄兵，业已撤尽。希望蒙境不致再有赤军必须入境情形及对蒙古为和平的了解。"这种照会虽是单方面进行的，可是蒙古苏俄撤兵问题，终算告一段落了。但至现在外蒙仍受苏俄"赤祸"，关于苏俄对于外蒙古所措施的"赤化"政策，在现状更因远东风云紧急，加紧工作，那研究蒙事机关的分析，有下表的所列（注三）：

苏联研究蒙事机关新解剖

- 蒙事商业机关
  - 西伯利亚商务局东蒙科库伦分局
  - 西伯利亚贸易总局设分局于外蒙
  - 西伯利亚皮毛公社设分社于外蒙
  - 远东商务局设分局于库伦（一九二四年）
- 蒙事学业机关
  - 伊尔库次克大学蒙务科
  - 伊尔库次克天文台蒙古会
  - 伊尔库次克蒙务局考验入蒙教习
  - 西伯利亚舆学会蒙事股
- 蒙事航业机关
  - 伊尔库次克库伦航空局
  - 库伦及乌拉撒堆设苏联航空局
- 蒙事政治机关
  - 东方协会蒙事部
  - 布蒙共和国政府蒙古政分会
  - 莫斯科蒙务讨论会
  - 西伯利亚蒙务讨论会
- 蒙事调查机关
  - 密泪山农务调查会（一九二四年）
  - 喀萨勾尔湖调查委员会（一九二五年）
  - 西伯利亚政分会蒙务调查会（一九二六年）
  - 币制调查委员会（一九二六年）
  - 道路调查委员会（一九二六年）
  - 拉湃提夫河调查委员会（一九二六年）
  - 佛兰瑟觉夫卫生调查会（一九二六年）
  - 萨瑶时—乌梁海附近人种名调查委员会（一九二六年）
  - 伊尔库次克卫生局调查队

　　从这点可见，苏俄对于外蒙古侵略的积极进行"赤化"政策，但它的目的，还想"赤化"中国全境，亚洲全境，更进一步世界全境。所以苏俄便创有所谓"第三国际代表大会"来做它"赤化"世界共产主义的工具了。

三　结论

《太平洋杂志》主笔拉蒂摩（Owen Lattlmore）新著一书，叫做 The Mongols of Manchuria。他第一章论日俄在中国领土的争夺战，已展开一新形势。关于蒙古问题的，曾说："目前危机，在日俄两国本身，虽想避免战争，但因争夺蒙古，到底必要卷入漩涡。日本因为支持满洲国范围内的蒙古，它的趋势必定牵涉所有蒙古，那苏俄也是必定出全力来支持外蒙，于是日俄虽想不战，可是用日俄做背景的蒙古自身纠纷，必定引起日俄战争。""日俄两国唯一决胜的地点，在俄国是外蒙，在日本是内蒙，内蒙、外蒙实在是远东全局命运所系。"拉氏这种观察，我们是有甚么感想呢？蒙古不是中国的疆土吗？当前清乾隆末年，中国所有的领土，那蒙古、青海、西藏的面积，大过本部十八省和新疆省合共的面积，现在是不及了。当时中国的领土，是有下表所列：

清乾隆末年中国领土面积表（注四）

本部十八省	一一，〇七四，九三三方里
新疆	五，五一一，〇四一方里
外藩之蒙古、青海、西藏	一六，六九七，三七七方里
东三省	六，六一九，三〇〇方里
台湾及澎湖诸岛	一〇〇，〇〇〇方里

上表是前清从入关后，经过一百五十余年经营所有的领土，还有越南（安南）、暹罗、缅甸、朝鲜、不丹、尼泊尔等国，都是中国的藩属，受中国势力所支配。可是到了现在，一切的藩属都丧失，甚至中国的领土，从同治三年至到清亡，东三省的面积，仅得二百八十一万九千三百方里，外藩的蒙古、青海、西藏的面积，仅得一千五百五十九万七千三百七十七方里，台湾和澎湖诸岛，

完全丧失。当民国以来，东三省、内外蒙古，不是丧失，便是独立，那蒙古问题，不独是目前日俄两国卷入漩涡，中国难道置身度外吗？邻国开战，拿中国的领土做战场，这是我们多么可耻的事。不过当这个远东危机的声中，那中央政府能够注意到边事的问题，而有所谓"开发西北"的计划产生，力持避免国际间纠纷，不惜忍辱图存，保全国家仅有一脉的元气，来做复兴中国的原动力，这种以退为进的消极抵抗办法，在今日中国国防力量没有足堪言战的时候，也是难怪政府处置的苦心。自从九一八事件发生，我们知道求助国际条约来制止敌人的侵略是不能的，惟有自己努力奋斗，才能裁制敌人的侵略。愿共勉之！

（注一）参阅东方舆地学社出版洪懋熙编的《最新世界形势一览图》第十页。

（注二）参阅赤俄研究丛书社出版涤正著《俄国东攻策略的研究》第七一页与九十页。

（注三）节录《西陲宣化使公署月刊》一卷三期希宗著的《外蒙古的现状及其与苏联之关系》第二四至二五页的《苏联研究蒙事机关新解剖表》。

（注四）节录商务印书局〔馆〕出版苏演存编的《中国境界变迁大势考》第一二至一三页。

南京长乐路 155 二进右院

《边事研究》（月刊）

南京边事研究会

1937 年 5 卷 4 期

（李红权　整理）

绥境蒙政会全委会议志要

周成汉　撰

（绥远通讯）绥蒙会本年首次全委会于三月十八日上午九时在该会会议室举行开幕仪式。出席委员长沙克都尔扎布、副委员长阿勒坦鄂齐尔、八宝多尔济（林沁僧格代），委员康达多尔济、鄂齐尔呼雅克图、荣祥、奇文英、达密凌苏龙、沙拉布多尔济、林沁僧格、齐密的凌庆忽尔罗瓦（林沁僧格代）、厢兰〔镶蓝〕旗列席代表武志忠、西公旗列席代表色令布暨各处会列席主任经天禄等二十余人。届时阎指导长官代表石华岩莅会指导，赵丕廉副委员长、傅作义主席，均经到会政训。主席沙克都尔扎布、记录元怡，开会如仪后，主席报告开会意义。略谓："今天是本会本年第一次全委大会，过去委员会已经开过两次，此次召开大会意义，就是检讨过去，筹划未来，请各位委员尽量发表意思，以便共策进行"云云。兹将各重要提案志之如次。

提案志要　为提议事，查本会上午二次大会虽经决议本会会址于公庙子，然迄未建筑，前奉行政院所定会址"伊金霍洛"则地远而僻。查有成吉思汗十五世孙巴图蒙克德延汗之宫殿"高林召"，地居大河以西三十里，建设会址既属适宜，复居各旗中心，来往便利，一俟伊盟各旗修通汽路，益称方便，为此提请公决（沙委员长提）。决议——仍照上年度二次议决案实行。

提案二　请通令各盟旗并请省府通令各县局乡村一律通行纸币

事。（理由）我国自实行禁用现洋通用纸币后，交易、出行均称便利，各省市遵照流通，交易购物与现洋无稍差别。惟我绥境地方偏僻，民智未开，此项纸币省会、县城尚能流通使用，乃乡村僻镇交易通行皆以现洋为标准，对于纸币多不置信，不问绥钞、法币，多有拒绝使用。即便勉强收受，亦必将货价高抬，暗中折扣，如不严行禁用现洋，则法币、绥钞势难流通无阻。拟请大会通令各盟旗并请省政府转饬各县局，对于现洋严行禁用，以资法币流通（委员兼财委会主席鄂齐尔呼雅克图提）。决议——通令各盟旗政府遵办。

　　提案三　（主文）以本会事业费之一部，筹设短期家庭毛织训练班，俾各旗就地羊毛，可以自制衣料毛毯案。（理由）查各盟旗牧畜事极为发达，每年所产羊毛尽量输出，不知利用。今为挽救此弊设立短期毛织训练班，授以此项技能。（办法）先由本会觅妥地址，一面聘请专门教授，然后招集各盟旗适当人员来所授训，一切费用由会供给（委员兼建委会常委图布升吉尔格勒提）。决议——交教育处，在自治训练班内附设。

　　提案四　（主文）请催中央速将本会会址建设经费颁发到会以便早日兴工案。（理由）本会会址建筑经费上年虽蒙中央核定为五万元，并经迭次催发，但迄今仍未拨到。（办法）应令饬驻京巴代表就近催领（委员兼建委会常委图布升吉尔格勒提）。决议——并案办理。

　　提案五　谨将关于实业部分应行兴办事项意见列举提请公决。计开：（一）设立职业学校及农事试验场以提倡农工俾便发展。（说明）查各旗人民以游牧为生居多，对于农工各业向不重视，所有日常需用物品及食粮，咸假外输入，漏卮实巨。（办法）生产建设为当前之需要，拟于乌、伊两盟及土默特、绥东四旗择其适中地点，设立农工职业学校及农事试验场各一处。校内分工农两种，以教育青年实习各业，以资提倡，俾便发展，设立费用由会呈请核办。（一）建设苗圃，开凿洋井及设法保护原有森林。（说明）查森林可以调气候、节水旱，变土壤厚民生。奈各旗人民以游牧为业，未沾此益，故山阜丘陵，皆童山旷野，水滨无荫，此非土地之不宜，良以不加提倡也。（办法）（一）由实业处派员分赴乌、伊两盟及土默特、绥东四旗，择适宜地点先辟苗圃各一处，为扩充森林之基，并各凿洋井一眼，以资饮灌，旅费由会拨给。（二）现值春季，正宜植树，由会函商建设厅，先发给每植树秧各若干以便培植。（三）乌拉山原有森林，应详订章程加意保护。（一）调查矿、盐、碱、石棉各种产量。（说明）查各旗幅员辽阔，地藏丰富，惟不利用使弃于地，诚为可惜。（办法）由实业处派员分赴各旗调查，现有煤炭土窑若干，以便设法使其改良，暨矿区面积大小，俾集资开采，并调查各旗盐、碱、石棉之产量，应如何提倡以辟利源，旅费由会发给。（一）修筑公路、设置电话以利交通而资输运。（说明）查现值边防吃紧，应先修筑公路以利输运，设置电话网以通消息。（办法）（一）由实业处派员分赴各旗实地勘查，视其地势先筑公路干线以资运输。（二）查各旗政府虽没〔设〕有电话、邮政，究欠普通，拟请于各旗政府及仕官并驻有保安队处各设电话，以便遇事调遣队伍而通消息，请核转，旅费由会发给。（一）设立消费合作社以调剂经济而便人民。（说明）查各旗人民散处，各地既无村镇，故乏肆市，人民一切需用物品，或由商人贸迁售授，价格高昂，重利剥削，所受损失实巨。拟于各旗适中地点设立消费合作社，凡人民需用一切物品，应有尽有，既免商人盘剥，亦可以调剂经济，有便人民而杜漏卮。（办法）（一）社股金额由公私集资合办；（二）业务以人民日常需要为标准；（三）社员资格及进退另为规定；（四）设理事、监事若干人及内部设备另定详章（委员兼"防共训练委员会"主席康达多尔济提）。决议——交实业处办理。

荣祥提案一 （主文）实施本会所属各盟旗教育计划大纲。（原文）窃以本会为励行绥境各盟旗自治之机关，今当自治发动之始，非首先积极推行教育不为功，良以教育为启发民智最佳之工具，亦即促进自治最重要之方法也。自治之能否完成，全赖推进教育之效率如何以为断。本处自去年成立，即知本身责任之重大，确曾黾勉从事，并拟订学校及社会等教育督导办法，以期积极推行，俾早奠盟旗自治之基。无如提会以后，因困难层出，不得不暂时搁置，然本处决不因此而自馁，仍本负责迈进之精神，继续努力。一年来除一部分易于推行之工作已如期筹备竣事外（如巡回教育、自治训练等），其余关于一切实际之设施，则不得不退而研究其困难之所在，如〔知〕其困难之所在，则因地制宜因时制宜之计划，乃可得而言焉。兹将本处一再研究认为困难之点，及本处所拟《二十七年教育计划撮举大纲》，合并提出，恭请大会讨论公决。

（甲）本处对盟旗教育研究结果之报告：一、推行盟旗教育困难之点何在？1. 各旗政治协助之不积极；2. 各旗不能宽筹经费而仅恃中央之补助；3. 教育行政权之分歧杆〔扞〕格；4. 教师人才缺乏；5. 居处散漫多量之学生不易集中。二、如何解除上述困难。1. 通令各旗政府对于本会在各旗创办之教育事业应认真协助（由秘书处照办）；2. 奖励各旗自动兴学，其有成绩者呈请中央优予补助以资扩充（通令）；3. 确定本会教育处与其他教育行政机关之权限范围，以期职守而使负责（由长官公署向省政府接洽办理）；4. 各旗小学师资，应先就已受教育之蒙古青年中选用之，并继续由各旗等保送师范生以广造就；5. 凡学生不易集中之地方，以本会巡回教育法救济之。

（乙）本年度教育计划大纲：（一）关于全部教育行政者：1.

施行三民主义教育；2. 侧重自治意义教育；3. 调查各盟旗学龄儿童及适宜之学区；4. 各旗应设专管本旗教育之权〔机〕关，其负责人员即以各该旗士官之能热心提倡教育者充之；5. 订制各种规则：（1）视察大纲；（2）调查表册；（3）筹设小学办法；（4）小学校长任用规则；（5）旗教育管理暂行规程；（6）应〔惩〕奖各旗兴学办法。（二）关于学校教育者：1. 视察现有小学切实改进；2. 分期协助未成立学校之各旗筹备小学；3. 改订保送蒙古学生办法；4. 制定奖惩小学教师规程；〈5.〉分设奖学金或津贴培植优秀及贫寒蒙生之深造；6. 监督并改善原有之私塾。（三）关于社会教育者：1. 本会应筹设小规模之图书馆复〔征〕集有关蒙古文化之书籍以备参考；2. 确定巡回教育应推行之科目以利宣传；3. 编印及翻译通俗之蒙文书报以开民智；4. 应请蒙古卫生院与本会合作，以期改善各处卫生；5. 应编订利用或制造土产之常识小册分发各旗人民以裕生计；6. 就各旗可能范围内逐渐推行喇嘛教育，俾得自动谋生（委员兼教育处长荣祥提）。决议——原则通过，交参、教、秘三处，确〔结〕合各旗之实际情况，详拟具体办法，确实实行。

《边事研究》（月刊）

南京边事研究会

1937 年 5 卷 5 期

（朱宪　整理）

外蒙古之真相

——试行共产主义之失败

文逖 译

一 在外蒙古的"赤化"势力

外蒙古要获得独立，则其前提条件，必基于两种牺牲：其一为与苏联联系，其二则为其社会组织之急剧变革，而同时欲得到此种独立情势之维持，则政治组织之急剧变化亦属必要。外蒙古之社会的、经济的、政治的组织，虽与苏联完全相异，但在此种情形下，外蒙之指导者，亦非采用追随苏联之组织不可。

外蒙的革命家，曾因指摘内蒙王族不克防卫蒙古（对于汉族势力的深入不克阻止）而颇获得民众的支援。此段革命期简直可以说是外蒙人政治的自觉时代。虽其后共产主义的实验大都归于失败，然因所谓获得独立之一种号召，革命家们在外蒙古民间所得到的舆望，尚在某种限度内，可以勉强维持。

仿照苏联的先例，在外蒙也否定了一切根深蒂固的权威：剥夺了旧王族的特殊权利，将封建制度遗物的喇嘛庙加以闭锁，对于牧畜及交易则施行集产主义，改革交通手段，调整种种文化方面的设施，且组织革命国防军等等。当实行这些大变革的时候，外蒙的人民革命政府曾推翻了一切固有的制度、习惯，在任何方面都模仿、遵行莫斯科政府的政策。

对于集产主义或集团化以及其他共产主义的制度，在外蒙可以说是毫无基础。这样毫无基础的地方，企图树立共产主义的组织，实在是一种冒昧的行为。盖在以游牧为主业的民族，企图实行共产主义的革命，其结果必致一败涂地。蒙古人民共和国成立后五年间，指导者们一切听命于苏联，依照苏联的政策忠实施行，结果对于游牧民的生活毫无良好的反应，反进一层促进混乱，但指导者基于赤军的建设与苏联军事的助力，仍一意推行此种政策。一九二九年第六届国民集会开会的时候，曾决定舍弃按照实情的改革策，而强迫施行集产主义的政策，利用高度的税率剥夺富裕的游牧民众，使宗教陷于绝灭的穷途。

在这样强迫施行共产主义五年的当中，指导者们渐渐认识其结果之趋于失败，但因恐怕得罪苏联，依旧不敢放弃共产主义，所以继续的两年间仍充满混乱与民众的反抗。及到一九三二年夏季，在召集第三届蒙古人民革命党中央委员会临时大会，及第十七届国民集会临时会议的时候，始企图将民众不满与反抗的根本原因加以检讨。

经过此种检讨，乃承认历来的左翼政策不能达到革命的目的，且决定以"外蒙古为布尔乔亚民主主义共和国，具有反帝国主义与反封建的特质，且基于非资本主义的基础，缓缓促进其变化与成长"。此种"左翼的"政策之放弃，不消说是由于外蒙政府承认新制度所遭遇之危机及民众之忿懑。

以上会议中的主要决议，即为恢复个人之所有权及缓和集团经营的独占。此种新政策采用后，外蒙政府一方面固然逮捕指挥叛乱的魁首，一方面却正式宣言扩大此后个人自由的范围。外蒙政府已感到倘若没有游牧民众的支持，则各种措施必无成就可言，势将复归革命前的状态，且有促成更混乱的可能，使外蒙政府陷于极度的困境。

此种状态颇使苏联政府危惧，乃与外蒙政府间行数次协议，外蒙政府更遣首相凯登等一行往莫斯科访问，结果双方均认定外蒙尚未曾完全达到施行社会主义的革命时期，在某种程度以内，对于旧制度加以保存，于国内的和平及经济上均属必要。基于这种共同的认识，于是莫斯科政府与凯登首相间成立协定，此协定缔结后，外蒙代表一行始行归国。

二　"赤化"在外蒙古的失败

外蒙代表一行访问莫斯科归国后，即召开第五〔七〕届国民集会，该会之报告书于一九三四年十二月二十四日起草，此报告书阐明共产主义在外蒙试行之失败，此种失败自出于莫斯科政府之意外。

第七届国民集会报告书起首之序文中，先叙外蒙因东境成立所谓"满洲国"而感到威胁，接着并指摘内部诸封建要素及喇嘛僧之反革命的策动，同时更揭出与苏联之协力及强调国民经济之建设。"我们的革命已达到社会主义发展的第三阶段"，这本是第六届国民集会中的口号，但在本届集会中则已发现其谬误而加以指摘，此点实颇值得注意。以下所列之诸项目，即为该报告书之内容摘要。

（一）　牧畜

第七届国民集会中，承认无充分准备而勉强施行共产主义的不妥。盖前届国民集会所决议诸政策实行之结果，徒使民众陷于穷乏，思想意志感受拘束，且往往使游牧民众怠于畜牧，为逃避苛捐重税而卖却家畜，或赔偿自己之消费而脱离集团经营。更有欲恢复旧习惯制度下之生活，但恐官宪之强迫干涉，乃逃入荒芜之高原僻地，资产阶级与中产阶级亦纷纷将财产隐匿。因此种情形之结果，使外蒙之牧畜急速衰退：在一九二九至一九三一年，强迫施行极左政策之三年中，据统计减少家畜竟达七百万头。

对于集团经济之认识亦曾加以纠正：集团经济在防止劳动之榨取一层固优于个人经济，但此种机能之实现需要种种条件，决不是任何国家机械地采用后即可显示。外蒙的经济内容既非常简单迟钝，既属单纯的生产统一体，则企图牧畜方面的共同经营，目下实不可能。一九三二年，第十七届国民集会临时会议中，决定废止"集团经济制度"与恢复"个人所有权"二种案件，实由于承认上述事实之结果。

（二）私营商业

个人的权利与自由在没有部分的恢复以前，私营的商业一概都在禁止之列。对于游牧民众的商品供给及原料品的出卖等，均由政府所设备之商业组织经营。至于国外贸易，则至目下仍由国家独占。此种现状为外蒙独立有力的根基之一。但国内商业及输入贸易的国家独占，与外蒙的现状实颇不适合，施行方面深感困难。主要之独占经营者先前本为蒙古人民中央共同企业体，此企业体因机能极不活泼，故虽拥有巨额经费，仍不克贯彻本来的使命。对于输出货物的评价往往过高，输入货物的评价则往往过底〔低〕，使商品的流通不克圆滑，供给许多游牧民众不需要的货物，在"与物必取"的口号下，逐渐产生倾销的现象，进一步乃至摧毁国内商业的组织。

一九三一至一九三二年两年中，勉强执行此种政策后，渐发生缺乏必需品与游牧民众深感不满之结果。此政策之被害最甚者，为西部及南部阿依麦克部落地域，因缺乏烟草而以干牛粪替代，因缺少茶而以野生草替代等事实发生。外蒙政府为补救此种事实，乃变更蒙古人民中央共同经营体的组织，且恢复个人之营业权。

（三）交通

像外蒙这样广漠的地域中，特别是重要的交通组织，亦因勉强施行共产主义的政策而陷于大混乱。个人所经营的交通企业已被抑制，利用动物牵引的交通机关，已全部供给于集团农场。此种农场中缺少充分的牛马，且所有的家畜亦大部分不足供驱策牵引之用。外蒙交通的独占权则操之于蒙古交通企业体。

因外蒙公路建设的不完备，所以企图用汽车为交通主要工具，而以牛马为辅的错误观念，使外蒙的交通更进一层的陷于混乱。新政策既已认清此种错误，至少为维持商品搬运之定期交通计，对于游牧民众所借牛马为动力之原始的交通手段，已加以促进与奖励。

（四）手工业

在原始土地的任何处所，手工业均占重要地位。外蒙在强迫施行社会主义的时候，个人经营的手工业均被抑压，而代之以手工业的合作组织。此种组织完全是一种国家企业，与一向在外蒙存在的手工业部落毫无关系，且仅在首都建设工场，而其中所使用之劳动者，则大半为汉人，与所谓蒙古人之蒙古的原则实相矛盾。

在手工业方面，外蒙赤色政府并不曾成就何种足观之事业。对于个人经营之手工业压抑虽较缓和，但国营企业之手工业合作组织却依然存在。此机关与蒙古人民中央共同企业体，同为外蒙施行社会主义的机关，拥有输出贸易的独占权。

（五）农业

外蒙赤色政府企图使大部分的游牧民众改业为农民。此种政策之施行，颇足表明政府对于蒙古经济之骨干（游牧民众之饲养家畜）尚缺少认识。为了使游牧民众农民化，政府在数处建设国营农场，且重视农业而鄙夷牧畜。国营农场常热烈地提倡"播种运动"，但游牧民众对之则颇冷淡。一九三二年度，在国营农场的计划中拟开垦二万提挨丁（每提挨丁约合二·八六 Acre），同时拟将增加至九万头以上①。后来政府供给国营农场的费用虽大增加，但实在的增加数，尚不及预计的一半。

目前政府已深知使游牧民众改业之失计，盖采取此种政策对于牧畜之损害颇大，不如仍使游牧民众从事饲养家畜，因此已不勉强其改事农业。至于国营农场亦已由生产的目标而改为试验的工具矣！

政府除改变政策外，对于游牧民且加以金融的援助。一九三一年度援助金的额数达七十万资古历库以上。同时对于贫穷的游牧者，且设有免税制度；因这种新政策推行之结果，一九三三年度之家畜头数，较前年度增加三百五十万头。但在一九三四年度，因为流行病的关系，增加数已减至一百十万头。

三　外蒙古之宗教、行政、教育与文化

（一）宗教政策

第六届国民集会最大的失败，恐怕要算是关于宗教的政策了。一九二四年蒙古人民共和国起草宪法的时候，曾明确地宣言过信

---

①　原文如此。似应为"九万提挨丁"。——整理者注

教的自由。当时的政府知道在外蒙这样的地方，宗教在民众生活中可说是根本要素，所以保存历来的宗教仪式与维持信教的自由实为必要。后来反革命运动是否在宗教的假面具底下活跃，固然不得而知，总之，到一九三二年第十七届国民集会临时会议为止，政府对于宗教实不断的加以弹压；在民众的目光中，政府不仅在物质方面拘束自己，且认为连精神生活也横加干涉了！

赤色政府的主要宗教政策，即对于封建分子与反革命的喇嘛采取弹压的手段。在这种手段下，生活感到威胁的喇嘛僧，必然走向反抗的道路。在每一家族必有二三人出家的蒙古，宗教的反抗是有相当的强力的。政府弹压喇嘛教的高僧，对喇嘛寺征收高率的赋税，并剥夺喇嘛僧的投票权，且向一般民众鼓吹反宗教运动，轻视、嘲笑宗教的仪式，有时竟闭锁喇嘛寺。但如此弹压以后，除刺激民众的反抗心而外，实在并没有什么效果。到后来终于只好承认过去宗教政策的错误，而不得不加以变更了。

一九三二年采用新政策，恢复民众信仰的自由，命下级喇嘛协助外蒙共和国之经济建设，另一方面政府复设监督官监督高级僧侣的行为。这样一来，宗教问题稍归镇静，但政府却尚未满足，进一步使从事生产劳动的喇嘛僧享受选举权，且免除课税。此种政策直接给予民众生活的影响甚大，因喇嘛僧所缴纳税金的来源，仍取之于民众的囊中。目下对于政府仍抱不满者，仅属于高僧之一阶层，盖彼辈因政府监督其行动而深致愤懑也！

（二）行政机构

外蒙革命政府当前最大的难关是行政问题的难于解决，受过训练的行政官吏根本没有，新任的行政官全不了解法律，每每自作聪明地加以解释。新式法律与此原始游牧民的自由观念完全相反，他们对于法律的趣味与其说是在于遵守，毋宁说是趋于破坏。因为中央政府对于地方的行政官不能加以严格的监督，往往有许多不法的命令，假借法律的名义施行，地方官吏且胆敢行许多假公济私的勾当。在这样状态下，法律竟成为民众嘲笑的对象。政策拟妥善的加以改革，先将中央行政机关的某部分废弃或改正，将裁判权按照从前的方式移归地方的裁判厅，使行政区划恢复旧观。

外蒙政府对于行政机构虽加变革，但仍在苏联的影响下，依然强制执行革命的法律制度。游牧民众们深知政府缺乏执行政策的能力，因之渐次恢复旧制度、旧法律，颇有复归于官衙制度之势。

（三）文化

近代文化注入斯拉夫民族虽颇适当，但对于蒙古人却无成就可言。

蒙古人在文化方面，似乎一切感情全都集中到世界征服者成吉思汗、忽必烈的丰功伟业。蒙古民族衰退以后，他们的自豪却并无减退，他们相信自身的文化与其游牧状态完全适合，近代文化对于他们简直没有什么魅力。

外蒙政府虽努力使民众适应二十世纪的文化，但脱离原始生活尚未久远的蒙古游牧民众，欲强迫其适应近代生活，实为难能之事。苏联的共产主义在文化方面所采用的系"超近代主义"，但在外蒙欲适应"超近代主义"，则与希望在戈壁沙漠中出现近代汽车工场同样迷妄。

赤色政府认清此种事实后，即以蒙古民族之历史为准绳，奖励自古传下之技艺与其他运动，再缓和地企图促进文化的革新政策。

（四）教育

对于熟练劳动者施以适当的教育，使之堪任将来的指导者，赤色政府对于这方面是颇热心从事的；但对于教育与训练抱着嫌恶的情感却为游牧民的特性。外蒙对于教育方面，几乎可说是毫无基础可言，政府的指导者们，企图开拓这方面的新途径，实不免感到许多困难，加以资金缺乏，自然更感棘手。他们听从苏联顾问的指导，在卡尔玛库自治国的教育者援助之下，创设教育制度，然而蒙古人认为卡尔玛库人实较蒙古人弱劣，所以在较弱劣者的底下受教育，实感到非常愤懑！

　　外蒙教育制度的树立，进行得非常迟缓，政府不得不自认失败。根据第七届国民集会召集前之调查，外蒙所有的熟练劳动者仅一千五百人，而其中百分之三十为文盲，百分之十曾稍受教育，百分之十九曾受特殊教育，至于其他百分之四十一，则在该会报告书中毫无提及。在各种政府机关中负责任地位者中，亦有百分之二十七系文盲，服务卫生设施者中文盲占百分之十四，农业牧畜部的官吏有百分之二十五系文盲，经济机关与企业从事者中，文盲竟达百分之四十二。受过特殊教育与训练的政府官吏与国家企业从业员中，文盲且占有这样大的比率，则占国民大部分之游牧民中，其文盲人数的比率也不难想象了。

四　外蒙古之军事设施及军队组织

　　苏联强迫外蒙政府以日本与英吉利为假想敌国，致外蒙预算陷于军事费之不平衡现象。在苏联将来对外战争的场合，外蒙适处于缓冲地带，蒙古人亦知此种情势，对于莫斯科的指令似有不得不服从之势。一九二五年，苏联派遣至外蒙援助独立的军队固已撤去，但自一九三一年远东风云紧急以来，苏联的军队继续驻屯于外蒙在战略上的冲要地点。且随着远东形势之日趋紧张，苏联在外蒙的军事设施亦日趋强化，目下外蒙的全体可说是操于苏联特殊部队的掌握。

蒙古军之各队完全归莫斯科的军事代表者直接统治，首都之兵工厂亦在苏联人的手中，兵营、飞机场等全在苏联的指挥之下，国境线上诸要塞均驻屯着苏联军队。苏联所派遣之军事顾问依怀诺夫，实为蒙古军之最高指挥官，武装之游牧民众，亦由苏联派遣之唐鲁额依姆指挥监督。

依据最近的情报，外蒙军之构成如下：

特殊国境防备队　二万五千

步兵　二旅

骑兵　二师

特殊民兵　五千

炮兵　步兵或骑兵之每一旅，附有一联队

飞机　乌鲁额、沙姆倍斯、库伦、萨郎顿各飞机场常备飞机十七架，乌鲁额与内蒙间有飞机场及给油所数处。

除外蒙之军事冲要处驻屯苏联军队外，且派遣苏联正规军至各蒙古军营，并派苏联人或卡尔玛库人为将校训练蒙古军，更向之作种种反帝国主义的宣传。蒙古军队内部虽时有轧轹兵变发生，但此种变乱全为苏联将校用高压手段抑止，对于反乱指导者不惜处于〔以〕极刑。叛兵之处刑机关，为蒙古军事裁判所，该所为外蒙之最高军事机关。

苏联在外蒙军事的制霸，较之政治与经济的实力超出多多，苏联之所以能将外蒙置诸掌握，无非是由于拥有浓厚的军事势力。蒙古人对于苏联无〔非〕何种希望，所以不得不听受指挥者，完全是由于缺乏反抗的实力。

五　外蒙古之交通与通信机关

阻害外蒙交通之最大原因，为其地理上的缺限，而企图以汽车完全代替动物力交通手段的打算，更加使外蒙的交通设备陷于不完全。

在政府未采取极左的政策以前，交通工具全以动物为主，国内商品的运输亦借此方法通行。当强制行共产主义的政策后，则轻视旧式的交通工具，企图用汽车替代，但不久即遭遇失败，政府乃不得不奖励饲养家畜，恢复旧式交通。所以用家畜牵引之交通工具，至目下依然不失为主要者。

外蒙各主要都市与西伯利亚之依尔克克及凡尔夫纳杰斯克间均有电信连络。首都且有可与莫斯科直接通信之强力无线电信台存在。电话概为军用，首都与国境之警备队即以电话连络。邮政事业与中国内地相仿佛，由邮夫步行或借动物力运搬，鲜有用载物汽车者。

一九三五年五月，在依尔克克与苏联军事当局会议时，曾决定敷设铁道以联系外蒙与苏联之主要地点，以备军事上的需要。其建筑路线如下：

（一）诺服鲁皮斯克与塞米巴拉秦斯克间二千七百公里铁道之复线化。

（二）达休开脱与阿棱堡格间二千公里中央亚细亚铁道之复线化。

（三）凡尔夫纳杰斯克与乌鲁额间铁道线九百公里。

（四）塞米巴拉秦斯克与擦依散斯克间铁道线七百公里。

（五）塞凯堡与丘古察加间铁道线四百公里。

（六）伊犁与查理丁铁道线四百五十公里。

（七）塞米巴拉秦斯克与乌里亚苏台间铁道线二千公里。

以上诸线有的已经测量，建设费一部分拟将中东路出卖时所得的钱拿来支付。对于外蒙古的交通建设，苏联虽颇为努力，但要克服自然与财政之两重难关，使外蒙土地出现汽〔火〕车，恐尚需相当时日。

公路之建设比铁道简易，故外蒙首都至南部国境已大致完成公路网，但此种公路网完全以军事为目的，平常交通且禁止使用。一九三四年六月，中国驻苏联大使颜惠庆在北平与苏联代表会商之结果，据传曾缔结《中苏密约》，该约中最主要者，即为让予苏联以贯通内外蒙古之公路建设权。中苏政府对于内蒙古交通建设拟密切提携，除建设公路外，并由苏联供给八十辆汽车与载物车，且供给相当数目之装甲自动车。

密约之是否属实固不得而知，但一九三五年日本侵略察北的行动，实使苏联对于内蒙的野心遭受相当的挫折。

六　外蒙古的"反赤"运动

外蒙自从树立共产主义政府以后，各地蜂起大规模之反政府运动。这种反叛的主动者，大都属于喇嘛阶级及封建分子。其动机固难免不包含利己之要素，但占国民大部分之游牧民对于"赤化"怀抱深刻之反感则确系事实。他们是非常爱惜自由的，他们认为行共产主义就等于限制他们的自由，所以喇嘛阶级与富裕阶级，常常可以在游牧民中找到反对政府的同志。

驻在首都之苏联代表阿维阿夫与坦尼汉斯基认为叛乱的频发是由于外国（日本与英国）的鼓动，但反共产分子的存在是无法加以根本否认的。

上述反政府运动的存在，外部固然差不多不知道，但一九三四年十二月二十四日发表的《第七届国民集会报告书》却明白地告诉了我们，叛乱、暴动是不绝地发生着，政府认为非用强力压制不可。该报告书中谓此种叛乱由喇嘛阶级、封建分子或日本嗾使而起，实际在政治、经济、产业、宗教各方面的政策全盘失败以后，内部的症结较外部的嗾使更强有力。

摧毁了个人的所有权、蔑视了宗教势力、缺乏生活必需品，在这种游牧民的自由全部感受威胁的时候，叛乱自然是要不断发〈生〉的。莫斯科政府本希望以外蒙为外廓，实际上却反而构成国防上的弱点。

一九二二年发生初期的最大叛乱，那时的指挥者是封建君主，接着一九二三年复发生同样的叛乱。一九三〇年在乌拉苛姆地方发生叛乱的情形更为严重。一九三二年则更延及西阿依玛克全区，在政府的弹压下仍不屈服，延至一九三四年仍顽强地继续抵抗。

莫斯科前曾指使外蒙政府倡泛蒙古运动，但后来感到内外蒙联系以后的形势将更加险恶，于是始停止对于泛蒙古运动的支援。该运动的指导者加姆托沙罗诺因继续进行的关系，竟于一九三四年被枪决。

在泛蒙古运动进行中，本拟组织一党，拥戴西藏的班禅喇嘛为内外蒙之主，莫斯科政府因恐惧班禅与英国及中国的密切关系，乃对于此运动加以弹压，且处首倡者以死刑。

外蒙倘共产主义的政府继续存在，则叛乱与暴动等势难绝迹。将来是否会蔓延至外蒙全土的大叛乱固然不得而知，但中央政府镇压各地突发的暴动确实是很困难的。

七 外蒙古的将来

西洋诸强国往往忽视外蒙动向给予亚洲前途运命的关系，但对于日本与中国，外蒙的动向是值得加以最大的关心与注视的。

从经济的观点看来，外蒙固然是无足重轻，但从军事的眼光观察，则外蒙实为将来解决满洲、华北、华西等问题的主要关键。此等处所对于外蒙赤色军队的存在均感到不断的威胁。且因外蒙国境闭锁的关系，外部连无关轻重的情报都不易获得，这种秘密性更增加邻邦的不安与惶恐。

莫斯科政府目前固然容许蒙古在某种程度内恢复旧制度与旧习惯，但军事上的统制则较前更形强化。外蒙的经济资源既非常贫弱，但苏联的军事当局却在其国境外设备强力的军事布置，据说是为备日本的威胁，实际却与从前帝俄一样，希望在南方或东方求得侵略的出口，即企图在远东求一不冻港。此不过是企图的一种，在将来赤军的装备完成以后，也未始不想重温"赤化"中国的旧梦。

中国中部共产党的活跃，虽因蒋介石的讨伐而遭受挫折，但外蒙实为共产主义再度侵入中国的媒介地域，即此一层已足见外蒙举足轻重的重要性了。倘苏联能如愿以偿，"赤化"势力通过外蒙一方面南下，一方面东进，则其威胁远东的程度自更增加。

当日苏交战时外蒙势必构成苏联的右翼，该处成为战场自然更无疑问，但那时候外蒙果然帮助苏联，还是与日本联合而企图获得另一种独立的机会呢？此疑问颇难回答，但下面的一件事，可说是确实的，即当日苏间勃发战事时，莫斯科政府一定强制外蒙与之共同行动，蒙古人是否愿意当然是不问的，但上面既经述及，蒙人对于强迫施行共产主义既常常加以反抗，且激成大规模的叛乱，则当战争勃发时，何尝不会看做脱离莫斯科霸权的好机会呢？在此种场合，虽不必发动外蒙全土的叛乱，但各地骚然起暴动是很有可能的。此时在满洲的蒙古人（特别是所谓半自治兴安省的蒙古人），势必起来加以援助吧！不管将来有没有战争，外蒙向着上述的方向行进是不成问题的。（下略）

（节译 Edward Dunn：The Truth About Outer Mongolia）

《复兴月刊》

上海新中国建设协会

1937 年 5 卷 8 期

（丁舟　整理）

内蒙与中日关系

Owen Lattimore, Inner Mongolia–
Chinese, Japanese or Mongol?

译自美国《太平洋事务》
（Pacific Affairs）季刊一九三七年三月号

［美］拉特摩尔　著　　高植　译

　　作者站在外人的立场，批评复杂的内蒙问题，值兹绥远剿匪之后，全国人士都注意到绥远与内蒙问题，这篇外人的意见是值得介绍的。然而文中的意见，只是借作参考，是处非处，读者诸君自可判断。为保持原意的完整，未敢妄改，倘有失实之处，希望我国专家加以辩驳。

译者

　　在本刊十二月号中，陈翰笙先生批评钱实甫著《解决内蒙问题的根本办法》时，指出该文对于"孙逸仙领导中国民族主义的伟大创造时代之后而不幸被疏忽的"问题，"作了一次重要的严肃研究的重提"。我同意；因为这件工作的重要，对于钱君的意见，我想一方面加以批评，一方面加以发挥。我以为他说得太可靠了一点，他说改善汉人与蒙古人的关系的方法，是发展内蒙的农业，和善用内蒙的矿产，为防止汉人的榨取，而保障"一切利益归蒙古工人"。不过，他批评中国官方政策疏忽了蒙古问题中那些对蒙古人极重要的部分，并且只想"把蒙古土地放在中华民国的名义之下"，这是十分对的。他指出问题的中心是"蒙古人民的真正解放"。

我以为有两个问题。一是蒙古解放问题，另一问题是中国要不要和日本竞争去征服并榨取蒙古人，或是中国努力发展对汉蒙互相有利的关系——这就是孙逸仙的中华民国的理想，国内包括少数民族，如蒙古人，但不压迫或榨取他们。这两个问题，因为日本占据满洲，和将占据察哈尔及绥远的威胁，变得更复杂，前者包括内蒙东部，后者包括内蒙本部的其余部分及宁夏，包括西蒙古的部落，他们的地位几和真正内蒙部落相同。为真正明白了解这两个问题，必须先讨论蒙古王公、喇嘛及平民的关系，然后再讨论整个汉族与整个蒙族的关系，以及两族所遇的外来征服的危险等广大的问题。

钱君已发现摧残蒙古人民的经济不平等——王公与喇嘛的寄生，使他们的利益和平民的相异。他对于喇嘛及和尚地位的估计，若从满清帝国公文的表面解释上看来，似形稍弱。满清并不真想在蒙古发展宗教，来破坏蒙古人的尚武传习。他们先帮助大喇嘛的权力来反对王公，为了分裂蒙古的势力，他们就是用了这种方法先伸展权力到外蒙，后到新疆的蒙古人。当然，他们认为帮助宗教的首领是"和平的"。喇嘛的"不婚"不是蒙古人口停止增加或衰落的原因。大多数的喇嘛从不顾虑不婚的戒誓，因为这一点，又因为他们常常需要女人并且在好多地方获得女人，所以他们是传播梅毒的最坏媒介之一，这是蒙古人生殖率低而婴儿死亡率高的最重要的因素。

同样地，他太轻易地相信满清对于蒙古王公的"近于完全的统制"，和蒙古人民控诉王公坏处的容易。蒙古人从前有"部落"权力处理他们的王公，但满清认为这种权力危险，乃宣布了满清审判执刑权。如钱君研究任何"民众"向北京朝廷的控诉，我想，他会发现这是虚伪的，隐藏专制君王的阴谋，为了去除这个王公而代以另一王公。满清帝王鼓励这种斗争而显得"绝对控制"，同时隐藏着这件事实：他们的控制既不是绝对的，又不是直接的。这些批评并不影响钱君的要点的一般效力——蒙古的社会政治权集中在王公与高级喇嘛之手，他们人数很多，满清能够使他们彼此斗争，而结果是特权阶级的寄生；他们造成经济的不公平与政治的社会的停顿。

　　钱君对于满清帝国到中华民国的转变说得不多，只提及民国未能保护蒙古人民而反鼓励王公压迫。我以为这里须作广大的观察。中国与蒙古有什么连络？为什么中华民国是满清帝国的替身，继承满清而统治蒙古人，他们只有百姓的义务而无公民的权利？

　　在十七世纪之初，汉人政府统治北京，没有历史的或国际法的解释能够认为中国有统治蒙古的主权。当时还有一个问题，就是下一次征服中国的是蒙古人还是满洲人。满洲人先入中国，一部分因为他们能分化蒙古人而利用他们当中的一部分作同盟者。可见它不属于中国，而蒙古部落（有的在征服后不久）承认统制中国的满清皇帝为君长。蒙古的特殊地位可以从北京政府处理蒙古事件的法律与行政法典中证明。不久，满清朝廷即成为中国政府的真正极峰绝顶。满清不再依仗蒙古的帮助来维持对中国的武力征服（不过蒙古兵也曾召募来反对太平天国及一八六〇—六一年的英法侵入），而开始把蒙古当作边境区域，应保持安静。

　　于是蒙古的真正地位改变了，虽然法律地位还照旧。这种改变，在十九世纪西方国家几乎完全驾凌中国时，特别显著。西方国家从海上来到中国，当然他们认为蒙古这种内地是中国的土地，未分别满清皇帝个人的属国。只有俄国能够分别，在我们讨论苏联对外蒙政策的历史背景时，这一点须记住，因为在外国和中国订立的条约中，蒙古被当作中国土地，在蒙古部落与满清皇帝的旧关系上，加了一点新学说。在一九一二年中华民国成立时，中国的组织与满清帝国的组织二者之间的遮隐的差异未得提出讨论，是不稀奇的。对于汉、满、蒙、回、藏五族共和的观念最初别国还有一点敬意，但中国的国际关系却不利于历史的忠实的重述。外国尊重"法律与秩序"——意思是维持满清帝国时代的既得利益。这是较容易的，认为满清曾统制中华帝国，包括满洲、蒙古、新疆、及西藏，而中华民国整个地继承包括蒙古的国际名义，不过帝俄政府曾为鄙卑的理由而帮助外蒙抵抗中国的权利到相当的程度。

中华民国用另一种方法推进满清末季即已开始的一种政策，分裂内蒙而并入各省，一部分并入满洲，一部分并入北方各省。结果是内蒙在实质上成了"中国统治的区域"，而外蒙则是"抵抗中国统制的区域"。其中决定的因素是铁道的建筑，这一点钱君毫未提及。这些铁道影响满洲及华北方面的内蒙古，却不影响外蒙古；他们是中国和蒙古一般经济革命中的一部分，他们更增加数百万的中国人对于一二百万在中国统治下的蒙古人的压迫。因为铁道是把分散的内蒙连到中国各省及满洲的真正整化的因素，我不相信钱君所提出的保护蒙古人利益的土地法规能够实现。这些法规可以规避的，或由于给蒙古经纪人一点佣金而把蒙古土地转给中国人，或因为从铁道上获得殖民利益的引诱。

数世纪来汉蒙军事均势因为铁道的建筑而改变了，从前仅凭中国的耕种及运输方法即能进行的经济侵入也改变了。有些最早的外国资本建筑的铁道经过内蒙，这从头就重行肯定外国对于中国在蒙古的主权的假定。因为铁道使中国能够在蒙古实行外国经济、政治势力在中国所实用的同样的压迫，故中国的扩张主义的性质是间接的帝国主义。这可以从扩张现象中清楚地看出来。因新铁道而获得利益的地方官僚，立刻便主张假如蒙古属于中国，那末蒙古部落的"公地"（因为蒙古土地不得私有）更可以算作中华民国的"公地"。这些"公地"可以无补偿地从蒙古人手中拿开，或者给中间人王公及喇嘛一点贿赂或佣金。这种实施妨害了汉人、蒙人间的关系和蒙古人自己的部落政治组织。这里我们有了这种事实的解释，中华民国无情地破坏蒙古人民的真正利益，一向即帮助王公的部落权力和喇嘛教的人世权力。即在今日，南京政府在蒙古教育上的用费只有用于西藏及蒙古活佛侍从队的经费的微小部分。

因此，更重要的是孙逸仙对于处理中华民国的组织及实施中一件最坏的事所提议的方法——这件事就是中国在外国间接控制下受着次殖民地的痛苦，而同时却榨取国内的落后民族。从内蒙政治地位及殖民的经济利益间的关系，从殖民与铁道间的关系，从铁道与中国经济、社会、政治、军事力量之结构间的关系看来，可知任何革命的行为，例如停止中国对内蒙的压迫，先要中国内部结构有革命。因为这正是孙逸仙所主张的，他能宣布中华民国之内少数民族待遇平等的政策。相反地，一九二八年后，南京放弃了中国革命的政策，对于内蒙也重施压迫。殖民，包括各种蒙古利益的摧残，以一九二八到一九三一年国民党的行政为最甚。

我们可以了解，孙逸仙对中国及边疆的平行政策可以在蒙古、新疆、西藏设立缓冲国。利用中国铁道及其他利益为蒙古人在蒙古创造财富，而不流到中国，这终久会获得报酬，因为合理发展的蒙古经济，结果将大量生产适宜和中国交换的物产，而目前的殖民方式主要的结果是把现在的中国经济和社会发展到更大的区域，而不改变其相对地原始的农业。同时，中国政府停止帮助蒙古王公与喇嘛，将促成内蒙的革命，和孙逸仙在中国所宣传的并行，好造成新的共和的蒙古人民，在这个制度里喇嘛与王公不能充分地活动。任何的这种倾向将取消内蒙为中国统治区和外蒙为抵抗中国的区域二者间的差异，而使整个的蒙古人民能够合成一体。

要回到孙逸仙的"伟大创造时代"，无论如何要认清这件事实，就是他工作、梦想、逝世所在的中国，不曾公开地被侵略，不曾被外国部分地征服。他所怕的外国统治，主要地是间接的。日本却改变了一切。日本借"满洲国"而控制新〔兴〕安省名义上内蒙在满洲的自治区。南京，借控制绥远的山西，维持一个绥远内蒙自治政委会，委员们是最愿意作中国殖民之经纪人的王公们——其中大部分变成了中国的地主。在二者之间，有百灵庙自治政委会，以德王为首领，他是传统王公中最开明的，他想创造一个脱离日本和中国侵略的缓冲国，而不可免的结果是他同时反对双方而又与双方作谈判。这些情形只以虚伪的蒙古外观来改变这个事实，就是现在内蒙问题不能脱离整个蒙古人民的民族问题或中国防止外来侵略的边防问题而单独地解决。

中国绥远的防御战曾激动全国，但不应该遮藏整个中国政府政策的弱点。真正的问题是中、日之间的，南京为了防御在内蒙的间接的中国帝国主义，抵抗直接的日本帝国主义，而处于不利的地位。这个王公可以归服日本，那个王公可以归服中国，但蒙古人民与中国民族的真正团结，来防御共同的征服危机是不可能的，因为中国一点也未曾去除压迫内蒙的原因。南京政策的缺点，是把蒙古人为争取"被中国榨取"的权利而战争而死，看作蒙古人的爱国义务。他们如何会相信这个斗争不是中国与日本之间的，看哪一个抢劫蒙古？在"满洲国"被日本统治的蒙古人并不明显地热心这一点；但他们也不愿意为了从这个坏的外国统治转入另一个坏的外国统治而死。

南京如何能打破对日本的不平等的竞争，而得控制王公，并因此一举而控制蒙古人与蒙古土地呢？南京如何才能够成立蒙古人民与中国民族间的真正联盟呢？这个问题的关键是在中国，而不在蒙古。南京应该在注意蒙古人之前先注意边省。这些省份的统治者从他们在内蒙的扩张范围内获得大利。在殖民之外，还有大量的鸦片生意，从回教的西北绕道内蒙而至山西，好逃避南京在陕西的烟税，因为阎锡山控制山西、绥远与绥远内蒙自治政委会。对于这种边疆官吏，在内蒙"中国土地的防御"便是他们自己权力及特权的防御。南京如处理蒙古问题，诚实地像蒙古问题，则在内蒙有既得利益的中国人的有限爱国心将失去。

因为钱君的文章限于内蒙，他似乎提出恢复孙逸仙对蒙古的主义，而不顾到孙逸仙对中国的政策。他认为重要的改革是破坏喇嘛与王公的权力，为人民谋利的土地政策，中国榨取的停止。这和苏联对外蒙的政策无差别。假如这一点实现，则将产生内外蒙的调和，这将使他们立刻要求并为一国。在日本的侵略之前这可以办到吗？这种对内蒙政策的逻辑的推论便是中国承认外蒙的独立。日本将立刻以反"国际共产主义的威胁"为借口而击碎外国舆论，而中国或者不能在日本最弱的侧面创立国际的问题，仅〔尽〕管外蒙古愿意赞助这种解放的内蒙，因为可以假定在这种情形之下，苏联会约制外蒙。苏联方面毫无为中国而打日本的意思。最可能的结果是内蒙的社会革命被日本的征服所打断或整个地阻止，而日本在中国边境上的地位比以前更稳固。

困难是中国不能解决钱君所谓的问题中心，即"蒙古人民的真正解放"而不引起中国自身的危机，因为需要榨取内蒙的既得利益甚至于会让中国失败。中国如不解放蒙古人，则不能企望他们为中国而战；甚至假使蒙古人自由了，除非中国愿意和他们作同盟者而战争，不做他们的统治者，他们才能继续做自由的国民。日本能够同时进行内蒙与华北的征服工作。

唯一可能的结论是钱君对于南京的内蒙政策的批评，必须看作对于南京的国内政策的遮隐的批评。"内蒙问题"在事实上是一个假内蒙问题。其中每一方面反映出中国问题的方面，而所有的证据又是这样：中国不能恢复孙逸仙的蒙古政策而不恢复孙逸仙的国内政策。现在要这样做，结果会〔或〕许有的地方很像中国共产党所要求所提倡的"联合战线"。南京如何能够转向那和所走的如此不同的路线，而在日本及别处确会发出的一般的反共警讶之下，向世界表示根本民主的性质，我不知道。我也不知道南京如何会使它的赞助者站在同一战线之上，因为其中各人、各团体、各既得利益，曾表示他们看自身的安全重于国家的完整。对于这种问题，全世界都等待着中国人民和统治者双方的不含糊的具体意见。至于内蒙问题，它可以同时解决——在南京。

《时事类编》（半月刊）

南京中山文化教育馆

1937 年 5 卷 8 期

（李红权　整理）

内外蒙古问题面面观

[日] 矢野仁一　撰　　戴格敏　译

本文译自《现代支那概论》，著者为日本有名文学博士矢野仁一，其对国际情势颇为熟悉，特别对中国边疆问题，尤具有深刻之研究。该书脱稿于一九三六年三月，取材方面多侧重于中国问题之动态发展和历史上的演变，内有数篇曾刊于《经济论丛》和《东亚经济研究》，本文系取该书中关乎蒙古问题三篇合译之。

格敏附识

（甲）外蒙古之问题

（一）

一九二一年，人民革命政府领导下的蒙古革命政府，在库伦正式宣布成立，俄罗斯认为和外蒙古缔结条约，是在其国内唯一的政权，在外蒙古内，其他国家之敌对集团以及敌对军队之结成召集，一切不许，这么样地相约了，所以将来外蒙古政府政策是要和俄罗斯混合起来，已经确定无疑了。从这以后，外蒙古和中华的关系是日渐冷淡，但和俄罗斯在政治方面、经济方面新关系是相继地要产生了。一九二四年《中俄协定》的一年，因为库伦地方的活佛哲布尊丹巴呼图克图死掉了，不复再有转生的可能，遂废弃了帝位，宣言共和，置设大总统，制定了宪法，一切主权完全属于人民会议。从 Vislet Conlly 氏著的《东方经济政策》看来，蒙古宪法是维妙维肖地尽情模仿苏维埃社会主义联邦共和国的宪法，未有深刻学识的苏维埃俄罗斯顾问，竟而充任外蒙古新内阁阁员，同时库伦改呼为"赤勇之都"。俄罗斯联合人民革命党指导外蒙古政府，宣言土地国有、贸易国营，废止僧侣、王公一切身份制。由一八〔九〕二八年，人民革命党之决议，否认资本主义、王公世袭，没收喇嘛寺院财产，决定设立农事生产公会政策，一九二九年开设集团共营农场，一九三〇〈年〉决定蒙古社会主义五年计划，直到一九三五〈年〉牧农家数十六万五千户中，贫农牧家七万九千户，中农七万三千。抽十五万二千的百分之五十五，组织九万二千户集团国营，开设国营耕作农场、牧畜农场。俄罗斯共产党，对于决定蒙古国策的蒙古人民革命党影响深大，党的政策方面几乎是模仿着现实俄罗斯表现着的成功，俄罗斯对外蒙古人的民族感情，深加考虑，对不害民族感情方面，有深刻的注意。外蒙古人民共和国政府各机关，配置苏维埃俄罗斯顾问限于最少数，大部以俄蒙语兼通的布利阿特人为主。俄罗斯共产思想的宣传，专是对在俄罗斯受教育的蒙古青年，革命指导计划，是由内蒙古反中国的叛乱亡命领袖来担当，蒙古的革命，无论到甚么时候，总该认为是蒙古人的革命，不得抱着为俄罗斯所压迫而革命的感想。拉特毛阿氏称述，在外蒙古仅只最高级和最低级行政官是蒙人所占有，军队方面，凡是蒙古的军队，俄罗斯〈人〉只担当教练，苏维城〔埃〕俄罗斯对蒙人宣言，蒙古之革命完全为企图蒙古人之利益，其革命过程从蒙古人〔入〕手推进，并且由蒙古军队来支持，蒙古的将来是具有着几分新奇的恐怖，复昭示了为蒙古自身的努力，所有民族主义的设施，是奖励了不希图和俄罗斯的联系断绝，今日的外蒙政策是民族主义和俄罗斯的混血儿。

（二）

西历一九三〇年、一九三二年，在乌科兰和它西部频频发生了的叛乱，一九三二年末，直到一九三四年春，库伦、桑贝子、达木斯科庙东部地带所发生的暴动，近年频频地演出了一万五千次、甚至二万次的外蒙人民突破国境严重警戒线，内蒙古亡命国境线上无数逃脱者的枪杀事件，是〈对于〉旧王公、［对于］喇嘛寺院的压迫，不理解社会主义经济的意义，游牧民族的抑难不满的结果。但是这果是在外蒙古苏维埃俄罗斯的监制下的全体之不成功吗？外蒙古政府在外蒙人民革命党指导下，强调于社会主义政策，对寺院压迫越形深化，寺院所有家畜变作国有，而期图扩大农牧场集体共营化，直到最近，竟成好像是外蒙社会革命不早收效的原因。缓和大社会主义政策，承认家畜为寺院所有，个人国内商业，个人经济创意，农牧场集体共营化切实废止，以至将其一部当做了单纯生产公会。

科诺里氏称述，一九二四年模仿苏维埃俄罗斯中央消费组合，而创设的外蒙古国民中央消费公会，是国营外蒙古贸易方面的机关，像莫斯科国立银行共同投资样的蒙古银行称为 Tugerik，有纯分二十“格兰姆”的俄货九十“科背姑”或是相当于墨银一“多伦”的新银货发行①。把外蒙古人民从中国商人的信用借贷的财政轨轭解放以来，苏维埃俄罗斯的外蒙古贸易每年有惊人的发展。一九一八年中国商会四百行，俄人商会五十行，一九二六年、一九二七年中国商会六十行破产了，生产输出公司和维尔逊公司——这样两个英吉利人的大商会，和外蒙古接连起来，蒙古羊毛百分

---

① 原文如此。——整理者注

之八十归于苏维埃之手。直到一九二八年，事实上，苏维埃俄罗斯才把羊毛事业强占了。一九二四年、一九二五年，对外蒙古的工业原料品输出参加苏维埃，其比率为百分之二十四，一九二七年、一九二八年度的输出为百分之五九，对中国则逐渐低减，一九二四年、一九二五年度蒙古羊毛的输出，苏维埃约百分之九十三，中国百分之六十五①。在今日，中国对外蒙古输出品，除少量之茶外，实际上皆不足言了。同样地，外蒙古的重要输出品，羊毛、皮革、毛皮等也由从来贩卖的中国中心市场绝迹了。外蒙古和俄罗斯的贸易额，在一九一三年总计输出入为一千万卢布，主要的是外蒙古畜产输出，促成了俄罗斯这项支付计算。一九二七年，设立苏维埃外蒙古贸易公司，统制各商务机关，和"蒙窨科布"共同独占了外国贸易，并且棉织物、谷物、船舶、烟草、茶、皮革制品、石油、化学药品、金属品、机械类和护膜〈等〉一切制品的输入，是仰给于苏维埃，于是苏维埃货品的输入乃大见激增。从来俄罗斯的支付结算，一变而为收入结算。一九三四年，其计算额约达二千四百万卢布，外蒙古缺欠物质完成品，苏维埃完全好意地给予，斯特伦蒙古，在外蒙境内有原料输入所十六处，羊毛工厂二十所，在库伦地方大规模的商店开设了。一九二九年，开设蒙古"托拉斯"样的两国合办交通运输机关。

今日外蒙古政治上、经济上几乎是和中国脱离了关系，就其发生关系方面言，却不过仅只苏维埃一国罢了。一九二四年，《中俄协定》承认外蒙古为中国之领土，并承认在其主权下。可是今日外蒙古不限于这么样状态，其对苏维埃俄罗斯政府或对外蒙古人民共和国政府未有任何责问。现今就中国观之，未有如一九一九年时代徐树铮样子的人物了。

---

① 原文如此。——整理者注

　　然就国际关系言，外蒙古还算是附属中国主权下完全的一部，若果中国不得行使它领土主权的时候，便是和中国脱离了关系，和他国另缔结新关系，这却是和中国关系很重大的一件事情，纵是日本不出来干预，我外务当局，也要向中国政府指问，为甚么在外蒙古是优待苏维埃俄罗斯，而禁止日本人之入境呢？这不是偏私的待遇，和违犯条约的事实，难怪人责问的吗？

（乙）内蒙古之问题

（一）

　　当外蒙古宣言独立的时候，内蒙古未和它采同一步骤而独立的，是因为内蒙古所处环境不同于外蒙古，因与中国接壤，一独立便有遭受中国攻击的危险。中国和往昔用弓矢在边疆战争时代不同，现拥有枪炮弹药、铁道运输各种利器，因为素来积弱的蒙古人不敌其势，并且像俄罗斯样子的强援又复绝望，所以当时看起来，内蒙古王公是和蒙古人民利害关系不同，他们从中国移民取得地租、佃租，度着温饱的生活，而且和中国商人结联了深切的利害关［关］系，终于是不欲离弃中国了。

　　拉特毛阿氏称述，当中国革命时，内蒙几几乎试行了联结外蒙，而宣言独立，但是内蒙王公确深信彼之独立是居外蒙古之下风，而为其庇护者，并且和外蒙相比，在经济方面有好些是依存于中国，终局是没有任何效果。多数内蒙古王公对中国贸易商会有着重大的利害关系，同时他们把获得的巨大利益不欲赌出去。然而最主要的理由，无疑地，是南方蒙古人怀着"共和政体下的中国，是处理着他们所思想的各种关系的一个弱国"的感想。而且这些王公恐怖着，怕俄罗斯的势力伸张到外蒙，他深信无疑地，认为与其名义上独立，而事实上为俄罗斯支配，不如名义上和中国结合，切实地取得几分自由。这么样子以来，在内蒙古最初独立期间，中国到处便为蒙古军击溃，尽管惊恐着，容易地为所驱逐，但对独立问题，实际上已经不坚持了，竟有许多王公受中华民国之任命而为显官，出卖了"独立"这种计划。蒙古人从几度境内叛乱，希冀着中国人在蒙古地方，有若干缓和的进展，这确是可能吗？无疑地远在未知之数。蒙古王公为保存仅有财物的计划，牺牲了全体蒙古人，屡次向中国方面降服了。中国未得实践其移民策略，竟出而援助蒙古王公，并且采取从移民上所得利益的分配政策。这件事实是分化平民和王公的利害关系，有说蒙古王公反对阶级的革命的蒙古人民运动的行动。到一九三一年，日本侵占满洲，在蒙古便有二个势力相互地活动着了，说来外蒙在强大的俄罗斯影响之下，在性质方面，蒙古民族国家是被建设了，在内蒙各地因为中国移民关系，蒙古人好像是从自己的领土地被扫荡出去了，王公是被中国官所支持，为着奖励他们，在残余的土地方面，还给予绝对的权力，较比着过去还要加强。同时王公们须年年租给中国人土地，这是从蒙古人手中夺取自然指导者的地位，蒙古人还在中国支配之下，受着绝灭命运的遭遇呢，或是冲破了中国的支配，去发动叛乱，实行社会革命呢？二者当采何者，或是徘徊歧路无所适从呢？王公们因为阶级的利害观念，不得不反对和外蒙结合，诚如和外蒙结合，像他们似的多数王公遭受杀戮，免于杀戮者，须夺其"权力"和"收入"。然而满洲设置的兴安省，是不同上述，而另辟蹊径了的。满洲的蒙古人殆和日本有同盟的趋势而受给地方自治权以来，在蒙古王公恢复"蒙古人结合"和"民族统一"运动，未得确定之时，蒙古人民，必然指导者的地位，再行取得，所以王公们，在他的地位上自然地不是败退主义者，内蒙古和外蒙古公然地突入险恶的敌抗状态，全体蒙古人和俄罗斯联合，出于民族革命之途呢，或是和日本联合在成吉思汗神圣家系后裔王公指导之下，出于保守的民族主义之途呢？说者谓二者必须择其一而从之。

中国向外移民混合着绝灭蒙古人之意味，这正是一八九一年，到一九三零年，在蒙古屡次发生叛乱基础的说明了的。这叛乱从其指导方面看来，或为地方自治，或为满洲皇帝之复辟，或以内外一统为目的，被宣言了的，在任何一种叛乱，未有不是使中国人移民压力增大，中国官威傲谩〔慢〕加深，蒙古人的失望加甚的，这么来，激发了蒙古人，与其像牺畜样子地生存着，无宁如勇士般地死去之为优的感情。

（二）

当满洲事变，"满洲帝国"建设起来，在其国内便有百万蒙古人被承认蒙古自治权，这给予内蒙古一个很大的刺激。内蒙因为逐渐增加移民，越感觉到很大的压迫，依赖牧地而维持生活的蒙人，生活范围日见狭窄，所以生活方面便越发的感到痛苦。既是在内蒙施行了同样的省制，自然蒙古人是要服从中国政治方针的支配。这么样推移下去，蒙古人便是自己走上灭亡之途。满洲的蒙古人和外蒙的蒙古人，试一比较之，我们将来是要怎么样呢，殊为可考虑的问题。清朝时代，内蒙古六盟二十四部四十九旗之中，三盟十四部二十六旗属于"满洲国"，其属于中国的锡林郭勒盟五部十旗，乌兰察布盟四部六旗，伊克昭盟的一部七旗，而为三盟十部二十三旗。另外察哈尔蓝白四旗，黄红四旗，共为八旗，在内蒙古四十九旗之外，不得如蒙古诸旗样子的戴着世袭札萨克，一九三四年改称为"盟"，另外的蒙古，未有"盟"的制度。一八二八年，中国设省，锡林郭勒、察哈尔统治于察哈尔，乌兰察布、伊克昭统辖于绥远省。

一九三三年七月以来，锡林郭勒、察哈尔、乌兰察布、伊克昭诸旗的王族及其代表者在百灵庙的蒙古自治运动，是以年少气锐的蒙古王，锡林郭勒盟苏尼特右翼旗的札萨克德木楚克栋鲁布（即德王）为中心。拉特毛阿氏宣述，这是"满洲国建国"的直接刺激的结果，其动机是为会商对中日两国应何方是从的问题。百灵庙是绥远西北三百华里地方的贝勒庙，锡林郭勒旗的盟长，是乌珠穆沁右翼旗的札萨克索诺木喇布坦，德王是其副盟长。原来德王在其前代盟长死后，即自为盟长，可是他却又辞去，而拥戴西乌珠穆沁为盟长，其自身亲握实权，殊觉满意。一九三三年百灵庙会议的内蒙自治决议，向国民政府呈请，国民政府派内政部长黄绍雄、蒙藏委员会副委员长赵丕廉去百灵庙，协定《内蒙自治法案》。一九三四年南京中央政治会议修正《内蒙自治法案》，发布《内蒙自治办法》，经过四中全会内蒙代表自治办法取消要求等种种办法的波澜，是年二月二十八日，中央政治会议，〈通过〉内蒙自治原则，在蒙古适当地点，设置直属行政院的蒙古地方自治政务委员会，由中央指导，而总理各蒙旗之政务。委员长和委员原则上采用蒙古人，经费由中央支付，中央特派大员常驻自治政务会所在地，而任指导的工作，并调停各盟旗和各省县间的争议，各盟经费由中央支给，各盟所有牧地停止垦殖，牧畜的改良，和附带工业之发展，盟旗原有租税，蒙民原有私租从来之保障，盟旗存在地各省县所征收的地方税，一部分割让给盟旗，和在盟旗蒙方不得增设县治局、设治局等八条决议案。内蒙代表一切应允，乌兰察布盟长云端望楚克是蒙古地方自治委员长，锡林郭勒盟长索喀〔诺〕木喇布坦为副委员长，德王等二十余名被任命为委员，何应钦被任命为内蒙地方自治指导长官。这么样以来，内蒙自治才算是确定了。一九三四年四月二十三日，在百灵庙举行蒙古地方自治委员会的成立大会，德王首先要求为高度之自治，

但不过只许在中国政府监视下限制军事、外交。中国政府觉察了
德王和锡林诸王公之不满，便任命德王为蒙古地方自治政务委
〈员〉会秘书长，十月蒋介石亲去绥远努力安抚蒙古各王公，然中
政府对蒙古自治委〈员〉会约定的每月经费三万元不支给，蒙古
自治政务委〈员〉会有感不安之王公，常生动摇。绥远主席傅作
义奏怀柔之功，伊克昭和乌兰察布盟的一部反对地方自治委员会
之势，德王为着保持地方自治政务委员会的权威竟行压迫。拉特
毛阿说，最近蒙古和中国的关系比较着亲密，蒙古想和中国协同
是较接近侵略主义的日本为安全，满洲设施帝制，给南蒙古人很
好的印象，兴安〈省〉蒙古各旗自治之创设，给内蒙人民无数希
望和感激，但是现今蒙古觉悟了，依日本而促进的在"满洲国"
的蒙古自治，是虚伪的假像，内蒙自治该发展到何程度，满洲的
蒙古人和外蒙古的蒙人的政治命运，该生出怎么样的关系呢？俄
罗斯和日本，日本和中国，波及到了怎么样的关系呢？这是最重
要而且最兴味的问题！

（丙）从历史方面去观察蒙古问题

（一）

　　蒙古在现阶段，曾经遭受了好些不幸事件，蒙古兵威震动全世
界的历史，现今不复再见天日。明中叶以后，喇嘛教信仰极度盛
行，饮茶的风气，随着兴起来，甚至熬茶参拜，几乎是蔚成风尚，
喇嘛教的寺院星散各处，百姓因浸习经咒，勇猛尚武精神无形衰
歇。赶到明末清初，划定界标，蒙古民族越不像昔日样子的活跃
了。清朝勃兴，蒙古竟受服于它的势力之下，蒙古和中国是有着
同君联合的系统关系，却没有确实的直接关系，所以对中国没有

任何亲爱和睦的感情，可是在清朝整个的历史说来，和蒙古是维持着和平的关系。尽管蒙古不是中华之领土，但却是清朝之一部领土，而其始终地居心为中国之领土，先后地表现得很清楚了，清朝对蒙古施以怀柔政策，和它维持着和平，竟作了满洲朝廷的党羽。为着对抗华人，禁止农民越境到蒙古去垦牧，从严限制中人在外蒙之贸易，但汉人却反而忽视了的〔这〕样的禁止，愈益加甚地侵入了蒙古，但是侵来的人，没有彻底工作，清朝认为现在既不得驱遣，将来必须有一亩的增垦，和一户的增居。这么样的数次申明禁令，终于是一向无效的，长久了的结果，各地都勃兴起来了中国的市街。

蒙古近代的历史，并不是武力的历史，从来蒙古的历史很多是武力的历史，蒙古武力的历史大都是眩惑了世人之耳目，所以蒙古近代历史，殊难唤醒世人之注意，蒙古之牧地，在承平时候，尽是由中国人之侵垦，而未经开发之荒野芜田，尤显示到我们的眼前。

（二）

从清光绪帝起，渐见俄罗斯南进侵略势力之压迫，从来禁止中国农民到蒙古牧地越垦的方针，一变而为移民实边政策，且仿效中国内地各省行政上之设施，将内地农民大部移住蒙古。宣统帝时，关乎蒙古土地开垦的禁令正式废止，更放弃中蒙隔离政策，换言之，就是禁止农民出边，蒙古土地抵押买卖，和蒙古人招中国商人开垦等禁令，一切废掉。禁〔废〕止中国人和蒙古人结婚法律，蒙古人仿中〈国〉人姓名，招聘中国人为官吏，学中国文。废止汉文诉讼，和其他应用文书抄字之禁令，奖励携带妻子赴蒙古地方。这样的结果，外蒙由于俄罗斯之保护，拥哲布尊丹巴呼图克图为皇帝，对清朝宣言独立。外蒙古之独立，从来是蒙古人之党羽，清朝是中国人的党羽，外蒙乘清朝衰亡之机，竟而宣言独立，这是今日传闻之一般通说。东亚同文会编的最新《中国年鉴》记述：外蒙古在一九一一年因为辛亥革命，清朝威令衰落之际，接受俄方之援助，同年十二月一日脱离中国而宣言独立了。但这个说法，殊欠几分精确。我在《外蒙古近代史的研究》上，详述外蒙古独立之始末。当民国初年，西历一九一二年帝政俄罗斯时代，和外蒙古缔结条约，承认外蒙古之自治权，次年——一九一三年和中国结缔条约，承认中国对外蒙古之宗主权，而中国又承认外蒙之自治，但外蒙古尚未承认中国之宗主权。一九一五年，恰克图《中俄蒙条约》经过了正式会议四十八次，往来会晤谈判四十次之后，才算缔结了的，但外蒙古为中国之一部完全领土，中国在外蒙古有其宗主权，外蒙古亦有其自治权，称外蒙古君主为哲布尊丹巴呼图克图汗，中国对他有册封权。关于外蒙古政治、地理问题，由一九一三年《中俄条约》，外蒙单独或只和俄罗斯协议，殊不足以决定之，必须依从中俄两国之协议，但关于商工业性质，和外国缔结了的条约，如同一切内政，属于外蒙古之专权，中俄两国决定对外蒙现在之自治，和境内行政制度，不加任何干涉。一九一二年的《俄蒙条约》，一九一三年的《中俄条约》，一九一五年的《中俄蒙条约》的结果，中国方面得到了取消外蒙古独立和承认其宗主权的虚名，实际上的利益却未得着呢！而在俄罗斯方面却建树了商工业之基础势力，比如因俄罗斯革命引起了世界大战，而俄罗斯在外蒙势力尚未减退，则外蒙俄化殊有期待之可能了。由《中俄条约》和《中俄蒙条约》，为着开垦蒙古土地的农业移民不得送往，中国这么样子地实行了，俄罗斯势力这么样子地进逼，中国不得不放弃移民实边的防御政策。俄罗斯利用《中俄蒙条约》，为着和外蒙铁道、矿山、电信的开发，及军事教官之聘任，把三百万卢布的借款契约缔结了，开设起俄蒙银行。

（三）

由于俄罗斯引起世界大战的爆发，中国一时大获"渔人之利"，从一九一七〈年〉起直至一九一九年止，陈毅都护使时代，俄罗斯革命事业和俄罗斯在蒙之势力一时崩溃，俄蒙贸易表现着极度地衰颓，外蒙古、俄罗斯流行着的俄罗斯纸币渐形跌落，诸王公和官府同样地陷于穷危状态，当传来了"侯鲁西渥基"党侵入恰克图的情报，当时联合军向俄罗斯"侯鲁西渥基"政府，表示强烈的反对，日本也向"札巴伊科鲁"方面出动。可是"阿他曼西米亚诺夫"利用着这个时机，在"札巴伊科鲁"和黑龙江接壤的地方，召集了布利亚特人和蒙古人，任意地分散了数千军队，统一全蒙古，去建设一独立国家，并各方呼聚，频频劝动，向蒙古官府派人，他的狂热行动，促成东部西伯利亚和蒙古之混乱状态。外蒙迷于去就之分，但日本军声言决不加任何干涉，"西米亚诺夫"势力不振，陈毅说服蒙古诸王公，拿中国银行代替俄蒙银行，起始开办，更为着防护外蒙之被"西"所侵略，计议增派中国军队，复以管理西北筹边事宜，乃决议增设西北筹边使，重与外蒙联合，在唐努乌梁海，实行设官驻兵，该地俄罗斯赤白两系相争之际，竟乘势奏收复之功。但陈毅终向蒙古诸王公倡议取消自治，尽管喇嘛党、哲布尊丹巴呼图克图汗、各盟旗代表王公会议之反对，而徐树铮竟当中国参加世界大战时，以参战筹备处的钱款和军队，编制西北边防军，组织自动车队，以西北筹边使而兼西北边防总司令，借阅兵之名去库伦，通牒蒙古如在三十六小时之内不加承认，则送哲布尊丹巴呼图克图汗去张家口，且使外蒙古提出应否取消自治的请愿书。国民政府在一九一九年因"哲"和王公、喇嘛深切地说明"五族一家"，同心爱国，出于至诚的情愿，蒙情归顺之意，乃许如所请，颁发大总统令。这却是外蒙古自动地取消自治，向世界宣布了。因为这些缘故，一九一二年的《中俄条约》和一九一五年的《中俄蒙条约》废弃，徐树铮是只为着监视宗主国之利益，依据自治条约设立了都护使之官制。外蒙古既取消自治，归属中央，徐乃条陈在条约失效之时，未有应办之事务，复召还陈毅，自任西北筹边使，兼办外蒙一切善后事宜。当取消自治之大总统许可令发表了的时候，大总统令特发给活佛以外蒙翊善辅化博克多哲布尊丹巴呼图克图汗的封号。一九三〔二〕〇年徐树铮为册封使，赴活佛宫举行册封典礼。王公、喇嘛宫门前恭迎者百余人，同时南面宣读册文，亲授册印，哲布尊丹巴呼图克图汗北面而受之。徐树铮计划中国人向蒙古移民，彼统治蒙古之方法，极为暴慢倨傲，遭蒙人之嫌恶。

这在民国时代中国在外蒙势力达极度的强大。然而强弩之末，中国未有充分的实力，而实际方面蒙古未有归顺中国之心，和自动地取消自治之诚意，不过恃徐树铮之兵去强行压迫罢了。此后如俄罗斯恢复在外蒙之势力，中国和外蒙古的关系，很容易地转变成不安定状态。

（四）

西历一九二〇年，属于白俄罗斯系的将军"温格伦斯特伦培鲁姑"率白俄罗斯和蒙古混合军深入蒙古，击破中国军，一九二一年，占领库伦，在哲布尊丹巴呼图克图的主权下，创建了佛教式的蒙古独立帝国。他们是半俄罗斯半 Magyar 的血族，娶满洲贵族之女为妻。适当这个时候，库伦的蒙古人响应了，便和中国在库伦的防御军交战，察哈尔都统张景惠为援库军总司令，襄助在库伦的中国军队，可是结果惨败，死亡殆尽了！"温伦格〔格伦〕"军除掉俄罗斯兵三百，蒙古"布利亚特他达鲁"千数百人之外，还有少数西藏人、中国人、日本人等参加到里面来，总数有二千人之谱，无特别损伤，但中国军战亡数目已达三千人之多。

这么地陷落了库伦，溃败的中国兵奔窜到恰克图，在该地竟残杀无辜的俄罗斯人，借着泄去胸中的积忿。库伦陷落之后未久，科布多、乌里亚苏台，为"温格伦"白党派军所占领，中国势力在蒙古遂扫除净尽。其后"温格伦"军到处歼灭逃亡的中国军，当时曾南进到张家口之北二百里样子的地方。库伦开始攻击以前，因了"温格伦"军的指授，为西藏兵所护送脱去佛宫而避难的哲布尊丹巴呼图克图汗，再度返还佛宫。外蒙古王公等在其主权下由于"温格伦"的保护，组织蒙古独立政府，实权是掌握在最高军事顾问"温格伦"的手里。张作霖宣言征蒙计划，从北京政府借取五百万元，便是当时的一段插话。后因中国内乱，实行上殊不可能，但起初张作霖有无实行的计议，殊为一疑问也。

"温格伦"攻击库伦，借着蒙古干涉赤党派苏维埃政府的口实。一九二一年，苏维埃俄罗斯委员援助在恰克图结成人民革命党，和组织蒙古人民革命政府。苏维埃赤党军进入外蒙，破"温格伦"军，占据库伦，驱逐白俄罗斯人，"温格伦"为赤派军队擒获枪杀。当着赤派军进入外蒙之际，为击破"温格伦"，中国方面有密秘地求援助的传说。蒙古人民革命政府，在库伦成立，宣言独立，维持了哲布尊丹巴呼图克图汗宗教上的最高权位。当年十一月，苏维埃俄罗斯和外蒙缔结条约，承认在蒙古之唯一政权，彼此互相约定，在蒙古国内不许其他敌对之集团或军队之结成和召集，所以确定将来外蒙古政府政策和俄罗斯政策相一致。一九二二年九月，俄罗斯和中国间互相交换关于蒙古问题之意见，该二国意见很相背驰，相同之处，殊不可能。中国坚决地不肯放弃对蒙古之一切权力，这问题是两国条约谈判上一大障碍。一九二三年五月蒙古使节在莫斯科受非常欢迎，且待以优礼，所以俄罗斯使节在蒙古被欢迎。一九二四年俄罗斯和中国协定，承认外蒙古在中国主权下为完全领土之一部。

我把俄罗斯旧帝制时代缔结了的《俄古〔蒙〕条约》、一九一三年的《中俄条约》和苏维埃时代一九二二年缔结了的《俄蒙条约》、一九二四年的《中俄协定》相比较，实不胜今昔之感。旧帝制时代的俄罗斯当局，在《俄蒙条约》上承认蒙古之自治，而否认其独立，特别注意蒙古承认中国之宗主权有存在之余地。待及《中俄条约》，承认中国之宗主权，而否认其主权，特别注意中国承认蒙古有自治之余地。然而在苏维埃时代俄罗斯当局，《俄蒙协定》避去明言承认蒙古独立，任何人对之亦无存疑之余地，相约不承认蒙古政府以外之政权。《中俄协定》当时，明朗地承认中国在蒙古之宗主权。苏维埃当局如承认外蒙古之独立，便不得承认中国之主权；若承认中国之主权，承认外蒙古之独立为不可能。纵知其如是，事实上则未得避免。关于外交方面，一反旧帝制时代的俄罗斯当局的思想缜密、小心翼翼的，竟豪放大胆，"旁若无人"，有"天马行空"之概。从《中俄协定》，认中国只有形式上的主权、纸上的主权，从《俄蒙条约》上认为外蒙古是事实上的独立，实质上的独立，无由实力方面所支持的形式主权、纸上主权，不得为实在的东西，不过是一番空想罢了。这么样的主权，究让给中国些甚么呢？所说"蒙古无任何关系"，想是苏维埃当局的一度精想罢！我透视了这事实的真相，不拘于形式，不流于空想，一直向理想目的迈进这样的态度，未有不惊服的了。

（五）

一九二四年哲布尊丹巴呼图克图汗死后，苏维埃指导下外蒙古不认其再有转生之可能。以外蒙古成为苏维埃共和国，无大总统，主权属于大国民会议，苏维埃俄罗斯联合人民革命党去指导外蒙古，那末外蒙古虽名为独立，实际上是苏维埃俄罗斯共和国的一个自治共和国，甚至不过为苏维埃社会主义联邦的一个共和国。在苏维埃俄罗斯国境以外，配备着军队，警戒得深严的了，更严禁非俄罗斯人入境。特别是东部国境车臣汗部的克鲁（即为赤军根据地的桑贝子），战车、飞行机增设，军备益形充实。

外蒙古之西北部的唐努乌梁海地方，经清康熙帝击败准噶尔部的噶尔丹后，便隶属于外蒙古的札萨克图汗部的和托辉特旗，纳貂皮为贡赋。可是和托辉特旗长博贝从清康熙之末，直至雍正，曾经宣抚唐努乌梁海而归顺清朝。唐努乌梁海是唐努山北乌梁种居住的地方，乌梁海为中国人之称呼，"得握"为其土人之自称，系芬族、土耳其族、蒙古族之混血族，俄罗斯系大战开始前便起始移民，向外蒙努力培植她的势力。

外蒙古在苏维埃俄罗斯保护下，从中国分离独立之后，唐努乌梁海由蒙古分离，而为俄罗斯苏维埃联邦社会主义共和国的一个自治共和国，国名"谭努特握"人民共和国，称国都为"科拉斯奴伊"，仿俄罗斯委员会议，安设赤军了的。

《西北论衡》（月刊）

西安西北论衡社

1937 年 5 卷 11、12 期合刊

（朱宪 整理）

绥蒙的命运

郁章　撰

绥蒙是指绥远省境内的蒙古，她的范围包括乌兰察布盟、伊克昭盟、归化土默特旗和原来的察哈尔右翼四旗（即现在所称的绥东四旗），面积计为一百四十余万方里，已划归省县设治的，只有五十余万方里。在这些蒙旗居住的纯蒙古人口，约有二十万，相当于绥远全省人口的十分之一。现在各旗主政的人物，大都为成吉思汗和他兄弟哈布图哈萨尔的后裔，因未经近代文化洗礼的缘故，知识多不够用；就是蒙古一般平民，也因未受过教育，迄今除能保持几种良好的旧习惯外，依然过着浑浑噩噩的生活。以绥蒙广大的土地，养着极少数的人口，虽浪费了地力，而其人民则安居有素，二百年来未出过大乱子，这在另一方面言，也是一种收获，命运系于自然环境的支配与淘汰下，其危险究为慢性。可是晚近的绥蒙，就曾掀起过几次惊涛恶浪，其中的原因，据说有一班内蒙青年，为了要复兴内蒙，而不惜采取种种战斗方法。他们的功罪，可让后人去评论，不过把个绥蒙的命运，倒弄得七颠八倒，〈由〉过去［由］静态中跌入了狂涛惊浪内，受过几次波折，还未立定健全的基础；现在更有如大风雨的骤至，各人都在恐怖和黑暗中摸索；将来的前程，自然要看这战斗的结果。但也有几种支配她的力量的消长，我们是可以预测的；甚至今后的绥蒙，应当在如何的场合中，始有正当的发展，我们不妨回溯她的过去，来说明现在的一切，同时更可借此而窥测她的将来。

一

蒙古的盟旗制度，是在满清成立的，蒙古民族比较能有长时期的安宁，也要算有清一代，虽然她羁縻王公和优待喇嘛的政策，确是很毒辣的。民国改制以后，由汉、满、蒙、回、藏组成一个新国家，蒙古民族为中华民国的成员之一，她当然应受到与汉族同样的待遇；不过少数的绥境蒙人，依然眷念皇朝的假恩惠，而认不出她的毒辣政策的贻害来，所以在新政体成立后的二十余年中，除了归化土默特旗的蒙古人，他们有少数能够直接间接的参加新组织的工作外，其他大多数的绥蒙同胞，都在保守着自给自足的经济生活下，而走不出游牧区域的范围，因此他们的政治、社会诸端，也就维持着老态。

当外蒙的政体转变之初，曾给予绥蒙各旗的政教领袖以最大的打击和恐怖；这种打击与恐怖，直到匪伪势力西渐以前，还是在守旧人物的脑海里发荣滋长，不过因为外蒙新政府的国防军，始终未越雷池一步，这在事实上给予了一般政教领袖一种有力的保护，所以一直到最近以前，绥蒙与外蒙间，长期维持着锁境的办法，断绝了彼此的往来。

东三省的失陷，日本帝国主义者实际上占有了哲里木盟和布特哈、伊克明安等东蒙的大部分。热河放弃后，卓索图与昭乌达两盟，又继续沦陷，敌寇处心积虑的满蒙政策，至此已跃过满洲而伸其血手于蒙古。这时候它除了在有组织有自卫能力的外蒙边境，不时掀起纠纷以为烟幕外，自然只有继续侵略西蒙以包围外蒙为得计，到这时绥蒙的命运，遂不可捉摸了。

锡林郭勒盟西苏尼特旗扎萨克德穆楚克栋鲁普（即德王），是一位能刻苦、有抱负的少壮王公，平素喜交一班蒙籍青年，侈谈复兴蒙古民族的工作。当热河失陷的前夕，德王正在北平活动甚力，东蒙青年附和其主张的很多。热河失陷后，他就回旗发动所谓"高度自治"，并假借乌盟盟长云端旺楚克（即云王）的名望为号召，在口内的蒙人，多随声附和。他们在这敌人的铁蹄已踏入多伦的时候，来要求在边陲成立一种新组织，引保障西蒙的安全和增进蒙古民族的福利为己任，自然能得到不少的同情，而终于成立了百灵庙的蒙古地方自治政务委员会（以下简称百灵庙蒙政会）的组织。详细的经过，在这里自无暇去叙述，但是关于其间影响以后种种的重要因素，不得不记载几点出来。德王既然是锡林郭勒盟的王公之一，而他所结纳的蒙籍青年，又多为东蒙人士，在绥蒙境内，除了乌盟云王与他的侄子沙拉巴多尔济附和德王的主张外，只有归化土默特的一部分青年，同德王稍为接近，其他各旗的王公、青年，都很少与德王一系的人物来往，所以那时内蒙自治运动问题发生以后，除了德王一系的人物在内主动外，只有旅居口里的蒙人，大家起来响应。这些口里的蒙人，也多是东蒙籍贯，与德王等互为声援，等到百灵庙实行召集会议时，仍只有德王一系发动自治的主脑人物和白云梯、吴鹤龄等的旅京、旅平各有力分子。至于绥蒙人士，参加的还是云王叔侄和归化土默特一部分青年，其他绥蒙的有力王公，都是立在观望的地位。像伊克昭盟杭锦旗扎萨克阿拉坦鄂齐尔，还站在调人的地位，亲到百灵庙去，图和缓德王等的要求。这是最堪注意的第一点。自日帝国主义者援助其爪牙进入了多伦以后，察哈尔省的门户洞开，二十九军已准备放弃察省，向关内有所企图。这时候的察哈尔，已在敌人的势焰笼罩之下，各方面对于它都很失望，加以察省向较贫乏，因了经济的关系，而使发动内蒙自治运动的首脑人物，特别注意把握绥蒙，于是德王一系，自始即和绥远省政府站在对立的地位，虽然其间一度进行过合作的谈判，而终因利害冲突过甚，使得合作的谈判，毫无结果，双方的戒惧，就逐渐加深。这是最堪注意的第二点。当中央特派入蒙宣抚大员黄绍雄、赵丕廉二氏在百灵庙和德王等谈判实施内蒙自治的办法时，曾规定有统一组织与分区组织两种，黄、赵等以分区组织自治政府的办法，尚和中央所定内蒙自治的原则相符，认为可以采取，并经明定锡林郭勒盟和察哈尔部为第一自治区政府，绥远乌、伊两盟和归化土默特旗为第二自治区政府。假使依了这个办法，把德王一系的人物与绥远省政府的关系分开，倒可省去以后的许多麻烦。不料黄、赵在百灵庙与德王等商定的办法，到南京以后，又经过一番大更改，由中央政治会议通过自治原则八项，允许到京的内蒙代表的要求，成立整个的蒙古地方自治政务委员会，而且该委员会的设立地点，并指定为绥境的百灵庙。这是最堪注意的第三点。发动内蒙自治运动的，是东蒙的王公和青年，赞助内蒙自治运动最力的，也是东蒙旅京、旅平的同乡，所以日后掌握实权的，当然不会出乎这些人以外。内蒙自治运动开始即种下和绥远省政府的纠纷，自治实现以后，其纠纷自只有渐趋具体而尖锐化。以东蒙人士而掀起内蒙自治运动，来图把握西蒙的领域以实现其自治要求，延长其自治生命，对于把自己排除于自治组织外的分区自治的办法，当然要竭力反对。

不过那时候绥远的情形，确有特异之点：绥蒙自经省军努力剿除积匪后，四境相安，蒙汉两族虽有些欺蒙诡诈等小磨擦，大致都能相安，没有显著的种族裂痕。绥蒙各旗的王公、青年，对于绥远省政府，各有相当的认识和信仰心，不会引起省县和盟旗的冲突，虽然经过历年演变以后的不利蒙人的事业，绥远也未能例外，但当时绥远省政府与绥蒙各旗的往来，确很频仍，颇有向共同利益迈进的趋势。德王一系的人物，经过百灵庙会议时所认识的绥蒙多数王公的冷静态度，经过几次与绥远省政府的暗斗，更受了那时中央对蒙政策的因循与苟安的待遇，遂转使其假借外力的态度，更趋积极。而在另一方面，绥远省政府的热望蒙旗分治的心理，也日渐加强，并且无视百灵庙蒙政会的成立与存在，仍继续其分区自治的活动，结果遂演成德王辈的明目张胆，倒入我民族敌人的日本帝国主义者的怀抱，而绥远省境内蒙古各盟旗地方自治政务委员会，也被迫于短时期内产生。经过这样一次的重大嬗变以后，双方对立的形势，已是表面化，而老躲在幕后牵线的敌人，到这时更只有唆使他豢养的鹰犬对准着绥蒙和绥远作积极的进攻。

二

民国二十四年冬季，宋哲元和他的部下放弃了察北六县，使匪伪长驱直入，一下子到了绥边。这一群鹰犬，假恢复察哈尔右翼四旗的领土主权为名，进而压迫绥东五县。日本驻绥远的特务机关长羽山喜郎，要求绥远省政府让步，不如也和宋先生等一样的把绥东五县作为礼品，去和缓当时的严重局势。那时绥远地方当局，以积极而迅速的手段布置了绥东的防务，轻轻挡住了匪伪的去路；而以坚决抵抗不屈不挠的决心，来答覆羽山喜郎的要求。不过那山雨欲来风满楼的局势，还未因这些努力而松懈，当时满布于绥东和绥北的阴霾，直等到绥境蒙政会的成立，才根本把它肃清。

百灵庙蒙政会的成立，患了先天不足的毛病，自始既未得到绥蒙多数王公的支持，而又与绥远省政府处于对立的地位；那些当事人，还要一味的蛮干，为了税务纠纷和绥远省政府闹得焦头烂额，也得不到结果；继之以西公旗事件，又伤了绥蒙多数王公的感情，使从前假意往来和敷衍的，也渐感到不能继续；等到百灵庙蒙政会的负责人东去不复返，绥东顿趋紧张以后，察绥蒙绥

〔旗〕的联合自治，已完全宣告破产。这时候绥远省政府方面，极力援助绥蒙各旗的王公、总管，使大家起来组织绥境蒙政会，以脱离德王等的羁绊；而中央当局也感到分区自治的重要，非此不足以挽救绥蒙的命运，乃颁发《察绥蒙旗分区自治的办法》，着各进行其分区的组织，并明令划旧察哈尔右翼四旗，归绥远省管辖，以斩断匪伪觊觎的念头。

绥境蒙政会的迅速于民国二十五年春季成立，除了在事实上予敌人和匪伪的打击，表示了绥远地方当局抵抗强暴的坚决立场外，还使绥远的蒙汉两族，实现了共存共荣的大团结。因为自从百灵庙蒙政会成立以后，绥远省政府虽早表示着不满，绥蒙各旗的王公，虽存着观望或反对的态度，而伪蒙的势力，终有在绥蒙发荣滋长的趋势；我们的民族敌人日本帝国主义者，因了百灵庙蒙政会给予的便利，可以派员深入绥蒙的任何一旗煽诱和调查，而播种蒙人的恐日病菌。其结果不但足以分散绥远蒙汉两族的团结力量，并可破坏二者的联合阵线，遂使彼此间会产生种种猜疑，而敌人就好坐收渔利。绥境蒙政会成立了以后，很显然的告诉敌人：绥远蒙汉两族的命运，不能分开，所有一切恐吓和离间的手段，是不会发生效力的，除了充实其爪牙鹰犬的力量，准备武力的进攻以外，要想取得绥远，实没别的办法。所以绥境蒙政会的成立，能够澄清当时的混沌阴霾，也就是这个原因。

绥远蒙汉两族新的团结力量，在去年七八月间得到一次试验，当时敌人唆使他的爪牙王道一，由商都进攻陶林，作一种大举进犯的开路工夫，遇着英勇的蒙汉联军，给了他迎头的痛击，并且追入商都境内，消灭了他的主力匪徒，不久敌人就自动把王匪道一一枪毙了，这也是当匪伪的下场。

蒙汉两族新的团结力量的第二次试验，为去冬挺战之役的胜利。当中央颁布察绥蒙旗分区自治的命令后，绥境蒙政会虽赖以成立，但那时绥蒙的环境，异常恶劣：东面因为察北的不守，使匪伪的力量，一直到了陶林、兴和与集宁等县的边界，随时受着它的威胁；北面旧蒙政会的势力，依然不肯离开百灵庙，更如同一柄插入胸窝的利刃。环境既然特别有利于敌人，就非经过一次艰苦的奋斗，自不能把这几部分恶势力赶开，挺战之役的发生，是有其必然性的。而大战红格尔图，收复百灵庙与锡喇木伦召（即大庙），都是挺战一陷〔役〕中的光荣收获，也都是用绥远蒙汉的团结力量来造成的，从此更把匪伪和伪蒙的力量，扫荡于绥远的境外，打破了敌人的陆路封锁线，奠定了绥远全境安宁的基础，而加强了绥远蒙、汉两族的团结。今岁绥远国民兵的加紧训练、绥蒙各旗武力的整理与扩充、蒙旗保安队的重新成立，在在都表示了绥远抗敌力量的增大，而为西北各省的国防，作成一套坚固的壁垒，谁还否认或怀疑这一个由长期奋斗中，经过几次血战得来的既成事实吗？

三

七月七日芦沟桥的事件发生，揭开了民族解放战争的序幕，平、津失陷以后，战事重心移到平绥线的南口，绥远即开始战时动员。八月十三日，向察北匪伪的商都等地总攻，陆续克复商都、尚义、崇礼、嘉普寺各要地，剿灭了伪蒙和匪伪的老巢，大有席卷察北、进攻热河的趋势。这时候绥蒙处在后方，她的安全保障，因了前方战事的胜利，就一天天的增大。克复嘉普寺的消息传来以后，绥蒙人士，上自王公，下至平民，大家都非常高兴，好似失却了一种重负，因为几年来自百灵庙方面伸入的伪蒙力量，确曾给予他们不少的威胁，现在因了嘉普寺的攻陷，根本摧毁伪蒙的实力，以后就可以高枕无忧了。

　　可是如同盛宴难再，好景不常似的，绥蒙的命运，现在已迅速的逆转，而跌入了黑暗的深渊，将不知演变到怎样的地步！虽然绥远的国防，是经过几次血拼，费了很大的财力而建立的，虽然绥远是西北的门户，而明知保绥远即是保西北，虽然敌人的占领目标，被公认在平绥一线，而图截断我国际的联络；但绥远的防务，自平绥线战事发生以来，毕竟日见其空虚，名为西北门户的绥远，终未被军事当局重视似的，而反因调回其主脑人物使守雁门关，以致轻易放弃。九月中旬失丰镇，下旬弃宁集〔集宁〕，十月十三陷归绥，十七丢包头，赵承绶的骑兵和袁庆曾带走的绥远国民兵，伙同放弃了平地泉以后，就间道以入河曲，沿着平绥线退的，只有马占山的部下，李大超率领的绥远国民兵，和去冬的反正部队，于是绥蒙也就在这总退却的当儿，很快的决定了她的另一种命运。

　　一部分军人放弃平绥线的功罪，我们这里且不论，单来分析一下现在绥蒙的情形。敌人始终是采取沿铁路线突破的战略，这在平绥路也是这样，所以目前绥远自东到西，只有沿铁道线的各县镇，才在敌人的铁蹄下蹂躏着，据最近的消息，五原依然无恙。我们根据了这种情形，来分析一下现在的绥蒙，究成了个什么样子，然后对于各盟旗附逆的成分怎样，也不难窥测一二。因为近几年来的国际环境特殊，绥蒙继续不断的在几种势力的争夺中，养成了多数王公的一种普遍现象，就是在不开罪任何方面的原则下，努力保持自己的固有地位；至于因为个人的认识不同，或因为环境特殊的作用，而终使自己继续站在某一方的政教领袖，确为极少数。

　　向来绥蒙的盟旗，大别分作三部分，就是乌盟、伊盟和归化土默特旗，乌盟远在大青山后，靠近外蒙与察蒙，自从各方面的势力争夺绥蒙以来，除了接近县局的西公旗外，其他各旗，常持着中立的态度，不会开罪任何方面。伊盟处于晋、陕、绥、宁之间，形成了一块腹地，一向和掌握绥远大权的军政当局，比较接近点。归化土默特旗的情形，根本和乌、伊两盟所属的各旗不同，她是直接受绥远当局管辖的，同时她这一旗的文化程度很高，人民大都汉化，参加省县各机关工作的人员不少，所以和省县的关系，特别密切。察哈尔右翼四旗，是去年春间才划归绥属，她和归化土默特的情形类似，而态度则一若乌盟。

　　平绥线退却以后，察哈尔右翼四旗，可算完全失陷了。这四旗的领袖总管，谁都知道是那一度被誉为民族英雄的达密凌苏龙，他原也是德王的属下之一，做过乌滂守备队的队长，回旗以后，仍保持了这个名义，似乎比后来绥远省政府议给他的绥东四旗剿匪司令的名义还要荣耀些，而各方面偏推举他为民族英雄，这也可见联络蒙人共同杀敌的苦衷了。现在达密凌苏龙，据闻已随德王到了绥远，但他属下的一部分蒙古兵，却跟着参谋长卢子葵退入了河套。其他三旗的总管，平时既不如达总管出风头，到了伪蒙和匪伪势力西渐的今日，更易顺风而转舵。

　　乌兰察布盟的前盟长云王，原为赞助德王主张最早的人物，这回因为时局急转直下，听说德王一系，仍欲拥他来领虚衔，当然他那一旗的顺应现状，是不成问题；不过云王和他的侄子沙拉巴多尔济（现任本旗东协理）、齐色特巴勒珍尔（现任本旗扎萨克），都是有算计的人，绝不至趁着这乱世来出风头。现任乌盟盟长巴宝多尔济和其子林庆僧格，是两个老成持重的人，德王敬重他们，而绥远省政府更爱护他们，那末在这动荡不定的今日，他们当然会更发挥其偏安一隅，足以自给的适当条件，而为将来再转变的局势留退步。目下在乌盟容易受诱惑的王公，恐怕要算四子部落旗的扎萨克潘第恭察布，他是一位优裕惯了，头脑又比较糊涂的半老王公，容易在现状下驯伏，而又贪图目前的小利，据闻他已代替了云王而充当现在绥蒙伪组织的领袖，就他乌盟副盟长与世袭和硕亲王的地位而论，也确有被利用的可能。还在动荡不定中而引颈南向图援的，只有西公旗的色令布，不乏这种趋势，色氏向随该旗前在〔任〕扎萨克石拉布多尔济，曾带兵出击过德王的保安队，而又与仰仗百灵庙蒙政会鼻息的本旗旧协理额宝斋父子作对。现在西公旗的大权，已落于色令布手中，今后德王是否谅解他过去的敌对行动，或是额宝斋父子是否能再获着德王的援助而回旗，都是不可捉摸的事情，那末色令布处在这种环境下，如果妥协的门户已闭，只知有盼望国军和晋绥军去救援他。

归化土默特旗的情形，不能和乌盟等相提并论，这一旗的知识分子，是抱有相当国家观念的，同时这一旗的老百姓，也易和汉族受到敌人等量的持〔待〕遇。平地泉不守以后，该旗总管荣祥，率领一部分随员退到陕北的榆林暂住，并电南京请示，准备南下报告蒙情，这当然是一种良好的现象。同时归化土默特旗的知识青年，从前曾一度和德王反目，现在被迫退居晋、陕的不少，只要有人统率和接济，都是目前打回绥蒙的生力军。

伊克昭盟为绥远蒙旗的腹地，七旗的王公，大都与绥远省政府发生密切的关系，一部分和陕北的驻军与宁夏省政府取得联络，他们都有比较坚强的向心力，希望蒙汉合作到底的心理，要较为坚决。伊盟实力最大的，首推准噶尔、杭锦和鄂扎〔托〕克三旗。准噶尔旗的实权者是奇文英，奇氏本为军人，头脑也很清楚，他对晋绥当局发生过信仰心，而与百灵庙蒙政会很疏远，不过和奇文英同握军权的奇凤鸣，他在与〈奇〉文英争立的时候，是想得到百灵庙蒙政会的援助的，所以目下准噶尔旗的对外路线怎样，也许要看他内部力量的消长或调和。杭锦旗的扎萨克阿王，是绥境蒙政会的台柱，是与绥远各界的领袖有密切私交的，是向来不表同情于德王的主张的，归绥告紧的时候，他还冒险来绥处理蒙政会的事情，回旗以后，不久就是平绥线驻军的总退却，可是他并没因此而恐惧敌人，他也未奉德王的命令而出席绥远的伪组织，他还集中本旗所有的力量，准备着万一的牺牲！现在听说德王要利用飞机轰炸的威胁来恐吓他，这一位有才力有勇气的绥蒙王公，将来的归局怎样，不仅凭他自己的努力去决定，更要看我们今后对绥蒙的工作怎样，接济怎样。鄂扎〔托〕克旗偏于绥蒙的西南部，密迩宁夏省境，他还没十分感到伪蒙的威胁，前途与河套和宁夏等地的抗敌事实有关，要是联络得好的话，他那一千多的蒙古骑兵，是可以举起枪头对准敌人的。至于达拉特、郡王、扎萨克、乌审等旗，将以上述三旗的马首是瞻，不会单独表示他们的意见。

四

平绥线战争的总崩溃总退却，在军事观点〔不〕可訾议的地方很多，而指挥这线作战的和担任这线进攻与防守的许多部队，都有他们的责任问题，这些是是非非，有的已被舆论宣布了，有的还等待后人去发掘。绥远的不守，不但影响于今后西北国防军事太大，同时影响绥蒙变成现在的样子，也真是令识者痛心！绥蒙不是无组织的，各旗有他健全而悠久的政治基础，任何旗的整个力量，都可以在短时内集中。蒙人效死赴难的精神，一点也不落后，只要有扎萨克王公的命令，不愁没人跳火坑。旗以上的旧组织，还保持着盟的在〔存〕在，各旗扎萨克和协理等，平时虽有自由行政的权限，可是对于盟长的命令，也能毫不迟疑的履行，这在发挥一盟的力量上，并没多大的困难。绥境蒙政会的成立，更在各盟和特别旗以上，竖起个总的机关，对于发号施令的动作，自更容易实行，就是要借这个总机关来发动整个绥蒙的力量，也是可能的。

和绥境蒙政会同时成立的，还有该会的指导长官公署，长官和参赞的人选，都是最为各方所属望的。署内开支的经费，几等于绥远省政府的开支；而署内各部分的工作人员，也是搜罗完备，应有尽有。当时绥境蒙政会成立的迅速，固为各方所嘉许，而长官公署的组成，更博得不少的好评，并且为各方所重视，因为鉴于百灵庙蒙政会成立以后，那时虽也发表了长官公署的组织和人选，却始终未曾成立，说者评论该会的失败，没有长官公署的监督和指导，是一个重要的因素。前事不忘，后事之师，这一回确不比从前马虎。蒙政会与长官公署，可以说是同时成立的，宜乎他们双方的工作，都很顺利的进行。以这样范围庞大的长官公署，以这样人材济济的长官公署，要是能发挥真正工作的力量，胶住了绥境蒙政会的重要人员，结纳了绥蒙各旗的有力分子，哪怕整个大局逆转，哪怕军事抗战的失利，又哪怕绥境蒙政会与长官公署感受到一时的压迫，依然可以退入各旗，干着更有意义的工作。

可是事实告诉我们：平绥路全线的军事崩溃了，绥远的蒙务机关也崩溃了。尤其是长官公署的解体，更足以扰乱绥蒙各旗的视听，而使内向的有力王公如阿拉坦鄂齐尔和色令布等短气。绥远的沦陷，只及于沿铁路线附近，至于绥蒙各旗，除了靠近平绥路的察哈尔右翼四旗和归化土默特旗外，所有乌、伊两盟，当时都很完整，只要长官公署能够继续负责，至少也可以保持伊盟，以作恢复整个绥蒙的根据地。利用伊盟和西公旗的蒙古骑兵，加上白海风率领的蒙古保安队和卢子葵带走的绥东四旗的剿匪部队，那末整个绥蒙的势力，可算得金瓯无缺；然后接济归化土默特旗的蒙籍青年，使他们为前导，潜入各旗宣传，务使绥蒙的多数王公和青年，不受伪蒙的煽惑利用，也永远明了政府对于绥蒙的关心，因此而逐渐加强蒙古同胞的抗敌心理，发动蒙军以作游击战，打破敌人分裂绥远蒙汉两族的迷梦，这是不难得到收获的。

上述的重大工作，很显然的还需要重新努力，那末只有希望从早发动，庶乎亡羊补牢，也不算晚，假使再拖延下去，使伪蒙的势力，重在绥蒙展开，使一般不甘附逆急切盼援的王公们，都被为〔伪〕蒙的势力压迫下去或消灭殆尽，到那时就算不可挽救了。

不过绥蒙的命运，已临到目前的厄运，今后总是不可捉摸的。在这伟大时代的来临，在这中华全民族继续抗战的过程中，在这国际风云必趋转变的前夕，最主要的决定绥蒙命运的因素，当然是靠着我们自己抗战的胜利，靠着蒙汉两族的团结救亡，假使整个的抗战不屈服，假使内部的团结不解体，敌人纵然打到宁夏，匪伪纵然盘据绥蒙，等到决定最后的胜利时，还可以同时消灭敌人和伪蒙在绥远的实力，而立刻恢复故有的常态。次一种决定绥蒙命运的因素，是期待着国际风云的转变，如果中俄一旦缔结军事同盟，俄军直接进攻东三省，到那时恢复绥蒙，自然不成问题；或是外蒙古发现了他本身的危机，而自动与祖国取一致的行动，调兵由乌得南下，沿张库〔伦〕大道直奔张家口，截断敌人西进的路线，更不难应用绥远蒙汉两族的团结力量，而在绥境剿灭伪蒙。就是再退一步说，现在不利于我们的战局，还得延长若干时，绥蒙各旗，将在伪蒙的鹰爪中受着长期的蹂躏，那末以现有各旗王公的普遍态度而论，他们依然会眷念过去蒙汉合作的一幕，而不致诚心附逆。自然伪蒙将在敌人的指使下而进行其毒辣的分化工作和排汉运动，但我们不相信敌人的残暴政策会在短时内得到成功，只要我们努力不懈，将来还可拿回一个完整的绥蒙。

《西北论衡》（月刊）

西安西北论衡社

1937 年 5 卷 11、12 期合刊

（李红权　整理）

察北民众的抗敌复土运动

作者不详

　　察北沦陷两年了，我爱国民众经常在敌人军事宰割之下，过着凄惨的亡国奴生活，过去虽也有不少光荣伟烈的复土斗争，因为规模很小，未为国人所注意。最近察北民众，以敌人仍然不断西侵，爰发动大规模的武装救国复土运动，与敌人作殊死的搏斗。

　　五月二十八日，驻白庙滩常子义团千余人，突自由行动，在热、察交界赤峰、多伦间，与热义民连合，揭竿抗日，适有日指导官二人，由张北乘飞机赴热，该部误认为追机，当将该机击落，司机及指导官均被杀。二十九日，特务机关增派驻张北第四师包子宸部向多伦追击，同时赤峰日军亦出动截击，伪军部参议杨守诚因与常有关，已在化德被押，察北空气，遂立形紧张。

　　六月一日，崇礼县属陶濑庙村民赵某，因不堪伪匪虐待，纠合义民百余，将伪公安局长杀死，并收其枪枝，占据该村，抵抗匪伪。除崇礼外，张北民众亦将驻军包子宸师包围缴械，杀叛逆六人，头悬城门。南壕堑亦有发动，某叛逆眷属纷送热境。嘉卜寺某特关长，于民变两小时后，急电其军部请示机宜，并请由热速派军入察北弹压。

　　据报载察北匪伪军，自常子义由白庙滩率部发难之后，察北各地军心民气，杌陧异常，盖察北民众自二十四年至今，二载有余，备受伪匪虐待，益以横征暴敛，教育、文物，摧残殆尽。本年天气亢旱，五谷均未下种，星〔猩〕红热病流行，牲畜、人口死亡亦重，在此种天灾人祸暴虐，政府苛敛交侵之下，民众实不堪再忍受压迫，所谓物极必反，理所当然。况自常子义部发难之后，某方对于伪匪军益失信任，对民众压榨，亦复益甚，故有此次普遍之变动。目前察北匪伪解体，人民起而自卫，实时势有以促成。其变动情形，及某方特务机关措置办法，分志于下。

崇礼县属陶濑庙村，人口、地方，均甚繁庶，在该县之南部，距万全县二十五里，设有伪方之公安分局一所，长警数十名，本月一日晚间，有村人赵某，纠合义民百余，乘夜发难，当将伪公安局长杀死，并收缴其枪枝，村民即公推赵某为首，据村独立。二日所有经过该村之运粮商贩车辆，悉行被扣检查，至下午始放行。

同日，张北及南壕堑两处民众，亦闻风继起。据张北来人谈，当民众发动后，前驻张北之伪军包子宸之第四师，曾开赴多伦一部，追击常子义部，尚有一部留守，约四百余人，悉被民众包围，将其缴械，并杀汉奸六人，将人头悬挂于城门示威。

激起此次民变的原因，缘某方近曾计画对人民之财产牲畜数目、人口年龄，加以缜密之调查，准备施以严格之统制。察北民众闻讯，证以过去某方横征暴敛，及惨酷暴行，咸认为此后生命财产，尽已收其胸臆，将难免有财破人亡之惧，与其早晚等死，勿宁未死之前，尽力挣扎，犹可于九死之中获得一线生机也。

察北义民起来以后，即组成自卫军，以李英为总指挥，七日一度攻陷崇礼县城，商都、化德、张北、兴和等县市，先后亦发现自卫军组织。十日以后，各路自卫军并切实取得联络，十三日起开始为有组织的活动。总司令李庭芳令第一路总指挥李英，率武装民兵两千，由黑河川取沽源，十四日与伪八师包悦卿部三团接触，同时支队司令张海丰率民兵千余，由热属经棚大道趋沽源接

应李英，当在喇嘛庙一带，与热伪军相持；第三路游击支队司令
邢自强，联合第二支队唐卓群部，共骑兵三百余，十五日进攻崇
礼县，与守城第六师伪军激战；第二路总指挥张仲英率民兵百余
趋南壕堑，十五日有该处警察局骑巡队二十三名向张投诚，因悉
该处伪军已有防备，当由骑巡队前导，改取尚义县城；第四路总
指挥拉王爷松（译音，蒙人），率蒙汉民兵二千余与张仲英联合，
拟经滂江，直捣嘉卜寺和德王府老巢。连日蒙汉人民纷起响应，
总计已近万人，声势浩大，德王、李守信迭与某特〈务机〉关长
开紧急会议，十四日令伪炮兵总队长丁其昌，将兵力配置商都一
带，准备与民兵战，并防绥出击。

　　至伪军哗变响应义民者，亦时有所闻。本月六日，康保县警察
队约百余人，携械发难，响应察北义民，惜以时机过晚，发动未
及两日，被伪军扑灭。同日，张北县城东门，有包子宸部守卫士
兵一连，亦携械发动，拟逃往热西山中，待时图报国家，讵料某
特务机关得讯，即令某军钢甲车队跟踪追击，在崇礼县迤北之旷
野，已被追及，当即发生冲突，因该连士兵子弹无多，相持三小
时后，卒被某军钢甲车队包围，全行惨杀。

　　据《申报》万全通讯：自各地民众纷起自卫后，某方鉴于民
气激昂，现正亟谋制止。兹据嘉卜寺讯：本月二日上午十一时许，
某方由热河开到嘉卜寺战斗机八架、钢甲汽车九辆，意在压抑民
众。同日并有某方要员二人，衔关东军司令部令，由热河乘飞机
到达嘉卜寺，当召集特务机关人员及伪匪军政领袖，宣达命令，
共同商讨进行办法，德王当日亦由西苏尼特旗乘飞机赶至参加。
闻其会议中最重要并须即日实行者，为对匪伪军官在团长以上，
每人均增派某籍人员一名，以便随在监视，对服务伪政治机关之
华人今后之行动，随时特予注意，严加监察。该要员二人，于散
会后，并听取特务机关长报告此次察北各地民众变动真相，至三

日早，仍乘原机飞赴长春。

近日东四省民众，亦有伟大的复土运动。《申报》天津通讯：近数月来，我国团结统一消息，传遍东北四省，凡受压迫的青年，咸认祖国有望，乃纷纷密为集体复土活动，伪境内日军新〔警〕宪兵，于是侦缉大忙，而于信电检查，严密万分。上月来，哈尔滨口琴会，因一关内通信，被日军警检查，又遭搜出反满抗日证据，先后被逮捕者，有大西洋电影院翻译陈保罗、市立第二女中教员刘性诚、滨江医院医士任白鸥等十余人，拘禁日宪兵队内，备受苛刑，根究同谋，至因畏惧牵连之男女青年数十人，早已闻讯潜逃，日宪兵队既未能一网打尽，乃对于被捕之十余人，遂终日拷逼，闻不胜酷刑而死者，业已有数人。但日伪虽如此压迫严防，仍不能遏止民间蓬勃爱国运动。吉、黑边境义军，近二月中，以风闻祖国有收复失地准备，起而组织义军，阴自布置内应者，不一而足，故日伪殊甚恐慌，一方严禁我中国正确消息之输入以刺戟东北同胞，一方则防范关外青年之前来关内。另外则广购汉奸，侦察反日抗满消息，酷刑处治爱国运动分子，所以此时关外青年，如处荆棘中，一举一动，皆无丝毫自由也。上月内，察北及绥蒙沿边，义军蜂起，杀伪官，逐日人，层出不穷。前充东北骑兵师长之张诚德，原为草莽英雄，往岁率一旅健儿，横行于内蒙，浑号"野猫张"，其义侠行为，为察、绥蒙人所敬佩。此君自退伍后，寄居察北，月前为各义军所拥戴，组有绥察蒙边防军，由渠任总司令，逐渐集众至二千余，两周前，曾率众攻占化德赖登庙，焚毁伪机关，化德、崇礼一带，只县城犹在日伪军扼守，县城以外各蒙旗，皆为张部义军所收复。此一枝义军，深盼祖国出师收复失地，并决自任前驱，目前则自筹饷糈，以"自卫图存"口号，反抗恶势力。伪兴安南省及热边各县，受该军义军影响，亦有起而揭竿者，所以伪边境之不安，已成不可掩饰的事实。关外某军司令部，觉此事大可置虑，并认为非与驻关内之某军司令部，协力对付此项问题，绝难收功，关内某军司令部，亦急欲与关外军司令密切联络，以资应付一切，两方基于此意，乃秘密在长春集会。本月五日，关内某军司令官××，特借赴秦、榆之名，潜往山海关，六日早搭飞机赴长，就晤关东军司令官，作详密协议。

《新中华》（半月刊）
上海新中华杂志社
1937 年 5 卷 13 期
（朱宪　整理）

日苏在蒙古角逐之剖析

贾中　撰

一

帝国主义对于殖民地的侵略政策，通常是采取两种方式：一是以武力的掠夺，以克服其在外国贸易上的弱点，即为其工业获得原料，为其生产品物获得市场。如"九一八"事变的日本帝国主义，不惜用那凶残的领土攻击战争来强占了我国的辽宁、吉林、黑龙江、热河这个东北四省以后，中国边疆又开始了新的危机。一方面，由于日本对辽宁、吉林、黑龙江、热河的侵略成功，于是便拥立了一个傀儡的"满洲国"出现，作为形式上的统治"满洲"。跟着这问题而发生的华北问题，也就像暴风雨般向我们袭击过来。在这里，我们可以从经济与政治这两方面来解释：第一是日本对于"日满经济体制"的方案，是要谋置东北经济于日本国民经济之内的，故一切经济上之意思及行为，均由日本根据自己国民经济立场而把持之。其基本原则，即所谓将东北作为一原始工业地，将日本作为一精工业地。也就是说：将华北作为日"满"商品输出地，甚至作为日"满"过剩资本之投资地，以作"日满经济体制"内部膨胀之消化器。第二是日本的大陆政策对华之阴谋，是要在使"满洲"成为日本殖民地以后，以便逐谋伸入中国本部，因此，我们知道，日本进而以蒙古问题为大陆政策之重要点的见地，主张先完成内蒙的占有，坚实华北的控制，甚至打通晋、陕门户，所谓察东问题、察北问题、绥东问题、绥北问题都是日本"蒙古政策"转换以后的开始。如百灵庙蒙政会的支持者德王，他便是日本在内蒙推进这个运动的代表人。

所以，在日本帝国主义看来，这是满洲和东部内蒙古为日本独占势力控制下的特殊地带，亦是以制造事变为侵略的借口，以掩盖国际间的张目和责难，如"北海事件"等等，是很显明的例子。这样的形式逻辑，在帝国主义的侵略场合中，已经成了一个不可泯〔泯〕灭的公式。

这个具有几百万幸〔辛〕勤劳作的贫农大众的广袤的中国，倘是距离欧洲不比印度过远的话，则恐也与印度同时遭受了同样的失去了独立的命运。陷中国于"被角逐之目标"而使之沦于解体过程的，乃是轮船的发明。因为在西方有一个巨大的山脉障壁，把中国和亚洲的其他部分隔离了，又因为从北方进入中国仅有的陆路交通，是在苏联的支配之下的原故，所以要到中国，主要的交通只有海路了。自十九世纪的后半叶以至二十世纪的初期，诸大帝国主义列强乃开始于中国的领土上"辟港"，以经营贸易的目的，着着地蚕食其国境，吐露其势力，最显著而最急进的当然是日本帝国主义了。

而日本之向满洲和蒙古的势力之扩张，不仅为中国问题之症结，对于苏联的东南部西伯利亚与其太平洋的门户——海参威〔崴〕之间的交通，也是一个严重的威胁。西伯利亚横断铁道是沿黑龙江北岸而达海参威〔崴〕的，但在帝俄时代，一八九六年又与中国缔结了协定，根据此协定，帝俄政府才又筑了一条达于海参威〔崴〕的近道铁路，横断了北部西伯利亚。这便是有名的中东铁路。革命后的苏联政府虽放弃了其在满洲的一切特权，惟独这条铁路则始终未曾放弃。可是自日本侵占了"满洲"以后，最主要的是他替"满洲国"计划了一种"满洲国"的蒙古政策。这种政策的建立，不仅可以支持蒙古人抵抗中国本部，且可伸展其势力于西伯利亚，以肩负一贯的反苏联前卫的先锋的任务。

日本在这样的紧急场合之下，将"满洲国策"加以改变：进而当然是华北问题的逐渐严重。另一方面，日本在反苏口号之下夺取华北，也不得不在北满及蒙古高揭"准备武装对抗苏联"的旗帜。可是苏联并未因这刺激而发动战争，反而予日本以最大的让步（如中东路之出卖）。

日本之侵入中国用的唯一实际的陆上进路，则由北而来的进路，即三个世纪以前满人侵入中国的进路；这条进路（即长城各口，主要的是山海关的进路）在大战以前，帝俄与日本为争夺其支配权，曾相争至数年之久。然而，现在又将成了日本进攻苏联的唯一路线，主要的陆上根据地，当然要算中国的东北部和西方内蒙古推进，这地方受日本人支持着的地方王公，已经背驰中国政府成立了自治，虽未脱离中国政府的羁绊，而实际的事实的表现，便是无可置疑的。

从地理形势上来讲，蒙古为中国西北的屏藩，国防重地，倘蒙古一发生事变，是很可以立刻影响到中国的西北部，进一步拿那历史的现象来说吧：第一是满人的征服中国本部；第二是满人的主宰蒙古。而满洲与蒙古东部的联盟，就是满人征服中国本部的一个重要序幕。倘此后被日本帝国主义所统治了，则整个中国也是很容易变为东北第二的。所以说，蒙古同中国的关系，有如唇齿一样，蒙古亡，中国随之也亡；蒙古存，中国西北部可以相安无事。然而，在苏联，对于这个中国边疆的国防上之绝好屏障，当然更有相当重要。故日本所抱负的"蒙古政策"，势必要完成这个计划的。现在，日本正在绥远、宁夏一带布置其所谓"反共阵线"，明显点说，即是进攻苏联的阵线，这个当头棒，使苏联也不得不在我国的外蒙古赶速建立其边疆国防了。

可是，我们知道，现在蒙古居住的区域，是可以分为三部分来讲：一部分蒙古人是心向着苏联，并且接受他们的领导，这就是外蒙古。另一部分，已经在日"满"的支配下，即所谓东满（内蒙之东西〔四〕盟，及热、察境地）。还有一部分，仍旧归戴中国，那就是西蒙了（内蒙之西二盟，绥远境地）。像这种情形，所谓中国边疆领土的分割不是别的，正是说明中国与世界的关系，是一种殖民地与帝国主义的关系。不过中国所异于世界其他殖民地者，即是中国成为了国际帝国主义所支配下的半殖民地国家，在一个领土内有着若干势力圈划定的原故。这些势力圈的造成，其最主要的原因，当然大半是各个帝国主义国家，制造许多事实为借口，而强行指定的或以外交文书约定的不割让的优先权。附带地我们可以将这些势力圈加以分析：

1. 舟山群岛

一八四六年四月中英条约规定此后不得割让与他国。

2. 海南岛

一八九七年三月十五日，中国对法国公使伊穆哲拉覆文，承认无论以让渡的名义或海军停泊所与煤块贮藏所的名义等，不割让于他国。

3. 扬子江流域

一八九八年二月十一日，中国对英国公使玛德拉特覆文，承认不问租借、抵押及其他任何名称，永不割让沿岸诸省于他国。

4. 粤、桂、滇

一八九八年四月十日，中国对法国公使覆文，承认不割让广东、广西、云南三省之地于他国。

5. 福建省

一八九八年四月二十六日，中国照覆日本公使矢野，承认不割让福建省于他国。

6. 西藏

一九〇六年中英续订《藏印条约》，中国承认西藏土地之让与、租借、抵押或卖却时，须得英国的同意，否则，中国不得自行处置。此外并承认不准他国干涉西藏一切事宜。

7. 辽、吉、黑及东部内蒙古

在许多中日条约中，规定日本有经济的独占权，而日本亦以辽、吉、黑及东部内蒙古为其势力范围。尤其是一九一五年之"二十一条约"的提出，更实际地要中国承认上述各地为日本之独占地带。

像这样的情势，我们中国的边疆，几乎完全丧失尽了。就事实讲，中国的边疆的再分割，是无可避免的。尤其是现在一些侵略国家，正高唱着世界资源的重分配，当然远东一角的半殖民地的中国，更无法可以幸免不被分割的命运的。

可是，在远东进出的诸列强所表示的主要势力：其一为屹然存立于朝鲜及满洲大陆上的"现势力"日本；其二为伺机于菲列宾的美国；其三为扼守着中国南方的门户（广东），并置根据地于南方约一千五百哩之新加坡的英国；其四便是虎视于印度支那的法国。除日本帝国主义现在正急进的侵略外，其余的国家是都统一于世界和平的目的下，暂时可以说相安无事。可是，在中国的帝政时代，尚有一个以满洲为其特殊"势力范围"的俄国，但自俄国改变国体后，已放弃其在中国的一切权益了。

二

日本帝国主义之侵略中国，不仅是要想克服其在外国贸易上的弱点，即为其工业原料之获得，为其生产品获得市场等，其所以不惜一再在中国从事掠夺的战争，其主要原因，固然是由于上述的构成，而附带的进攻苏联，也是很实在的事。作为解除无产阶级痛苦的社会主义国家的苏联，对那以侵略国家的帝国主义日本的对立，无论在任何情形下，是不会有着妥协的。

所以，我们知道，日本不仅已将"满洲国"征服了，而且在"满洲国"的吞并更加具体化了。我们还明了"满洲国"之存在的意义，一方面固然是以这个傀儡国家来对付中国，另一方面即完全是日本对苏联和中国的一种战争的准备。这个原因，很可以从日本支援"满洲国"向苏联及外蒙进攻，与夫伪满军进攻察、绥的事情知道的。

蒙古不仅成为中国边疆的国防重要地，而且可以当作苏联捍卫的一个中国边境的要隘了，更且是帝国主义国家进攻社会主义国家东进路线的一个唯一的根据地，尤其是久蓄阴谋而企图进攻苏联的日本帝国主义，对于"蒙古政策"是很必然的。我们知道，当强大的非亚洲的诸列强开始干涉远东问题的时候，日本这个小小的岛上帝国，还是一个中世纪的封建国家。自此以后的一世纪之间，日本是有着飞跃的进展，才将其社会的组织在欧洲资本主义的轨道上重行编制起来，采取跟欧洲式的军备来武装自己。尤其是近来，将那作为破坏世界和平而企图以战争掠夺殖民地市场等的魔王——法西斯的疯狂领导者希特勒和墨索里尼的携手。事实的表现，当然更使苏联在实力上不得不有着充分的准备。因之，苏联之在西伯利亚一带和我国之蒙古边疆，建筑一个十分雄厚的堡垒，这是很必要的。故蒙古不仅成为日本帝国主义侵略中国的北进的陆路路线，同时更成为日本帝国主义进攻苏联的唯一的陆军根据地。

在前面我们已提到了，依据日本的见地："满洲国"的蒙古政策，不仅可以支持蒙古人抵抗中国本部（即最近的德王的统治下

之内蒙的西二盟，及热、察境地，已经在日本的支配下有了一个
"自治"的傀儡运动）。且正企图伸张其势力于西伯利亚，而谋给
苏联一个大大的威胁。

　　热河事变发生，是很足以表明日本夺取蒙古和进攻苏联的计划
已经开始。关于这一点，我们拿日本参谋本部所授命于关东军的
计划就可以明白。第一，日本帝国主义企图将东蒙（热河境地）
的政治形态改变，将旧有的政治组织粉碎，置于伪满体系之内，
所以日本自取得热河以后，即将东蒙王公制度及盟旗组织完全粉
碎，并将东蒙、满洲境内各蒙旗，悉直接统治于"兴安总署"（现
改为"蒙政部"，部长齐默特邑〔色〕木丕勒）之下，同时又建
立东、南、西、北四分省，热河蒙旗（哲里木盟、卓索图盟、昭
乌达盟）则为"兴安西分省"，这样轻轻地便把东蒙分裂了。第
二，是再抉取西蒙亲日及亲满当局组织自治政府，形成半独立的
局面。所谓德王所结合之西蒙王公宣布内蒙自治，意图脱离中央
统治，而加入满伪体系，计划建立蒙古人的国家，以便他们整个
的利用。这件事，我国政府曾以充分的理由和手段应付得周密，
不仅在中央系统原则之下没有获得脱离的结果，而且将内蒙的自
治和缓了下去。第三，是将东蒙和西蒙镕成一体，实现"大元共
和国"的计划。第四，是以"大元共和国"的力量，打击外蒙苏
维埃人民共和国并夺外蒙的统治，使"蒙古合一"。

　　可是，素以武力掠夺殖民地而企图打破自身矛盾的难关的日本
帝国主义，又因苏联不仅不用武力和它对抗，而使其在东北及蒙
古的侵占力量削弱，且而〔而且〕放弃了中东路，这不能不使日
本帝国主义那凶狠的野心像浇了冷水样，走入那悲哀的境地。这
时候，日本的见地是：苏联既放弃了中东路，其远东国际政策方
向，将集中于外蒙与新疆，这是一种反满的作用。可是，苏联在
日本的多方面意图进攻的阴谋之下，而对于西伯利亚和中国的蒙

古边疆的武装，是很必然的现象。可是，因为"苏联为外蒙武装"，便是"满洲国"前途和日本帝国主义的进攻一个最大的威胁。因而，日本的反苏联的重心，决计移转在打击外蒙古的手段上。一九三五年一月二十四日哈尔庙事件的发生，接着日"满"与外蒙古有着许多的纠纷和冲突。可是，日本对外蒙的企图，终未能实现，这可以证明外蒙决非寻常所谓的傀儡政府，容易被人推翻，而且使其对苏联进攻的计划上一个大打击。尤其一九三六年三月十二日《苏蒙议定书》的成立，外蒙的独立在苏联指示之下，是非常安定。

然而，企图以克服其在外国贸易上的弱点，不惜以武力来发动侵略殖民地的领土攻击战争的日本帝国主义，其雄心仍旧未死，它不但将中国的整个民族力量放在一边，而且对于现实世界国家基础建立的十分强固的苏联于不顾之外。它自信在蒙古的活动，已有很大的成就，可是，对于中苏的关系的发展是很注意的。它认为新疆在东北军体系掌管之下，将来与甘、陕方面势力结合，便是一巨大的反日力量（在苏联支持下的反日力量）。同时日本更忧虑中国群众的力量的统一，而对政府之推动，与夫蒙古、新疆的结构坚实，这将予日本在满蒙统治的前途感到不利，而且将给日本在满蒙所种下的进攻苏联的基础上的推翻。所以，日本现在正以"中日经济提携"、"共同反共"等手段为号召，希冀与中国政府共同联合起来进攻苏联。换言之，日本帝国主义要中国政府来帮助它侵略满蒙，甚至侵略新疆而使进攻苏联的整个东方陆地根据地，在这个两重政策的掩盖下建立起来，这也是日本和苏联斗争的最前线了。而对于中国之华北和华南的侵入，是更不容忽视的。

三

从上面这许多事实的表现，首先告诉我们的：在日本帝国主义占领下的东北和蒙古（东西二盟及热、察境地），它是怎样一个前途？按照日本大陆政策的本质来说，东北和内蒙前途的命运与朝鲜灭亡的事例，并不相差多少的。

同时，我们知道，那残缺不堪的中国边疆，自一九三一年九月十日夜日本帝国主义发动领土攻击战争，袭击沈阳而夺取的东北四省，这个划分历史新阶段的"九一八"东北事变，它早已轰动了整个的世界，尤其是在它的节节地侵占我国华北和华南的阴谋中，抱着现代资本主〈义〉的急进的帝国主义国家的法西斯化。所以，这事变不仅是东亚的一个大变局，它关系着中国的前途，东亚前途，甚至世界的前途。五六年来因"九一八"东北事变的发生，和对蒙古、新疆、华北、华南一带的图谋，世界已有着大大的变化；日、意、德三个法西斯兄弟的携手，所促进到《法苏协定》的急速成立，英、美及其他国家的面着和平而与法、苏站在统一的反法西斯的事实，不能不说这全是日本帝国主义在中国的疯狂所造成。而给予中国的桎梏又是有着多少的创伤、悲惨，使全中国的大众认识了这大时代里的当前大敌日本，而走向一个最坚实的统一的堡垒中了。

事实上，中国边疆的再分割，是不可避免的。尤其像上面我们所讲的，是现在一些侵略国家正高唱着世界资源的重分配；意大利之于阿比西尼亚，和现在正在以飞机大炮轰炸的德、意所制造的西班牙战争。而当远东一角的半殖民地的中国，是无可避免的了。并且，中国边疆被分割的先行条件已经完成，往后日本帝国主义又将对中国边疆采取着怎样的手段呢！这个是很容易明白，日本帝国主义不仅是企图那"共同防共"的［口］号召，所谓建立反苏联的战线，而且在华北有所谓"华北经济特殊化"和"中日经济提携"，以及最近来中国之儿玉一行，是不无原因的。按理论来讲，殖民地之再分割，不一定开始就采取战争的手段以实行领土的分割；殖民地领土之再分割，往往是分割之最后一幕。在那一幕之前，往往有经济的、政治的再分割作前的。故日本帝国主义目下之企图在蒙古、新疆一带活动，是可想而知的。换句话说，资本主义国家在殖民地或半殖民地上经济和政治势力对比关系的变动，便是殖民地之领土的再分割底先行条件。

从事实上可以明白，而作为世界殖民地，已经开始局部战争的重分割，如意大利之于阿比西尼亚，和德、意之于西班牙，日本之于中国边疆等等，并且这个分割殖民地的战争，必将扩张到整个世界。

所以，我们得明了日本之在"满洲国"和蒙古的利害上的，同时要注意"满洲国"存在的意义。事实上，"满洲国"的存在，完全是日本对苏联和中国的一种战争准备，假如我们不会抹杀事实，当然会知道日本帝国主义所支援之"满洲国"和内蒙向苏联及外蒙进攻，与夫伪满军进攻察、绥的事情吧！百灵庙战争，是很可以证明，现在日苏间及中日间的冲突更加剧烈。此不仅日本可以利用"满洲国"扰乱中苏之国防，实际上便可以不负中苏国防扰乱的责任。这是日本帝国主义制造"满洲国"而危害中国及进攻苏联的苦心的所在了。

《边事研究》（月刊）

南京边事研究会

1937 年 6 卷 1 期

（李宣莹　整理）

一年来之内蒙问题

朱尔典　撰

一

为虎作伥之德王

一九三三年七月十六日，内蒙锡林格勒盟副盟长，西苏尼特旗扎萨克德穆楚克栋鲁普（即德王），召集王公、青年在乌兰察布盟百灵庙开会，讨论蒙古自治问题。同年十月九日，德王又召集王公、青年在百灵庙开会，通过"向中央要求高度自治案"。会期中电呈中央，请准予组织内蒙高度自治政府。所谓高度自治，即主张蒙古自成一"邦"，仿联邦制，实行自治。

德王领导的这一个蒙古自治运动，据他们通电上所列理由是蒙古自救。德王自七月十六日迄十月九日奔走各盟旗，游说王公的理由却是蒙古如不能获得高度自治，蒙古民族即不能复兴。在我们用历史的眼光看来，所谓蒙古运动——蒙古民族复兴运动实是蒙古封建势力复活运动。

蒙古原是游牧生产社会，几百年来始终在封建势力支配之下。王公、喇嘛便是封建统治者。但近百年来，商业资本势力深入蒙古，在人口星散的广大平沙上建立几十个商业区域（在政治上即设县），营着农业生产的人民也随着商业资本势力纷纷前往垦殖。商业资本势力同封建势力长期斗争的结果，封建势力退却下来，王公的优越地位日趋动摇，一九二四年迄一九二六年的内蒙革命（国民革命）就是蒙古社会巨大变动的表征。德王等一系列王公，在商业资本势力之前战栗许多年了。

九一八事变爆发，中央的力量对于蒙古鞭长莫及。王公系列认为正好利用这个时机，要求高度自治，获得一个政治机构，把封建制度从死中复活起来。所谓内蒙自治——蒙古民族复兴运动于是便作了蒙古封建势力复活运动的外衣。

这并不是诬蔑。下边四个事实可以作证：

一、一九三三年十月九日百灵庙开会时，德王用蒙语致开幕辞，他说："我们这一次向中央要求高度自治，绝无外力背景，苏俄早已打倒王公制度，是我们所绝对反对的；九一八后东蒙沦亡，对于王公制度任意取消，也是我们所绝对反对的。"

二、一九三六年四月二十四五日，德王在索王府与某国订立密约，载着"蒙古王公制度永远不许侵犯"，"喇嘛教永远不许破坏"。

三、同年五月十二日，伪内蒙自治军政府在嘉卜寺成立，制定伪旗红黄白满地蓝，德王在升旗后解释伪旗意义称："红代表王公，黄代表喇嘛，白代表民众，蓝象征和平。"

蒙古妇人

在德王等一系列王公向中央要求高度自治时，表明没有外力背景，是因为外力两方都是破坏王公制度的：这言外说明他们是要维持王公制度，后来实行勾结外力时，也是先要求保持王公制度，伪旗上表示得更为明白。

四、德王等向中央要求高度自治时，以及以后蒙政会种种决议案，都反对"设县"和"开垦"。

这表示封建经济对于商业资本经济的抗议。

二

一九三四年三月二十四日，蒙政会在百灵庙正式成立，德王领导的所谓蒙古民族复兴运动开始奠基。这个代表封建势力的蒙政会马上就和半代表商业资本势力的绥远省政府冲突起来。有人（特别是蒙古青年和王公们）认为这个巨大的冲突是"汉蒙民族问题"，这无疑义地是歪曲了事实，民族问题是外表，经济问题才是中心。

第一个冲突是治权问题。蒙政会以为它是内蒙的主人，要对内蒙各旗实行统治；绥远省政府认为蒙政会设于绥远省境内，该会本身不过是中央的一个附属机关，在绥远则为客人，不能干涉绥远内部的行政，绥远省境内虽然包有蒙旗（乌、伊两盟），但这些旗都是绥远省属境的一部分。所谓"西公旗事件"就是治权冲突的表现之一。

第二个冲突是财权问题。绥远省政府有一宗主要收入就是所谓"特税"。"特税"是甘、宁两省雅片经过绥远运往平、津的过路税，雅片由甘、宁运绥是要经过百灵庙的，蒙政会认为雅片既然经过蒙地，他们也须征收"特税"。

"西公旗事件"和"特税"纠纷，从蒙政会成立之日起，一直牵延到今年春天，也没有一个解决办法，绥蒙两方军队都有冲突的可能。

德王认为这是绥远省政府压迫蒙古自治。他想到借用外力和省府对抗；外力也想利用他和省府对立，实行大陆政策。今年五月十二日，外力导演的伪蒙古自治军政府终于成立。

当德王进行借用外力的时候，绥远省政府当要施行破坏，破坏的方法是首先击破整个的蒙政会。当局断定：外力所以要拉拢德王，是因为他有一个整个的组织，如果来破〈坏〉这一整个组织，外力对之自然无所顾忌了。绥当局这一战术，虽然仍是商业资本势力和封建势力〈的〉斗争延展，其实含有大量适应国家政策的意义，在主观〈上〉也渗〔掺〕杂着给德王个大拆台的意味，绥当局屡次对德王说："如果你停止借用外力，一切均可商量。"在客观上，击破整个蒙政会，使外力放弃拉拢德王，如果成功，他也可以不作傀儡。

内蒙兵士在休息

　　这一战术实施的结果，是今年三月二十一日蒙政会保安队的哗变，和同月二十四日绥远蒙政会的成立（整个的蒙政会分成察境、绥境两蒙政会）。

三

　　嘉卜寺的伪蒙古自治军政府成立后，每月得到外力的资助是五十万元。伪蒙古军政府的总裁德王使用全力编制军队。李守信伪军改为伪蒙古第一军，德王自兼伪蒙古第二军，每军下辖四个师。枪械完全由外力供给。

　　德王既然决心攻绥，外力也正计划攻绥，好来完成大陆政策：于是借口索还察哈尔西四旗（即绥东五县），而有今年六月一日的绥东事件，伪军王道一攻略陶林。

　　绥东事件经国军迎头痛剿，平靖下去之后，某方便计划第二度攻绥。直至十一月五日，又以察境蒙政会名意〔义〕向绥远发出"哀的美敦"，十四日以后即发动王英逆部再度犯陶林、兴和，又遭到国军的迎头痛击。十一月二十四日国军采取功势收复百灵庙，把德王的封建势力复活运动迷梦打破了，大陆政策向西进展的枢纽也被我们把握着。伪军金宪章、石玉山、安华亭、吕存义等五千余人也纷纷反正。德王乘着蒋委员长被张学良囚禁之际，通电表示"为免中央北顾之忧，暂停对绥军事"，找了一个好台阶。

《现代青年》（半月刊）

北平现代青年社

1937 年 6 卷 1、2 期合刊

（丁冉　整理）

援绥声中《大侠魂》青年应有的认识

汪佩珩　撰

　　一九三六年的关节，已安安稳稳地渡过了，这关节渡过以后，大约可以平静无事么？不，空气反一天天的紧张起来，地中海的风云，多么紧张啊，中国东北的杀声，多么难听啊，不久的将来当然好像电影一样地，一幕一幕公映起来，我们想像那种的景象，飞机、大炮的轰炸，鱼肉浪〔狼〕藉，尸横遍野，多么可怕，但战争终究不可避免的。现在绥东的战事，就是大战开演的前奏，我们如无充分的准备，简直有亡国灭种的危险，所以《大侠魂》者，不仅仅捐款宣传，就完了责任，是要准备武装起来，为民族、国家生存而奋斗，为前方青年战士的后盾。

　　《大侠魂》的青年们，萧萧易水，壮士歌寒，战争是在等着你们的前冲，成功只在前面，除非是懦怯偷惰的弱者，一定是闻鸡起舞，枕戈待血〔旦〕，担起复兴民族的重任，站在时代的前面，民族战争的前线，与一切小鬼魅，和帝国主义的侵略者作殊死的战争。这战争是何等光荣，何等伟大，五千年来黄魂的历史，中华悠久的文化，全世界伟大的民族，将在这第二次大战中，灿烂焕发，复兴民族。

　　但是在二次大战以前，我们《大侠魂》青年应当怎样整备呢？《大侠魂》青年，与平常人并没有什么区别，同样的忍饥忍寒，耐苦耐劳，不过《大侠魂》青年的人生态度不同罢了，我们《大侠魂》青年有武士的态度，勇往迈进的精神，比较常人格外有奋斗的毅力，更有标率群众的骨格，什么争名攘利，阴险诡诈，好大喜功，都是青年的败类，也就是小鬼魄，中国政治的紊乱与危急，就是因为这一般汉奸、民贼的活跃，它们不顾国家的危急，民族的垒卵，只知少数人的享受，糊〔胡〕乱非为，投机取巧，标新立异，同室操戈……这一群的败类，是封建思想的回光返照，这是《大侠魂》青年所应当认识，而与以有力的纠正。

　　《大侠魂》青年起来，修养我们的身心，整备我们的实力，鼓动我们的热情，领导民众勇往前进！脚踏实地，向东北埋头冲去，冲破敌人的胆，冲突敌人的炮弹，痛饮黄龙，收复失地，这才是一九三六年后的《大侠魂》青年。

《大侠魂》（双周刊）

南京铸魂学社

1937 年 6 卷 2 期

（刘哲　整理）

蒙古额驸之待遇

作者不详

清廷呼蒙古额驸曰"外藩额驸"。蒙古额驸之等级与八旗额驸同，惟额驸之子弟，不论为公主或郡主以下所生者，皆封之为"台吉"，其等有四，即固伦及和硕公主所生之子授"一等台吉"，和硕格格（郡主）所生之子授"二等台吉"，多罗格格（县主）及多罗贝勒格格（郡君）与固山贝子格格（县君）所生之子授"三等台吉"，公格格及上述之各台吉所生之子则授以"四等台吉"。以上所述之台吉为内蒙之通例，惟土默特左翼旗及喀喇沁各旗之全部，则无台吉之名称，一律改称塔布囊。清廷对于额驸之俸给亦分满、蒙二大部，兹分述之如下：

（一）固伦公主岁俸四百两，额驸则二百八十两；若下嫁蒙古则公主一千两，银币三十枚，额驸三百两，银币九枚。（二）和硕公主岁俸三百两，额驸二百五十五两；下嫁蒙古则公主二百两，银币十二，额驸二百两，银币九枚。（三）和硕格格岁俸二百五十两，额驸二百三十两；下嫁蒙古则格格一百五十两，银币十枚，额驸一百两，银币八枚。（四）多罗格格岁俸二百二十两，额驸一百八十两；下嫁蒙古则格格一百两，银币八枚，额驸五十两，银币五枚。（五）多罗贝勒格格岁俸一百九十两，额驸一百五十五两；下嫁蒙古则格格五十两，银币六枚，额驸四十两，银币四枚。（六）固山格格岁俸一百六十两，额驸一百三十两；下嫁蒙古则格格四十两，银币五枚，额驸三十两，银币三枚。（七）公格格岁俸一百三十两，额驸一百零五两；下嫁蒙古则格格三十两，银币四枚，额驸二十两，银币二枚。上述银币非现今之银圆，乃就清代铜钱之式样而以银制成者也，然至末叶此种银币亦有时折铜钱或银两矣。

《蒙藏月报》

南京蒙藏委员会

1937 年 6 卷 4 期

（萨如拉 整理）

国防前线绥远之乡村工作

初月 撰

一 前言

绥东情势的紧急，引起了全国人士对于绥远的注意，各地同胞纷纷捐款捐皮衣，慰劳前线上喋血抗战的健儿，全国一致庆祝着绥远的胜利。但是，又有谁在注意到绥远胜利的柱石，含有重要国防性的乡村工作？

绥远的乡村工作，范围广大，且用整个政治力量推行，目前绥远的乡村工作，已成了政治上的重要设施，普遍的施行全省了。

我愿意把绥远的乡村工作，概括的介绍出来，给内地各地的同志作一个参考。

二 乡建组织

统帅整个乡村工作的机关，是省、县、乡三级乡建会。

（1）省乡建会（绥远省政府乡村建设委员会的简称）是全省乡建工作的策源发动机关，也是全省乡建工作的监督考核机关。全省委员是由本省各政界长官（民、财、建、教四厅长，高等法院院长，省政府秘书长，县政、地政两研究会委员长）兼任，并聘任地方士绅，或于乡建工作素有经验者，委员长由省政府主席兼任。这样组织的用意，是在集中全省领袖力量，共同去协力推动整个工作。在没有改组以前，是由聘任委员中，指定一人为总干事，秉承委员长之命，督率会中职员，处理全会一切日常事务。分设训练、指导两处，掌管乡工人员训练及在乡工作指导事项。自从去年（二十五年）十月，乡工人员训练结束，把训练、指导两处取消，合组一个政务处，专办全省乡村工作的指导、监督事项了。

　　现在的省乡建会（连政务处在内），总干事、主任以下，共有职员三十八人，分设总务、政治、文化、经济、自卫五组，分别掌管各种工作设计及行政。必要时派员到乡实地视察指导。这个机关，虽然还带些研究性质，但在政治上却完全是一个行政机关了。不过乡建会因为是省政府的一部分，所以对外不能独立，是以省府名义执行的。每月经常费二千五百余元。

　　（2）县乡建会（某县乡村建设委员会的简称）是一个省、乡间乡建工作的传达、联络机关。全县委员是由县行政人员（秘书、科长、承审、保安副处长、民教馆长）兼任，并聘士绅，及于乡村工作素有经验者，委员长由县长兼任。省派干事、助理干事各一人，秉承省乡建会及县会委员长之命，处理县会日常事件，并下乡视导。开会日期：委员例会每半月一次，视导会议每两月一次，讨论会每三月一次。县乡建会是县府的一部分，乡工行政对外事件也是以县府名义发表。每月经费各县不等，大都在八十元上下（干事等薪金在内）。

　　（3）乡镇建委会是某乡（或镇）建设委员会的简称，是全乡建设工作的执行机关。全会委员由乡行政人员（乡长副、乡导员、校董、教员、合作社负责人员）兼任，并聘任素有经验而热心乡务者为委员，委员长由乡镇长兼任，书记由乡导员兼任。分设政治、文化、经济、卫生四股，各股设干事一人，由委员兼任。助理干事若干人，由服务队（见后第五节工作纲领）各该组组长兼任。开会日期，全体委员常会每月一次，各股会每周一次。这个会是乡镇建设的主管机关，所以工作范围很大，差不多一切乡政都包括在内。不过成立伊始，民众们尚未了解乡建工作用意时，得先由乡村工作指导员（见后乡运沿革）成立乡镇建委员〔会〕筹备会，寓训练于筹备中，以求得民众的了解，等到时机成熟，就可正式成立乡镇建委会，设于乡公所内，是乡公所的一部分（实际工作，却是乡公所的全体），对外行政，仍是以乡公所名义发表。办公费在不另增加民众负担的原则下，由乡公所经费内拨支。

全省乡建组织机构如左：

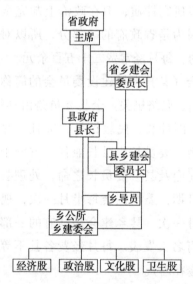

三　乡运沿革

（1）背景：本省施行乡建运动的背景有三：

A 经济上的背景：几十年前本省还是一个一片荒凉的天然牧

场，只是近几十年来，才渐渐的奠定了农业的基础，稍具农村社会的雏形。过去全省的经济，大半建筑在内地与外蒙、宁、新的商业关系上；因为这里是内地通到外蒙、宁、新的孔道。但是近二十年来，受了外蒙的变乱，绥新路上土匪的蜂起，断绝了商业的根脉，于是本省一贯的经济建设政策——发展商业，断绝了出路，只好转了方向，向农村发展。

B 政治上的背景：近年各地乡建运动，如雨后春笋，如风起云涌，无疑的，人都认清了这个运动是唯一的复兴民族之路；本省的农村，方在雏期，急需要猛力的建设起来，所以，政府要费顶大的劳力，推行这个工作。目今的乡建工作，已经成了绥远政治的惟一工作了。

C 国际上的背景：绥远虽然不是我国的边省，但在目前的国际情势上，却早已作了国防的最前线。北受外蒙赤色威胁，东受伪满白色侵略，谁都知道将来总有看看飞机下蛋，听听大炮响声的一天；所以为了国防的建设上，更不得不积极的把农村建设起来，统制起来，以避免作了东三省第二！

（2）经过：绥远的乡建工作，从起始到现在，可以划分三个时期：

A 训练时期：起始于民国二十三年的绥远省乡村工作人员训练所（简称乡训所）。那时的乡训所，是一个纯训练机关，招考本省中等学校毕业或曾任委任职的知识分子加以知能及技术上的训练，到乡村工作去的。所长由本省主席兼任，实际主持训练的是副所长白映星先生。并聘请定县平教会孙伏园、彭一湖、李景汉、张汉清诸先生来指导，又专聘平教会专门干事赵之伟等诸先生，又政论家高伯玉先生，三十五军教育长李大超先生为专门教师。当时招生二百名，训练六个月，分发各县工作。

B 训练与工作并施时期：第一期训练期满，各地实地工作已经开始，急需要政府的设计与指导；同时因为乡建工作的迫切需要，急待扩大，乃由省政府组织省乡建会，并将乡训所改组为训练处（绥远省政府乡村建设委员会的简称），与指导处同为乡建会之一部。训练处主任以民政厅长兼任，高伯玉先生副之，赵之伟及教育学者王馥琴、三十五军团附孟文仲（即此次绥东抗战屡著战功之兴和县长）诸先生为专任教官，扩大训练工作。第二期招生三百人，减短训练时期为三个月，并调各县县长回省轮流担任训练工作。同时为统一意志、齐一步调起见，实施全省公务员训练，凡县长、自治指导员、县政视察员、县佐治人员，均加以乡建高级训练。这样一直到第三期乡导员训练结业，训练工作已算大半完成，乃成立各县乡建会。到第四期乡导员结业，训练工作才算终了。

　　C 工作时期：这时〈经〉训练派出的乡导员，计第一期一百七十九人，第二期二百五十七人，第三期二百九十七人，第四期三百零五人，前后共计一千零三十八人，差不多已经普遍了全省，每乡一人（全省计共一千一百余乡），即未派员之乡，亦由附近乡导员兼负指导任务。这时训练工作已了，训练处亦即结束，与指导处合并改组为乡建会政务处，设计、指挥、监督、考核全省的乡村工作，一直截至现在止。这样庞大的一个工作，我们想他将要发生如何伟大的力量啊！

四　工作理论

　　（1）理论中心：工作理论的中心，是三位一体的教、养、卫。同时，为了应付目前危急的时局，更以卫作了经，而以教、养作了纬，织〔组〕成一个全盘的建设方案。这个建设方案，是建筑在政治上的，以绥远整个政治动力来推动。所以，绥远建设的整个理论，概括说起来，就是"政治的教、养、卫三位一体制"。

教，是针对人民的愚而设的，是把握整个民众的初步；养，是针对人民的贫而设的，是奠定整个农村经济的开始；卫，是针对人民的危、弱而设的，是组织民众的起源。这都是根据了本省在政治上、经济上、国防上的环境与需要而设。

（2）建设程序：建设程序，分作四个步骤：A抓住政治；B通过教育；C运用组织；D完成建设。为组织而训练，组织是目的，训练是手段。为自卫而教育，自卫是目的，教育是手段。

（3）建设四口号：建设乡村的四个口号：A增加人民生产；B改进人民生活；C提高人民文化程度；D充实人民自卫力量。这也是绥远建设乡村的四个目标。

（4）三杆主义：三杆是"笔杆、锄杆、枪杆"，代表乡建工作教、养、卫的，意思是放下枪杆，拿起笔杆，放下笔杆，拿起锄杆。凡是作乡村工作的人，应当具备这三种精神的。前省乡建会训练处的训练方针如此，绥远乡运人员的证章也是这三杆交叉的心型徽记。

（5）五干精神：五干是"硬干、穷干、实干、苦干、快干"——乡运人员的徽章背面，是这样写着。的确，处在这危急存亡的时代，到那荒芜散漫的乡村里，作那艰辛困苦的工作，确实［在］需要这五干精神！凡是到乡村去工作的青年，都应当抱定了"我不入地狱谁入地狱"的决心，牺牲个人，为民族、民众而努力！

五　工作纲领

（1）工作纲领：工作纲领是根据工作理论，实地情形，参照定县、邹平等地方施用各项方法而定的。以工作之性质，分为政治、经济、文化、自卫、卫生五个部门。各部门包括之工作如左：

政治部门：

（A）乡公所一切行政事项之改进；（B）乡调解委员会之成立与实施职权；（C）户口、门牌、土地之调查登记；（D）指导民众行使民权；（E）劝导人民戒烟、戒赌、放足。

经济部门：

（A）筹设积谷仓；（B）倡导凿井、开渠、垦荒、造林；（C）筹设合作社，试办土地经营。

文化部门：

（A）整饬普通小学，筹设义务小学；（B）广设传习处；（C）设壁报、壁画、标语及阅报处；（D）倡导新生活运动。

自卫部门：

（A）训练民众自卫武力；（B）布置全村警卫；（C）办理警卫情报。

卫生部门：

（A）筹设保健所，置备保健箱；（B）整饬街衢清洁；（C）提倡卫生水井；（D）各种防疫宣传。

（2）运用组织：乡建工作的推动，在运用各项组织。组织健全，自可发生伟大力量。在这里，每乡都有左列各项组织：

（A）乡建委员会——整个建设工作的统帅；

（B）服务队——政治组织；

（C）递传网——政治组织；

（D）后备队——自卫组织；

（E）短期小学——教育组织；

（F）传习处——教育组织；

（G）合作社——经济组织；

（H）保健所——卫生组织。

其他如调委会、放足会、禁烟禁赌会等组织尚多，尚须一一实现。

六　工作现况

（1）工作经过：过去的工作，可以从下面这五个时期的乡导员工作纲要里看出来：

第一期——二十四年冬季：

（A）兼任小学校长及村公所书记；（B）协助编练自卫队；（C）整理乡村财政，减轻人民负担。

第二期——二十五年春季：

（A）整理村财政，减轻人民负担；（B）继续编练自卫队；（C）整理乡校，准备采用导生传习制度；（D）宣传准备实施造林；（E）准备实施种痘。

第三期——二十五年夏季：

（A）必须兼任小学校长或教员，切实整顿乡校；（B）实行编组初期预备队，领导乡干部服务；（C）负责督管村财政与账簿，以期减轻人民负担；（D）实施种痘并调查流行病疫。

第四期——二十五年秋季：

（A）编练后备队，查禁雇用顶役；（B）严防"共匪"活动；（C）筹设积谷仓；（D）严禁私行摊款，另立私账；（E）补造纪念林，呈报成活数目；（F）利用人民服役，修治围堡、公路；（G）开办短期义务小学；（H）实行递传任务；（I）宣传调查产马比赛。

第五期——二十五年冬季：

（A）严格训练后备队；（B）编组服务队，并严加督饬其工作；（C）迅速设置递传网，并切实执行递传任务；（D）赶修自卫工事；（E）充实自卫武器；（F）注意查验民有枪枝；（G）认真办理义务教育；（H）办理民众教育；（I）整理乡政；（J）严防汉奸匪类一切活动；（K）迅建积谷仓；（L）严防粮食出境。

（2）工作现况：目前是第五期工作正在实施的期间，全省各乡的乡导员，都在动员，站在同一的立场上，努力于整个的全省建设工作。为了应付这危急的时局，自卫、教育最关重要。这两项工作，却也最有成绩。试看这次的绥东紧急，兴和、陶林、集宁、武川各县的乡导员，都在热烈的率领了训练过的壮丁（服务队、后备队）杀敌、抗战、接济军力，保守围堡，建立了不少的功绩！谁能说绥远的乡村工作，不是整个的国防工作呢！我们祝这一般抗战健儿胜利，我们祝绥远的乡建运动成功，我们期待着我们国家民族复兴起来！

二六、一、十五脱稿于绥远省乡建会

《乡村建设》（半月刊）

山东邹平山东乡村建设研究院

1937 年 6 卷 11、12 期合刊

（李红权　整理）

绥远当局应怎样救绥远的民众

——救民即系救国

高法　撰

"做任何一件有关出象的事情，不应要忘了背后的民众"，这是现在执政治者和一般革命者新有的认识，而在绥远的"官"也同样有这种认识，但是乃以民众为了诛求的对象！

绥远贪官污吏、土豪劣绅之多，足可打破从来未有的惊人数目，其剥削诛求民众的方法，亦足可造成古今未有的记录！这些贪官和污吏，劣绅和[和]土豪是蔓延在绥远的上层和下层，是散布在绥远各处各地！绥远的贪官和土劣何以如此之多呢？当然自有其形成的原故，而人民忠厚，知识低落，便是其中的主因。现在我们先看害民的情形与原因，然后再施以救民的方法。

先看各县的贪官和污吏。绥远各县的县长以及局长大多数是有很硬的靠台，这种县长、局长的位置是用人情与金钱运动而来，并不是凭着什么能力和学识，因此他们全依照过去的旧例作为。处在这样复杂的社会，像这类官吏，除能贪污之外对任何一件事都感到没明其做法，只在公事上马虎不管不理来应付上峰，当局想让各县局做一点事，但是都因对于事的认识皆莫明其妙，觉得无所措手足，所谓改革建设那更是做不到。所以我们一向建议政府，处现在社会，应用人要慎重遴选。他们虽不能改革，亦不懂建设，但对收税起款，确非常努力：一方面为讨当局的喜欢，以遮掩其恶迹，另一方面又借此能升官发财，因此终日为收款起税特别比迫百姓，一免获罪，二免贴本，在这样形势之下，他们不得不想自己请人活动奔跑原来计划作官的目的是什么，内心虽想做一点成绩，也一面限于本身能力、学识，一面又因环境的不许可，徒然卖力而还是得不到土劣的好论。左右看是劣绅土豪，往下看是无知识、常被人宰割而不言语的老百姓，靠台不得不酬谢，上峰衙门的人员，不得不常去运动，如此这般始能地位巩固，这样前思后虑左顾右盼，遂不得不贪，不得不污。而在上的当局，对小一点的事一概不知，大一点的事，又有人情的关系，左右有人说好话，也只得不闻不问再看下一回如何，又那早已是"怒声再〔载〕道，民不堪其扰"！这虽是中国官场中普通现象，但是却比不了绥远这种黑暗情形。

我们再看看各县局的下级人员，第一科的人员是全由县长委任，当然是县长亲信，一切均须尽力效忠，照着县长的目的与希望拼命做去，这第一科是无问题的。至于第二科的人员是必须委任本县的人士，在绥远所谓有名之士，差不多却就是劣绅和地痞一流，因为这些人的生存方法全靠党派的关系来维系，上面找有势者作靠台，下面是集聚一些地痞之流作党羽，有了这一个结团，便可四出摇招撞骗。真正的好人，一者是怕惹是非，再者也是没有团结，因而对地方的事情不能加以过问；这些土劣便更能肆意所为，并假借地方民众的代表，出面周旋活动。他们为什么结党作恶来出卖祖宗的名誉出卖自己的人格呢？其目的为金钱而已，这种心理和方法都是与上述的贪官污吏是不谋而合，土劣不假借贪官的政治力量是不能向民众敲诈，贪官不利用土劣作眼线、搜密缝是无法向百姓剥削，所以这两种东西缺一即不可生存，全是"互相作恶"、"狼狈为奸"！再运用其逢迎献媚的特别伎俩，在表面上还看不出这就是装着满肚子蛆头，也曾受过几天教育，来毒害他们自己生长大的故乡！他们形成的起头就是这样结合而成，到现在基础日较稳定，恶势日渐扩大，无论任何一个县局长来，都须与这般人勾结，则可名利双收，所以现在的地方机关老是被这些人把持，都有十数年的历史，或者渐要变成世袭职的形势！

我们既知道了县局长是那样才能、学识和目的，而各县局的土劣既如此之多，马上来一个包围形式，乃狼狈作恶，成则互相分肥，败则被〔彼〕此掩饰，绥远在这样贪官土劣大结合之下双方之下诛求民众，在这种恶势下之百姓，是怎样受着痛苦？是怎样含着眼泪被人宰割，又怎样希望当局者能知道他们这种真正感到的痛苦，来拯救出他们于水火之中呢？

上面的所说，我们不敢一概而论，好者自是好者，恶者自是恶者，那明达的当局，受害的百姓，都认识清楚，可是这种现象就像毒菌似的传染遍了全省，现已是根深蒂固！非当局用以拔草除根的方法，大刀阔斧的斩下去不可！否则永留后患！

解除民间的痛力，是等于增加国家的元气，国家增一分元气也就是等于加一分救国力量。换句话说，救民即是救国，这是千真万确的至理名言。绥远当局近几年也很注意这一点，但是因不明其中细情，或因其中困难很多，所以也顾虑太多，不能大刀阔斧做去！因此不见有什么收效！

在这几个月之内，绥远便发生两个很重大的除恶运动，实含重大的社会意义存在！一处是在包头，一处是在凉城，一东一西，都发生在两个最大的城市；在这两篇宣言中我们真是看的落泪，不知有多少百姓曾被其宰割！杀一个人要赏〔偿〕命，但害死许多人都能法外逍遥，可是直到现在当局还未有过任何的表示。惩办呀？宽容呀？我们觉得如果被告人确是原告所说的有那么恶罪，当局则应依法治罪，应勿姑息或马糊不理，如果原告所说不确实，则应处原告以诬罔之罪，因为此风亦确不可长！但是谁能公正无私调查其中的事呢？金钱的买动人情的活动，实在使人感到不可靠，那只要当局慎重认真，则一切事皆可迎刃而解！

绥远处在这个非常的时候，更须有清明的政治，始能安得民心，欲政治清明，首须廓清贪污，欲廓清贪污，就须先铲除贪官和土劣，否则任凭当局办法怎样谨严，只要有了贪官亦与土劣结合，其作事之机密，绝非外人所能知晓，何况当局既没有千眼千耳的广大神通，又哪能都知其作恶的情形呢？而一般无知识的民众皆畏其恶势浩大，只任凭剥削，不敢稍有声张；如此，贪官和土劣今日收款，明日起税，从中侵蚀中饱，人民只忍痛受其敲榨，而不见当局惩制〔治〕，即启怨恶政府之心，由怨恶而生不信任之心，遂形成"人民对政府之离心力或不合作的后果"，此实为绥远现在政治上之最大危机；"无论离心力或不合作，于战时或紧急时期，俱属不利"。我们姑不论贪污本身问题，只注意其恶劣的后果是什么情形，想明达的当局定能认识清楚。

救民即是救国，我们本着这一点意义，为绥远前途计，为当局本身计，希望各负责当局真正撤〔彻〕底澄清一下绥远的政治，马虎是等于姑息，而姑息是等于助长作恶；告诫是等于不理，不理亦等于间接奖励害民，现在只有大刀阔斧的做去，惩一即能戒百！

《绥远旅平学会会刊》（月刊）

北平绥远旅平同学会

1937 年 7 卷 3 期

（李红权　整理）

现应撤销自治指导员

郝一清　撰

自治指导员，倒是现在很重要很应设的一个职位，但是绥远确不必用这类人负责，因为只是有害而无半点益处。

按绥远各县的自治指导员，顾名思义，是因为念及人民知识程度低落，恐怕宪政时期，人民不能自治，故于训政之时设此一职在民间指导，意美法良，实是当局之苦心的计划，可是这些人全辜负了当局的原意，不但不能在民间指导有益的事情，反而又是在老百姓身上图谋敲榨，因而更多给人民加添了一个对头！上与县长勾结当狗腿，中与地方土劣联络，下与乡镇长狼狈作恶，这自治指导员反成了贪官劣绅和土劣彼此携手作恶的一个桥梁。

自治指导员的责任非常重大，不但负指导人民自治的事，就是乡村间人民不懂的地方，错误的地方，都须一一指导。当然复兴农村是中国当前的急务，指导农村人民的一切事情，是复兴农村其中方法之一，但是这群指导员，终日奔忙于贪官、劣绅、土豪三层阶级之间，来向民众如何施剥削手段，他的所为全做了与他自己责任相反的事。这样子的指导百姓反成了有害无益于人民的设施！所以人民称为害民员。

按绥远的自治指导员，是由过去区长脱〔蜕〕变而来，除过害民是能得其道，而其学识的差迟〔池〕，实在不足负现社会的这样重大责任，但是这样设之无益的人员，每月还须六七十元的开消。

现在各村没〔设〕有乡导员，各区又有轮迫指导员，设若政府能指使得法，善能督导，认真处理，则一班新出学校学生，尚未被社会恶习熏染，故虽无良好成绩做出，但亦不懂害民的方法，所以我们觉得无须多设自治指导员，徒多开消，反来害民。

这都是亲闻目睹，我们觉得政府不如早日取消为好，把所节省下来的钱用在别的有用之处，较这用钱雇人，反而再让他来害人！

《绥远旅平学会会刊》（月刊）

北平绥远旅平同学会

1937 年 7 卷 3 期

（刘哲　整理）

由民族与种族谈到外蒙

李采章　撰

一般人谁都知道，中国是汉、满、蒙、回、藏五大族组合而成。但是要追问一下，这里所谓"族"者，是民族呢？还是种族呢？民族是什么？种族又是什么？两者的外延内危〔涵〕如何？到底是不是一件东西呢？

这个问题，似乎太平凡太藐小，唯其平凡貌小，没有人肯来注意他，所以这一粒微细的种子，便滋荣发长，构成中国现代史上许多难于解决的问题。过去和现在的事实，都排列于目前，使人束手无策。这个问题，竟会如此辣手，如此作祟，使我们不能不注意他，不能不探讨他。

什么是民族？孙中山先生在《民族主义》里说过："用自然力结合的群众，便是民族。"

孙先生把构成民族的因素，分析出来，得下列五项：

血统——祖先的血统，永久遗传于一族。

生活——生活方法相同，则结成同一民族。

语言——语言文字相同，虽属异族，亦可同化为一族。

宗教——信仰相同，易于结合。

风俗习惯——具有特殊相同的风习，易于结合。

关于中国的民族，孙先生有以下的一段解释：

　　……就中国的民族说，总数是四万万人；当中参加的不过几百万蒙古人，百多万满州〔洲〕人，几百万西藏人，百几十万回教之突厥人；外来的总数，不过一千万人，所以就大多数说，四万万中国人，可以说完全是汉人，同一血统，同一语言文字，同一宗教，同一习惯，完全是一个民族。

我们同意孙先生的结论，中国完全是一个民族。但是不因为满、蒙、回、藏四族的人数少，而附属于汉族，是因为汉、满、蒙、回、藏根本不是五个独立的民族，而是五个不同的种族，组合而成一个中华民族。血统、语言、生活、宗教和风俗习惯只是构成种族的因子，而各个不同的种族是构成民族的因素。

美国哈瓦得大学的一位教授 Arthur N. Holcombe 所用的民族的定义，比较的是更进步更恰当，兹录之于下：

一个民族，是一个人民的集团，以相同之民族情感维系之。

民族是关于祖国的一种团结的情感，一种相同的情感，或者是相互的同情心，而且是以此联系这个人群中的各个分子；不管他们宗教的不同，经济利益的不同，或者是社会地位的不同。

为了解正确起见，兹录其原文如次：

"A nation may be defined as a body of people, united by a Common sentiment of nationality." (The Joundations of the modern Commonwealth, p. 134)

"Nationality is a corporate sentiment, a kind of fellow feeling or mutual sympathy relating to a home Country and binding together the members of human group inespective of difference in religion, economic interests, or social position." (p. 133)

以上所引的民族定义，是现代比较进步而正确的说法。无论在一个人群中，宗教信仰如何，经济利益如何，社会地位如何，都不要问；只是对一个国家有一种相同的情感的，即是一个民族。一个种族，可以成为一个民族；但是不必一个民族，只含有一个种族。现时存在的各个民族，很少是一个种族构成的，至少也要包括几个，现在举几个欧洲的民族于下：

意大利族（Italians）为古代罗马人（Romans）混合凯尔特人（Celtic）与日耳曼（German）族。

法兰西族（France）系凯尔特族混合古罗马人、日耳曼族、高卢族（Gauls）、利古利亚人（Ligurians）及伊伯利亚人（Iberians）。

英吉利族（English）系由欧洲大陆移往之盎格鲁（Angels）、萨克逊（Saxons）、求特（Tutes）及北蛮人（Norsemen）混入凯尔特与其他先住民族之爱尔兰族（Irishmen）、苏格兰人（Scotchmen）及韦尔其人（Welshmen）而成。

欧洲自从民族主义兴趣〔起〕以来，这几个民族就在广大的潮流中，冲突奋斗，虽然是不同的种族，而自动联合成功更大的民族，对祖国有一种相同的情感，得保存其民族而延续其生命，这纯乎是自愿的联合，而不是国家武力的强迫所致。

反过来看看我们中国，虽然说是五大族结合而成，但是这五族只能说是五个种族，因为他们对中国具了同一的情感。中国政府固然应当平等待遇，一视同仁；即是各个种族，也应当明了自己是和其他的四个种族，占在同一的水平面上，爱护同一的中华民族，因为都是构成此民族的平等因素。

外蒙古自宣统三年（一九一一年）十月，脱离中国自治独立，其中固然有许多有力的条件，促其如此，而外蒙自命为一个独立的民族，也是一个重要的原因。就外蒙独立伊始，哲布尊丹巴与清廷驻蒙办事大臣的一封信，就能明了：

> ……乃近年以来，满州〔洲〕官吏，对于我蒙古，欺凌虐待，言之痛心；今内地各省，相继独立，脱离满州〔洲〕，我蒙古为保护土地、宗教起见，亦应宣布独立，以期万全。

我们看他首言满州〔洲〕官员之欺凌，即含有满族压迫蒙族的意义。次言保其土地、宗教，是表明蒙古不只有地理的区别，又有宗教之不同，显示着两个民族的立场。唯其具有如此的思想，所以外来的诱惑，很容易成功，所谓物必先腐而后虫生也。

按中国五大族的血统，已然不能分别。蒙古族自汉、魏以降，经南北朝、隋、唐、五代，至于元朝，蒙人遍及各地，屡经混合，所以血统上已不复有何差别；不过因居住地带不同，环境不同，所以生活方式不同，宗教信抑〔仰〕各异；这些种族上的异点，对民族是没有关系的。

现在是异族侵略中华民族，沦亡在即，忍无可忍时代。在这个千钧一发，救亡图存的过程中，惟有整个的民族中的五个种族，切实联合起来，在复兴的旗帜下，努力对外，减少内部磨擦，不为赤白帝国主义者所诱惑欺骗，则中华民族不难复兴，列强压迫，不难解脱。不然，五个种族分立起来，会相继沦亡；白色帝国主义者，固然可以灭亡我们的民族，赤色帝国主义者，也并不慈善一点！

外蒙对此应有一个清楚的认识，树立起自己的目标，共同担负起民族复兴的责任。

最后引林肯对美国南北战争时代的人民说的一句话：

"具体的说来，我们是不能分开的！"

《绥远旅平学会会刊》（月刊）

北平绥远旅平同学会

1937 年 7 卷 3 期

（朱宪　整理）

蒙古问题与远东的关系

刘永孚　撰

一　引言

　　无论从任何方面来说，蒙汉都是一家的兄弟，而蒙古地方是中国领土的一部分，蒙古民族是中华民族中的一个结体组织，所以在历史上与地理上，均与中国有密切不可分离的关系。朔自上古以来，就不断的与汉族发生密切的连系和同化作用。秦汉以降，尤为显著，始皇为防止蒙汉的斗争，修筑长城，驻扎重军，以资防御。秦末，群雄并起，无暇外顾，蒙古乃乘机兴起，率军南下，扰攘内地，迄汉不已。自高祖至武帝七十年间，都是以和亲的政策，来维系和平。在这时期，自然而然的，发生了蒙汉血统的混合。武帝时用马邑人聂壹之计，以致双方失和，乃有卫青、霍去病诸人出塞之战，然已有多数蒙人徙居内地，与汉族杂处。其后虽时有和战，待南宋末年，蒙古人兴起于北方，以游牧民族，统一中原，形成空前未有之大帝国，威震西方，炫耀一世。迨朱明兴起，蒙古仍峙之漠北，斯时也，与西欧各国的关系，殊为鲜见。满清入主中原，以国势之强大，君主之英明，开拓疆域，征服外蒙，完成中国的领土。当时俄国彼得大帝，欲行"开窗政策"，遭阻于西方，乃探险于远东。虽想侵蚀满蒙，无奈中国国势尚强，不能如愿，但是外蒙古从此多事，我国边疆问题亦日趋紧迫，俄人在外蒙的力势，也逐步进展。清末强邻四逼，国事日非；国内志士，发起革命。辛亥成功，以平等、自由、互助的精神，建立五族共和的国家，既无地域之分，又无种族之见。不幸国内多事，外蒙古遂为俄人所攫，遂其多年觊觎之心，于是外蒙在俄人羽翼之下，宣告独立。因此蒙古在远东的地位，益趋严重化了。

　　九一八事变之后，日本占据满洲，制造伪国以来，她多年来对于蒙古侵略的野心，便要逐渐白热化，而俱〔具〕体化了。在一九二八年的时候，巴尔加（Barga）蒙古人的叛变，便是在日本人援助之下，企图独立的阴谋。这样一来把个单纯的蒙古，竟变成了一个复杂的，带国际性的，为远东问题核心的蒙古了。

二　日本与蒙古

　　日本并吞蒙古的野心，由来已久，远自明治天皇起，一贯的大陆政策，想根本的吞并外蒙古之领土，使其脱离苏联的羁绊，变成一个倚赖日本的一独立组织。日本欲与蒙古作较密切的接近，系基于经济上及军事上的原因。在经济上日本欲开放蒙古之门户，如同八十年前伯力氏（Commodoreperry）开放日本之门户一样（注：见 The Times, London, July 25th, 1935）。在军事上，日本如能统制蒙古之北部，将使苏联在背〔贝〕加湖（Lake Baikal）的西伯利亚防线的后部，受严重的威胁。如果苏联在这一条战线上崩溃，那末，日本对于麇集苏联与伪满洲国交界的二十万红军，及六百架飞机，将无须恐惧了。因为这种关系，所以日本每想联络外蒙的盟旗王公，而组一傀偏式的蒙古帝国，如同伪满洲国的例子，由田中义一的奏折中，便可充分的表现日本对满蒙的野心。在军阀当权的现今日本，仍然进行她们的侵略政策，而且更激烈化、具体化了。在日本军部最近发行的小册子中曾说:"上古时代,地中海是文化的中心,希腊、罗马隐然握世界之牛耳;中古时代,大西洋是文化的中心,英吉利领袖全球,现在文化重心已由大西洋移往太平洋了。大日本有上天所赐予的良机,自然所赐予的特殊权利,握全世界政治之枢纽者,非吾日本而谁何?"竟放出这样大的口吻,不顾世界安全的日本军阀,是何等冒险,何等蛮干。

日本军阀吞并外蒙的技俩,不外以伪国的兴安省、热河省为策源地,其进行方法,一是以金钱或军火供给蒙古的王公、喇嘛等,激发她〔他〕们的民族思想,鼓惑独立运动,使他们对中央发生恶感;二是鼓动蒙境的中央军队,想从察哈尔省、绥远省各地,对外蒙作东南大包围之形势。这样一来,外蒙就很难高枕而卧,一旦外蒙入日军之掌握,则苏联多年苦心积虑的势力,遂不得不完全失败。而贝加湖一带,均在日军压迫之下。随时有切断西伯利亚大铁路之虞。将来对苏作战,才有把握,大陆政策始能稳固。

日本近来更不断与外蒙发生局部的冲突,造成"满"蒙境界的纠纷,更不断向苏联挑衅,但是金厂沟事件的发生,日本军阀虽不无心酸,然而日本的野蛮行动,是想要求苏联重新画定国境,及以反苏联的旗帜下,获取英美各国的同情,而谅解其对华的侵略。更可借此制造苏联威胁"帝国生存"的空气,鼓吹国民备战,拥护军阀的侵略战争政策与军事预算的增加,另一方面是要掩饰国内经济、政治的危机,使大众注视"帝国的光荣"而忘却腹中的饥饿。种种的梦想都想在这种挑战式行动中实现出来。

三 苏联与蒙古

自一六八九年俄帝彼得即位以来,在西方寻觅海口未果,即转向远东,于是之后,俄蒙遂时有纠葛,俄人对蒙古的觊觎,非常关切。朔自帝俄时代起，至现代社会主义的苏联止，二百余年来，无时不努力其对蒙古的企图。因为外蒙古与苏联远东的政治、军事上的关系最为密切，有不可分离的唇齿关系，她要想保持其远东的优越势力，非把持住外蒙古莫属。所以苏联远自沙皇时代，即欲外蒙古变为俄属亚洲领土之一部。俄政府不断的利用哥萨克的探险队，在远东作探险的工作。清末我国势日衰，强邻四逼，内忧外患，无暇顾及边陲之地，俄人乘机展其势力于外蒙。以联络活佛和布里雅特人的方法，贪缘求进。以牢笼操纵之术，使蒙人脱离中国而独立。如一九一一年（宣统三年）驱逐库伦办事大臣三多，宣布外蒙独立，活佛行登极礼，称大蒙古国，就是受俄人的怂恿。其后俄国社会革命成功，白俄入据外蒙，想以外蒙为根据地，而威胁远东共和国和西伯利亚，苏联乃借机出兵外蒙，驱逐白俄，占领库伦，外蒙遂入于苏联赤色帝国主义的势力下，承认其为独立国。近几年来（九一八以后）日本势力扩大，九一八事变之后，日本军阀尤其贪而无餍，既得陇，尤望蜀，于是吞并满洲，侵略华北，进迫内外蒙古，挑战于苏联，使苏联越发感到外蒙古军事上的重要性。近来苏联对外蒙有如下的政策：

　　一、扩充蒙古革命青年团之势力，沙汰蒙古国民党内的反动分子，以巩固党政的基础。

　　二、使蒙古近代化、工业化。

　　三、使蒙古军与远东红军，有密切的联系与合作。

　　四、借与外蒙巨资，使其扩张交通。

　　一九三六年春又成立《苏蒙军事互助协定》，我国在四月七日对苏俄提出抗议，以为此种协定，妨碍中国的主权，及破坏一九二四年《中苏协定》，故中国政府，对于这个协定，绝难予以承认，故亦不受其束缚（见《伊斯威士吉亚报》，Izvestia，Apri 9th，1936）。日本对此协定，尤为重视。然而苏联为保持其远东势力计，与巩固国基计，都是她一定的步骤。

四　蒙古过去的光荣与现在的地位

处于漠北的蒙古高原地方，荒凉冱寒，自然所赐之恩惠甚鲜。人民以游牧为生，逐水草而居，故不易发生灿烂的文化。然成吉思汗能依战争，开拓跨有欧亚两洲的广大版图，诚千古卓绝的大英雄，东洋史上的大伟人。成吉思汗的事业，对于东洋诸民族之盛衰兴亡有莫大之影响。其子孙，尤能继其遗志，统治文化发达的中国及代表西亚文明的波斯。欧俄受其统治，不下二百余年，这种绚烂的事业，虽马其顿之亚历山大（Alexander the great）、法国的拿破仑亦不堪与之伯仲，其余更无论矣。这样伟功奇绩，孰能匹之。

成吉思汗的伟功奇业，是由坚苦卓绝中奋斗得来。汗以九岁失父，与其弟、妹同养于其母之手，环境之恶劣，不堪想像。泰亦赤兀族欺之于先，蔑儿乞部袭之于后，札木合之逼迫，乃九死一生中之努力而成功。一二一八年，成吉思汗率其所团练之大队骑士，横扫帕米尔，而入土耳其斯坦。军容甚盛，喀什噶尔、浩罕（Khokand）、布哈拉（Bokhara）以及花拉子模都撒马尔干诸城，莫不望风披靡，相继沦陷。世界各国，无能御者。这是何等光荣伟大的史迹。

造成这样轰轰烈烈的事业，一则由于成吉思汗的英明果断，二则由于蒙古人骑射善战的精神及忍苦耐劳的毅力。然而现在的形势如何呢？实觉殊深轩轾。自信喇嘛教以来，民族固有的精神，业已消失殆尽。弗〔更〕加以北有赤俄的阴谋，东有日伪军的侵略，内有王公、喇嘛的昏庸把持，使我们处于非常艰险的地位，眼看亡国灭种的祸，就要降临。我们蒙古同胞，不要忘了过去的光荣和现在的危险。蒙古同胞们，赶快觉醒吧。

五　国人应持的态度

我国处在这样危险的时期，究竟要怎样去应付，才能安然渡过这个难关，是值得我们研究的。蒙古是我们的领土，能够使赤白帝国主义者任意宰割吗？可以袖手不管吗？当然不容坐视，政府对《苏蒙军事互助协定》，已经提出二次抗议，我们不但希望提出抗议书，而且要充实内部，要想渡过目前的难关，继续发扬中华民族的光荣，唯有全国上下一致团结起来，集中抗日的力量。只要大家捐除私见，踢开个人的利害，以国家为前提，以民族为要务，前途才有希望，敌人终有被歼灭之一日。政府对蒙古，不要只以联络其王公为任务，这是错误的。应当从下层着手，对于蒙古的青年知识分子，是要特别注意的，使他们了解帝国主义者的阴险，与脱离中央的利害。只要整个的民族，都觉悟了，一切的困难，都能解脱，一切的事情，才有办法。

六　结论

现来要总括起来，作一个简单的结束。蒙古在远东的地位，是非常的重要，所以才成了远东的焦点，将来日俄战争爆发后，胜负是以蒙古为先决条件。蒙古若落于苏联之手，俄之远东势力，与欧俄可以永保联络，日实无必胜之把握，倘外蒙为日所攫，苏联远东之满洲里与东海滨省均有不保之虞。蒙古是我国的领土，且为北方的屏障，唇亡则齿寒，若求国家之安全，不可使蒙古落于任何人之手。

《绥远旅平学会会刊》（月刊）

北平绥远旅平同学会

1937 年 7 卷 3 期

（李红权　整理）

返省服务两周的片段记录

乔森显　撰

十一月中旬以后，绥远的守土御侮战争一天一天的吃紧了，一天一天展开了，怀念着故乡的同乡和同学们，对于家乡的存亡焦急的关怀着，每个人都愿意贡献出自己的一分力量。我个人因受同乡和同学的委派，得于追随卓如、介林、涌斋、少周诸兄最先返省服务，虽然两周间卖的力气很少，犯的错误很多，可是，所享受的快活也许还值的告诉关心绥事的同胞的，现在就让我将那两周间的情形，作一个简略的叙述吧。

十一月十九号我们由北平动身，当天晚九点到达大同，车一进站，即有许多军队将整捆的枪械和整箱的子弹向车箱中不停的搬送，在那里的空气显然和平、津及张家口有很大的不同。

丰镇西边有一段路轨被骑匪破坏，因之我们在大同车站足足停留八个钟头，待过平地泉时，已是日头高升的时分，在那里两列铁甲车不断的鸣叫，不断的喷出火焰；士兵们身上穿着单薄的衣裳抖擞起精神，正准备向着红格尔图开进，原来在红格尔图方面，我军已经占了绝对优势，继续开上去的队伍，乃是要进一步的制服敌人。

在平地泉车站，我们向一位年轻的军官探询前线的情形，他说："敌人是被我们打退了，可是敌人的飞机正在不时向我方投弹，前天我们有三十辆汽车满载着弟兄向前方开进，忽然有两架敌机赶来，猛烈的轰炸，结果我们的六辆汽车和若干弟兄竟被炸的骨肉分飞，我们后来去了，看都不忍细看，他们死的真惨！"

二十日下午回到省垣，寄居省农会，当天晚间开首次会议，决定马上联络各界，联络各校同学，共同进行抗战后援的工作。第二天早晨，首先到省府晋谒博主席，请求主席对于我们的工作加以指示；不巧那天主席忙着开军事会议，所以当时没有得着明确的训示。

离开省府之后，我们分头去各校联络同学，预备下午聚在一起，共同商讨如何开展后援的工作。下午两点的时候，有两个会同时在省农会举行，一个是各界联合会，一个是各校同学的谈话会，两个会上，我们都派人参加了，在各界联合会上我们的代表贡献了我们的意见，另外在各校同学的谈话会中我们粗粗的了解了省里最近的情形：不久以前，同学们曾经自动的组织了省垣中等学生联合会，随即因地方当局及教育当局认为学生的活动，无补实际，进行组织、宣传等项工作容易引起外交问题，容易荒废学业，所以教育当局训示各校对于学生的爱国运动加以限制，中等学生联合会在地方当局、教育当局的限制之下，无形中限于停顿状态。

当天下午和省垣的同学正式谈话的时间延长到三个钟头，在谈话会上我们将两天来拜访各校长的结果告诉他们，同时对于省当局以往为什么要限制学生运动及战争暴发之后当局对同学所抱的期望等等加以解释，后来大家交换许多意见，直至五时许，始行散会。

也许是大家太坦白了一点，太诚恳了一点，所以在散会之后，只有几个远道的同学散去了，其余的同学们都还不肯离去，并且热烈的讲述着他们的愿望，他们的心情，顺便提出很多有意思的问题——如应该不应该参加自卫队，中央为什么还不派飞机来，大家一直讨论到晚七时，到了不得不回校上自习时，始行散去。

每天晚上，我们自己必须开一次会议，检讨当天错误，并决定第二天的工作。二十一日这天晚上，我们检讨一下自己的工作，除开没有见到傅主席以外，大体上还算不错。

二十二号是星期日，利用这天的假期，各校有许多同学找我们探询外边的情形，同时我们也有几位分头向各方接洽以便取得密切的联络。下午各界联合会即开成立大会，决定负责人选，分配职务，准备从这天起，立即进行各项工作。返省服务团的人员因为不能久留省垣，未能积极担负起重大的任务，这实在是我们自愧的地方。

二十三日招待各校校长，交换救亡意见，经过三个多钟头的谈话，发现了各方面的意见原来就是一致的，正风苗校长并且报告了半月前中等学生联合会发起的经过以及他个人帮忙的地方。苗先生讲学生联合会所以受限制，是因为各校师生之间彼此不了解，且教育厅方面对于同学们原来的动机相当的误会，故使同学们的爱国运动不能不陷于停顿状态。在这天的会上，大家的意见极融洽，谈话的结果非常圆满，尤其是绥师刘校长和工职张校长的谈话更使我们受了很大的感动，使我们在奔波中不能不极端的兴奋！

二十四日晋谒教育厅长，首先说明绥省目前所处的举足轻重的地位，绥省人民的一言一动在国内都有很大的影响，尤其是处在战争状态之下的绥远，青年同学的一言一动，更受国人注意。其次我们又说明了绥远的同学和当局所站的是一条战线，不论在什么地方，他们绝对是为当局帮忙的，绝不会和当局为难。厅长听了我们的解释，觉的我们所说的话至少有几分道理，因此很诚恳的表示："教育厅所站的是官厅的立场，绝不能事事都直接告诉学生，他们有这番热心，就应该自己去作呀！"和教育厅交涉的结果是这样，我个人认为相当满意，事实上教育当局对于同学的爱国运动也不积极限制了。各界联合会中，学生联合会以正式会员的资格去参加了，各校的学生会也在几天之内组织就序了。所有这些都不能说与当局的态度和客观形势无关。

从二十五日起，我们开始和各校同学作正式的谈话（不能称为讲演）了，一直到三十号才算全部结束。

在这中间还有一个献旗问题：在最初我们希望在短期内能够筹备成一个市民大会，在那个大会上希望各个团体都提供他们的意见，借此机会一方面可以提起全省同胞对于绥远抗战的注意，使的每个人都自动的作为守土将士有力的后盾；另一方面可以使的献旗的意义格外的显明，使的献旗的典礼格外的隆重，不想我们绥远的环境实在不容许我们那样作，不容许我们把献旗的意义发挥出来。终究还是事与愿违，只借了一个简单的仪式完成了献旗的典礼。

和各校同学谈过话以后，我们不得不东西南北分手了，而且马上就应该出发分赴绥西、绥东和绥北了。原先代表团派介林和我个人到绥北一带调查，当时因介林君忙着要回校，结果只留的我一人前往。

十二月一日早晨，我们一行十五人由绥远省垣乘车出发，十时过蜈蚣坝顶点，山路陡峻曲折，阴风怒号，在北国的特殊风光里，每个人都感到一种新的刺激，新的活力，战场上冲锋陷阵的况味，似已略略现在目前。

一时过武川，畅维兴县长的热诚，孙兰峰旅长对于自家人的爱护，使我们感动的几乎要落泪了。他自己是早把生命置之度外，不顾一切牺牲了，但不想对于我们一伙舒服惯了的人们反爱惜不已，力劝我们不要到战地冒生命的危险。接原来的规定，到武川看了也就够了，可是赴战地助威是个人的夙愿，且得当局谅解，又适逢苦战正在开展，实在是千载难得的机会，所以我肯定的坚决的要随着其他伙伴继续前进，不怕危险，更不惜牺牲。

二时随军西进，凛烈的北风，刺穿了人们的衣襟，更深深刺入了骨髓。在车中，谁都不敢抬头向四方眺望，谁都得低下头去静待着时光一分一刻的度过，一任车子在广漠的平原上驰骋。

到达百灵庙时，已是晚上八点钟光景，在黑暗的夜色里，远处看不到什么，只在灯光射到的地方，看见随处都是炮火的痕迹：这边墙上有无数的孔洞，那边的房屋只留的半截。尤其是在雪花飞舞的场合，上〔这〕些残迹所给与我们的印象的确是太刺目太深刻了，可惜我的手太拙，笔太秃，无法将它活灵活现的写在纸上。

在武川县城虽然见过孙旅长，可是并没有得到多少谈话的机会。关于前方的情形，以及占领百灵庙的经过，大家急欲早一刻知道，故稍事休息，略用餐饭，便作正式的拜会了。当时孙旅长及这次冲锋陷阵的刘团长，因军事吃紧忙着去做重要的布置，故由参谋长袁庆荣先生出来接见我们。袁参谋长见了我们，似有说不尽的喜悦，满脸的微笑始终不能消失；似乎是分手年多的弟兄偶而在患难中遇到一样，谈起话来，大家总是特别亲热。等我们分别说明来意之后，袁参谋长坦白的说：

> 我们上月二十一号得到命令，弟兄们当天晚上由武川出发，走了一夜一天，才到了二分子（武川与百灵庙中间的一个堡子），照平常，应该让弟兄们休息一下，但是情势不允许他们休息，同时弟兄们不仅没有疲倦的神色，而且气焰万丈，不让他们马上杀敌，再无法消除他们的怒火。二十三日夜间，我们的整个的部队，做一百几十里冒险的远道夜袭。自从深夜十二时接触，战到天明，六次猛烈的冲锋，尚未攻陷敌人的阵地，而弟兄们的奋恨更是有加无已；且出发时，我们已经立誓："拿不下百灵庙，全军不还。"所以敌人的炮火虽烈，终

究当不起第七次的白刃相接！

对于战争的经过简略的报告之后，袁参谋长还发表了许多正面的意见。他说：绥远当局最基本的态度是抗敌救国，我们全体将士的要求，也是抗敌救国，我们以为海可枯，石可烂，然而在抗敌救国的最高原则之下，我们的态度是始终不会改变的。相信只要有我们的士卒在，绝不会让敌人讨了便宜。我们早已决定即剩一兵一卒，不能丧失寸土尺地，敌人从此不来侵犯，可以说是他们的幸福，倘使再来侵犯，那是自找灭亡！现在大家都明白了只有对外抗战，才能图谋生存，只有打倒敌人才能有我们的生路，因此我们愿以热血洒在敌人的面前，换回失去的领土，我们不怕今日和诸友在此分手，但愿他日东望三岛，痛饮长白山头。

高级长官的态度既是这样，那么一般的士气又怎么样呢？听了袁参谋长的话，又向许多位士兵调查的结果，知道二十三日晚上的冲锋，各连都争光〔先〕恐后的出来自告奋勇，要和敌人相拼。在冲锋的阵线上，一批一批的弟兄是在敌人的炮火中壮烈的牺牲了，但是敌人所能消灭的只是一部分铁血男儿的生命，却不能消灭全军的士气，前列的弟兄虽然中弹倒地，后继的〔的〕壮士终究使敌人丧胆失魄。弟兄们在阵前受了伤，军部要送他们到后防医院，谁知竟有好多位弟兄出人意外的坚决的不肯回去，问他们为了什么缘故，都说是"回去后害怕不好再上前线了"。

更让我们兴奋的是弟兄们一致的喊出一个口号，说："我们不要饷，我们是要杀敌！"由这点我们就可以知道二十三日夜间整个部队冒险的远道夜袭，能够得到最后的胜利，那绝不是偶然的，而是必然的。

长官、士兵有这样坚决的意志，有这样清楚的认识，谁能不为我们中华民族的前途高呼"万岁"！

最可注意的事，是当一部伪匪在重重包围中无路可逃的时候，其中有些蒙古同胞仍然要顽强的抵抗，并且喊着："不投降，不投降！不作你们的亡国奴！"这事实看起来似乎很平淡，其实它已经说明了敌人是在怎么样欺骗我们的同胞，驱使我们的同胞回转枪口，来惨杀自己的弟兄；它也说明了敌人是在怎么样利用中国人的自相惨杀，以满足他们侵略的野心。

被俘掳回来的同胞，在我们这方面极受优待，愿意为国效劳的，就请他们留在营里，愿意回家的，每人可以领到大饼十个、国币三元。因为待遇是这样，所以被俘掳回来的同胞都感觉的：不论在什〈么〉时期，还是自家人可爱，他们都感觉的留在国军营中要比回到热、察的家乡去尝受敌人的欺侮好的多。

在百灵庙看到各种情形，我们非常兴奋，同时也非常快慰，不过有一点的确让我们非常担心，就是防御的力量实在有点薄弱，防空只有消极的躲避，而防陆兵力也不很充足。

我们回到武川，曾进谒曾延毅副军长一次。关于军事方面的情形，大家询问的最详细，曾副军长谈起收复庙百灵〔百灵庙〕的事，我们都感觉的非常高兴，可是等他谈到绥东、绥北的整个布置，以及以后的动向，真有点使我们悲观了，我们真要为阵亡烈士喊冤了，本来绥北向敌人进攻的时候，绥东也应该同时向敌人进攻，在东西夹攻之下，匪伪自不难一鼓歼灭，察北的收复，乃易如反掌之事，不幸我们的国家还没有最大的决心，没有收复东北及冀东、察北的远大计划，所以在绥北向敌人进攻的时候，绥东不能出兵，以致不能收到东西应援之效，早杀敌人侵略的野心，彻底的驱逐敌人出境。

三日下午回到省垣，四日即匆忙的东来了。

回去的时候，我们所负的使命本是慰劳、调查、开展学生运动和进行后援的工作，现在静心反省一过，自己非常惭愧，惭愧自己能力薄弱，对于每一项工作都不能好好完成，实在对不起十五

元的路费，对不起同乡同学，更对不起家乡的父老兄弟。（文责自负）

《绥远旅平学会会刊》（月刊）
北平绥远旅平同学会
1937 年 7 卷 3 期
（李红权　整理）

绥远的青年应负的使命

张焕新　撰

青年应负的使命是什么？要想解答这个问题，我们要先明了怎样才算一个青年。假若明了了青年的本质，青年应负的使命自然不难迎刃而解了。

那末究竟怎样才算一个青年呢？青春貌美，油头粉面，翩翩动人，所谓公子哥儿的一流人物才算青年么？或舞场中的小姐，溜冰场所的华服姑娘才算青年么？唉！这一类的青年不过年龄上的青年罢了。其实他们大半没有头，没有脑，哪能谈到思想呢？社会国家的存亡与他们漠不相关；老百姓的痛苦，不幸者的遭遇，不特得不到他们一点同情，甚至冷讥热笑作出各色各样难堪的丑态来。他们只知整天的在罪〔醉〕生梦死的状态中追求他们各个人骄奢淫逸的麻木生活。与其说他们是花园派中出色的名角，倒不如说他们是古墓里边的陈死人。别一方面说，与其说他们是人类中的幸福者，宁肯说它们是亡国灭种的败类，哪能谈到青年呢？所谓青年，他有敏锐的眼光，他有灵活的手腕，他有伟大的思想，他有充分的学识，他有冷静的头脑，他不为淫欲的环境所诱惑，他不为恶势力所左右，也不为颠连困苦的环境所灰心；他的举止、行动是光明的，磊落的，可以质天地而对鬼神；他的热血能煮沸被压迫者的心灵，他的眼泪能引起痛苦民众的感泣；他的所志所事无非为人类打不平，为社会除黑暗；慷慨悲歌，奋发有为，这样才算顶天立地的好汉，也就是活泼踊跳气盖一世的青年。

　　我们既然明了了青年的真像，青年应负的使命到底是什么呢？在解答这个问题之前，我们还得先探讨青年与空间、时间的关系，也就是社会进化的进程上与青年的关系，尤其要明了空间、时间的现象和人与人之间、人与物之间的关系。本来空间的一切现像是不平的，社会既然不能离开空间而存在，所以社会上的一切现像当然也是不平的。我们只要环顾我们的周遭，马上可以看出人与人之间的不平，人与物之间的不平，物与物之间的不平。同一树种，生在土质肥沃傍水滨的地方，定会枝叶茂盛，繁荣无比；生在土质硗瘠雨量缺少的地方，其枯槁状态不言可知，这是物与物之间的不平。人食禽兽之肉，衣禽兽之羽皮，这是人与物之间的不平。人类社会中有的为压迫阶级，有的为被压迫阶级，有的终年劳苦不免啼寒叫饥，有的山珍海味坐享其成，这是人与人之间的不平。一班人所谓"恶劣冷酷的社会"，这话虽出于愤极之语，其实何尝没有几分真理存在。但是我们是人，我们所侧重的是人与人之间的不平，人与人之间既然有不平的现像，究竟这种不平的现像是不是能够消灭呢？我们可以说人类史的狂潮是打不平的，我们知道历史的演进虽然走曲线的路，虽然有时在某一阶段内似乎退落，但就其进程的大体而言，无时无刻不在急流猛进之中。按人类的职业而言，由鱼〔渔〕猎时期进而为畜牧时期，更进而为商业中心时期，复由商业中心时期进而为工业中心时期。按人类的用具而言，由石器时期进而为铜器时期，由铜器时期进而为铁器时期，复由铁器时期更进而为电气时期。按人类的政治组织而言，由酋长部落时期进而为贵族封建时期，由贵族封建时期进而为帝国时期，帝国崩溃之后，代之而起的又有所谓民主政体，复由民主政体可以预兆将来会有无物我之分的大同社会出现。显见得历史愈悠久，人间黑暗的事实愈少见，而人与人之间愈能得到比较自由平等的幸福。所以说人类史的狂潮是消灭人间的不平，我想这句话任何人不会否认的。社会所以有这样雄飞猛进的进步，人类所以能得到历史的恩赐，不外人与人之间、人与物之间互相斗争、互相冲突、互相牵制的密切关系，也就是孙先生所说"一部人类史就是一部斗争史"，这句话谁也不能全加以否认。盖因人类为图生存、争自由、争平等起见，不得不发生人与人之间、人与物之间的斗争与牵制，在这斗争、牵制的进程中，自然会促进社会的进化，展开人类自由平等的幸福。青年呢，是在这斗争史的狂潮前，为人类打不平，为社会除黑暗，为人生的生活前途上去障碍的先锋。本来人的生存是顾全全人类团体的。假若全人类团体的生存发生了障碍，大多数的群众走上悲惨的命运，在这团体中的各个人理应不惜任何牺牲顾全整个团体的局面。换一句话说，要有蚂蚁死尸搭桥的精神，而让后继者能够平坦过去。因为各个人既享受人类团体互助抚育的恩赐，遇有必要时，自宜不顾一切的为团体尽义务。青年是人类团体中的优秀分子，当然要站在人类史的狂潮前，当仁不让、责无旁贷的负起为人类打不平、为社会除黑暗、为人生的生活前途上去障碍的责任来。这是他应尽的义务，也就是他应负的使命。我们知道固然一时代有一时代的青年，某环境有某环境的青年，形形色色看去似有不同，但所谓不同也不过方法、手段不同而已，至于为人类抱打不平的真精神，决没有时间、空间的限制的，否则根本就谈不到什么青年了。

现在世界大势不是正在风云四起险恶万端的时候么？各帝国主义各资本家不是正在努力挣扎孤注一掷争他们最后的残命么？我们的国家不是正在内忧日深外患临头的危急存亡之时么？贪官污吏、土豪劣绅以及其他一切不可名状的丑类不是正在张牙舞爪向着我们穷苦无着的可怜同胞干骨头上榨油么？不是农村破产、经济恐慌、天灾人祸并驾齐来把一个安定的社会弄的疮痍满目到了不堪收拾的地步么？被压迫的民族奄奄喘息的劳苦大众不是正在水深火热之中过着空前未有的惨淡生活么？唉！你大有为的青年呀！你应着时代的命运，为人类社会抱打不平的青年呀！你是人类杰出的娇〔骄〕子，你是黑暗的反抗者，你快利用你所有的聪明才智，凭着你灵活的手段，鼓着你至死不屈的勇气把破坏人道的一切障碍为人类打不平吧！你要知道这是你应尽的义务呀！你一息尚存的时候，也就是你责任未卸的时候。尤其是在这风云险恶狂涛万状的现在，你的前途上面也许是深山大海，也许是荆棘丛生的所在，也许有拦路魔王，也许有狰狞可怖的鬼怪，你非有排除万难的精神，死而后已的决心，决不会使你的前途变成光明的大道，后继者又哪能平坦过去呢？这种任重道远的责任呀！已经放在你的肩上了！一切被压迫的群众早渴望你跳上人生的舞台的了！

绥远的青年们，在这贪官土劣大结合的现下，生死存亡的目前，我们应看看自己所负的责任，应想想自己所处的地位。

一九三六，十，二

《绥远旅平学会会刊》（月刊）

北平绥远旅平同学会

1937 年 7 卷 3 期

（李红权　整理）

傅作义启事

傅作义　撰

敬启者：此次绥远抗战，迭蒙海内外各界同志热烈援助，既叨物资之补充，复荷精神之鼓舞，或派代表慰劳，愿参加服务，且有劳动同胞，不惜血汗之资，学界师生，力撙裁食之费，甚至乞丐监犯，妇女儿童，无不踊跃输将，各尽心力，具征爱国精神，伟大光荣，充分表现，令人可钦可敬可泣可歌。顾念作义等并各部官兵，分属军人，奉命守土，在蒋委员长、阎副委员长指挥之下，勉尽职责，无功可言，乃承各界同胞期待殷切，益增愧感。但以此次慰劳意义，非仅限于今日之作战官兵，要在激励将来之无穷斗士；非仅限于今日之爱国热忱，要在唤醒将来之全民奋起。尤可喜者，即目前大多数民众心理，对于爱护国〔国〕家已有深切认识，绝非以往视同秦越，漫不关心，确为国运一大转机，所谓目前挺战守土，窃恐不足表证复兴，今以全国慰劳情绪，表示整个民族精神，复兴之基，即兆于此。换言之，纵使前线战士，能流血牺牲，未必是使谋我者即知敛迹，惟全国民众整个发挥团结精神与力量，始足使对方另作估价，知所顾忌也。本此意旨，敢不拜嘉，益励三军，为国奋斗，尚冀爱国同胞，一致兴起，多赐指导，是所幸盼。谨代前线全体官兵登报○〔申〕谢，附布区区，统希公鉴。

傅作义谨启

《绥远旅平学会会刊》（月刊）
北平绥远旅平同学会
1937 年 7 卷 3 期
（李红权　整理）

敬告我省同胞

作者不详

民国二十年九月十八日，××军侵占了我们的沈阳，跟着抢去辽宁、吉林、黑龙江、热河整整的四个省份；去年冬天又把冀东二十二县和察北六县由冀、察两省分割出去，交给汉奸统治，直接受××人支配。占去我们四五省的土地财产，××的野心家还不满足，现在又来夺取我们的家乡了。

自己的家乡陷于危亡的境地，我们不由的想起了东北受难的同胞：民国二十年××初占了东北的时候，因害怕东北同胞们起来反抗，所以用减租免税等假仁假义的方法，欺骗东北的同胞，使东北同胞们安分守己，等到××把几十万大兵开到东北，安排好了汉奸组织以后，便开始引用最惨酷的方法对待东北三千万同胞了。在这里我们可以举出两件事实来证明：第一，沈阳城外有一个姓刘的小孩，因读的一本未经满洲伪教育部审定的课本，偶然被××人看见了，结果全家人被绑到村的中心，由十几条恶狗在半天的工夫里活活的吞食。第二，有××人在辽宁抚顺县的一个村里丢了两袋洋面，于是归罪在这个村子里的人，把全村三千八百多男女老幼绑到野地，尽数用机关枪杀害。同胞们，这样悲惨的命运要临到我们头上了，我们还能坐着等死吗！！

再问问我们为什么遭逢到这样悲惨的命运呢？这是因为我们对敌人该抵抗不去抵抗，该驱逐又不驱逐。××强占东三省的时候，几十万大军不声不响的退回关内，后来更答应××的要求，把河北境内的中央军及东北军也毫不抵抗的退到河北以外了。我们退一步，××便进一步，现在又进到我们家门前了！我们全国同胞若再退让，再不抵抗，再不驱逐××人，我们只有让人家宰杀，只能作亡国的奴隶了。

亡国奴的生活比牛马的生活都不如，惨绝人寰的遭遇同时也没有一个人能免得掉，汉奸卖国贼眼前虽然得敌人的爱待，但这是为利用上他们灭我们的国家，等到国亡了以后，汉奸和我们一样的也要被××人杀死，东北的汉奸卖国贼现在不是已被人家枪决了吗？察北的汉奸王道一不是也被人家枪决了吗？所以，绥远的同胞们，我们是有光荣历史的祖先的子孙，我们绝不能作亡国奴让敌人屠杀，我们要作独立自由的中国人，为了争取独立自由，在目前非战即降的关头，我们只有和敌人拼个你死我活，逃避是没有办法的。

有人说敌人的飞机、大炮比我们的厉害，我们恐怕打不过，其实这种说法一点都不对。过去的许许多多事实告诉我们，只要我们自己有决心，驱逐敌人出中国境是很容易的事。敌人强占了东北已经有五年多了，在这五年里义勇军的抗战，使敌人坐卧不宁，再加上满洲军一批一批的背叛伪国，归到我们自己的阵营，更助长了我们的势焰，打击了敌人的志气。淞沪战役，虽然只有十九路军孤军抗战，终究打破了敌人三天可以灭亡中国的迷梦；长城血战，二十九军的大刀也曾杀的敌人血肉横飞，心惊胆丧。淞沪战争及长城血战我们固然失败了，然而那种失败是因为中央没有彻底的帮助抗战的将士，全国同胞没有担任起有钱的出钱有力的出力的任务。也就是说，那种失败是因为自己没有真打，并不是打不过敌人，并不是真的失败。

在敌人的压迫之下，多年的痛苦使全国的军民渐渐觉醒，就像东北军，过去是抱着不抵抗主义，驯顺的就退却了的，可是现在在陕西的旧东北军，想起自己的家乡来，父母那样的被人杀害，财产那样的被人抢夺，恨不得马上跑到最前线去和敌人作殊死战。二十九军在×军重重包围之下，不但不屈〔屈〕服投降，而且杀敌的渴望充满了每个士兵的心胸。尤其傅主席指挥之下的全绥将士，简直已经就很英勇的和敌人在冰天雪地里肉搏起来了。其次说到全国的同胞也已经认清了只有从民族解放的战争中，才能找出自己的生路，所以在上的阎主任以八十七万巨资捐助前方将士，在下的全国同胞都勇〔踊〕跃的供献出自己的人力、物力，甚至上海的十龄以下的小同学也都起来呼号了。但是，我们反过来看看我们敌人国内的情形如何呢？几年来统治东北的结果，少数××军阀的确是发财了，但是××的老百姓所担负的军费则太重了。国内平日的租税就足使××百姓痛苦了，现在再加上这样重的军费，双重负担致使××百姓无法生活，因此对他们的军人侵略中国的行为，非常反对，我们要是这时候赶快起来和××军人抗战的话，××军人在中国人和××老百姓的夹攻中，将来不会有好的结果的，也就是说我们多抵抗敌人一天，敌人花的军费越多，××老百姓越恨他们的军阀，我们越有最后胜利的可能。要不然，敌人得我们一块土地，就多收入许多金钱，有了金钱，又可以夺我们的土地，这样下去，非至全国灭亡、我们全被杀死不可！

现在，抗敌战争的序幕已经展开了！我省的同胞们，我们要自信我们的力量，不要犹疑了！只要我们拿定决心，大家团结起来，组织起来，有钱的出钱，有力的出力，以我们全体的力量帮助傅主席，帮助前线将士，和敌人拼个你死我活，最后的胜利一定是我们的！

绥远旅平同乡同学救亡联合会

二十五年十一月二十二日

《绥远旅平学会会刊》（月刊）

北平绥远旅平同学会

1937 年 7 卷 3 期

（李红权　整理）

内蒙古社会关系之分析

张惠民　撰

一

绥远及察哈尔（除长城以南十县）原为内蒙古的境域，即分为锡林郭勒、乌兰察布、伊克昭、察哈尔之四盟三十五旗及土默特的特别旗，乃一广漠的游牧地带。散在于各地的蒙古游牧民众，可以自由使用各自的盟、旗土地，但不能据为私有。这里的蒙古社会是建立于王公与牧民的身份关系上，即所谓游牧封建制度的社会组织。

溯自清廷末叶以来，汉族的农民，冒险逐渐移殖于蒙疆，遂使察哈尔南部与土默特旗，首先变为农田了。当时的开垦地，多为汉族的农民直接向王公贵族租借的，或是由于王公贵族自发的招往开垦，故在前者的场合，普通是订为十年、二十年的借期，当借地期间满限以后，农田则为王公贵族所收回，或再行借地，另定借期亦可。在后者的场合，王公贵族仅有征收地租之权，不能收回农田，因而农民便得以自由转卖耕作权。如是辗转出卖以后，时期既久，王公贵族竟不知将向何处征收租米，无形中，耕地便往往成为汉族农民所有了。

内蒙的农地，自二十世纪初头以来，已经渐渐大规模的增加了。在满清政府之时，且曾正式设置开垦机关，同时，蒙古王公为供应庚子赔款之需，亦大规模实行旗地的开垦，如此，经过三十余年后的今日，察、绥蒙古之中部以南，便完全成为农地了，纯粹的游牧地域，便只剩了极北部的锡林郭勒盟。

惟自二十世纪初年以后，凡欲开垦旗地者，必先支出荒地的价格，于是这在冒险移殖的贫农们，便不敢进行开垦，所以凡是新的开垦地，差不多都是集于商人与地主之手，而后把这些土地，细分之以贷许于农民。

于是开荒之地越多，其集中于地主之手者也就越多。例如在绥远省西部之临河县，既垦面积达九十万亩，其中便有三十万亩的地主两人，一万亩以上的四人，二千亩以上的九人，此外属于天主教会的土地亦达十四万亩。这十六位的大土地所有者的耕地，约占全县既垦地之十分九。

在察、绥蒙古，大地主的势力，较之中国本部者，一般地还要大得多。例如早就已经开垦的归绥县，全县耕地之三成强是属于大地主的，农民大多数是仰其鼻息的贫农、佃农层。这些地主阶级的势力，随着蒙地开垦的增多而益形膨胀着。

二

蒙古王公在新侵入的汉族地主阶级之前，是完全失掉了它的支配力了。

开垦区域既已广大，农民的住所，既是县治的领域，新兴的军人、地主的支配势力，便代替了王公的统治制度。军人与地主是互为表里的关系，侵入蒙地，收取荒地地价、岁租，这是不能否认的事。就察省说，按照一般的规定，是四成归于王公，六成归于县政府，实则无论前者或后者，都不过是名义上而已。王公的不满，也是一种事实。我们在边境的政治，汉民不能对蒙古民族示以平等的待遇，临以统治民族的政策，往往要激起王公的愤怒，这在我们也不能不实行深刻的自我批判的。目前在强邻的百般勾引之下，王公贵族甚至牧民，其所以甘为虎作伥者，这里所存在的经济根因，是不能忽视的吧！

原来王公贵族所独占的给养地——察、绥蒙古，自二十世纪以来，汉族地主的侵入，以及外国耶教的膨胀，遂形成鼎足三分天下的形势。现在王公的支配区域，就只剩下极北部之锡盟及其他纯粹的游牧地了。

我们当然并不是代游牧封建的王公制度辩护，而是要注意蒙古牧民的大众生活，发挥孙中山先生的民族平等的精神，这才能加强我们在边地的力量，才能稳固我们的国防！

三

外国教会在察哈尔省比较少，但在绥远境内则达三百零五处之多，其管辖之下的农民（教徒及非教徒）达十五万众。他们差不多全是教会的佃农、雇农及佣人，粗衣淡食地每年都是为教会劳力耕作土地。在耕种时节的一切费用，全部都是佃农拿出来的，而在收获的时节，教会则要征收三—五成的佃租，同时在一切村役场的经费，堡垒的修筑费等，也都必须负担。因而一年的劳动收入，除了佃租及税金以外，连耕作的成本，都无法抓回来。

在察、绥蒙古约二百十万的农民中，为外国神父之管辖者，约达七％，其余的九三％，则隶于我们的县治。地主形成无形的政治力基础，他支配着城、乡、镇的政治。在表面上，土地似乎不是地主所有，因为关于土地的一切事务，是由一个公共的机关去处理，实则地主的权能，恰恰是附随于土地的。

普通所征收的差款、田税——即对于县政府的租税，与对于王公的岁租，从名目上的看，好像前者是由地主与佃农平均负担，后者则由地主单独的负担，其实，情形并非如此，差不多都是转嫁于佃农、贫农的。并且如绥西一带的地方，在征收一切税金之时，并不是有固定的土地面积，每年例须重行测量计算的。

在测量的时候，测量的结果，也并不是实际上的土地面积，那是随便由测量者自己说的，测量员又都是地主方面的人，小的土地面积，可以说是大的面积，农民对于地主的缴纳，便增多了，地主的转嫁方法便这样地实现了。

并且在进行征税之间，系统复杂，自由上下，借此以获渔利，尤复累见不鲜，种目繁多，农民实不堪如此苛重的负担。例如在一九三四年的调查，绥远省临河县的农民，对一顷的土地，征取官租三元，款租三元，岁租一元一角，水租十二元，差役行政费十五元，乡公所费十一元，乡村学校费二元，合计必须缴付四十七元二角（绥远《民国日报》一九三五年一月二十七日），这的确是未免太重了。

要知道，察、绥蒙古乃是极其寒冷的地方，农作物的收成不能增加，在生产力低微，还要负担税金的繁重，其痛苦真是不能想像的了。

有一位记者，他描写了察哈尔南部张家口北方十华里的一个农村生活："在这村里的住民，差不多根本就没有所谓的门户的建筑，闭居于小的家内，炕的洞内，像冰一般冷，全年都没有点火，在昏黑的室内，每一家人占着想像不出的极小位置。空气的混浊，令人窒息。在夜间并没有被褥，只是一件古旧的羊皮，入寝其中，日间则穿着之外出，以防寒气。他们的食物是一种很稀薄的粥，为小糠、草根并混以少量的粟、面。这样的衣食住，当然无怪其面如菜色，像死的一样。"

四

蒙古的游牧民，则依旧还是在王公贵族的支配之下。

不过，王公贵族和一般旗民的主从关系是日益恶化了。王公贵族们，对于物质生活的欲望，已深受近代文明的感染，日益急激的提高，固有的生活环境，他是渐次的舍弃了。每年，他们都要到北平、天津住几个月，去享受洋楼的住居、汽车、剧场、菜馆之繁华的都市生活。

然而他们的经常收入，是极有限制的，其个人财产，主要的只是家畜。富裕的约有马三四百头，羊一二千头，牛四五十头，骆驼二三十头等。从蒙古人的观点，这已是最大的富豪之家了。然欲以享受奢侈的近代都市生活，自是不够。所以许多王公贵族，便借债累累，陷于破产的状态。

且自民国以来，他们从政府所得到的俸给，已经完全停止，旗地也多行开垦，原有的收入，亦多为汉族军人、地主所占夺了。

因此，王公贵族们要想增加其收入，舍增高蒙民之负担以外，实别无他途。一般地，王公对于蒙民的征税率是很高的，例如绥远省的达拉特旗，凡蒙民有家畜十头者，要被征去一头。

所以说，王公贵族的生活，越是奢侈，则蒙民的生活，便越发困苦颠连。曾有某王公，为维持在北平的生活费用，竟将其原辖旗内的土地数十万亩，典卖给予汉人，这些土地，原是一切旗民所公有，并不是王公自身的所有权，但他是不管这些道理的。那末，旗地的日益减少，当然对于蒙民的游牧生活，便予以致命的打击，因为他们没有放牧之地，根本的生活，自无法发展。

内蒙古的牧地，能不断的开垦，能将其游牧的生活，推进于农业的阶段，自是好事，然而要百万分注意的是不能引起种族的斗争，不能不顾及蒙古牧民的生活，否则在国防上，便将铸成大错，这是我们汉族朝野必须警觉的当前问题。

《大道》（月刊）

南京大道月刊社

1937 年 7 卷 6 期

（朱宪　整理）

从察哈尔省的疆域谈到察哈尔省的危机

刘恩　撰

察哈尔省位于东经一百一十度许至东经一百一十九度许，北纬三十九度许至北纬四十七度许的中间，东接热河省，东北界辽宁省，北连外蒙古，西邻绥远，南抵河北、山西，面积有八十万方里，人口有一百九十九万余人。作者是在察省长大的，近数年来虽然负笈首都，可是时刻没有忘掉这已经破碎了的故乡！"九一八"以后，国内学者，虽然都努力研究边疆问题，可是社会内层的痛苦，非身历其境的人，是不会感觉到的。所以本文是一个事实的报告，并没有精辟的宏论，只是把察省建省的疆域情形，加以叙述，而从这里面看出察省最大的危机来，请国内关心边疆的人士们注意。

察哈尔建省以前的疆域概况

察哈尔，是蒙古语"近边"的意思。先是明嘉靖间，布希驻牧此地，康熙时，又以来降的喀尔喀、厄鲁特部落，编为佐领，隶属于下。至其镶黄、正黄、镶红、正红四旗，驻在张家口外，正白、镶白、正蓝三旗，驻在独石口外，镶蓝一旗，驻在杀虎口外，皆统治在察哈尔都统以下。民国二年，改为察哈尔特别区，领十一县，即张北、多伦、沽源、商都、宝昌、康保、兴和、陶林、集宁、丰镇、凉城。民国十七年，南北统一，遂改区为省，将兴和、陶林、集宁、丰镇、凉城五县划入绥远省，即现在的绥东五县。把原属的张北、多伦、沽源、商都、宝昌、康保六县（即现在被蹂躏的察北六县）和内蒙古锡林郭勒盟暨左右翼八旗，更益以原属河北省的口北十县（即蔚县、延庆、阳原、怀安、涿鹿、宣化、赤城、万全、龙关、怀来），而改建为察哈尔省。

察哈尔建省的纠纷

　　当察哈尔建省的时候，生了不少的纠纷，大概有三派意见。第一派人的意见，是反对把原属河北省的口北十县划入察省，他们的理由是察省管辖的疆域太狭小，特别区的十县，又划给绥省五县，内蒙古的锡林郭勒盟，名义上是察省的领土，而实际上恐怕于税收、政治等各方面毫无所补，建省之后，一切的组织，要和别省相同，狭小的十六县，怎能负起这一省的重担呢！所以主张仍属河北省，以减除人民的痛苦。第二派人的意见，主张口北十县可以划入察省，但是原有的十一县要仍旧（即现在的绥东五县仍隶察省），并且把现属山西省的天镇、阳高、广灵、灵丘、大同五县划入察省，那么察省的疆域，共有二十六县暨锡林郭勒盟和左右翼八旗之地，如山西省能够多划出四县，共成三十县更好。还有一派人的意见，便是依照中央的原定计划实行。争吵了多时，结果，因为有些人得了省委或其他的地位而作罢，便是现在我们所谈的察哈尔省。

　　民国二十二年喜峰口抗战终了，宋哲元氏继长察政，于人事上稍有更动。当时察省教育人士，深感于历来外省人士长本省教政，因不谙情形，诸多隔阂，以致教育事业未能有长足进步，于是乘机请将教育厅长一席，委本省德高望重、于教育富有经验者掌理。

请准以后，便派代表往北平敦请吕复先生回省任教育厅长之职。据闻当时吕先生不但坚辞不就，且又提出察省疆域重划的意见（便是上面所述的第二派意见），并且主张改为"宣大省"（因有宣化和大同的原故），于是有赵伯陶先生出掌教育厅的实现。这是察哈尔建省的纠纷经过。

察哈尔疆域的现状

察哈尔的疆域，上面已经述过，原来便很狭小，可是"九一八"以后，更日形蹙隘。现在分二方面来说：

（1）所属的内蒙古方面——当察哈尔建省的时候，便有明眼识者，已经见到内蒙的属地，是有名无实的。果然不出所料，察省政府虽然加了几个蒙古籍的省委，可是他们并不按时出席省府会议，省令也难达到他们的范围，当然对于省内一切，毫无裨益，因为蒙古同胞自有他们的风俗、习惯、长官、主管机关。可是要真能互相谅解，使感情融洽，蒙汉界限化除，将来自不难达到理想境地，不料"九一八"霹雳一声，东北被敌人无理侵占！继续着热河沦丧，在民国二十二年敌人便嗾使锡林郭勒盟独立，后来虽然中央允许设立了蒙古政务委员会，因为得寸进尺的欲望难以满足，便于民国二十四年一月四日侵占了察北六县，那么，不但锡林郭勒盟暨左右翼八旗失去，连察北六县也同归于尽了。这是如何惨痛的血迹啊！

（2）所属的各县方面——察北六县被侵以后，李逆守信伪蒙军曾一度占至张家口大境门，察省南部，也岌岌可危。后来虽然敌人的目标转向绥远，察省表面上暂告平静，可是察省的疆域仅有原属河北省的口北十县了。兹将十县的疆域面积，分录如下①：

县名	面积	人口
万全县	七千余方里	一十七万二千余人
蔚县	一万六千二百余方里	卅一万八千九百余人
宣化县	一万〇六百二十五方里	二十一万〇三百余人
延庆县	六百三十五方里	九万二千五百余人
怀来县	一万一千余方里	十四万五千三百余人
阳原县	六千六百余方里	九万九千二百余人
怀安县	九千五百余方里	十一万九千六百余人
龙关县	七千三百余方里	六万七千七百余人
赤城县	一万余方里	七万〇三百余人
总计	共八万五千七百四十四方里 〔七万八千八百六十方里〕	共一百三十八万四千五百人 〔一百二十九万五千八百人〕

那么，察哈尔实际上已是等于灭亡了，或者有些人为了纪念中国疆域的广大，不忍听到继续东北亡掉的还有察哈尔，所以仍然保留着它的名字。而且以小小十县的疆域，仍然拥有察哈尔省的美名，可是事实上连口北十县亦残缺不完了！赤城的二、三两区，因为靠近沽源（察北六县之一），已经是敌人的势力范围，县令久已不达，延庆县的二区，同样在耍把戏，借了中国土匪的躯壳，实行敌人侵略的内容，良民搬逃一空，省县不敢过问。提起察哈尔的疆域，真使人椎心泣血，言之痛心了。

从疆域和负担上来看察省的危机

（1）从疆域上来看——上面已经详细述明，本省的疆域面积，实际上只有八万五千余方里，人口只剩一百三十八万余的贫苦同

---

① 原表如此，缺少涿鹿县的数据。——整理者注

胞，而且在这硕果仅存的十县之中，还有二县是残缺不完，要和国内其他各省相较，那简直是天渊相差，不可以道里计了。可是"麻雀虽小，五脏俱全"，察省的组织，仍然和他省一样的庞大，府、厅、处、局、所应有尽有。省政府和各厅，名义上是合署办公，实际上仍然是分衙理事，一切费用上并未见减少至若何程度。现在更加上省政府以上的"冀察政务委员会"，不用说也要许多政费，察省少不得要分担一部分。省的组织，已压得人民喘不过气来，再加上冀察政委会的开支，在这小小的十县当中，加上数年来的天灾人祸，怎能不演成少壮走之四方、老弱填于沟壑的悲剧呢？

（2）从人民负担上来看——我们最好举例来说：每年除过正税交银纳粮及屯粮以外，其他税捐名目繁多（如牲牙税、米粟税、婚书费、状纸费、木料捐、电话局、清乡费、毛织工场开办费、度量衡费、县农会费、公安局增加员薪及赴省补习费、长警补习所费、公安局春季服装费、政务警费、民众学校费、公共体育场会〔费〕、雇骡夫费、供应过往要差、公安队费、商号附担警捐，其中正费之外更有许多项目有附加税——见《龙关县志》），以察省疆域的狭小，地土的硗瘠，生计的艰难，人口的稀少，再加以兵灾匪祸，水旱连年，怎能当此重担呢！再以龙关县为例：据查民国初年，全县养羊数百群，骡马数千头，牛、驴的数目超出骡马数倍，现在羊不足百群，其他牲畜也不及民元的十分之一了。再据该县建设局调查：全县农户共一万一千五百九十五户，种地百亩以上的，有一千一百三十五户，约占十分之一，其余种十亩地左右的，占十分之三，种地三十亩及五十亩左右的，共占十分之六，就全县地亩出产的价值来说，每亩平均收获，不过值洋两元，而每亩负担捐项一元有奇，然自察北沦丧后，省府仰给，仅赖此十县，更有加重的可能。固然，阔裕的富老，每县可见，但是贫苦农民，嗷嗷待哺，触目皆是，纳税捐而外，生活即很难维持，当此国步艰难之秋，而欲此辈头脑简单的边地同胞，对国家民族有深厚的感情，未免太奢望了。故这不仅是边地的民生问题，谓之为国防问题也无不可，此诚一重大的危机也。

结语

最后，我引证马铃梆先生的《边塞集》（《文学》八卷一期）的几句诗，来结束我的文：

> ……我梦见无籽种的田园已荒，杂草里走着黄羊野兔，依旧有人催捐款、催债、催上粮，你逼得上吊，我逼得吞"大烟土"，全家都在哭声里，什物被人搜光，还锯断几根屋梁，从此迟早等死。……

由这首诗里，我们可以看出边疆各地的缩影，尤其是当我去年暑假归家的时候，蛰居乡中，每天只见催捐的警察或衙役，来来去去，隔二三日不来，已经是很稀奇了。

我们从察省疆域变迁的迅速当中，看出人民的痛苦，感觉着莫大的危机的隐存，我是正在读书的小孩子，当然不敢妄作主张，但是希望研究边疆的学者和国家负责诸公，尤其是察省当局，深切的注意这个问题，而且速谋解决，这是作者在十分悲痛中的一点热望。

二六，二，二二完于首都

《禹贡》（半月刊）
北平禹贡学会
1937 年 7 卷 8、9 期合刊
（朱宪　整理）

冀察的现状

静园　撰

去年上季，很多南方的朋友接二连三的写信给我，要我即刻离开北平，说南方的空气紧张到了万分，国防前线的北平，恐怕不久就要牺牲在敌人的飞机和大炮下。我当时因为信来的太多，心里也着实有点害怕，万一发生不幸的事变，自己将怎么办呢？南方来的同学们，聚在一块时，总是讨论这问题是回呢？还是不回？当然各人有各人的看法和想法，因此有的人主张回，有的人主张不回。主张回的人们，后来是有一部分真的南归了；至于那些不主张回和那些想回而事实上不能回的人们，终于在风雨飘摇的古城里，度过了那危急的季节。到现在，这座古城里，弦歌之声，依然如故；历史的演变，本来是令人不易捉摸的，不过，把摆在眼前的现实弄清楚以后，过去和未来的演变，也不难了解和推测其一部分了。

冀察自二十三年中央军南调后，行政上虽说是直属中央，其实除了司法和教育以外，一切都已特殊化了。在地方当局的意思，以为是出于不得已；其实"物必先腐，而后虫生"，地方官吏果真没有割据的野心，任何特殊局面也无从产生。我们知道，华北特殊局面的制造，完全是由流氓大家土××一手所包办而成。假使地方官吏稍为拿出一点正气，这种流氓，从何向他进攻。土××不曾在太原活动过的吗？但是现在山西和河北比较，其情形相差如何，我们一看就知。

特殊化以后，敌人第二步的要求是地方自治，表面上的名词就是明朗化。这一下却引起了北平青年学生的愤怒，游行示威的结果，地方当局也有点却步了，不过地方当局终究没有明白表示过他们的态度，这也是引起敌人进攻的一个大弱点。他们不仅不明白的表示态度，而且在行动上，往往做出一些"亲者所痛，仇者所快"的事来。因此敌人的进攻，更加积极，利诱、威迫、挑拨、离间，想尽方法来达到华北明朗化的初步——冀察明朗化。两广事变时，敌人曾乘机大肆活动了一次；然而中国人终竟是中国人，冀察的明朗化，仍然未曾如所预期的达到目的，虽说地方当局也曾为他们效了不少的劳。

谈到地方当局，我得把目前冀察的领袖人物说一说。宋哲元的出任艰巨，本来是他自己的愿望，同时也是某方的愿望。在他初出马的时候，正是华北局势最紧张的时期，以他的物望和政治经验而论，担当这种艰巨的局面，我们很难相信他能支持多少时候。然而宋氏政权，却一直延长到了今天，这不能不令人惊奇。宋氏本人没有什么了不起的本领，部下的人材也不多，而且自萧振瀛走后，亲信的人物都是些武夫，除了有一股蛮干劲以外，什么也谈不上。不过宋氏对用人方面，却十分谨慎。北洋时代的旧官僚，虽说延揽了不少但意在收买人心，至于言听计从，那是很稀少的事。宋氏也很知道政治舞台，终非网罗人材不能支持，于是除了"枪杆旧交"的袍泽如秦德纯、张自忠、刘汝明等以外，不得不另外想法延揽能为己用的人材，南宛受训的大学生，有一部分是被吸收进去了。现在正在举办的莲池讲学书院，这座书院，恐怕要算是他的最基本的干部人村〔材〕训练所了。宋为了收买人心，除了敬遗老、矜贤节以外，对尊孔一事，特别提倡，恢服〔复〕祀孔大典，每年亲自主祭，并极力提倡中小学读经，据说他这次到张垣，除了政治任务以外，就是躬与孔庙落成典礼。他对青年的态度，并不算坏，学运发生以后，前后被捕的不下数百人，但都只受了点虚惊，从未有人吃过怎样的苦，并且没一个人判过罪，虽说有些青年的行动和言论越出了轨外。

萧振瀛是宋氏部下比较有为一点的人物，不幸因了意见不合而走开了，这是宋氏的一个大损失。现在他部下的第一红人要算秦德纯。秦氏是行伍出身，虽说有陆大的资格，实在的学问却很贫乏。去春德国收回了沙尔，秦氏到一德籍友人家道贺，说德国人因大战失败，割了亚尔萨斯和罗林与法国，不到二十年，居然又收回了。读了《最后一课》那篇文，真使人佩服德国人的精神。他把沙尔当作了亚、罗二州，同时把《最后一课》当作了德国人的文章。堂堂特别市长，把一个小学生都知道的国际大事也弄不清楚，岂不笑坏人的肚皮？刘汝明、冯治安和张自忠等，本是军人出身，除了服从长官，尽军人本职以外，他非所知。要是宋系军队完全统一于中央之下的话，他们三人倒很有点希望。绥东之役，很多人主张冀察出兵察北，断伪匪后路，当时刘汝明、张自忠等，都很赞成，卒因未奉到长官命令，没有动作，到现在还有人惋惜这件事。

冀察当局对于中央的态度怎样，因为他们从未明白表示过，局外人很难揣度。不过就他们两年来的行动来观察，也可以看到一点轮廓。在最初，他们的抱负似乎还不小，因此对中央方面，多所苛求；后来鉴于外力压迫的太厉害，几乎使自己立不住脚，于是又不得不亲近中央，借重整个国家的力量，来支持冀察的危局。不过接近中央的目的，是为了维持个人的政权，超乎这范围以外的事，似乎没有同中央合作的必要。最显明的倒是走私问题。中央方面费了九牛二虎之力来制止走私，只要地方当局稍加协助，问题很容易的就可解决；然而冀察当局不惟不协助政府缉私，反而在重要城镇设立税收机关，征收私货卡税后，任其通行。破坏国家行政，助长走私风气，果深具国家民族关〔观〕念的人，谁肯出此！其次是冀东伪组织问题。伪组织的成立是具有国际背景的，想取消它，就要牵涉到外交，这是中央的责任。我们对地方当局，并未存这种奢望。不过防止伪组织的扩大和宣传，无论就哪一方面说，地方当局，应负其责。但事实上却不然，伪组织的各级傀儡，可以公然在平、津各地活动，较高级的倪〔傀〕儡，并且与地方当局时有应酬，地方最高当局，也曾到过伪组织的"首府"。这些举动，不管是私人的或非私人的，总而言之，不能令人不对地方当局抱遗恨。言论界的印刷物，稍有不当，就受停寄停刊的处分，而冀东伪组织的布告和宣言、传单却可以不受禁止。我亲眼看见好些冀东政府的布告在非伪组织的辖区内张贴了一个多月没人撕掉。而青年学生印发几张反对华北自治的宣言，却被禁止散放以外，还要捉人吃官司。拿这两件事来对照一看，怎不令人痛心！

惟自陕变以后，国府的基础更加巩固，领袖的人望更加崇高，因此促成了全国的精诚团结，冀察当局的向心力，也日渐加大了。三中全会，秦德纯曾亲到南京参加。这对于中央与地方间的疏通，有很大关系。我们只要看华北著名汉奸报纸近来对地方当局的种种攻击，就可想到地方当局态度的转变了。同时去年盛传的华北中日经济提携的什么"四大原则，八大方案"等，除了见诸实行的几条已无法取消以外，其余的都已暂且搁置了。这种态度的改变，也许是受了一般舆论的影响。不过从舆论界的立场来说，这种改变，去理想的境地，还差得远远。假如地方当局竭诚翊赞中枢，维护行政的统一，则现在所要做的事，最低限度包括有：（一）积极协助政府缉私；（二）取消一切变相税收机关；（三）遵行中央法币政策；（四）断绝与冀东伪政府的往来，并禁止其在平、津各地带活动；（五）外交事件，一切听命于中央，不要作局部的谈判；（六）设法于最短期间，收复察北。这些事体并不是怎样难做的，只要地方当局有决心。然而我们的地方当局，到现在似乎还没有考察到这些事，整日所忙的，仍然不外那些对某国的无聊应酬。所以目前冀察当局在表面上的改变态度，我们还不能认为满足，将来演变如何，是我们目前所最焦虑的。

其次要讲到冀察的人民。冀察人口总共有三千多万，除了察北的大部分是属于蒙古人以外，其余都是汉人。因为地理的关系，出产并不十分丰富。但是冀南的木棉和冀察两省的煤矿，却占有极大的经济价值。日本所要求的华北经济提携，重要的就是植棉和开采煤矿。冀察人民生命所系的，也是木棉和煤矿。除了这两种大量出产以外，其余的都谈不上。因此人民的生活程度，较南方人差得多多。居处的简陋和衣食的粗糙，远不及南方人民的享受。但是大多数的人民都很安贫守己，只要能勉强生活，不管生活在水平线下多少深，他们都过得去。两斤黑面三条蒜，用来补赏〔尝〕一日的劳动，也就足够了。肚子饱了，也从不想着身外的问题。老爷大人，男女学生，××鬼子，在他们眼里，都不过是另外一个社会里的人物，他们觉得除了纳粮完租以外，不必与这些人发生什么关系。因此"打倒××帝国主义"也好，"华北防共自治"也好，在他们看来，这是与他们无多大关系的人们彼此之间的嘶〔厮〕闹，高兴听一听，不高兴闭门睡觉，天塌下来也懒得去管。从南方来的人，初次看到这种情形，没有不觉得奇怪的。处在国防前线，身受切肤之痛的冀察人民，为什么反比长江一带的民气消沉得多？这实在有点令人难解。不过，要找出它的原因来，也就不难。大概说来，这种惰性的造成，是由于两个原因：一是贫穷；一是无知。因为无知，才失掉了他们的国家观念和民族意识；因为贫穷，才养成了他们偷闲苟安和不管闲事的心理。所以宋委员长也好，宣统皇帝也好，甚至××国人来坐紫禁城也好，只要不找上自家的门，一切都可以不过问。贫穷和无知，直接造成了冀察人民的颓废气习，间接造成了冀察内〔局〕面的特殊化。改造冀察的现象，固然要从多方面下手；但是，根本又根本的办法，还是如何提高人民的生活程度和知识程度。否则纵然冀察完全中央化了，而本身内在的隐忧，比外患更要严重，前途是依然危险的！何况冀察处于国防第一线，人民的生活与知识，处处影响到对外问题，如何早想办法，解决这个问题，以奠国防的基石，这是我们对中央及地方政府的热切的希望。

最后还有两句话要说，即冀察是特殊化了，但只限于局面的特殊。它依旧是中华民国的领土，它依旧受着中国人的统治，我们要化特殊为正常，我们有的是方法，有的是门径，只看我们大家的决心怎样。绥远以前不是特殊化了的吗？由于大家的努力，现在却回复到正常了。一切事都在自己，自己有了计划，有了决心，不说冀察的正常化，就是东北的收复，也不过是一个时间的问题，有什么困难？有什么希奇？

二六，四，二七于清华

《中兴周刊》

武昌中兴周刊社

1937 年 7 卷 17 期

（李红权　整理）

科尔沁旗〔部〕的今昔

周之岚 撰

考科尔沁旗〔部〕，系东蒙哲里木盟的一部分，左右翼中、前、后六旗全部在今辽宁省洮、昌边境。它本来是元太祖弟哈萨尔十四世孙奎蒙克塔斯哈喇在明初遭瓦剌之乱，东徙于此，称"尔沁科"。清代入关，首先归附，封为科尔沁旗〔部〕郡王，世袭罔替。牧区在今洮南、镇东、洮安、突泉、开通、安广、瞻榆、辽源、双山、通辽、昌图、法库、康平、梨树、怀德等十五县地。该地田赋亩捐，不由县政府征收，由蒙古王公设局自收。这样的土地权，在中国真是畸形的存在，可是张学良将军易帜归向中央后，毫不迟疑的就将科尔沁旗〔部〕全部土地清丈，由佃农备价自领。这样一来蒙古王公的地主权失了，日本帝国主义就乘机组织东蒙考察团，将科尔沁旗〔部〕诸王，欢迎到日本东京，甘言诱惑，许为代组满蒙帝国，所以不久就发生了中村事件，在科尔沁旗〔部〕的洮安县，做了"九一八"的导火线。可是现在的科尔沁旗〔部〕呢？已被日寇强分为兴安南分省沃壤千里，尽为日寇移民之区。科尔沁旗〔部〕的达尔罕王（张作霖的儿女亲家）和义军姜荣耀早被日寇枪杀了，这就是科尔沁旗〔部〕的今昔。

《中兴周刊》

武昌中兴周刊社

1937 年 7 卷 17 期

（朱宪 整理）

巩固绥远防务之我见

作者不详

绥远方面，自去岁剿匪告一段落之后，匪伪略为敛迹，国人对绥局，亦遂不若前此关怀。然绥边之祸根犹在，隐患未祛，此则任何人不能否认。今者消息传来，据谓某方又拟利用成吉思汗纪念，邀请蒙察〔察蒙〕各旗王公，于五月一日在嘉卜寺开蒙政大会，以德王为傀儡，再造一伪蒙国。现在察北匪伪，已纷纷向西移动，并屯运大量粮械，以作再扰绥远准备。以我边防战士之忠勇，匪伪如果野心不死，企图再度侵犯，必仍予以临头痛击，决不致使跳梁小丑得逞效忠于异族之意。惟是绥远在于今日之地位，实为中国全国之国防，而非绥远一省之省防，使为绥远省防，则以富有守土意识之戍〔戊〕边军士，及深切爱国之助守民团，足以资为保障，然而绥远目前情状，果止于此而已乎？我知略具国际常识，粗明匪伪背景者，决亦知其非然矣。盖绥远今后之应防者，非琐琐屑屑之匪患，而为实实在在之外侮，是以巩固绥防，应有经常建国之伟大设备，而非临事应付之草率守防，故绥远之安全，决非绥远一省所能负其责。

夫绥远人口不过二百万，且贫穷多而富庶寡，蒙民之情形尤甚。然以国难当前，所在居民，无分蒙汉，率皆劳苦不辞，治水筑路，平时既皆乐任，受训练，助戍〔戊〕卫，临事又均勇为，以言尽力，则绥远军民，不能谓为不竭尽矣。然却敌御侮，岂此可胜其任乎？观于去岁匪伪发动犯绥，而华北之驻屯军，即同时在津大事演习，其非牵掣冀、察，为匪伪助威而何？匪伪既有联合呼应，而我不能呼吸相通，则绥防安望巩固。是以我人认为保障边省安全，应先立定原则。原则之意义无他，即边境军民尽人力，而国内民众尽财力，使国防一切费用，不致增加负担于绥民之身，而对于有关国防之经济建设诸项（军事除外），凡绥省力有未逮者，国内经济界，或投资、或借贷，皆应予以充分之接济，各业既兴，防务亦固，而投资、贷款，亦安全而有利矣。至于军备之接应，则身使指臂之运用，必不能稍有阻滞。晋省固为绥防之策源，而陕、甘、宁夏，亦为西北沟通东北之脉络，必使消息灵捷，道路畅通，则大局之保障得，而绥防之巩固定矣。

《大道》（月刊）

南京大道月刊社

1937 年 8 卷 1 期

（朱宪　整理）

蒙古问题之国际背景

张印堂　撰

清末以来，日俄放胆侵略蒙古，致使蒙古问题严重化，其与国际之政治关系非常重要，故欲明了蒙古问题之真像，于其国际之背景不能不探索之。蒙古问题之国际背景极其复杂，要之不外俄人之操纵外蒙，与日人之蛊惑内蒙，但英法诸强对日俄在我蒙古之作祟，亦不无怂恿之嫌，如早在一八九九年（光绪二十五年）为免除英俄在华利害之冲突，乃订英俄协约，规定以"扬子江流域为英国之铁道建筑范围；长城以北则为俄国之铁道建筑范围，互相承认不相侵害"。于是满蒙遂渐形成为俄国之势力范围（指日俄战前而言），而俄国始放胆侵略。日俄战后，日本得势于南满、东蒙，日法互为虎伥，狼狈〔狈〕为奸，于一九〇六年六月十日乃订日法协定，日本承认法国以我广东、广西及云南为其政治、经济之势力范围之要求，而法国则准许日本在我福建、满洲及蒙古得以自由行动（参考 Price, E. B. The Russo-Japanese Treaties of 1907-1916 Concerning Manchuria and Mongolia）。惟近数年来，蒙古问题之复杂化与严重化，全为日俄两方所煽惑，殆无疑义，而内外蒙古政治党派之分歧，亦几尽为日俄二强所鼓动，如外蒙政治初分两派，一为外蒙国民党；一为外蒙青年革命党。前者，由王公及喇嘛所组成，后者，乃由青年知识分子所组成。两党主张不同，国民党在"外蒙是外蒙人的外蒙"主义之下，力主反俄亲华，目的在大中华民国之下，建设一外蒙自治区，与中央政府政策同。青年革命党系共产党派，其各部指导人物均系俄人，愿受第三国际之支配，故力主亲俄反华，目的在与苏联打成一遍〔片〕。两派主张适居相反，故往往势若冰炭，不能相容。于一九二八年十一月间，蒙人为解决两党冲突起见，召集临时国民大会，结果国民党胜利，于是青年党勾结军队中之俄籍顾问、军官等，煽惑军队叛乱，迫国民党领袖巴图尔吉辞职，以青年党首领铿顿继任中央执行委员长，自此以后，国民党要员或被暗杀，或则逃亡，外蒙大权于是全归亲俄"赤化"之青年党掌握中，外蒙遂不复容我过问，而处于相反地位。

近年日本对我内蒙自治运动之导演，何尝不然。内蒙自治运动，初本一致，更为中央政令所嘉许，分区自治，原为近代国家最良之政治，中国地广人众，同种异族，由来有自，五族分治共和，向为我中华民国立国之信义，故对蒙人之自治运动，中央莫不力助成功。不幸日人乘机煽动利诱一部之青年蒙族同胞脱我自立，致政党纷歧，有亲华反日者，欲在中央领导下维持内蒙自治者，有背我亲日者，愿与中央完全脱离关系而独立自主者，因而内蒙自治团体分裂，危险万状，将有为日人吞并之虑，望我内蒙领袖速醒自觉，万勿再为第二溥仪，以免置内蒙全体同胞于死地。值此一发千钧，危机迫在眉睫之际，绝不容片刻之犹豫也。关于蒙古问题国际背景之详情，兹分述如下。

俄蒙之勾结

俄蒙勾结之原因，肇端于日俄之战，盖日俄战役予俄人之最大教训，即远东黄族人之可怕，是以大败于日本之后，乃感觉中国若一旦兴起，或将如日本之可怕，甚或过之。适清末变法图强，三多驻库大臣正施行兵备，致召俄人之猜忌，以为将来中国若得势于蒙古，成为强邻劲敌，必将不利俄国，况在蒙古之汉族移民，及华商经营能力，皆远非俄人可比，于是乃阻碍中国在蒙古之发展，并使蒙古成为中俄间之一缓冲国，或甚而完全占据之。此种主张几成为俄国之传统政策。俄国之阴谋，在俄人眼中已成俄国当时之话柄，如俄国之"Novoye Vremya"报告于一九一二年五月，公然主持以蒙古大戈壁为俄国之自然疆界：The Novoye Vremya Declared in May 1912 That "Russia, in Spite of her History of a Thousand years, is still on the Road to her Geographical and Political Boundaries," and Again："The Desert of gobi is a Better Frontter of Russia Than the Present one."（Ref. Price M. P. Siberia, P. 266）为达此目的，俄人于是大肆宣传蒙人被中国同化之危险，结果在库伦造出一背我亲俄之党派，促成外蒙背叛运动，向俄求援，脱我自主。俄人则趁欧西列强正注力于巴尔干及近东诸问题无暇远顾之时，更乘我革命运动未成之际于一九一一年（宣统三年）七月照会我国，要求：（一）保持蒙古内部现状（即准蒙人自治）；（二）中国不准在外蒙殖民；（三）中国不准在外蒙驻兵；（四）中国在外蒙改革事，须先与俄国商酌。因我政府未允其要求，于是外蒙向我宣布独立，并由库伦活佛哲布尊丹巴札饬三多如下："为札饬事，照得我蒙古自康熙年间隶入版图，所受历朝（代）恩遇，不为不厚，乃近年以来，满洲官员对我蒙古欺凌虐待，言之痛心。今内地各省既皆相继独立，脱离满洲，我蒙古为保护土地、宗教起见，亦应宣布独立，以期万全。既由四盟公推哲布尊丹巴呼图克图为大蒙古独立国大皇帝，不日即御极，库伦地方，已无需用中国官吏之处，自应即时全部驱逐，以杜后患，合行札饬三多。"一九一二年九月俄国特派前驻华俄使廓索维慈（M. Korostovetz）至库伦，于一九一二年十月承认外蒙独立，并于同年十月廿一日订有《俄蒙协定》，约定俄国担保外蒙独立，并允协助外蒙组织外蒙国军与我对抗。民国成立，因中原多事，元气未复，除以政治手腕交涉外，别无善法。故先有袁世凯总统电覆哲佛示以利害，劝其取消独立，哲佛覆电，词气强硬，但态度无定，因其覆电中曾有"必欲如此（指取消独立而言）即请商之邻邦（当指俄国）"之句。后袁复以电覆哲佛，略谓"利害休戚，皆所与公〔共〕，〈但使〉竭诚相待，无不可以商榷，何必劳人干涉，自弃主权。蒙与内地宗教、种族、习向〔尚〕相同，合则两利，分则两伤，已派专员前来面商各节"，哲佛立覆一电谓：与其派员来库，徒劳跋涉，莫若介绍邻邦（当指俄国）商榷一切之为愈也。由此观之，外蒙独立，乃由俄国所造成，当无疑义。后因中蒙交通断绝，乃不得已于一九一三年十一月五日与驻京俄使订立协约，俄国承认外蒙为中国领土之一部，中国则承认外蒙古为自治政体。继于一九一五年（民四）六月中、俄、蒙三方在恰克图成立协定，第二条规定：外蒙古承认中国宗主权，中俄二国承认外蒙自治，俄国承认外蒙为中国领土之一部分。一九一七年俄国革命发生后，我国遂乘机于民八六月十三日特派徐树铮为西北筹边大使收复蒙古，哲佛并于是年十一月十七日声言请求撤消自治。至十年春，俄人白党悍将恩琴斯滕伯（The Mad Baron, Urgern-Sternberg）得日人之接济，率领所部白军及布里雅特蒙兵攻占外蒙诸地，对我居留军政商民大事摧残杀戮蹂躏，并于民十年三月廿一日迫哲佛树立政府，向我宣布二次独立。后苏联革命成功，"赤化"运动渐渐东侵，蒙古青年因不堪恩琴等白党之暴虐，于是乃与白俄将领决裂，避往俄属西比利亚，利用民族自决之潮流，招集中国的外蒙古及俄属布里雅特蒙族代表，于俄境大乌里（Dawur）地方组织蒙古国民党，联俄赤党与之对抗，先在恰克图设蒙古临时政府，继则攻入库伦。铲除白党后，于一九二四年六月十日组织正式蒙古国民政府。查列宁初次与外蒙通问，即谓"苏维埃社会主义联邦为与蒙古有兄弟关系之惟一友邦，所有劳农阶级之利益，国家社会之经济，当然与苏俄政府取同样之步骤"（见谢彬之《蒙古问题》）。按自外蒙古国民政府成立以来，名义上虽非为苏俄联邦之一，然而实际上已全入赤俄之掌握中矣。是以现在外蒙古政府，各部及各机关无不聘有俄籍顾问与咨议，国务会议或局部会议，无论何项政务，均须先取得俄顾问同意，方能发令施行，即军事教官及学校教员亦多属俄人。各种实业要皆籍〔借〕俄国之资力与人力方能开发之。自九一八日本侵占我东北以来，苏俄则又借防范白党剿捕匪类，及保护俄蒙治安等为名，于蒙古各要塞地方屯驻苏俄赤军，封锁外蒙，俨然成其囊中私物，他人不得问津，即其所宗主的我国，亦不得闻问，所谓一九二五年《中俄协定》之苏俄政府承认外蒙为中华民国之一部，及尊重在该领土内中国之主权，信义安在？

日蒙之勾结

查日本公开干预蒙古问题，乃在日俄战以后。一九〇七年五月九日，日俄为私分我东三省为其势力范围，订立密约时，日本曾拒绝内蒙列入谈判范围以内，是则蒙古问题已成日俄双方争执之焦点矣。一九一五年（民国四年），在日本向中国提出之二十一条要求中，其关于南满及东部内蒙古之第四条即要求东蒙为日本之政治、经济势力范围，民八年巴黎和平会议后，列强为援助中国各项经济之发展，组一国际银行团（International Consortium），专管列强在华投资事业，以免中国之企业为任何一国所霸占，机会均等，利益平分，本为解除国际纠纷之正道。孰料日本表示不满，公然声称满蒙为日本一国之政治、经济势力范围，反对任何其他国家之干预，即英、日、美、法四国所组之国际银行团，对蒙古一区亦不能有所问津。由此观之，日本之企图我蒙古由来久矣，盖其所谓日本之大陆政策，我满蒙两区均为其目的重地，是以日本谋我蒙古，无微不入。欧战后，一九一九年日本曾实力协助俄人白党谢米诺夫（Semenov），利用民族自决之美名，招集布里雅特及内蒙古等处之蒙古代表，开会于赤塔（Chita）。时日人铃井少佐，亦参与其事。会议结果，决定建设大蒙古国，北起贝迦尔，南迄西藏，西至新疆，东达满洲境内，并联合中国内外蒙古、俄属布里雅特等处蒙族代表，在俄境大乌里（Dawur）地方组织蒙古全体临时政府，以便号召。一九二〇年谢氏部下因得日人饷械之接济，与日本浪人之援助，在外蒙招兵二万，以图大举侵扰外，又有日人濑尾荣太郎与谢氏密约夺取中东路等阴谋，卒于一九二一年二月三日由白党恩琴大将（Mad Baron, Ungern-Sternberg）率匪徒三千余人攻陷库伦，并于同年三月二十一日，促库伦活佛宣布第二次之外蒙独立。后外蒙青年因不堪受谢氏、恩琴之蹂躏，遂与之绝裂，乃另组蒙古国民党，并联俄赤党先在恰克图设蒙古临时政府，与之对抗。并于一九二一年春，逐出白党攻入库伦，组织蒙古（外蒙）正式国民政府。日人协助白党俄人企图蒙古之阴谋至此终未得逞。此举虽未成功，但日人企图我蒙古之心念非特未尝消减，反愈坚强，是以九一八事变，日人占我东北四省后，除建一伪满洲国外，又利用民族自决潮流，特设一缓冲地，名为兴安蒙人自治省，下分东、西、南、北四兴安省区，协助蒙人自治，与保卫伪满洲国家，及免除日俄直接冲突而设。但察其蓄意并非在此，盖兴安省区地广人众，蒙族居民尤夥，位置重要，且与我内外蒙古直接接壤，为其西侵我蒙古全部之根据地，以蒙人自治之美名以号召蒙古全体民族，使内蒙起而叛我独立。外蒙与俄脱离关系，不独蒙古全部将成为伪满洲国第二，变为日本之政治、经济势力范围，即日本在远东所感受俄国之威胁，亦必因之云消雾散。查自东北经兴安一带西侵蒙古，及我中原一路，本为满清侵入中国时所取，日人今欲抄袭旧法，侵入蒙古以威胁中俄。是以日本为促成一伪泛蒙古国家，借以实现其传统之大陆国策计，在我察、绥、宁诸地，大事活跃，煽动蒙人脱我自立，更派浪人、匪徒扰我沿边治安，以速完成其侵吞我蒙古全部之阴谋。日本侵略我内外蒙古之野心毒计，备极周详，且亦坚决，此为至明显之事。身居主权者之我国，值我军事设备尚未充实之际，视之固无可若何，惟首当其冲，及与我蒙古利害关切深密之俄国，是否能缄默坐视，使日人在我蒙古逞其凶威肆无忌惮的施其政治侵略之行为，殆又为一问题也。

日俄谅解与蒙古问题

自十九世纪末，俄国政治势力伸至远东以来，日俄冲突之险象随之而生。惟为免除日俄之正面冲突计，两国政治当轴，乃有日俄妥协之议，借以提携并进，分霸远东。此说之倡始，远在日俄战争之前，当鲁森公爵（Baron Rosen）使日时，于一八九七年曾上书于俄国外交部长（Count Muravieff），奏议以日俄提携谅解为安定东亚之绝善条件，并亲往晋谒俄皇，恳请照允，并申明俄国负责指导整顿编组高丽军队计划之危机。同时驻俄日本代理大使桂太郎（Charge Daffair, Motono）与当时之日本外务省长（Nishi）亦倡日俄急应谅解之说，Nishi 并曾拟一书面建议，日俄应同意俄国在满洲与日本在高丽之地位，及行政之政策，使各不干涉。惟以俄国政府拒绝俄国在高丽所受之限制，于是此议即作罢论。数年后于日俄战争爆发前，日本伊藤公爵（Princelro）复倡日俄谅解，且声言宁愿牺牲英日同盟之议，而以日俄同盟代替之，但为日政府所不许。在一九〇〇年，继鲁森之驻日俄使亚利山大·伊斯瓦萝斯克（Alexander lswolsky）与日俄战后代俄与日本订立《朴资茅斯条约》（Treaty of Portsmouth）之（Witte）魏特政治家，均为竭力提倡日俄妥协者，终因未见实行，始有日俄战争惨剧之发生。及至日俄战后，两国政府乃自醒悟知日俄两国既皆需要发展于亚洲之东北部，与其互相敌视，何如捐嫌修好，以期共同发展。况日俄争逐之地，本非己有，因关两国在东亚之权力利害，更应互相尊重各不侵犯，是以日俄妥协实为急务，故于光绪三十三年（一九〇七）七月十七至三十日有第一次《日俄协约》之成立，划分日俄在我东北之势力范围界限，西自俄、鲜国界之东北隅起，西行经珲春，沿 Pirton 湖（镜泊）北岸至新水站后，沿松花江至嫩江，再沿嫩江北行至绰勒河口（Tola R.），再沿绰勒河道西行至东经122°处止，其目的即在彼此承认线之北为俄国之势力范围，南则为日本之势力范围，并互相尊重双方即得之条约上的权利。惟当日俄订此密约时，日本虽认外蒙为俄国之势力范围，但却公然拒绝讨论内蒙古，查其用意不外日本此时已视我内蒙古为其禁脔，他人不得问津。当此之时，适美国国务卿 Knox（那克斯）提出"满洲铁路中立"之建议，因日俄共同反对，遂告失败。至宣统二年（一九一〇）日俄两国感觉二国在满之地位，时有受第三国威胁袭击之可能，为免除此种危险，两国实有取一致步骤以抵制第三国之干预行动的必要，于是宣统二年（一九一〇）六月廿一至七月四日遂有第二次《日俄密约》之协定。其内容大意谓"日本合并朝鲜时，俄国不加反对，同时俄在伊犁及蒙古（指外蒙而言）方面有何活动，日本不但予以承认，并将加以援助"。日本助长俄国对我蒙古之侵略殆事实也。后我革命成功，日俄恐我革新运动一旦波及满蒙一带必将不利日俄两国，于是民国元年（一九一二），日本潜派著名军人政治家桂太郎（Motono）往俄京，于是年六月廿五至七月八日与俄外相萨佐诺夫（Sozonoff）在圣彼得堡，订有第三次《日俄密约》，"划长春以南之满洲，及内蒙古之一部分，即自开原之北依长棚至宽城子（长春）间之东蒙古地域，为日本之势力范围，长春以北之北满及其余之蒙古地域为俄所有"，并约定互相援助各不牵制。俄外相萨佐诺夫（Sozonoff）缔结密约后，即于是年八月卅一日训示驻库伦俄国领使转知外蒙政府，俄国援蒙之枪械，只作保卫外蒙与西蒙而用，不准用于内蒙古，此为日俄正式分割我内外蒙古之起始。因此协定，日俄在我内外蒙古之侵略，乃更得放胆活动矣。至同年十一月十二日俄进而承认外蒙独立。欧战起后，其他列强因频于战争，无暇顾及远东问题，日本乃乘机大肆活动，于民四（一九一五）年，向我提出廿一条要求，迫我政府承认其由日俄谅解在我满蒙所得之地位与权利，更于次年（一九一六）六月二十至七月三日在俄京与俄再订第四次之《日俄密约》协定"日俄彼此担保不加入不利于同盟之任何一国之政治活动，若遇各同盟国之一方，在远东之权利、地位被第三国攻击时，他方应出而援助之"。日俄两国并约定不准在华之任何政体对日俄两国有不利或敌对之行动存在。此种日俄攻守盟约，不独使日俄可以在远东为所欲为，共同支配远东之政局，更可制中国于死命。

英俄谅解与蒙古问题

自十九世纪末，列强分割我中华为其势力范围以来，各强彼此莫不暗中勾结，互相恣惠，以肆行其宰割政策。英俄为免除其在华之利害冲突计，乃于光绪廿五年（一八九九）订有《英俄协约》，现〔规〕定以"扬子江流域为英国之铁道建筑范围，长城以北，则为俄国之铁道建筑范围，互相承认，各不侵害"。于是我满蒙始形成为俄国之势力范围。后英人侵略我西藏渐深，因蒙藏关系之密切，对俄国之窥伺蒙古乃深感忧虑。盖蒙藏之宗教文化不但相同，且西藏之达赖喇嘛，亦为蒙古之最高活佛，况蒙藏宗教与政治鲜有分别，在蒙藏任何一方之优越势力，皆可波及对方，故英俄双方为免除正面之冲突，皆欲分别维持其在蒙藏之势力均等地位。当我民国革命运动未成之际，有名为阿哥班·多哲夫者（Agban Dordtief），系俄属布里雅特蒙人，曾奉俄人之命，潜赴西藏佯为研究喇嘛宗教，实则作政治之活动，一方俄与日本于一九一二年俄外相萨佐诺夫于订立第三次《日俄密约》（见前）以后，乃于同年九月亲往英伦访英外相古烈（Lord Grey），许西藏之权利与英国，以英政府承认俄国在蒙古之权利与地位为交换之条件。交涉成功后，俄因无后顾之忧，乃大行其侵略政策。多哲夫在藏因颇为达赖所喜悦，于民元（一九一二）十二月受达赖派去俄，代表西藏作政治之联络，途中与库伦活佛协商蒙藏政教事务，并乘机指示蒙人，达赖自得英人保护以来，深感蒙藏提携之必要，并欲求英俄双方之保障，以与中国抗衡，库伦活佛闻后颇受煽惑，遂于是年（一九一二）十二月廿九日在库伦订立《蒙藏协约》（详见 Perry-Ayscough and Otter-Barry："With the Russian in Mongolia"），其要意，除互相承认蒙藏独立与订有互惠之蒙藏贸易条约外，并订蒙藏攻守同盟以抗我国。此《蒙藏协约》，实不啻为英俄分割我蒙藏之变形妥协也。

《外交月报》

北平外交月报社

1937 年 10 卷 1 期

（李红权　整理）

最近察北见闻录

杨义让　撰

自从察北沦亡以后，消息隔绝，真伪不明。偶遇一个消息，每使人半信半疑。本人寄身塞外，迄今十年，于假期回家，目睹耳闻甚多。现在采录琐碎二十则，都是现在塞外的真象和怪现象，不是他处所有的，姑且叫做察北珍闻吧。

戒烟所即吸烟所

当步入各城各市时，任何街巷都悬有某某戒烟所的商号。未详底细的人，一定要认为戒除吸毒的地方，其实凡悬戒烟所招牌的，就是一处贩卖毒品或吸食毒品的地方。

俱乐部即赌博处

每一城镇或住户较多的乡村，就有一所民众俱乐部。我起初听到这个名字，异常欣悦，以为其中必有许多乐器、玩具等，像风琴、胡琴、棋之类，但当迈进以后，并不是这些物品，却完全是标着"麻雀处"、"猜红处"的地方。

专许政府中头奖的奖券

"德化市建设奖券代售处"的布幔在城市中随处都可以见到。这是德王所发行的一种奖券，其办法、印制与内地各种奖券略同。不过开奖后，倘头奖落在他人之手，虽号码业已经公布，也要收回成命，另行开奖，直到头奖仍为政府所得为止。所以现今很少人去买，结果由政府派军警送售，实属奇事！

天意造定的石碑

康保县属土城镇最近掘出石碑一顶，上刻"中国修道外国走，外国退却人喂狗"两句平凡的话，当地人民以为世事变迁悉为天意，人力难以胜之，且相信局势不久即可改变，所以人人兴奋。此事虽不足为信，但却使敌人丧胆。

代价不同的同量纸币

察北现在流行的纸币有两种：一为内地的纸币，如中央银行、中国银行、交通银行等；一为"满洲国"的纸币，人民都叫做"关东鬼票子"，如满洲中央银行、朝鲜银行。同是一元的纸币，当购货时，却有不同的代价，受异样的待遇。

红地白日的旗帜

察北沦亡后，家家门端都插有一枝小旗。骤看起来，很像××旗，但实际却大不相同，和××旗却相反，作红地白日。

都门前的劫人者

察哈尔盟盟政府所在地——张北，虽远不及内地各商埠的繁华，但在塞上算来，还是手〔首〕屈一指。距都门不及里余的地方，居然会有队伍劫行人。

三易年号的一月

民国廿五年一月初旬察北全部沦亡。当伪军初到时，一切都用康德三年。后来一月廿二日察哈尔盟成立，又改为成吉思汗七百三十一年。于是在此一月之中，即三易年号，人民迄今犹传为美谈。

价值昂贵的砂土

百业凋蔽的塞外，本年皮毛突然昂贵起来。每百斤的代价由三十元、四十元一直涨至六七十元。商人机警成性，于是都混大量砂土在毛内，从前不值分文之砂土，也随之起色，所以现今一车砂土每每需要七八角的代价。

月可得数千元贿赂的稽查

在盟政府组织下各股都设有稽查若干名，以助理事务。一员稽查的月薪无过十一二元，但所得的赂则有数千元之多。

为匪人说票的署长

盟组织下每区设有警察署长一人，包揽全区军民政事，此辈署长不仅此事，当土匪架去人票后，为署长者即为之说合。这算是为民众造福么？

十三四岁的校长

盟组织粗定后，在教育科统治下的各城区学校都开治〔始〕就课，惟执教无人，便临时招考。应试的人都是高小不曾卒业的学生，结果全部录取，于是十三四龄的学童，都俨然校长，尽为人师。

学校中的赌窟

今日察北的教育，可说是无有成绩。因为上级从不过问，所以校长、职员更不关心，都及时行乐，专从事于叉麻雀，甚至于在校长室中，校长、教员和仆人共成一局。

随机应变的顾问

各县都设有顾问一人，这些顾问都是某方人〔人〕。一日，某顾问没有护照南返，为中国驻军所挟，并要带他去。这个顾问本来是"蒙古通"，所以在这时坚操蒙语，说是蒙人，得以脱去，现在人们谈到这件事，犹为称惊不置。

最富的庄稼人

近年察北虽不能说是丰收，但就全体而论，还算不坏。但粮价痛落，所以农人虽是丰收，仍入不敷出，不啻荒年。本年收成似较劣，但粮价飞涨，从前三四角一斗的小麦，于今两元有奇，所以此时的农人俨然成为小富翁了！

饿死笔墨庄

荒凉的塞上虽然甚是闭塞，但也有几处售卖笔墨的商店，大部分的销路是各机关、各学校，但自局势改变后，从前所用的水笔、墨汁，现在完全代以钢笔和洋墨汁。所以目下卖笔墨的人，虽不敢说是饿毙，但也奄奄不堪自立了。

罕见男性的蒙地

自察哈尔盟成立后，察北所属蒙地的男性，悉数为之征去。所以今日数百里广大的蒙地中，罕见男性，虽遥远之途，向城市中购买食粮时，驾车的人也是女性。所以蒙地现今不啻《镜花缘》中所述的女儿国了！

近畿百里无人烟

野心勃勃的德王，想步傀儡溥仪的故辙，所以在德化不问民力，力求建设，每日不断抓夫拘车。德化为一新辟之区，村庄本即异常疏落，经此一举，人民都逃脱一空。于是京〔近〕畿百里附近，已经罕无人烟。

当堂行凶的署长

　　某县所属二区的署长，因贻害人民，为人民控告，于是上方命令到县。这个署长本知案发，但又不肯抛此官位。于是身佩手枪赴县，俟入县署后，顾问当场申令役人缚之。这个署长便急探手枪，欲图孤注一掷，杀此顾问，以释忿恨。但未及行凶，已作狱中囚犯。今日饱尝铁窗风味，每日俱受毒刑，他向人说起当时的失策，往往泪下，但是现在已经来不及了。

今日罕见的刑罚

　　自蒙盟秉政后，政治黑暗，可谓已极。于人民诉讼一项，言之尤为寒心。在今日文明世界上，实属罕见。宝昌县属某村有弟兄二人，都是务农的，因为弟弟屡窃哥哥的山药（即马铃薯），哥哥碍于手足之情，难以处理，便威吓他，说要报官，但弟弟明知哥哥奈何不得他，便慨然答道："倘要报官，我就跟你去。"哥哥一时气忿，便带他一同报官，官长对他说："你明天午时来，即可完结！"次日午时见官时，官长对他说："你弟弟太坏，我已经处他死刑了，你领尸回去吧！"哥哥当场痛哭失声，扶弟尸回乡，屡次想要自杀，经乡人力劝方止。所以今日于此重刑之下，人民都忍声吞气，不敢向官厅兴讼了。

《青年界》（月刊）

上海北新书店

1937 年 11 卷 5 期

（朱宪　整理）

近代蒙古政治地位之变迁

札奇斯钦　撰

蒙古之归附满清，多系自动，清太宗崇德改元之际，漠南蒙古诸部曾上以"博克多彻宸汗"（Bogda Sechin Khan）之尊号，自动承认满清皇帝为蒙古可汗之正统，故有清一代对于蒙古在名义上虽称为藩属，然并不视作被征服的民族，而待以同盟之地位。清政府虽对于蒙古施以种种毒恶之手段，但对蒙人固有"蒙人治蒙"之权利则未加以剥夺，并许以有限度之自治。即自"南不封王，北不罢亲"之谚语观之，虽为满清利诱怀柔蒙人之政策，然亦足证明满人待蒙古之地位实较满人对汉族略优也。清廷既视蒙古为藩属，蒙人为藩民，故其待遇及地位自与内地人民有所不同，只许蒙人治蒙，而不使蒙人过问中央及内地之政治。故清代除只有极少数之蒙人任职于专司蒙古政务之理藩院外，其余机关可谓概无蒙人。清代虽于蒙古设置监视蒙人之机关，如将军、大臣、都统等，然皆以处理国防、通商及旅蒙满、汉人之诉讼为首务，对于蒙古之行政则不加干涉。清中叶以来，蒙古民族日衰，汉民之移入者日加，都统衙门一类之机关，势力日增，故于蒙地汉人集中之区创设县治，亦以处理旅蒙满、汉人之事务为对像，至于各蒙旗之行政，则不问及，然内蒙各盟旗之地位终因县治之设置而受影响。迨至清末，外蒙一带之大臣等曾极端跋扈，欺压蒙人，而引起外蒙之独立。内蒙境内之都统等，于清末之际尚无此种暴行，县府等机关亦未越俎代庖，干涉各旗之行政。总之有清一代，二百数十年之间，蒙古始终享有其与满清为同盟之地位，及完整的地方自治之权利，惟因民族之衰弱，及都统、将军、府、县势力之日增，而使蒙古之政治地位逐渐低落。

辛亥革命之际，适值外蒙独立、内蒙不安之时，中央政府乃以五族共和，一律平等为口号，怀柔满、蒙、回、藏四族，并为抚慰蒙古，特于一九一二年（民国元年），公布《蒙古待遇条例》，声明视蒙古与内地一律，不以藩属待遇之，中央对于蒙古行政机关不用理藩等字样，蒙人通晓汉文者，得任用京外文武各职，一变蒙古二百数十年来之藩属地位，而认为国内一律平等之民族。一九一二年（民国元年）公布之《中华民国〈临时〉约法》，规定议会中蒙古代表之参加，是为蒙古有权过问中央政治之始。此外并承认蒙人享有其他地方自治之权判〔利〕。兹就以上诸点观之，则蒙古之政治地位，似已提高，然实际上因内蒙境内热、察、绥三区之计〔划〕分，县治之增设及其权力之扩张，屡屡越权干涉蒙旗之行政，而影响蒙人之自治权利非浅。一九二八年以来，又改区为省，扩张职权，并拟废旗为县，虽经蒙人之力争，未克实现，然省县对蒙旗行政之干涉，亦更较前为积极，而使内蒙之政治地位，极度降低。一九三一年"满洲事变"，内蒙东部随之变色。一九三三年西部内蒙因省县之压迫，以"蒙人治蒙"为标题，援据《建国大纲》"国内之弱小民族，政府当扶植之，使之能自决自治"之主旨，要求高度自治。后蒙中央之许可，于一九三四年春设立蒙古地方自治政务委员会于百灵庙，以为蒙人自治综揽全蒙政务之总机关，使内蒙之政治地位为之抬高，而蒙人与省县之冲突，亦因之更趋严重。一九三六年春察北丧失，使察部锡盟又入于某方掌握之中，蒙古地方自治政务委员会因之撤消，而代之以绥境、察境两蒙政会，至是内蒙自治运动之黄金时代又成过去。

　　民国成立以来，即声明五族共和，国内各民族一律平等，关于此项前已略言之矣。兹再就屡次公布之宪法、约法、宪法草案等各基本法中，对于蒙古不同之规定，及历届议会蒙古代表出席额数之改变上，观察蒙古之政治地位于左：

　　一、民国元年（一九一二）二月公布之《中华民国临时约法》第二章《人民》第五条："中华民国人民一律平等，无种族、阶级、宗教之区别。"

　　二、民国三年（一九一四）五月公布之《中华民国约法》第二章《人民》第四条："中华民国人民无种族、阶级、宗教之区别，法律上均为平等。"同法第十章《附则》第六十五条："中华民国元年……宣布之……满、蒙、回、藏各族之待遇条件，永不变更其效力。"按民国元年公布之《蒙古待遇条例》第一条规定："视蒙古与内地一律，不以藩属待遇……"

　　三、民国十二年（一九二三）宪法会议制定公布之《中华民国宪法》第四章《国民》第五条："中华民国人民于法律上无种族……之区别，均为平等。"

　　四、民国十四年（一九二五）国宪起草委员会起草之《中华民国宪法案》第四编《国民》第一百三十条："中华民国国民于法律上，无种族、阶级、宗教之区别，一律平等。"

　　五、民国十九年（一九三〇）十月扩大会议制定之《中华民国约法草案》第二章《人民之自由权利义务》，第二十七条："人民于法律上一律平等，无种族、宗教、阶级之分。"

　　六、民国二十年（一九三一）国民会议拟定，由国民政府公布之《中华民国训政时期约法》第二章《人民之权利义务》第六条："中华民国国民，无男女、种族、宗教、阶级之区别，在法律上一律平等。"

　　七、民国二十五年（一九三六）五月立法院公布之《中华民国宪法草案》第一章《总纲》第五条："中华民国各民族均为中华民国国民之构成分子，一律平等。"

关于蒙古民族在法律上与内地各族一律平等之规定，其宪法条文已列举之于上。此外尚有以明文表示蒙古民族在法律上得有自决自治之权利之条文一项，兹引其原文于下：民国十九年（一九三○）扩大会议制定之《中华民国约法草案》第一章《建国大纲》第四条："……民族，故对于国内之弱小民族政府当扶植之，使之能自决自治……"

关于内蒙古在法律上是否单独成为一行政区域之问题，历次公布之宪法其规定亦皆不一。民国元年（一九一二）三月公布之《中华民国临时约法》第一章《总纲》第三条规定："中华民国领土为二十二行省，内、外蒙古，西藏，青海。"观此条文之意义，确以宪法承认内蒙古、外蒙古、青海等地为特种行政区域，并承认其为地方区划之地位。民国十二年（一九二三）八月国事会议所拟之《中华民国宪法草案》第一章《总则》第三条规定："中华民国之国土如左：一、二十二省……二、特别区绥远、热河、察哈尔。三、蒙古、西藏、青海。"民国十四年（一九二五）二月国宪起草委员会所起草之《中华民国宪法案》第二章第三条规定："中华民国领土总括直隶、奉天……各省，京兆、热河、绥远、察哈尔各区及蒙古、西藏、青海。"是为宪法中蒙古与热、察、绥并列，而承认二者同为法律的地方区分之始。观此两条文之意义，除承认内蒙境内重复划分之热、察、绥三区为法律上之地方区划外，对于蒙古不云内、外蒙古，似专指未设省区之外蒙而言，对于内蒙则有在宪法上，废除"内蒙古"之名称及其地方区划之地位之含义。民国二十年（一九三一）六月公布之《中华民国训政时期约法》第一章《总则》第一条规定："中华民国领土为各省及蒙古、西藏。"民国二十五年（一九三六）五月立法院公布之《中华民国宪法草案》第一章《总纲》第四条："中华民国领土为江苏……青海……热河、察哈尔、绥远、宁夏、新疆、古蒙〔蒙古〕、西藏等固有之疆域。"上述两条条文皆只提出蒙古二字，而其所以不称为内外蒙古者，即拟以热、察、绥三省代替内蒙，而为宪法上承认合法之地方区分也。总之，自规定国家领土一类之条文观之，则"内蒙古"三字只见于民元《中华民国临时约法》，其他宪法、约法或草案皆以热、察、绥三区代之，而不承认内蒙古单独自为法律的地方区分也。

关于蒙古之政治地位、政治制度及蒙古各级地方政府之政治地位，民国元年公布之《中华民国临时约法》未加规定，然于同年八月公布之《蒙古待遇条例》则承认蒙古与内地平等，并承认其固有之政治制度。民国三年五月公布之《中华民国约法》第十章《附则》第六十五条规定："中华民国元年……所宣布之……满、蒙、回、藏，各族待遇条件永不变更其效力。"依据此条，则蒙古固有之一切地方政治制度皆得宪法之承认。民国十二年十月宪法会议公布之《中华民国宪法》第十二章《地方制度》第一百三十五条规定："内、外蒙古，西藏，青海，因地方人民之公意，得划分为省县两级，适用本章之规定，但未设省县以前，其行政制度以法律定之。"是为废除蒙古盟旗制度，改设省县之先声，惟因当时改省设县之事，并未实现，对于蒙古之地方政制，亦未另定法律，故此条宪法之公布，除使蒙古地方政治制度失其于民国三年已得之宪法之保障外，对于蒙古地方政治制度，实未加以任何之规定也。民国十四年十二月国宪起草委员会起草之《中华民国宪法案》第九章，《省区》第一百十一条规定："……省区各得制定宪法……"第十章《蒙藏》第一百十八条规定："内蒙古各旗于其关系各省区制定宪法时……有与县同等之权。"第一百十九条："内蒙古各旗于其关系各省区之议会，有与县同等选出议员之权。"

第一百二十一条："外蒙，前、后藏各得制定宪法，但不得与本宪法抵触。"第一百二十三条："外蒙古……设最高地方议会……于地方自治事项有立法权。"第一百二十五条："内、外蒙古……所属之行政区各设议会，以本区域选出之议员组织之，于其区域内之自治事项有立法权。"综以上诸条观之，此宪法草案承认外蒙古之地位略等于省，有单独制定宪法、设立议会及自治权，对于内蒙除只规定各旗之政治地位与县相等，承认旗有地方自治之权利外，而不承认内蒙古自为一区，有权制定宪法并分割内蒙于各省区之间，无整个的自治权，故其政治地位当远不及于外蒙矣。同草案第五章《国民议会》第二十八条规定："参议院以左列各议员组织之，一、由各省选出者，每省三人。二、由各区选出者，每区一人。三、由内、外蒙古选出者，各二人……"依此条之规定，则蒙古之政治地位如内外蒙古联合之总体，则高于省之地位，内蒙或外蒙之单独个体之地位，则又不过介于省与区之间耳。民国十九年扩大会议制定之《中华民国约法草案》虽于第一章第四条规定国内各民族之自决自治，但第五章《地方制度》第一百六十二条只规定"外蒙古、西藏等未设省之地方制度，应参照其宗教、风俗习惯另以法律定之"。此外对于内蒙之一切问题，概未订定，是不缔〔啻〕以宪法否认内蒙古之一切政治地位、政治制度之存在，而代之以省县之组织也。民国二十年国民会议制定之《中华民国约法》第七章《政府》第二节《地方制度》第八十条："蒙古、西藏之地方制度得就地方情形另以法律定之。"此条只言蒙古，虽专指未设省之外蒙而言，然对于内蒙亦未尝不能施用。同年十一月公布《蒙古盟部旗组织法》，规定蒙古一切之政治制度。该法第五条："蒙古各盟及各特别旗直隶于行政院"，如是则蒙古各盟之地位与内地各省相似矣。民国二十五年立法院公布之《中华民国宪法草案》第五章第一百〇二条："未经设省之区域，其政治制度以法律定之”，此条文只云“未经设省之区”，似已暗示业经设省之内蒙当然不能另有特殊之制度。此条虽然与《训政时期约法》第八十条之规定同有专指外蒙、西藏之意义，然因《训政时期约法》明定有蒙古、西藏等字样，而使内蒙各盟得以内蒙系蒙古之一部为理由之根据，请求另定合乎蒙人期望之制度。此条则规定“未经设省之区域，其政治制度另以法律定之”，使业经设省之内蒙蒙人不能根据宪法要求设立合乎蒙人期望之制度也。即中央特许蒙人之请求而施以合乎蒙人希望之制度，然此种制度非只无宪法之根据，且更有因违宪而被取消之可能也。

宪法、约法〔因〕为国家神圣不可侵犯之基本法律，宪法（约法）草案虽无法律之效力，然亦为反映当时政治、社会之写真，故于以上诸段特将宪法、约法及草案并列一起，用以说明历年蒙古（或专指内蒙）政治地位在实际上之改变，即提高或降低也。

凡一地方区分之代表如在国会上获得多数之议席时，其所代表之地方区分之政治地位亦必因之而提高；反之如一地方区分之代表在议会上仅占最少数之议席时，则该地方区分之政治地位亦必因之而降低。兹将北京政府时代蒙古出席国会议员之名额，与民国二十五年（一九三六）五月公布之《国民大会代表选举法》上规定蒙古代表名额比例之于次，以为蒙古政治地位愈趋低降之证明。依民国元年（一九一二）八月公布之《中华民国国会组织法》，参议院之议席共为二百七十四人，其中蒙古议员为二十七人，约占全议席十分之一；众议院之议席共为五百九十六人，其中蒙古之代表名额亦为二十七人，约占全议席二十二分之一。将两院之议席总和之，共为八百七十人，其中蒙古议员名额共为五十四人，约占全议席十六分之一。民国七年二月公布之《修正国会组织法》，参议院之议席为一百六十八人，其中蒙古之代表为二十人，约占全议席八分之一；众议院之议席为四百零七人，其中蒙古之代表出席额数亦为二十人，约占全议席二十分之一。参众两院议席之总和为五百七十五人，其中蒙古共占四十议席，约占全数十四分之一。民国二十五年（一九三六）五月公布之《国民大会代表选举法》，国民大会之代表总额为一千二百名，其中蒙古之代表为二十四名，仅占代表总额五十分之一。兹以数学之方法比例于次：（一）使民国元年参众两院总联合之蒙古代表名额与总额之比例——十六分之一，与《国民大会代表选举法》中蒙古代表名额之比例——五十分之一相比，则后者较前者小三·一一……倍（$\frac{1}{16} : \frac{1}{50} = 3.11\cdots\cdots$）。（二）再使民国七年，参、众两院总联合蒙古代表名额与总额之比例——十四分之一，与国民大会中蒙古代表名额与总额之比例——五十分之一相比，则后者较前者小三·五七……倍（$\frac{1}{14} : \frac{1}{50} = 3.57\cdots\cdots$）。是足以证明今日蒙古在国会内，其政治地位较民国初年，确为低降，并可以数目字表示于二十余年内蒙古在国会之地位，竟降低三倍有余也。

　　总之，民国成立以来，蒙古之政治地位在表面上虽已提高，然实际的政治地位反日趋低落，其中尤以内蒙为甚，此固无可讳言。深望中枢当局注意及之，则蒙古民族幸甚。

《国闻周报》

上海国闻周报社

1937 年 14 卷 17 期

（朱宪　整理）

宁夏额、阿两旗的危局

孙翰文　撰

一　引言

自本年五月以来，各报不时登载西蒙阿、额两旗（阿拉善额鲁特旗及额济纳土尔扈特旗）情状恶劣，受国际势力压迫之消息；并载日方派遣大批人员，在境内勾结反动分子，积极策动，从事某种工作，同时以金钱、礼品，攀缘上层，联络王公、喇嘛，以冀逞其侵略之阴谋，形势极为严重。阿拉善旗亲王达理札布、额济纳旗郡王图布升巴雅尔，以旗境不宁，人心惶恐，特派专员，晋谒中央，报告旗务，请示机宜，并表示拥护中央始终不渝之忱。以表面观之，两旗之人心内向，似已足以维持现状，而保全领土与主权之完整。申言之，则西蒙处于边远之区，国防空虚，交通蔽塞，又非中央之实力所及，大有鞭长莫及之憾，前途实至堪焦灼也。自去岁三月十二日，苏联与外蒙签订《苏蒙协定》后，苏联已确定其在外蒙之势力，于是内蒙之形势，突为一变，宁夏西蒙两旗以北控外蒙，东接绥远，遂递进而为西北国防之前线。东蒙（内蒙东部诸盟）自九一八事变后，已非我所有，日方改建为兴安四省，此犹不足餍其侵略之欲，且肆意西进，相继占我察北，略我绥东，复以察北、多伦为根据地，进窥西蒙，以冀打通西北路线，俾成立其阴谋中所谓之"蒙古大源共和国"，而遂其"高原建国政策"，借以防止苏联之南侵，达到其独占满蒙之野心，形势异常严重。日方人员继续活跃，而以所设之特务机关，为其在内蒙活动之支撑点，意图两旗步东蒙之后尘，以实现其一元化控制内蒙之计划。缘斯，西蒙两旗之概况，及其当前之危机，吾人确有一应明了之必要，故不揣谫陋，作梗概之抒述，以供国人之参考。

二　阿、额两旗之疆域及沿革

阿、额两旗，位于宁夏省之西北部，幅员辽阔，殆占全省面积四分之三，境内大部为沙地所掩盖，地势荒凉，人烟稀少。阿拉善旗当河套之西，领域广阔约七百余里，牧地贺兰山脉之西部，龙首山之北，东至黄河下游，与绥远为界，南达甘肃武威（凉州）、张掖（甘州）之地，西接额济纳旗，北逾沙漠，接外蒙之三音诺颜汗，自为一旗，无属部之设置。

阿拉善之首邑为定远营（又称王爷府），亲王驻于此地，为斯旗政治之中心。其地汉时为北地郡之西境；晋为前凉、后凉、北凉等地；唐隶河西节度使，广德初，为西番所据；及宋景德中，复陷于西夏；元属甘肃行中书省；明末，为蒙古额鲁特种所据，以迄于今。和硕亲王为元太祖弟哈布尔哈萨尔之后裔，及传至巴延阿布该阿玉什，有子十六，居河套者十二，其长子名和罗理。清康熙十六年（一六七七年），噶尔丹以兵袭西套，和罗理逃窜近边；康熙二十五年上书求给牧地，诏以甘州边外地，划界给之。三十六年，和罗理以所部数叛，请援四十九旗例，编制佐领，授札萨克，封号为多罗贝勒。雍正二年，和罗理以功晋多罗郡王，其次子罗布藏多尔于乾隆十五年与郡主（娥掌公主）结婚，授多罗额驸马。乾隆三十年（一七六五年），以讨回有功，晋和硕亲王，四十七年，诏命世袭罔替，迄今达理札布亲王，犹袭斯职。

额济纳旗位于阿拉善旗之西，南界甘肃酒泉（肃州）、临泽（抚彝）之地，西接新疆，北以阿济山脉界外蒙古之札萨克图汗。其地汉时为张掖郡地；魏晋为西海郡地，旋为前凉、后凉、北凉、西凉相继割据；北魏时为凉州；隋唐为甘州、肃州地，大历中，陷于吐番；宋景德中，复陷于西夏；元为集乃路（额济纳即集乃之转音）；清为甘州、肃州二卫边外地，及康熙间，始为土尔扈特所居。全部只一旗，旗下亦无属部之设置。

额济纳旗全境，南北约七百里，东西约三百里。首邑为威远营，郡王驻于此，故为全旗政治之中心。部之先，为蒙古别族，元臣翁罕之后裔，九传至和鄂尔勒克，居雅尔（塔尔巴哈台西二百里之地）。明季为准噶尔所逼，和鄂尔勒克恶之，乃率族徙居俄境，屯牧于额济勒河，及三传至阿玉什，始称汗。康熙中，表贡不绝。及乾隆二十三年，伊犁平，附伊犁之土尔扈特部，因以奔俄，而附旧部。三十六年，渥巴锡汗率旧新两部内附，诏命新旧别称，各设札萨克，皆驻牧于新疆，此新旧土尔扈特之历史也。

和鄂尔勒克五传至阿拉布珠尔，尝入藏谒达赖，及返，准噶尔阻其归途，于是乃留嘉峪关外，遣使乞内附，诏封为贝子，赐牧甘肃边外之色尔腾海。后惧准噶尔之侵掠，上书乞内徙，陕西总督查郎阿令游牧阿拉克山、阿勒坦特卜什等处，旋定牧于额济纳河（即弱水），授札萨克多罗郡王。民国初元，额济纳与阿拉善两旗同隶于宁夏护军使。十七年，国民政府划甘肃旧宁夏道属之八县，合阿、济两旗之地，改置宁夏省。

三　政治组织与社会阶级

蒙古以其特殊之环境，故政治组织，亦与内地不同。盖自元太祖（成吉思汗）以来，即寓政治于军制之中。其军制，恒视兵数之多寡，而定爵秩之尊卑，分万户、千户、百户等职，以统治其部民，一切民事亦皆归其管辖，无须上请，万户至于百户，皆有封地，均隶于大汗。此种组织，自太祖至世祖，均无变更。明代蒙古政治，亦循此旧章。及清代崛兴，蒙古全部归服，清廷采"分而治之"之策，政治组织，遂由部落改为盟旗，隶属理藩院。于是向者以部落为政治之所出者，盟旗均代之矣。旗为政治之最小单位，若干旗合成一盟，盟为最高之行政组织，一盟所属之旗部，每年或每三年在一定地点会盟一次。旗有旗长（即札萨克）一人，为世袭王公，总揽全旗之行政及司法权。盟则设正副盟长各一人，由理藩院就札萨克及闲散王公任之，专司各旗间之交涉事宜，不能干涉各旗之行政，不过立于监视之地位而已。

阿、额两旗之政治组织，最高机关为札萨克（王公），其下设两处一厅。政务处，管理全旗政治事项，设协理台吉二员，管旗章京二员，梅零章京二员，参领四员，佐领八员。次为典仪处，专司全旗祭典事项，设有各品排坛三员，各品典仪员三员，巴各（即区村长之意）数十员，遇旗中有何大典，各巴各均须出席。除以上二处外，尚设有理事官厅一处，管理全旗一切诉讼事宜，内设达拉古一员（与内地之法官相似），及书记若干人。此种政治组织，大体与满清时代相同。民国以来，基于五族平等之原则，蒙古政治自应与内地相同，惟以其盟旗制度，相沿已久，一时骤难改革。内蒙牧地，虽相继改为行省，但其盟旗组织，仍以因时制宜而存在，是故蒙古之政治组织，仍未能脱去其游牧封建社会之形式。王公之主权甚大，统掌全旗之军政、民政，与原始会社〔社会〕中之酋长相似，蒙民久处于封建势力之下，对王公、台吉，尊若神圣，绝对服从。如王公、台吉，为人威逼利诱，有所归属时，则其部民亦势必随波逐流。同时，各旗在形势上虽直隶于中央统辖，而实际上各旗均有其相当大之自治权，此亦蒙古政治组织之特点也。

蒙古社会，因受封建之积习与宗教之束缚较深，故形成之阶级亦甚严，蒙民处之既久，视若固然，实难遽加改善。今日之西蒙阿、额两旗，仍存在其传统之社会阶级，上层王公、喇嘛，无所事事，坐享威福。而下层之平民，即为其奴隶，负贡税、奉献、布施之责，劳苦终日，为人牛马，度其毫无生趣之生活。故蒙古社会之阶级，如不根本剔除，蒙人殊少进步之希望。

阿、额两旗之社会阶级，可分为宗教阶级（即喇嘛阶级）与政治阶级两项言之。宗教阶级，有喇嘛与黑人（即俗人）之别，喇嘛居于上层，榨取享受，黑人居于下层，供其布施。喇嘛之中，又分三重阶级，即佛爷喇嘛（呼图克图），其地位甚高，与王公并驾齐驱，有时与特权阶级联络，位凌王公。其次为大喇嘛，是为中层喇嘛阶级，其来源多为王公、台吉之子。复次，即为平民喇嘛与黑喇嘛（即俗人笃信佛教带发念经者），是为下层喇嘛阶级。若按政治区分，则札萨克（王公）与台吉等为贵族阶级，其余部民均为平民（奴隶）阶级。其阶级永久嗣袭，不能隰越：贵族之子，永为贵族；奴隶之子，永为奴隶。贵族为统治阶级，平民为被〈统〉治阶级，各王公领域内之平民，均须供其驱使，每月轮流至王府应差，遇有远处输运，或以戍边而从军，一切生活衣食等项，概由自备。事毕，遣散还家，从事耕牧，倘遇土地重新分配之时，平民亦随其土地变动，永事其业。忠实奴隶，得王爷之欢心时，有时可得几许恩赐土地，反之，终身无立锥之地。大部蒙民，在王公、喇嘛多数寄生阶级榨取之下，均感贫困，但以蒙民受佛教之蒙蔽过深，无由自拔。希望将来中央移民实边，能切实沟通蒙、汉之文化，启发蒙古同胞之知识，放大其眼光，则其阴沉之社会阶级，或有突破转变之一日也。

四　阿、额两旗之产业状况

阿、额两旗之地势，大部为沙陀掩盖，故植物甚少。额济纳旗临近弱水一带，土质肥沃，尚可耕种，草木亦较繁茂。其余各地，荒原无垠，均不适于耕稼，惟气候、土地，颇宜于牧畜，故牧畜为两旗之主要生业，亦西蒙重要之资源也。牛、羊、马、骆驼，西蒙皆产，尤以产羊为最盛，牛、马等次之。西蒙羊之身躯，比番羊较小，［煞］毛质光泽，纤维细长，又非番羊所能及，且羊皮亦佳。羊毛、羊皮、牛皮，为西蒙两旗输出之大宗，多以骆驼运至磴口、石嘴子、河梁台一带，经黄河运往张家口，再由此转运至内地销售，或至天津出口。此外，合黎山脉及阿济山脉一带又产野兽，故狐、狼、熊皮及猞猁皮等，亦年有出产。

两旗之物产，次于牧畜者，即为食盐。阿拉善旗境内之吉兰泰盐池，为秦、陇北部著名产盐之区。盐池在磴口之西，距磴口约三四百里，当阿拉善旗最低之地，拔海约九百余公尺，东西宽六十余里，南北长十余里。入水四五寸，即可见盐。盐层厚六公分至二公尺，池畔之凝盐，远望之如积雪，故采取至易，无晒煮之劳。盐质洁白纯净，号称吉盐。产得之盐，除供本省各地食用外，多用骆驼运销附近各省，尤以输出甘肃皋兰一带为最多。吉兰泰盐池附近，尚有二红湖，亦产盐，惟其盐质，则远逊于吉盐，称曰红盐，产量颇丰，与吉兰泰盐池，皆为西北著名产盐之区。阿拉善旗境内，有官盐局一所，年纳采盐租金一万元于阿拉善旗长。

其所辖之盐区，每年产量约三百万吨以上，官盐局所雇之采盐工人，为数甚微，尚不及百人，倘能增加资本，充分开发，而使地尽其利，亦为我西北之最大富源也。

两旗以处境蔽塞，交通不便，故工商业均未能充分发展。工业方面，尚未闻有利用机器生产者，完全为手工业。而较之内地，尤极幼稚，方法亦不知改良，仅利用土产之驼绒、羊毛等，织成绒毡、毛毡及毛质口袋等日常用品，出品甚少，仅足供给本地使用，无输出者。商业贸易之输出者，亦大部为土产原料，如羊毛、羊皮、牛皮、羊肠等，为输出之大宗。近年以来，西蒙之骆驼生产较多，故驼毛之输出，亦日见增加。羊皮每年可产五百万张，牛皮约六七万张，羊毛年产三十万斤以上，羊肠约五万条，驼毛年产一万担以上，输出额羊皮每年输出约三万张，牛皮约四万张，羊毛二十万斤，羊肠四万条左右，驼毛之输出，年约一万担左右。此外，马皮、驼皮、狐皮等，亦有输出，惟数量太少。输入品以米、面、油、砖茶、酒、洋布、粗布及日常用品为大宗，五金及佛教供佛用品，亦有相当输入，惟乏统计。蒙、汉贸易之中心在磴口，该处位于河套之西，当绥远、宁夏、甘肃交通之要冲，有木船往来航运于包头、宁夏间，地距蒙旗颇近，蒙旗货物，大都集散于此，为阿、额两旗东部进出口之咽喉。磴口市街有商店二十余家，均从事于蒙古贸易，内有栈房数家，专事积存、转运蒙汉货物。商人贸易，均有季节，春冬汉商多集于此，以骆驼载货运销于两旗牧地，秋季则易大批毛皮以归。洋商在此设支店收买两旗皮毛者，亦有数家。近年，蒙汉贸易，日有进展，磴口全年之贸易额达三十万元以上。

五　结论

我国对于筹边事业，向乏一贯之政策。满清时代，对蒙人采愚民牢笼并用之手段，于是二百六十年得相安无事，虽收效一时，无〈如〉遗害无穷。迄至清末，乃废汉蒙不通婚之令，又准蒙人用汉文，奖励汉人赴蒙，废止开垦蒙地禁令，及允许王公放荒垦地等，力求改造蒙古之环境，然积习已深，终不可挽救矣。及民国肇兴，北京政府时代之当局，对蒙古虽有扶植之意，仍无发展之计划，不过沿袭清代之旧制，敷衍塞责而已。是故，对蒙政策，事实表现者，仅为任命地方官、承袭王公爵职、颁赐喇嘛名号、办理觐见进贡，及其他例行公文等事，至于应兴应革之一切事项，均未有切实施行之事实。及国民政府定都南京后，遂将内蒙各特区改建行省，而与内地各省一致，于是对蒙政策，已有相当之改进。十九年召集蒙古会议之后，于政治、外交、教育、建设诸大端，均有周密之规划，且极力避免不平等的怀柔及侵略的开拓政策。关于政治之决议，于蒙人之心理，蒙地之政治习惯，以及其他蒙事改进之办法，均有详细之顾及，惜以后中原多故，未得逐步实行。今者北方形势，危如累卵，吾人亟宜巩固蒙边之国防，以保全领土主权之完整。

　　编者按：此文系全面抗战发生前写成，在目前晋、绥局势危若累卵之际，西蒙已受直接威胁，此文内容尚不无可供参考之处，爰为刊出，以饷读者。

《国闻周报》

上海国闻周报社

1937 年 14 卷 40 期

（丁冉　整理）

绥远的噩梦

溪映　撰

在抗日战局的全面发展中，绥远一方的变化要算最令人大惊而深痛的了！

张家口的不守，牵动了北方抗战的大势，平绥线乃至大同的撤退，更引敌人的铁蹄轻易以入绥边，于此我大西北无限江山遂毫无保障的暴露在敌人的面前，绥远这曾经用热血头颅砌成的西北门户，也跌入了它的厄运！

将军"马不停蹄"的望下退，好像这败退的结果与自己全然无干，向上峰报告可以描写敌人如何凶狠，向下扬布我乃诱敌深入。敌进愈速失败愈大，长官一跑，部下自然望风披靡，无敌亦退，有路即逃。甚么是强硬的敌人？不过还是所谓察北匪伪军被少数日军驱策着。就这样也怕，一股脑放弃了土地和人民，使西线军事一泻千里。

我们知道自我军汉诺坝退败之后，平绥路千余里间敌军永未遇到强烈的抵抗，张家口刘汝明军退去二日才见敌军，大同自九月十一日后，竟也演空城计二日。

恐日病菌直接间接的播布着，绥远军队也因铁路线队伍的勇退所动摇，先后的都离开了真理。

逃吧！奋命的逃吧！官家逃亡，军队逃亡，恐惶在民众心尖上

跳舞，绥远的民众又安得不继之以逃亡！但是他们逃的时间在哪
里呢？靠甚么逃呢？逃到哪里去呢？黄河沿岸拥满了徘徊着的呆
木了的人群。

　　一天清晨，绥远街头正在行李箱笼向外移动中间，两个伤兵踟
蹰在一家照像馆的窗前，对着一面"傅作义主席肖像"的大挂镜
出神，看吧，那丰腴的面颊，英迈的眉宇，那咤叱风云的口……
军长唯一表示上将勋劳的符号，军长的纽扣，平日他们哪里敢正
眼看上一眼，这时真的有了接近的机会，摩摩，擦去玻璃上的土，
从爱戴中流露出一种极度的渴望来。——臂膀感到痛了，他们又缩
回来犹在留有血痕的手。

　　"为甚不回绥远？"一般人对傅将军发着咆哮。从一种意义来
讲，傅将军应当没有放弃绥远的理由，同时多少人相信傅将军是
可能成仁的。他们还能清楚的回忆到傅将军曾说："到最后地步我
决不让绥远有任何维持会一类的东西出现，即便是日本把绥远捧
在手里，也应是一片焦土。"何以现在成了这样的不浃〔洽〕意？
绥远的几个汉奸卖国贼活动的这样火炽呢？

　　但是，绥远人究竟对傅将军万分的相信，同时相信他们之爱护
傅将军一定和现在傅将军之翘念着他们同样沉痛！

　　绥远的足以怀念，的确是一个现实。轻骑深入察北的反正军石
玉山部在大同失去之前仍在嘉卜寺，而且在军事的周围进行了安
抚民众、组织民众的工作。敌人给留下来的两万余箱汽油和军械
库的枪弹，他们正为不能向后方运送而焦急。及平绥线敌军进入
大同，嘉卜寺在战线上凸出三四百里，加以敌人之猛烈反攻，石
部始焚毁汽油和军储退入绥境。

　　骑兵师门炳岳部，在攻取察北时是担任左翼的，进入察北以后
更分兵各处担任攻守。及各部军队撤走，他仍屹然未动，反向人

表示："现在退走容易，但是将来反攻时用十倍于此的力量也未必挽回，那么与其将来费力气，不如此刻死守。"这部骑兵因而转战商都大青沟间，与敌人飞机、大炮、唐克车反复肉搏了几次。

抄斜路入绥的挺进军马占山部，他的任务本来在我取得察北形势之后，深入热河组织敌人后方的民众武装，进行复土运动的。岂知他方将入绥，前线军事已完全逆转，所凭借之友军也纷纷远走，反将客易为主代守绥边。九月十二日敌进占兴和，袭击□山车站，此追我铁路□□□师□之敌军，经挺进军两连人之冲杀，几消灭殆尽而退出绥境。马占山将军此瘦短身材类似一乡下老之民族英雄，以其□刻之政治、军事认识与勇往之精神参加抗战，实为难得。马将军曾谓："与此等伪军作战非吾人之所望，实乃吾人之羞，吾人希望钳制数万日本正规军，以为全面战争中减少敌人一部分力量。"

马将军又谈到西线军事的失败原因说："最主要的乃是民众没有参加到战争中去，反而与战争隔离，最后使军队牺牲了民众退走。抗日战争的胜利前途，必须是民众武装充分发展，则敌人随时都在我们包围之中，随时都有被我攻击的危险，如此正规军的行动可以自由，汉奸也势必归于消灭了。挺进军决不想专靠少数军队作战，而是领导民众、推动民众来参加战争的。"在战争中，多少人根本不了解，同时也不相信民众会与作战发生联系，更有人在事后痛骂民众的麻木，国家民族与之不关痛痒，甚至将失地的民众与汉奸等量齐观，此种错误观念与马将军的见解对照，真正惭愧欲死了！

绥远被牺牲在可怕的军人意识与民众的无组织之下了，我们对之应该毫无忌讳的提供出来，以为后车之鉴！我们再不能尝试放弃一地以为守卫一地的危险战略，我们要深深的觉悟否定了民众力量的结果，我们〈要〉加紧提高军人的政治认识，再不让恐日

病和苟安心理继续发展了，那么绥远乃至平绥线的损失才是我们
铁的血的教训，才是我民族战争胜利的基础。

九月二十八日于河曲

《国闻周报》
上海国闻周报社
1937 年 14 卷 42 期
（朱宪　整理）

绥蒙政指导长官公署报告
上年行政工作概况

作者不详

近据《中央日报》一月八日载《绥境各盟旗地方自治指导长官公署报告上年行政工作概况》云：绥远本僻在边徼，而乌、伊两盟及土默特并绥东四旗，又散居四处，风俗习惯，既各有不同，施政步骤，自互相岐〔歧〕异。自本署成立以来，日集各蒙旗王公、士官及青年优秀于一堂，讨论自治团结，精诚亲爱之表现，往往情见乎词。本署负指导责任，对于调解蒙旗之纠纷，办理蒙灾之振济，无不殚精竭力，曲予周章。一年以还，虽无成绩可言，而回顾以往，尚无甚大贻误。兹值二十六年元旦开始，爰将本署自成立迄今，各种工作，略纪于后。

（甲）会务

（一）议案之推进。查绥蒙会每年例会，及临时会议，自该会成立迄今，业已召开多次，统计议决案件不下数十起，均关于推进自治方面之重要提议，但每次开会，均由本署照规定办法参加出席，无不加以指导，是以一年以来，会务进行，大都迎刃而解，顺利推行。

（乙）调解

（一）西公旗纠纷。查〈西〉公旗扎萨克石拉布多尔济与该旗大喇嘛伊喜达格登，及额宝斋、馒头等发生纠纷以来，历时多年，互相攻击，迭经省府与本署共同遴派干员，前往该旗相机调解，一面派员安慰该旗被害人民，刻均相安无事。（二）乌审旗纠纷。查乌审旗东西两派那森得力格尔与巴霸孟克悟乐居等发生纠纷以来，屡经率众叛变，互相攻击，并强夺特玉〔王〕，挟持政权，历时十余年，迄未平息。迭经会同省政府先后派员前往该旗详确调查，相机调解，以期早息争端，消除隐患。（三）取缔税卡。查百灵庙蒙政会，在绥远伊盟达拉特、鄂托克、杭锦各蒙旗境内设卡征税一案，经省府与本署共同根据法令、事实，迭次交涉，一面严行取缔，事经半载，始行解决。现已自动次第撤销，往来商旅照常通行，不致再有重征之虞。

（丙）赈务

（一）赈济绥蒙雪灾。查绥蒙雪灾赈款，省内省外共募集九万一千四百元，赈委会四万一千元在内，除提一千元充作查放人员旅费外，不敷又由省府拨筹旅费二千五百元。至分配各旗细数，由中央何委员绍南到绥主持决定，并在绥蒙会附设绥蒙雪灾赈务办事处，由绥远省政府及本署三方面派员共同负责办理。所有各旗分配之赈款，于本年秋间已陆续查放完竣，结果良好，刻已次第结束。

（丁）建　设

（一）组设蒙旗自治研究委员会。查本署专员指导蒙旗地方自治之责，对于推进蒙旗地方自治兴革事业，以及疑难问题，必须详细研讨，庶免因应失宜，曾在本署附设蒙旗自治研究委员会，即以本署各级职员为委员，于本年八月十日正式成立，分组办事。（二）组设蒙文讲习班。查绥蒙地处边陲，毗连察蒙，不但情形特殊，已成国防军事上重要地位，推进各政，非有通达蒙文、蒙语者，不克应付得宜，以收宏效。为造就边疆人材起见，业就本署各级职员组设蒙文讲习班，函请教育部发给汉蒙合壁〔璧〕国语教科书到署，由蒙籍职员担任讲授，已于十月十五日正式成立，公余上课，开始传习。（三）筹办蒙旗自治训练所。查绥蒙各旗值此边防多事之秋，处境异常重要，而所属士官、佐领等，及蒙会职员，对于军事政治，夙欠谙悉，自非有充分之学识，无以推行自治，而固边防。兹拟就绥蒙会经费内搏节款项，筹办自治训练所，以灌输自治常识，教授生活上必需技能为宗旨，联合蒙古卫生院、蒙绥防疫处，共同筹办，先设普通班，后设专门班，专门分军事、畜牧、卫生，并拟招收女子一班，授以家庭工业生产、种痘各技术，总期造成人材，适合蒙旗需要，并发行刊物，现正订定章则，不日即行开办。（四）建筑会址。查绥蒙会会址，原奉令设于伊金霍洛，然以交通阻滞，于推行政务不便，自应改移会址，历经大会讨论，由本署参赞到会指导，并征集全会意见，复决定改设西公旗公庙子，已呈奉行政院核准建筑费五万元，并编以预算，呈请核定，现正电催拨发，以资兴修。（五）分设电台。查绥盟各旗散居各处，交通不便，消息迟塞，当此实行自治时期，对于一切旗务，诸待推进，本署为宣达敏捷、指导便利起见，特设电台七处，分驻各地。计总台设绥垣新城，第一分台驻扎萨克旗，第二分台驻杭锦旗，第三分台驻四子王旗，第四分台驻十二苏木，第五分台驻东公旗，第六分台驻鄂托克旗。尤恐事有隔阂，更派专员常川驻旗，以资联络。自各台设立以来，消息灵通，政情畅达，徇称便利。

（戊）财务

（一）蒙旗事业费。查蒙绥地方建设事业费，原请二十万元，奉令编拟计划概算，经本署核转，由蒙藏委员会会同卫生署暨财、教、实各部审定，转呈中央，由中政会议通过，除农场及贸易公司缓办外，其余牧场、畜种、卫生院、文化馆及洗毛、打包公司各项，业经核准十二万一千五百零八元。现卫生院已由桑院长来绥筹办，其余各项正请款筹设。（二）关于转发绥蒙会经费。绥蒙会于二十五年二月二十三日成立，中央原核定该会开办费二万元，经常费每月亦二万元，嗣该会要求增加，虽邀核准，惟按诸会计法令，编制概算、开会审查、筹定财源，须经过一定之手续，以致开办数月，经费尚未奉拨，本署遂会同绥省府筹措垫借先后共八万余元，俾资维持，至七月该会经费方按月拨发，陆续归垫，但请领手续，系由蒙藏委员会代领汇晋转汇到绥，虽其间银号汇兑稍稽时日，但本署一经提出，即行于本日通知该会具领，现在按月照办，已经就绪。除自治事务费系专案呈明，指有用途，款项由署着该会妥为保存备用外，其余俸薪、公杂各项，俱由会支付，本署正奉令饬会造报计算，以符法制。

（己）宣传

（一）编印常识浅说。查绥盟各蒙旗僻处边塞，文化晚开，一般蒙民，对于各种常识多不明了，现经本署编印政治、保安、卫生、牧畜、造林、农艺六种常识浅说，颁发各旗转发蒙民，务使人人了解，以便推行自治，共维边务。（二）编印赈灾纪实。查绥蒙雪灾虽已办理完竣，但经过事实甚为繁难，除用正式文书报告南京赈委会外，拟将关于此事文电、计划等项，编印《绥蒙雪灾赈务纪实》一书，俾各方尽情明了，用符核实公开之原则，现正编纂中，不日即可付印，分送各省，借资报告。（三）编印季刊。查本署成立以来，经过实况，外间多不明了，而各省市每函索刊物，辄感无从交换。为适应环境需要，并公布对蒙工作起见，拟自成立之日起，每三月出季刊一次，所有重要文电、章则、及指挥方针，并实施计划均附之。至印刷需款，即由月支经费内提拨一部分充之，约估计每季需洋三百元，年需一千二百余元。（四）刊布新闻。查本署为报告施政情况及沟通蒙旗消息起见，办理宣传事项，派有专人负责，将逐日署中各处、会应行发表事件，汇集一处，择其要者，分送本市各报社及通讯社发表，同时并由电台广布各蒙旗。此项工作，自本年七月间开始以来，计发表本市新闻稿共一百余起，拍发各蒙旗新闻电稿共一百六十九起，今后更拟印各项刊物，而对社会作有系统之报告。

（庚）特务

（一）保安。查各旗汉蒙同处，居民复杂，保安事务，极关重要，本署曾督饬各旗编制保安队，以保商间，更以驻军林立，特又为各旗划一番号，以资识别，并令整饬军纪，以安商民。余如训练保甲，清查户口，筹筑围堡，亦皆次第推行。（二）防共。查乌盟各旗地接外蒙，伊盟各旗毗连陕北，"共匪"猖獗，所在堪虞，本署在各旗实施种种防共宣传，并指导各盟旗编制"防共游击队"，提倡蒙旗联防及军民联防，必要时，检查行旅及抽查户口，并于扼要处筹建碉堡，虽"共匪"迭欲进窥，然均经堵防得宜，安靖如常云云。

《时事月报》

南京时事月报社

1937 年 16 卷 2 期

（李红权　整理）

东西公旗问题调解经过

作者不详

轰动一时之西公旗掌印纠纷与东公旗代理札萨克问题，自经巴盟长代表中公旗协理那僧敖齐、参领〈章〉盖齐布格尔①等至绥省向傅主席陈述意见后，傅主席当即召集各当事人宣布解决方案，并派蒙务组长陈玉甲偕同那协理等赴包头会同地方官吏依照解决。现陈玉甲已由包返绥，东西公旗问题，均告圆满解决。兹将解决方案等录之于下。

解决方案

（甲）东公旗：（一）以台吉奇天命为西协理，台吉曷清山为记名协理；（二）委奇天命护理札萨克；（三）额王之子贡噶色楞，年已八岁，即呈报蒙藏委员会备案，成年后再行依法袭爵。

（乙）西公旗：（一）以三等台吉萨克都尔札布为东协理，以三等台吉色令布为西协理；（二）委萨协理护理札萨克；（三）袭爵事，俟石福晋产男与否，再行决定；（四）石王私人遗产，统归石福晋承受，萨协理、色协理，其负保护之责；（五）该旗保安队缩编为一百人，所有编余枪枝，送包头该旗办公处存储，新编一

---

① 后文作"郤布格"。——整理者注

百名之保安队，归旗政府节制指挥，维持本旗治安；（六）旧印交旗政府保存。

办理善后

西公旗纠纷解决办法，经傅主席、石参赞、巴盟长代表那僧敖齐等数度商同，业已决定妥善办法四项。当傅主席召集双方当事人当众宣布，均表示满意，省府遂即派蒙事组长陈玉甲、组员陈植居，偕同双方关系人，于日前离绥赴包，帮同办理一切善后。西旗纠纷自省府宣布办法后，石王夫人奇俊峰、色令布，暨萨克都尔察〔札〕布等，均深明大义，以前隔阂完全消释。嗣后决本政府主张，同心协力，共谋旗政进展，决不以小失大，致使奸究得逞，连日来更加陈组长之多方折冲，竭力调协，双方意见，已趋一致。所有西公旗旧印、官章各一颗，奇夫人已悉数缴出，当众目监督下，交由东协理兼护印札萨克萨克都尔察〔札〕布保管，萨氏以旗务待理，决于日内携带印章返旗府，西协理色令布，亦将偕往。其他同行者尚有管旗章京色纳孟、护路保安骑兵团长图们巴兔、合少甲格气孟海等多人，至石王夫人现因身怀六甲，临盆期近，同行与否，刻尚未定。关于石王私产点收事宜，石夫人如不能亲往，将由其堂侄三豹办理云。

缩编队兵

绥蒙当局鉴于西旗纷乱迭起，以致旗内民众屡遭祸害，其苦实不堪言，追溯其源，皆因兵权未能统一之故也。故当此次纠纷解决时，傅主席曾面示该首领返旗后，第一要务，即缩编保安队兵为一百名，其余兵士，一律裁撤，所有旧属官佐，尽行停职。保安总队长色令布，因升任西协理，应专事料理庶政。总队长一职，着即取消，另委一将军甲格气，统率全旗保安队兵，负责维护旗境治安云。省府蒙务组长陈玉甲，日前衔命赴包，协理西旗善后诸事，兹以双方当事人意见业经消除，一切事项均已顺利办竣，已返绥覆命云。中公旗协理那僧敖齐、梅令盖章〔章盖〕郐布格、驻包办事处长德力格生等，前奉派来绥分谒傅主席、石参赞，代表巴盟长商请解决西旗纠纷办法，刻以斯事既已和平解决，于日前随同陈组长赴包，协同办理善后。兹悉德力格生，因事务繁忙，拟不返旗，至那协理、郐章盖等，已离包返旗，谒巴盟长覆命云。石王福晋奇俊峰女士，日前在包市聚德成饭庄，欢宴蒙汉要人，应邀者，有田司令（涵泉）、赵县长（仲容）、陈组长（玉甲）、中公旗协理那僧敖齐、参领郐布格、驻包办事处长德力格生、西公旗东协理萨克都尔察〔札〕布、西协理色令布、管旗章京色纳孟等多人云云。

《时事月报》
南京时事月报社
1937 年 16 卷 3 期
（李红菊　整理）

蒙古行政组织之检讨

任民　撰

绪言

　　蒙古地方行政组织，与内地各省地方行政组织，迥不相同。盖内地各省地方行政组织，是依照现代政治进化形式而组织者，即区分地方行政为省县二级制，最近又于省与县之间，插入类似从前道制之行政督察专员制，有将地方行政分为三级制之形态。但在蒙古地方行政组织则与上述省县二级制或三级制不同，因蒙古虽与各省同隶中央政府，然其地方行政组织，则仍沿袭从前之封建遗制，区分地方行政为盟、部、旗、群，由亲王、贝勒、贝子、公等统辖之。不过在外蒙古分为部、旗，在内蒙古则分为盟、旗、群，而内蒙古所属热河、察哈尔、绥远三地方，因改设行省之故，所有地方行政组织，除区分盟、旗、群外，更加上省县二级制，其行政组织，又比诸外蒙古较为复杂。以上，即为蒙古地方行政组织与内地各省地方行政组织不同之概观。

　　然蒙古盟、部、旗、群之行政组织，实始于清代初叶。盖在清太祖、太宗时代，内蒙古诸部落即已归附，而外蒙古经清顺治、康熙、雍正、乾隆数代之征讨，亦次第克服，从此内外蒙古均入中国之版图。清廷既平定内外蒙古，乃仿照满洲八旗制，而设置盟、部、旗、群制度。即直接受中央行政权支配之部落，就其原部落名称，改名某某旗，如内蒙古各旗之例。其距离内地较远，而行政权尚未能直接支配者，则仍其原有组织、名称、汗号，如外蒙古各部是已。各地人口不足编为一旗，则指定牧畜场所，为国家牧养牛马，称之为群，如察哈尔牛羊群之例。为便利清查壮丁，统一旗政，乃合若干旗为一盟，规定三年会盟一次。其他有特殊情形不能编入盟者，则称为特别旗。以上，即为清代编定盟、部、旗、群制度原则之大较也。

蒙古之盟、部、旗、群制度，自清代迄今，通行数百年间，盟旗区划，稍有变更，然查现在内外蒙古各盟、部、旗、群之区划，有如下列所述。外蒙古区分为车臣汗部、土谢图汗部、三音诺颜部、扎萨克图汗部、唐努乌梁海部及科布多等六部，共辖一百十旗；内蒙古区分为哲里木盟、卓索图盟、昭乌达盟、锡林郭勒盟、乌兰察布盟、伊克昭盟、察哈尔盟及归化土默特部等七盟一部，共辖六十二旗四牧群一牧场；此外，尚有呼伦贝尔部八旗，宁夏之阿拉善、额济纳二旗，青海右翼、左翼两盟共辖二十九旗，新疆巴图塞特奇勒图部、乌纳恩素珠克图部、青塞特奇勒图部等三部，共辖二十三旗，黑龙江之依克明安一旗，总计内外蒙古共区分九盟十一部二百三十五旗四牧群一牧场，此即蒙古之盟、部、旗、群区划状况之概略也。

蒙古地方行政之组织

蒙古是指内外蒙古而言，其地方行政组织，就是盟、部、旗、群制度，该制度系清代所制定，业如前述。但蒙古盟、部、旗、群制度，自清代迄今，其组织略有变更，兹分述其梗概如次。

　　盟之组织　　清代收服蒙古后，就将蒙古原有部落，划分为左、右、前、后各旗，任命世袭扎萨克为旗长。又集合若干旗为一盟，盟设于各旗中心地方，俾在用兵时，便于调遣，平时则三年会盟一次，讨论各旗之军备、边防、刑名、户口等事务。盟设盟长，由各扎萨克及不管旗王公中有名望者选任之，以统理各旗旗务，直隶中央。但旗为蒙古地方自治之单位，而盟则一面为地方自治之监督机关，一面又为蒙古地方行政机关，如内蒙古七盟、青海二盟是已。

　　盟长之外，并从各扎萨克及不管理王公中有名望者选任副盟长一人，辅佐盟长处理盟务，盟长因事故不能执行职务时，由副盟长代理之。盟长之下，并设帮办盟务一人至二人，帮同办理盟务，备兵扎萨克一人，总理该盟军务，其职多由盟长兼任。至关于各旗争执事件，及各旗裁判不能处决之事件，均由盟长办理及审理之，此清代旧制也。

　　北京政府时代，对于盟之组织，一仍清制。迨国民政府成立后，除各盟设置盟长、副盟长、帮办盟务及备兵扎萨克，仍沿旧制外，对于盟之组织，大有变更，即各盟设置盟政府，为各盟之行政中心机关。并规定各盟盟长，综理全盟事务，监督所属职员及机关。盟长之下，得设随行秘书一人至二人，盟政府设总务、政务两处，各设处长一人，科长、科员、书记若干人，处理日常盟政事务。各盟各设民代表会议，系由盟所属各旗旗民代表会议推选代表组织之，代表名额，大旗三人，中旗二人，小旗一人，任期一年，其职权在于处理盟之立法、设计、审议、监察及其他特别规定事项。但盟长对于盟民代表会议之决议案如何执行，则由蒙藏委员会呈请行政院核定之。

　　部之组织　　外蒙古之部与内蒙古之盟相等，故部制之分旗，亦如盟制，惟仍沿其部落之名，以部为统治机关。部之长官曰汗，系统理外蒙古各旗世袭之职爵，如车臣汗、土谢图汗、三音诺颜汗、扎萨克图汗等部是已。但外蒙古之部与内蒙古之盟，其不同之点，即盟直隶中央政府之支配，而部则受中央派遣之大臣、将军、参赞等之指导监督，此清代制度也。迨国民政府成立后，部之组织，亦大有变更，但以部、盟相等，故得适用于盟之组织之规定焉。

旗之组织　旗为蒙古地方行政区域之单位，旗之下又分为若干佐，佐之区域，系因军事而划分。旗设扎萨克，为一旗之长，系世袭职，所有旗内一切之行政、司法事务，均归其掌握，等于一国之君王，旗众亦绝对服从。扎萨克死或因故不能执行职务时，由其长子嗣位，若无子则由其近枝或闲散王公中选其贤能者，由盟长呈请中央政府委任。

扎萨克之下，设置印务处，即扎萨克府，为执行旗政之机关。内设协理、印务梅伦、印务扎兰、笔帖式及管旗章京、管旗副章京、参领、佐领、骁骑校、领催、什长、屯达等职官，辅佐扎萨克处理日常旗务。至于扎萨克王府，则设置拜达生，管理王府内部事务，此清代旗制之概略也。

北京政府时代，关于旗之组织，亦仍旧制。迨国民政府成立后，旗之组织，则大加变更，设置旗政府，为一旗之行政中心机关，并规定札萨克总理旗务，监督指导所属职员及机关。各旗所有协理、管旗章京、管旗副章京等职官，均改为旗务委员，其名额大旗六人，中旗四人，小旗二人，协理扎萨克处理旗务。各旗设旗务会议，由扎萨克及旗务委员组织之，而以扎萨克为主席，处理各旗重要政务。

旗政府内设置总务、政务两科，各设科长一人，科员、书记若干人，其名额及科务规程，由该旗政府拟订呈报该管盟长咨请蒙藏委员会转呈行政院核定。

各旗设置旗民代表会议，由本旗所属各佐各推代表一人组织之，任期一年。该会议之职权，是处理旗务之立法、设计、审议、监察及其他特别规定事项。扎萨克对于旗民代表会议之议决案如何执行，由蒙藏委员会呈请行政院核定云。

总管制之设置　清代对于内属蒙古部，则仿照满洲八旗制改编，不设世袭扎萨克，而任命总管为一旗之长。其小部落不足改为一旗者，则名之为苏鲁克（亦称牧群或牧厂），指定地点，使其游牧，亦任命总管为其长官。八旗与苏鲁克，无自治权，直接受该管将军、都统之节制。如察哈尔之八旗、四牧群，即属此类。迨国民政府成立后，对于盟旗之组织，均有变更，但总管制等于旗，故总管制之组织，得适用关于旗之组织之规定云。

以上，即为蒙古盟、部、旗、群组织之概要。但在最近数年内，因蒙人自治之要求，又先后设置蒙古地方自治政务委员会及绥境蒙古各盟旗地方自治政务委员会，亦为处理蒙古地方行政之机关，兹于下节详述之。

蒙、绥两地方自治政务委员会之设置

蒙古地方行政组织，除盟、部、旗、群外，尚有蒙古地外自治政务委员会及绥境蒙古各旗地方自治政务委员会，均系处理内蒙古地方自治行政事务，兹分述如次。

蒙古地方自治政务委员会之设立　内蒙古人自治运动，发生甚早，民国十七年察哈尔蒙旗代表尼玛鄂特索尔、纪伦等，赴南京作自治请愿之活动，并上条陈十条，说明蒙人自治之必要，但未得中央之允许。至二十二年夏内蒙古自治运动又复发生，此时自治运动之中心人物，即为苏尼特右翼旗扎萨克兼锡林果勒盟副长德木克栋普鲁〔鲁普〕等。五月间乌兰察布盟盟长云端旺楚克

（以下简称云王）与德木楚克栋普鲁〔鲁普〕（以下简称德王）及锡盟代表等，在百灵庙开会，讨论自治问题，以人数过少，遂议而未决。迨十月九日蒙古王公复在百灵庙举行自治会议，是日到会出席者，有云王、德王及各旗扎萨克、各地代表等六十九人，紫顶马褂，济济一堂，并推云王为主席，讨论一切问题。综计前后开会凡五次，费时凡十六日，所通过议案，有内蒙自治政府组织法案等件。适中央派内政部长黄绍雄、蒙藏委员会副委员长赵丕廉赴蒙巡视之消息到百灵庙，正在举行之自治会议，遂于十月二十四日宣告暂行休会，一切静候大员莅临解决。十一月十日黄、赵二氏，率领随员、卫兵，由绥起程赴百灵庙，午后五时半抵庙，德王等列队欢迎，公宴娱乐，备极隆盛云。

　　十一月十三日起，黄、赵二氏在百灵庙，连日与各王公、代表商谈自治问题，十七日晚十二时云王、德王派代表亢仁等，送呈甲、乙两种办法请示，黄绍雄氏以甲种办法，与中央所定原则，尚无不合，允代转呈，云王、德王即表示满意，乃发皓电，表示感戴。十九日黄绍雄、赵丕廉等，即启程回绥，十二月十六日返抵南京，即谒汪院长，报告巡视经过情形。汪院长当即召集有关系各部会长官，研究解决蒙古自治之办法，一方并听取蒙古代表之意见。二十三年三月七日中央政治会议第三九八次会议，通过任命蒙古地方自治政务委员会长官案，当日即由国民政府明令发表。特派何应钦为蒙古地方自治指导长官，赵丕廉为蒙古地方自治指导副长官，任命云端旺楚克、索诺木喇布坦、沙克都尔札布、德穆楚克栋普鲁〔鲁普〕、阿拉坦鄂齐尔、巴宝多尔济、那彦图、扬桑、恩克巴图、白云梯、克兴额、吴鹤龄、单特巴扎普、贡楚克拉什、达理扎雅、图布升巴雅尔、荣祥、尼玛鄂特索尔、伊德钦、郭尔卓尔扎布、托克托胡、潘第荼〔恭〕察布、那木济勒色楞、阿育勒乌贵为蒙古地方自治政务委员会委员，并指定云端旺楚克为委员长，索诺木喇布坦、沙克都尔札布为副委员长。

国府除明令发表蒙古地方自治政务委员会长官后，同日并公布《蒙古地方自治政务委员会暂行组织大纲》，兹摘抄其重要各条如次：

一、本会直隶于行政院，并受中央主管机关及中央指导大员之指导，办理各盟旗地方自治政务，遇有关涉省之事件，应与省政府会商办理。

一、本会设委员九人至二十四人，由行政院呈请国民政府任命之，并于委员中，指定委员长一人，副委员长二人。

一、本会每星期开会一次，遇有必要时，得召开临时会，前项会议以委员长为主席，委员因事不能出席时，得派代表列席。

一、本会委员长执行前条会议之决议并处理会务，监督所属职员、机关，副委员长辅助委员长处理会务，委员长不能行〈使〉职务时，以副委员长一人代理之。

一、本会设置秘书厅、参事厅、民治处、保安处、实业处、教育处、财政委员会，分别承办一切会务。

一、本会秘书厅设秘书长一人，秘书四人，参事厅设参事长一人，参事四人，参议（名誉职）由所属各旗各推选一人，任期一年，得连任。各处设处长各一人，财政委员会设主任委员一人，委员六人至十人，各厅、处、会设科长十二人至十六人，科员四十人至六十人，并得酌用技术人员及雇员。

一、本会委员以用蒙古人为原则，本会所属各厅、处、会职员，由行政院就国内遴选熟悉蒙古情形及有专门学识者任用之。

一、本会会址，设于贝勒庙（即百灵庙）。

自国府明令发表蒙古地方自治政务委员会长官及公布《暂行组织大纲》后，该会委员长云王，即着手筹备成立工作。四月二十三日下午五时在百灵庙举行成立典礼，是日到会委员计有云王、德王等十二人，代表六人，于中央代表何竞武监誓之下，宣誓就职，至此，蒙古地方自治政务委员会乃正式成立焉。

绥境蒙古各盟旗地方自治政务委员会之设置　蒙古地方自治政务委员会成立后，正宜努力推进察、绥蒙古人间之自治工作，俾得增进蒙人之福利及现代政治之知识，只以人事未尽协同，遂使察、绥各盟分治之势，日形进展。最近绥境各盟旗长官，纷电中央政府请求在绥境另设蒙古自治委员会，处理伊、乌两盟旗政务，原设之蒙古地方自治政务委员会，则专理察哈尔省盟旗自治工作，而伊、乌两盟旗有力人士及青年，亦多同情此种主张。中央政府为顾虑绥境蒙人之福利计，遂准所请求。廿五年一月二十五日国府明令派沙克都尔扎布、把〔巴〕宝多尔济、阿拉坦鄂齐尔、潘第茶〔恭〕察布、齐色特巴勒珠尔、齐英特凌清胡尔罗瓦、额尔和色、沁扎木巴拉、凌亥僧格、石拉布多尔济、噶勒臧罗勒玛、旺扎勒札木苏、康达多尔济、图布新济尔噶勒、特固斯阿木固朗、鄂齐尔呼雅克图、荣祥、沙拉布多尔济、达密凌苏龙、巴拉贡扎布、孟克鄂齐尔、鄂斯克济勒格尔为绥远省境内蒙古各盟旗地方自治政务委员会委员，并指定沙克都尔扎布为委员长，巴宝多尔济、阿拉坦鄂齐尔、潘第茶〔恭〕察布为副委员长。同日并公布《绥远省境内蒙古各盟旗地方自治政务委员会暂行组织大纲》十五条，兹摘录其要项如次：

一、本会办理左列各盟旗地方自治事务：

A. 乌兰察布盟所属各旗；

B. 伊克昭盟所属各旗；

C. 归化土默特旗；

D. 绥东五县右翼四旗。

但遇有关涉省之事件，应与省政府会商办理。

一、本会设委员九人至二十四人，并于委员中指定委员长一人，副委员长三人。

一、本会设秘书处、参事处、民治处、实业处、教育处、保安处、卫生处，分掌本会各项事务。

一、本会各处各设处长一人，秘书四人，参事四人，各处设科长十二人至十六人，科员四十人至六十人，统由本会委员长遴选具有相当资格及学识能力者，报准中央主管机关核转派充之。

一、本会会址，设于伊金霍洛。

国府除派沙王等二十二人为绥境蒙政会委员外，并特派阎锡山为该会地方自治指导长官，就近指导绥境蒙古地方自治进行事宜云。

以上两个蒙古地方自治政务委员会，一为处理察哈尔各盟旗地方自治事务，一为处理绥远各盟旗地方自治事务。但由其体制而观，似系于察、绥两省各盟旗之上之一个行政总管机关，不过其职权却偏重于蒙古各盟旗之自治事务，至各盟旗之日常行政事项，则仍由各旗扎萨克处理云。

中央治蒙机关之更迭

中央治蒙机关，自清迄今，亦有若干之更迭。清代治蒙机关，在中央则设置理藩院，总揽蒙古一切政令，在蒙古各〔各〕重要地方，则驻搭〔扎〕将军、都统等大员，以为直接指导监督之任。理藩院（光绪末年改称理藩部），为中央治蒙之最高机关。内设旗籍清吏司、王会清吏司，分掌内蒙古及内属蒙古土默特。典属清吏司、柔远清吏司，分掌外蒙古、青海蒙古、西套蒙古及内属蒙古察哈尔。理刑清吏司，专掌外藩刑罚事项。又该五司之职权，如旗籍清吏司，掌理内蒙扎萨克之疆理、封爵、谱系、会盟、军旅、邮传等事项；王会清吏司，掌理颁禄及朝贡、宴飨、赍予等事项；典属清吏司，掌理外蒙邮驿、互市，及内外喇嘛等事项；柔远清吏司，掌理外蒙扎萨克、喇嘛禄廪、朝贡等事项；理刑清吏司，掌理蒙古一切司法事项。至理藩院所设之职员，即尚书一人，左右侍郎各一人，均满人，额外侍郎一人，为蒙人，以下设郎中、员外郎、主事等员，但均系满、蒙人，无汉人任职者，此理藩院组织之概略也。

其次，在蒙古各重要地方，派遣大员，常川驻扎，以负保卫地方、监督蒙古行政之责任。其所设蒙古各地驻防大员如次：

一、热河都统　驻扎热河，专治境内游牧蒙古。

二、察哈尔都统　驻扎张家口，治理察哈尔及其他游牧部属。

三、绥远城将军　驻扎绥远城，治理土默特内属各部旗。

四、库伦办事大臣　驻扎库伦，办理中俄交涉事宜。

五、定边左副将军　驻扎乌里雅苏台，统制外蒙古喀尔喀各部。

六、伊犁将军　驻扎新疆惠远城，掌理天山南北路之军政。

以上即为清代治蒙机关之概况也。民国成立后，北京政府治蒙政策，大都沿用清代旧策，所有王公世袭爵位及辖地概仍清制，不过加入蒙族与汉人平等及其他生计上之优遇待遇各条而已。至于治蒙机关，在民国元年裁撤里〔理〕藩部，设立蒙藏事务局，隶属国务院。三年又改称蒙藏院，直隶大总统，此中央治蒙机关更迭一斑也。至于驻扎蒙古各地节制蒙古行政之长官，概如左列所陈：

一、热河都统　驻热河，管辖卓索图盟、昭乌达盟。

二、绥远都统　驻绥远，管辖乌兰察布盟、伊克昭盟。

三、察哈尔都统　驻张家口，管辖锡林郭勒盟、察哈尔左右翼各四旗。

　　四、宁夏护军使　驻宁夏，管辖阿拉善、额济纳二旗。

　　五、宁海护军使　驻西宁，管辖青海各盟旗。

　　六、唐乌科镇抚使　驻库伦，管驻库伦所属喀尔喀之土谢图汗、东〔车〕臣汗，乌里雅苏营〔台〕所属喀尔喀之三音诺颜汗、扎萨克图汗，科布多所属杜尔伯特、扎哈沁、额鲁特、明阿特各部，及唐努乌梁海各部。

　　国民政府成立后，治蒙办法又有变更。在中央方面，裁撤蒙藏院，设置蒙藏委员会，直隶行政院，掌理关于蒙藏行政事务。对于治理蒙古各盟、部、旗之办法，详于二十年十月十二日国府公布之《蒙古盟部旗组织法》上面。兹摘要如次：

　　　一、蒙古各盟及各特别旗，直隶行政院。

　　　一、蒙古各盟及各〈特别〉旗，[特别]遇有关涉省之事件，应承商省政府办理。

　　　一、蒙古各旗，直隶现在所属之盟，遇有关涉县之事件，应与县政府商榷办理。

　　　一、蒙古地方所设之省县，遇有关涉监〔盟〕旗之事件，应与盟旗官署妥商办理。

　　　一、蒙古地方之军事、外交，及其他国家行政，均统一于国民政府。

　　此篇短短论文，系将蒙古行政组织及中央治蒙机关，作一简要之概述。但其中尚有一点应注意者，兹再在此论列，以作本文之结论。在清代及北京政府时，尚认蒙古为一外藩地方，故于中央设置统理蒙古政令之机关外，复在蒙古各要地，设置驻防大员，以资统辖。国民政府成立后，已将内蒙古所属之热河、察哈尔、绥远三地方改设行省，设置省政府主席及各厅厅长，从事抚驭，其不属于省县管辖之部分，亦视盟旗等于省县，俾其负担综理蒙古行政之责。故在中央仅设置蒙藏委员会，掌理调节整饬蒙古行政事项，无须另派大员驻搭〔扎〕蒙古各地从事控制也。

《亚洲文化》（月刊）

南京亚洲文化月刊社

1937 年复 2 卷 3、4—5、6 期合刊

（李红权　整理）

苏俄"赤化"外蒙与"蒙疆自治政府"①

梦蝶 撰

一 叙言

蒙古自辽、金崛起以来，势力日渐扩大，迄于元朝，势力尤强。忽必烈专政，奄有苏俄版图半部，及元朝败亡，俄王伊恒〔凡〕四世复兴，本国国土收复之后，蒙古毗连之地，亦渐被其吞食，封豕长蛇，得寸进尺，有清一代，屡起边境之争执，订约割地。民国以还，俄之"赤化"政策统制全俄，外蒙净土，于不知不觉之间，悉染赤毒，被其侵略剥蚀，为其联邦之附属，凡有血气，莫不痛恨赤苏之兽欲无餍，为人类和平之蠹。兹将其侵略事迹分述之于左。

二 清代俄国侵略外蒙之阴谋

清初俄国之侵略——十五世纪以来，俄国渐侵略西伯利亚，向东发展，《尼布楚条约》订后四年，中国许俄国商人每三年经由蒙

---

① 本文作者的敌伪立场十分明显，为保持资料原貌，照录原文，请读者明鉴。——整理者注

古至北京贸易一次，因此俄得与外蒙车臣汗部相接触。至康熙三十九年，圣祖征服准噶尔，外蒙之喀尔喀三部遂来归，俄由此要求划界，订立商约，圣祖不许，时俄亦有他项外交，即作罢论。至雍正五年，复遣使来北京，申前清〔请〕，世宗亦有认为划界的必要，遂派大员与俄使订约于恰克图，订约十一条，其第三条云："中俄两国所订边界在恰克〈图〉俄国之卡伦房屋，在鄂尔怀图山中国卡伦鄂博之中央地方，建立碑界，作为两国贸易地方，其间如横有山河，即断山河平分为界，阳面属中国，阴面属俄国。"其地重要者为贸易人数，仍照原定，不得过二百人，每间三年进京一次，疆界零星贸易，勿用收税。于划定交界之处。共立界碑八十七处。此次条约，在表面看来，似甚平等，我国以前人士，每以《尼布楚条约》与《恰克图条约》并论，然细度之，我国失利亦甚不资〔赀〕。考元之版图，北括贝加尔湖，为岭北中书省所辖之地，当时窝阔台封地，即在贝加尔湖以西。元朝瓦解，俄人势力遂扩张于此，初所谓外蒙者，大漠以北之蒙古地，此次条约，竟失此广大地方，而以恰克图为界，不能不谓之侵略。至勿庸纳税，遂为俄国后来在外蒙各地贸易概不纳税之借口，《恰克图条约》，实为俄国侵略蒙古之开端。

清中叶俄在蒙古的势力——《恰克图条约》订后，俄国侵略蒙古之野心益大。迨至鸦片战争，英法联军，俄亦垂手与战胜国享同等之权利，遂在外蒙方面，作更进一步之侵略。一面压迫清廷与之订立种种条约，在外蒙获得许多权利，一方利用喇嘛教徒，以收买外蒙之人心，卑辞厚币，市惠于活佛、王公，唆使其脱离清廷，以达其侵略的志愿。咸丰十年之《北京条约》，俄以调停人索惠，在外蒙古所得之利益，"俄国得于恰克图至北京往来贸易，且可于沿库伦、张家口等地贩卖零星货物，库伦设俄领事，由俄自费建筑领事馆署，及住房、堆栈、商店等所需之地皮，得由库伦办事大臣划拨，俄国之边境〔境〕官吏，得与中国边境官吏，直接办理边疆事务"。此约成后，库伦俄领事署，即于同治二年全部落成，遂在外蒙内地竖立下侵略大本营。俄国边境官吏与中国边境官吏办理交涉，看来不甚重要，但其实外人派赴边境之官吏，皆较一般官吏之智识、手段为高，而中国之疆吏，大半无能，以清廷外交之混沌，当即落俄人之圈套中，况无外交智识之官吏乎。光绪六年，《伊犁条约》规定，"如将来商务繁盛，俄将在科布多、伊〔乌〕里雅苏台设置领事，其领事署地、房舍、堆栈等所需之地，商由库伦办事大臣拨给，蒙古各盟旗均准俄人贸易，照旧约不纳税"。如此广大区域，而许外人无税通商，实世界所未有，而俄更在各通商地带，设立银行支店与俄国邮局，所有商权，悉操其手，俄在外蒙势力，已根深蒂固矣。光绪二十五年，英俄成立协约，英许俄不干涉其在长城以外建设铁路，以宰割我国之领土，俄之肆无忌惮，更无法制止。

　　清季俄对蒙古侵略的形势——先时《伊犁条约》，俄国在蒙古各地贸易不纳税，复规定每十年得酌改一次。在第一、二改约期间，中国未能顾及，宣统二年，为第三次改约时期，是时清廷亦醒悟所受损失之大，遂欲收回权利，与俄屡次交涉，屡与俄国交涉协定蒙、新之税率，而俄国不但不接受，反向清外部提出要求以相抗。其关于蒙古者，则有"蒙古及天山南北诸地方，俄国臣民，得自由移居，不受何等独占及禁止之妨害，且一切商品，皆须无税贸易，俄国得在科布多设立领事馆，俄人民在此地得购买土地建筑房屋"。其驻北京公使声明"所提各项（共六项）有一不允，俄国政府即不认中国有维持善邻之意，将取自由行动"。清廷与之往复交涉，毫不退让，清廷无法，遂悉承认之。当宣统三年七月间，俄国派兵入库伦，至十月后照会清外部，要求五款，流露协助外蒙独立之意。时清廷政治危殆，无暇交涉，果也不几日间，外蒙四盟，遂联合以独立闻矣。俄之侵略阴谋，至是愈显露骨，暴白于世。

三 民国以来苏俄"赤化"侵略外蒙之积极

民初时代俄侵外蒙之形势——迨民国成立，袁总统电外蒙哲佛，劝其取消独立，彼回电谓："……独立自主，系在清帝辞政以前，业经布告中外，起灭何能自由。必欲如此，请商之邻邦，杜绝异议。"所谓邻邦，即指俄而言，其受俄之操纵，于此可知。时时局粗定，我国遂有征蒙之议，俄人知外蒙军队不足恃，一经征讨，立即归中国之版图，遂一面阻挠我国出兵，数次照会抗议，谓我如出兵，俄国决不能漠视，以相恫吓，一面令外蒙政府，雇用俄国军事教官，以训练其军队，雇用期间，如有战事，俄教官有临前敌指挥各盟旗军队之权，又以快枪四万余支，大炮八尊，供给其用，又贷与二百万卢布充作军费，其条件则必须聘俄人为顾问，其顾问有管理支配外蒙财政之全权。外蒙之军事，既有准备，俄教官即率蒙军攻入科布多城，而俄国军队亦自西伯利亚占领唐努乌梁海。民国元年九月，俄派使至库伦，劝诱王公、喇嘛，订立《俄蒙协约》，其大要为：（一）俄国政府扶助蒙古现已成立之自治秩序，及蒙古编练军队，不准中国军队入蒙境，及以华人移殖蒙古之各种权利；（二）如蒙古政府以为须与中国或别国立约时，无论如何，其所订之新约，不经俄国之许可，不能违背或变更此约及专条内各条件。此约签订后，同日又订立《商务专条》，依此专条，俄人将在外蒙享有开设银行、建筑工厂、租地开垦、设立邮政，及输出输入各种贸易皆不纳税之特权。除此二约外，另订有密约，其最要者有：（一）外蒙境内之矿产，准俄人自由开采；（二）承认俄国在外蒙永远有铁路建筑权，库伦政府欲自行建筑铁路，须先经俄国承诺；（三）俄国自由架设自伊里〔尔〕库次克至乌里雅苏台电线之权。此数条约成立，外蒙之经济大权，完全操于俄人之手，外蒙名虽独立，实则俄之保护国。我国提出抗议，俄国答覆谓：中国如承认在外蒙不驻兵，不殖民，不派官，则中俄当另定条约，不然俄国只有维持《蒙俄协约》。俄虽不坚持外蒙之独立，而其已得之经济利益与政治之地位，决不能放弃，以巩固其在蒙之特殊势力。

民初中俄外蒙的交涉——我国出兵征蒙，为俄国所阻，与外蒙直接交涉，则彼又不接受，如再行延宕，恐外蒙问题，益将扩大，故不得不与俄交涉。历时一载，俄之态度，始终坚持其强硬政策，至民国二年十一月，我国外长孙宝琦，始与俄使订立《声明文件》五款，及附件四款，此约订后，俄国在外蒙所得之权利，我国始正式承认之，而我国与外蒙之一部，一变而为名不符实之宗主国与保护国之关系。俄国在政治上与我同等之地位，在经济上则独自垄断。外蒙自治官府，有权与外国政府订立工商事务之条约，然经济与政治，实难划分清楚，以外蒙之暗庸，焉能不为俄国所愚弄而随意操纵之，是以与其谓外蒙为中国之领域，勿宁谓为苏俄之被保护国更为切实也。

外蒙取消独立后俄国阻挠——外蒙既取消独立，改行自治，中国乃派陈箓为驻库第一任大员，其后陈毅继之，皆治理有方，蒙众悦服。中国欲增设唐努乌梁海佐理专员，照中俄条约之规定，已经外蒙自治官府同意，而俄国则阻止设立，盖唐努乌梁海之土地肥美，与俄国之交通又甚便利，俄早欲得之以为殖民地，故坚不返还。会俄革命，帝制推翻，白党谢米诺夫等退至西伯利亚，复受赤党之攻击，不能立足，拟联合布利雅特蒙古及外蒙古，成立蒙古帝国。屡威胁外蒙，外蒙王公、喇嘛，自觉前途危险，为图存计，遂不得不依赖中国，民国八年，乃清〔请〕撤消自治，归权中国，于是外蒙又为中国之完全领土。中国军队，乃联合外蒙古收回唐努乌梁海，然不意谢米诺夫部将恩琴等，又攻入库伦，中国军队，因无援败退，恩琴等再拥哲佛作第二次独立，中国在外蒙之经营，遂完全失败。

外蒙"赤化"政府成立之前后——恩琴既占库伦，复分兵四出，于十年三月，与蒙党合兵攻恰城蒙党，蒙党遂于此时，设立蒙古临时政府于恰克图，与恩琴相对立。是年七月，苏俄赤塔政府与恰克图蒙古国民政府联合，占领库伦，驱走恩琴，组织正式国民"赤化"政府，重要人员，皆由莫斯科任命，外交、参谋各处要员，悉由俄人充任，军队之编制，亦按照苏俄之制度。外蒙"赤化"，此时已形成具体化矣。

外蒙之"赤化"，不只限于政治、军事，即经济、文化，亦大受苏俄势力之支配。中国商人之产业，辄被充公，又取锁国主义，对外人之出入，限制綦严。外蒙出产货物，皆输入苏俄，此外唐努乌梁海，亦仿外蒙办法，成立共和国，与外蒙分离。苏俄之所以如此者，盖其与唐努乌梁海，较之外蒙尤接近，乌梁海物产之丰，亦不亚于外蒙，故欲使之成为苏维埃联邦之一，且又可分散外蒙之势力。苏俄处心积虑，可以〔谓〕昭然若揭，其志不只在囊括外蒙耳。

苏俄"赤化"外蒙之手段——苏俄政府自一九一七年成立以来，感国际之孤立，于民八、民九两次发表宣言，顾〔愿〕将帝俄时代在中国所取德〔得〕之权利，一概无条件归还，冀中国之承认。复派加拉罕来北京，与中国交涉，民国十三年成立《中俄协定》，其第五款规定："苏联政府承认外蒙为完全中华民国之一部分，及尊重该领土内中国之主权。苏联政府声明，一俟有关撤退苏联政府驻外蒙军队之问题（即撤〔撤〕兵期限，及彼此边界安宁办法）在本协定第二条所定会议中商定，即将苏联政府一切军队，由外蒙尽数撤〔撤〕退。"然约定事实，苏俄完全延岩〔宕〕，不肯实行，且怂恿外蒙军队西侵阿尔泰。其在外蒙之权利，有加无已，苏联外交部长齐齐额林在苏俄中央执行委员会有言曰："吾人承认蒙古共和国为中华民国之一部分，但同时以充分的程度承认蒙古共和国之自治权，使中国不得干涉中国之内政，使蒙古将完全执行独立的外交。"此等不讲信义之赤魔，其阴谋"赤化"与侵略政策，较帝俄尤有甚者。其行动之狡展，视条约如具文，据外蒙为己有，可痛心之至。

日本扶助蒙古排斥"赤化"的事实——苏俄"赤化"政策延及外蒙，行将延及中国及满洲各地，于是日本为防患未然计，联合列强出兵西伯利亚，笼括内外蒙古以充实其防共之实力，于民国七年同中国订立《中日陆军军事协定》，其第一、第四两款，皆有"日本军队得由库伦进至西伯利亚之协定"。近年以来，更鉴于苏俄赤焰日猖，遂在"满"边各地，积极准备，倘有不虞，一举可扑灭之。盖日本深知蒙古民众，皆反对"赤化"，其倾向者，不过为少数的过激分子，故虽在苏俄"赤化"威力之下，仍时起暴动，联合逃至内蒙各地。今日内蒙新政，逐步实施，将来使蒙民同出水火而登全蒙民于衽席，以消灭苏俄"赤化"毒势，故近在外蒙境内，时有反共反苏，心愿倾向日本的传单发现，高揭日蒙提携的事实。此种酝酿，虽在外蒙政府无情镇压之下，似有扩大形势，蒙民爆发反苏向日之期，指顾间事耳。

四　"蒙疆自治政府"成立之意义

"蒙疆政府"成立之过去与现在——"蒙疆政府"，在成立的初期，即去年十二月间成立联盟委员会之组织，其后即以蒙古联盟、察南、晋北三政府综核统制，担当产业、金融、交通、及其他政务之经营，在日"满"两友邦支持之下，相互紧密联系，克服诸多艰难困苦，现已从事建设工作，并已收得显著之成绩。兹为坚定防共亲日之阵容，强调蒙疆政权机构之独立，成为东亚联合机构中之重要分子，已渐入第二期建设阶段，逐步向上实施。据同盟社厚和三十一日电称："蒙古联盟自治政府，以蒙疆政权之栋梁，作防共之前卫，经十个月以来之第一期准备，今渐入第二期建设阶段，曩将正副主席决定，用谋强化对内外形势之阵容。自八月一日起，复将中央、地方之广泛行政机构，断行改革，以期积极的与建设工作相对应，而达到本来使命。"此次改革之要纲如下：

（一）将从来政务部之部制（总务、财务、保安）废止之，改为民政、财政、畜产、保安四部制，并新设总务厅，内含总务、人事、主计、企划、外交五处，作为一切行政之中轴。

（二）由蒙古运动功劳者、汉人代表、民间代表，组织政务委员会，作主要咨询机关而活用之。

（三）将地方之盟公署中，总务、民政、教育、财政四厅废止之，改设畜产、保安、民政三厅及官房。

（四）巴彦县归并厚和市，新设厚和特别市，以新政府之首都，谋其面目之一新。

（五）各县配置由纯蒙古人编成之保安队，专任确保治安军警责任，区分亦确定之。

"蒙疆政府"改革机构之特色——蒙疆政治，日新月异，其旧有之组织，已有显著之成效与事实，此次更进一步，效力之伟大，机构之健全，尤为吾人所预卜者。兹将其特色分述于下：

（一）与察南之铁，晋北之煤，同时关于蒙古特产之畜产，新由上级及下级官厅，设立畜产部门，在纵断的统制之下，以谋积极的利用开发。

（二）将企划统制之机能，集中于总务厅，在总务厅中心主义之下，以谋中央集权之确立，且使官房及执行两者分野，可以明确。

（三）谋中央及地方之行政机构纵断的统制，与横断的连系之紧密化，以开拓上意下达之途，并于所有之机构力，行彻底的简易化、能率化，以图政务之综合统制，与运用之敏活化。

（四）利用主席之咨询机关之政务委员会，缓和从前蒙人中心之非难，以谋管辖蒙汉三百万民众，和衷协力实现民族之协和。

如此组织，蒙疆实有莫大之发展，与无穷之希望，盖蒙古人民，过去与世界强大民族相比，足可并驾齐驱，无稍逊色，此次组织之完密，与机构之充实，更可运用自如，从心所欲，蒙民之福，亦反共同盟最大之臂助也。

"蒙疆自治政府"的使命——据同盟社厚和三十一日电："蒙古联盟自治政府声明，顾战后我蒙疆发展之迹，为众目所共瞻，惟运转机轴之行政机构，实须应有日新月新之情势，而为宛转万全者，政府夙本上述要望，锐意策划改革机构，此次改正，通上下各机关，甚为广泛，而此事对应此次蒙疆联合委员〈会〉之改组经过，且成为其现蒙古特异性之新政治动态也。回忆自满洲事变以至芦沟事件勃发以来，第三国际，用尽种种伎俩，诱惑蒙民，抨击友邦，近来阴谋揭穿，无稽之宣传，不待声辩而烟消雾散，此固友邦之信义与威力所感，要亦蒙疆政府之努力，与夫天人合一之所致耳。"

五 结论

吾人综合苏俄对蒙古之一切活动，从事观察，俄之处心积虑，必欲置数千百万蒙古民众，悉为"赤化"之奴隶，数千百万方里蒙古七地，画归赤魔肘腋之势力。外蒙何辜，廿余年来，被受赤魔之凌夷，勿妄之剥蚀，顾后瞻前，不寒而栗。"蒙疆政府"成立，既已蒂固根深，诸般建设事业，着着进行，光华灿烂，一日千里。闻外蒙民众，不堪赤苏之虐待，时起暴动，将来羽翼丰满，不难联为一体，以起而反共反俄，一致内附，而共跻于人类和平，以达于至善之途。则"蒙疆政府"建设责任之完成，尤不止限于察南、晋北数区，来日光明，正未有艾。大业丕振，此不过初步发展之鸿图也。

《新青年》（月刊）

天津新青年社

1938 年 2 期

（李红权　整理）

今日的外蒙

外蒙古通讯

钢　撰

外蒙古的骑兵，在中原大陆上，一向是有名的轻骑健儿，是勇敢善〈战〉驰驱在万里平原中的娇子。

外蒙古的地域面积等于东四省的宽广，人口是有八十万。但是外蒙古的骑兵，每个人都具有哥萨克骑兵一般的强壮，最近十几年来在苏联赤军影响之下，经过充分的政治训练，现代军事骑马技术的训练，现代战术常识的训练与现代武器的配备，已经是锻炼成无坚不摧的铁骑兵了。记者曾参加过外蒙的骑兵检阅，看见外蒙古骑兵手提自动步枪，骑在蒙古马背上，飞跃过两丈阔的防御工事，这种神勇的技术，是值得夸耀于世界的。最近五六年来，外蒙古的军备有更大的扩展，机械化的部队和坦克车、飞机方面的补充，有大量的增加，所以日本帝国主义的企图对外蒙和苏联作战，不仅怕苏联的赤卫军，也许是最怕外蒙古的骑兵，因为外蒙古人是游牧为生的，所以外蒙古骑兵作战时有他特殊的优点。一，地域熟识。二，因为他们从小生在马背上，骑术从小就养成，所以骑术快。三，射击准，能在两里外飞马射中敌人。四，给养简单，他们带一只羊腿在身边，可以两三天不须下马背来找饮食。五，勇敢好战的强悍性格，仍保存成吉思汗时代的雄风。所以在八百年以前，成吉思汗时代铁木真、忽必烈，统带游牧几十万大军到东欧，俘虏俄罗斯皇帝，到东普鲁士、希腊，当时欧洲人曾敬畏为"黄祸"。现在，外蒙古在全面抗战的感召下，我们相信，英勇的外蒙古战儿，一定会给予残暴的日寇以意外致命的严重打击。

倘使上面所说的成为事实，这可以具体地表示出苏联和外蒙的互助关系，并无侵略的行为，同时也可以显现苏联对中华民族解放所给予的伟大热情，同时更可以给我们政府当局，对内民族互助提携责任上，以重新考虑转变政策的警惕。这就是要国内民族一律平等原则下，互相提携，求解放求生存。

外蒙古民族的优点，还值得提出的，就是在自治以后，在苏联互助下，把外蒙古的贵族、喇嘛通通打倒了。同时普及教育（蒙古文）、广设工场、开辟交通、铁道、公路、电讯，一切都已经显出新兴的气象。尤其是在日本帝国主义积极地进行其野心大陆政策之下，外蒙古能够自己振作起来，自己强固地防卫着，日本帝国主义关东军萎靡不振的部队，是绝不能越过外蒙古领土一寸的。

外蒙古的妇女，都参加军事、生产各部门里去了。在外蒙古的学校、工场里，都有外蒙古妇女参加，同时有大批的外蒙古青年男女，到莫斯科去留学。到处都可以听到外蒙古青年男女勇敢健壮的歌声。

在外蒙古五分之一的沙漠地带外，其他多是森林、草原、矿产和湖泊，天气也不十分冷，过去在满清愚民政策之下，曾用喇嘛来麻醉蒙古人的民族意识，消灭蒙古人口，所以把整个优秀的蒙古民族，减少了十分之九，假使不是外蒙古的很早觉悟，那么用不了百年，蒙古民族就可灭绝于世界之上了。我们希望全民族抗战以后，中央应以革命的三民主义的精神，在平等互助的原则下，去帮助蒙古民族的复兴，增进东亚民族的团结和真正的和平。

《闽政与公余非常时期合刊》（旬刊）

福建省政府秘书处公报室

1938 年 18 期

（丁冉　整理）

由外蒙出兵问题说起

石其　撰

前不久因为中共要人陈绍禹（王明）先生发表了一段谈话，说"外蒙出兵问题，实际上就是苏联出兵问题"的言论，说明外蒙不能出兵的理由，把外蒙与本国的关系脱离出来而认为它是苏联的一个支部，于是引起了几个刊物对"外蒙出兵问题"的争辩。这事件，现在来说，也许是明日黄花，可是却值得我们严重的注意。

中国这次的抗战，正如陶希圣先生在《国际的又一幻想》里所说："中国并不是不为国际和平而战。中国所以为国际和平而战，是因为国际和平是中国民族生存的条件，中国之战，到底是为了中国民族的生存。"外蒙是中国的一部，不论在事实上，在理论上，它□有为整个"中国民族的生存"而出兵抗战的义务，尽管苏联□来在实际上之□支配着外蒙的政治，而出兵的义务却是无法旁贷的。因此"外蒙出兵问题，实际上就是苏联出兵问题"的评论，不仅在理论上不能担负□个责任，在事实上也不是外蒙血性青年所愿意承受的。

由是□□□□□□□，事实上不只是对目前政治认识不清的问题，而是主观上对政治认识的错误。

日帝国主义的代言人室伏高信氏在他的《大英帝国打倒论》里，他有这么一段话：

"……自然，我们和德、意缔结了防共协定；为了防卫日本共产主义的危险，我们当然没有异议。……但是就此宣传日苏战争不可避免，那却是错误的，危险的。……日本□□德、意的手自然好，□着苏联的也同样的好。……"

这是日帝国主义者的自供，这可证明敌人□次对我们的侵略，丝毫没有"进攻苏联"的准备，其目的只在灭亡中国。

在"民族利益高于一切"的口号下，我们为着客观环境的需要，本来已经走上统一抗战之路了，但是，许多人明知道这次"中国之战，到底是为了中国民族的生存"，而他们在主观上却始终迷信着"日本进攻苏联论"，他们始终认定"日本进占华北□要进攻苏联"；因此，他们硬把□为着"中国民族的生存"的抗战，认着是为"保卫苏联东境的安全"，而把外蒙为中国生存而出兵的目的的问题，认为是为保卫苏联而出兵的被动的问题，这之间，□□□当然不可以这里□□因此，□□"□□□□问题，实际上就是苏联出兵问题"的□论的出现。

这是极端错误的言论，这在事实上不啻是直接否认我们对外蒙的主权，并且□连他自己也不啻否认了他的中国国籍。

但是为什么外蒙始终到现在仍然没有出兵呢？

外蒙不立即出兵的原因，还不是陈绍禹先生所说的："外蒙人口共只八十万，并且每□人还有一个喇嘛，□□军兵只三四万人，就是每十个人中抽一个，也只有七八万军队，没有余力来帮助中国。"这当中是具有一个较复杂而困难〔难以〕解决的问题在。

记得去年《大公报》的社评里，□有一篇讨论中国边疆问题的文章上说："□中国尚在□起东亚之时代，汉族为唯一强大与进步之民族，无更进步更强大之民族在边疆民族之外，边疆民族无被人教育、挑拨、鼓动之机会，则传统的边疆政策，□尚可苟存一时。今则边疆四面，强□□□，思想传播。□□□□，□更有因缘利用，□□□□者，不谋□□强，其更何以应付时代需要？"
□是千真万确的一个严重问题。而这问题之所以严重，其原因乃
是面对"帝国主义是全世界各种民族□□□的最主要的□□和基
本的来源。他压迫摧残中国人，蒙古人，回、藏人等。它抓住封
建压迫和思想剥蚀的方式，并拥护那些方式来奴役、摧残和分裂
汉人和非汉人的民族"（见《中国民族问题解决的途径》）。因
此，我们由新疆、西藏等省之未作积极的抗敌救国的动员，就不
难知道外蒙之所以未能立即出兵的原因了，何况外蒙所处的环境，
较新疆、西藏等省更为不同呢！

　　中国对于国内各民族的态度，自来抱的是"大汉族主义"，不
是以武力压服而强迫其同化，就是以羁縻的方□稳定其心，置之
不闻不问；而对于本民族（汉族）的人民，根本不曾作过同化异
族的"文化教育"过。历年来的所谓"治边"问题，其一贯手法，
不是用"其始用獞以制猺，及獞势大而难驯，又用狼〔猺〕以制
獞"的方式，就是"用高官厚禄收买其有力分子，割地封王，使
他们各不相顾"，然后用"宗教的麻醉性来解〔改〕变他们好勇善
战的本质"。政府既无具体的实际的方法来处理和教育这许多落后
的贫瘠顽强的民族，而人民复处处以歧视的眼光来对待他们，"于
是国内诸民族因以有杌隉不安之象，遂使少数民族疑国民党之主
张亦非诚意"（见《第一次全国代表大会宣言》），使他们对中国
政治核心组织的国民党尚发生"非诚意"的怀疑，他们还会为祖
国效忠吗？

　　这是一个非常基本的问题，这就是给帝国主义者以"摧残和
分裂汉人和非汉人的民族"的机会。我们看：在民族生死存亡的
今天，边疆各民族还是那么平常地视若罔闻，痛定思痛，我们实
不能不承认过去和现在民族政策的失败。

　　外蒙的依附问题，自辛亥革命以来就是若即若离的，民国十年

"蒙古共和国"成立，这关系是更疏淡了。中央虽□设有"蒙藏委员会"，处理蒙藏事务，而且在包头还设有"中央政治［军］分校"，以教育蒙古青年，可是苏联十数年的苦心经营，早已使外蒙"赤化"。所谓"蒙古共和国"，是由亲俄领袖土木巴托尔创立的人民革命党所组成的，他们直接受第三国际的指挥，而形成一个"赤化"的独立国。但是，在另一方面，蒙古和中国内部的民族因缘关系，始终还是维系着，一部分蒙古青年□□□□远道跋涉，至绥远一带来学习汉文。

　　□强邻环绕的处境中，外蒙之必然倾向于莫斯科，这是毫无疑义的；根本蒙人对汉族，主观上的印象就不怎样好，何况还直接受着别人的"教育、挑拨、鼓动"呢？帝国主义者没一个不是以侵略为能事的，根本帝国主义的本身，就是一个政治侵略的机构。因此，外蒙到今天，我们不能直起眼睛自哄自，硬说它仍然是□对接受中央政府的号令，没有丝毫变□；但是，倘若我们就因此而把它一刀割去，硬把它活生生的脱离母体——中国，这却是极端错误。外蒙到今天，无论在事实上，在理论上，它仍然和这母体有着经济的和政治的密切关系。我们所责备的是政府年费数十百万的金钱，而成绩丝毫没有，把几千年来的"制夷"政策，到现在仍然一贯施行，坐使自己的民族和土地被人割去。

　　在帝国主义疯狂的咬噬着人类血管的今天，一切殖民地和半殖民地的民族，不论它是受着赤色的和白色的帝国主义的压迫，事实上都是一天天逼近死亡线上；因此，它们都是被压迫的民族，都可能在推翻帝国主义的束缚的共同斗争下联系起来，结成巩固的革命阵线。帝国主义想以"挑拨、鼓动"的手段来分裂我们的民族，来冲破这个有决定国际意义的东方的革命阵线，以实现其并吞主义的政策，因而不惜以种种的卑劣手段来割裂我们，破坏我们。老实说，中国这次的抗战，虽则在"人道"上说，这是侵略者的兽行，但中日战争的结果，不论谁胜谁负，都必然是"一死一伤"。这，在帝国主义者的眼中看来，正是他们所盼望的，这样可以代替他自己消灭了一个和两个敌人；同时，极消〔消极〕地也就是替他增强了对世界控制的力量。所以目前的问题，是我们怎样改善过去错误的"大汉族主义"的民族政策，而与在帝国主义拥抱里的"非汉人民族"重新建立起密切的关系来，使他们能真正觉悟到一切帝国主义的狼心与万恶，而接受本党的指挥，共同建立真正的三民主义共和国。

退一步说，总理的民族主义，是要我们"扶助世界弱小民族，共同奋斗"，我们就把我们边疆的各民族当着广泛的东方弱小民族看罢，在今日的情形下，如果我们不能扶助弱小民族，把他们由帝国主义、资产阶级的生产后备军变作民族解放运动的主力军，我们也就不能战胜强暴的帝国主义。因此，动员边疆各民族以争取中国的独立生存和民族的解放，都是目前我们神圣的任务，也就是争取最后胜利的基本条件。

所以对于外蒙不出兵的问题，我们不要很平常的来看它，自然，倘若我们扩大到"外蒙出兵问题还是苏联出兵问题"的这种"忘记祖国"的理论上去看，当然是极端错误。我们今天悚然于敌人飞机大炮的狠毒，然而身受敌人直接摧残的蒙古民族，犹不能挥戈杀敌，则其他藏人、回人、苗人当然也不会起来杀敌了，这在我们抗战的阵营中，是一个怎么大的损失！

我们对于今后的民族政策，没有怎么具体的意见，但总理的民族主义，首先是要求国内各民族一律平等，这是一个基本原则；同时施行三民主义的文化政策，使四万万五千万人均深切的信仰三民主义，接受党的指挥，以粉碎赤白帝国主义"挑拨、鼓动"的阴谋，这是第二原则；再则强化他们的民族意识，迅速的深入和扩大在把他们组织起来，以拯救祖国的危亡，这是第三原则。

同时我们也希望蒙、藏各族的青年注意：一切危害祖国的思想和行动，都是直接间接毁灭了自己；只有祖国的独立存在，自身才能独立存在。因此，无论现在受着任何有力者的羁绊和压迫，而为祖国而奋斗的义务是最神圣的，尤其是外蒙的青年，在强邻逼境的今天，祖国的危亡与自身有最密切的关系，尤不能努力挣脱一切所谓条约的束缚，迅速出兵抗战，截断敌人的后路，以解目前华中之危。

最后我节录盛岳先生的一段文章在下面，以盼望外蒙青年及一般盲从者的觉悟：

> 非汉人民族的民族运动中之任何运动，与帝国主义者的勾结或对帝国主义者取"中立"态度，都无异是参加帝国主义图谋镇压中国革命的斗争。牺牲这个解放运动，去与帝国主义者谋妥协，既带有反革命的性质，又带有反民族的性质。因此，非汉人民族谋自己民族解放的真正革命斗争，只有在不调和的和彻底的反对帝国主义的基础上，只有在与中国国民革命及民族复兴运动亲密的联合的基础上，才有可能。

二七，三，十四

《抗敌》（周刊）
贵州全省抗敌后援会
1938 年 26 期
（朱宪　整理）

告敌人铁蹄下的蒙古同胞

蒙藏委员会　撰

自从全面抗战发动以后，我们国家在抗战目标下，产生出两个新的力量，第一是我们多年希望不得的全国统一团结的局面，第二是我们从来仅见的全国民众无论男女老幼的抗敌意志；凭着这两种力量，给侵略我们的敌人，一个空前严重的打击。不过在这抗战过程开始的时候，处在国防前线的一部分的蒙古同胞，因在敌人铁蹄下面，不无使我们伤心和疑虑；自然有的受了敌人的欺骗压迫，不得已而为敌人驱使；可是也有对国家大势和民族生存认识不清，徒遂自己私欲，甘心引狼入室，来危害自己生命所寄托的国家。我们不忍心自己的同胞睁起眼睛跳火坑，所以不得不作最后的忠告。

我们这广大富庶的国家，是我们汉、满、蒙、回、藏整个民族共有的基业，我们要永远的保持着这个伟大的基业，我们才能维系得了我们整个民族生命。现在敌人非法的、无理的要掠夺我们的基业，也就是要索取我们民族的生命；而首先受其侵害，被其掠夺摧残的，就是蒙古同胞，我们汉、满、蒙、回、藏人民，尤其是处于前敌的蒙古人民，若不合力来保卫我们的基业，我们民族无论哪一部分都没有幸存的可能，因为中华民族，是汉、满、蒙、回、藏经过数千年演化而成的大民族，虽然形式上有汉、满、蒙、回、藏的分别，实际上我们国内各族，在长期的自由平等、相安互助之状态下，早已混合成整个的民族体系，换一句话说，我们民族生命早已联系在一起了，如果哪一部分要想做拍卖民族利益的勾当，就是我们整个民族的罪人。

敌人垂涎我们的国家，并从强占满蒙入手，是数十年的处心积虑，他之所以不敢大胆的下手，纯全是畏怯我们全民族的团结，因为我全民族的团结，是会产生出强大的力量；所以敌人要覆灭我们的国家，首先要摧毁我们这个力量，要摧毁我们这个力量，必需要打碎我们民族的团结，要打碎我们民族的团结，必需要分化我们的蒙古同胞，所以敌人这几年来对我们东北同胞的威胁利诱，对我们蒙古同胞的挑拨离间，对我们华北同胞的鼓动煽惑，这都是分化政策的具体表现。我们这次全面抗战揭开，敌人首先把我们东北同胞和蒙古同胞赶到前线来替死，用我们同胞的生命和血肉，来作他侵略的先锋，这就是敌人用我们的同胞来亡我们自己的国家，最毒辣的"以华制华"的妙计。现在的朝鲜和台湾，也就是从前上了敌人分化政策的大当，把民族自由陷于绝境，永远的度着最惨痛的亡国奴的生活，我们在敌人铁蹄下的蒙古同胞，要认清敌人亡我们的毒计，万不可自启分裂，走到民族自杀的绝路，"中国人不打中国人"的宝贝口号我们应当熟记于心，不忘诸口。

我们全民族的解放，就在这次抗战开始，我们全国同胞已下了粉碎敌人的决心，有敌无我，有我无敌，不到胜利时候决不会中止我们的抗战。现在的小胜小败，都与抗战前途无关；我们是拿我们很丰富的抗战资源，和很宝贵的精神动员，与敌人永远的永远的周旋下去。一定使弹丸之地的敌国，人尽物尽，陷于总崩溃的地步，这就是我们民族真正的胜利，并且这种胜利，从各方面来估计，都有十二万分的把握。我们在铁蹄下的蒙古同胞们，要彻底认识我们抗战意义和抗战结果，才不会中敌人的奸计，才不会为敌人来杀自己的同胞，掘自己的坟墓，错流了鲜血，这里我们尤其希望敌人铁蹄下的蒙古同胞，快快觉悟，痛下决心，一致联合起来，参加我们自己保卫民族的神圣抗战，你们的枪口要向着希望灭亡我们整个民族的真正敌人——日本帝国主义。

最后我们还要郑重告诉我们蒙古同胞的，就是敌人为欲打碎我们的团结，分化我们抗战的力量，他随时随地都在制造谣言，不说"中国已经赤化"，就说"要步外蒙后尘取消蒙古王公阶级"，不说"中国已经没有抗战力量"，就说"皇军威力如何强大"等等欺人的反宣传，我们偶一不慎就会中他们的诡计。这些反宣传，我们用不着辩护，早有事实的证明，自从国民政府成立以来，对边疆的政策，没有一件不是依据总理的平等遗教，于维持边疆固有政教制度之中，更寓扶植改进之意，不仅蒙古，甚至所有边疆人民——上至王公下至百姓——都积极在谋幸福的增进。不过在军事时期，有些蒙古地方与战区接近，因为大军出入，于地方或者稍有不安，这都是暂时的现象，不易避免的事实，决不是政府对边民的漠视，如果没有倭至〔寇〕来侵略，又何至随地调动大兵，可见仍然是日本帝国主寇〔义〕给我们边民的痛苦！这是希望蒙古同胞要特别注意的。至于敌人宣传中国与苏俄友善，硬说中国是"赤化"，硬说要打倒王公，这是根本不置一谈的笑话。一个国家在平时或战时，都有他的友国，这完全是外交问题，"赤化"不"赤化"是内政问题，世界上与苏联友善的国家很多，不仅是我们中国；可是我们也从没有见过与苏联友善的任何一个国家是"赤化"的，就是倭国，又何尝与苏联断绝外交往来关系呢？由此就可知道敌人的反宣传毫无足信，所以我们在最后提醒蒙古同胞，

随时随地的都要留意敌人反的宣传！

《蒙藏旬刊》
中央宣传委员会蒙藏旬刊社
1938 年 153 期
（李红菊　整理）

内蒙与外蒙

作者不详

抗战军兴以来，蒙古同胞因日本攻下绥远，进逼宁夏，威胁外蒙而愈加重要了，写这篇文字的是一位美国人，他把内外蒙古的历史沿革、现今动态作了一番很详尽的分析，文中既不偏袒，也不带成见，我们固然不能相信作者所叙述的事实是一无错误的，但是他却供给我们许多可供参考的资料，譬如说，军阀时代边疆督办怎样和蒙古王公狼狈为奸，外蒙怎样会宣布独立，德王怎样会做日本的爪牙，我们鉴诸既往，筹备对策，也不无裨益吧。至于把蒙古和中国视作同位的名辞，是一班西洋人的积习，我们不及一一更正。还有原文是预备给美国人看的，当中有许多史实，例如满族入主中原，拓展疆土，在我们看来只感"多余"，译文就节略或删去了，一并声明。

日本方面的官传，常常利用"赤化危机"作资料，他们把外蒙视作苏联御用的傀儡，这种议论不加细察，往往足以隐蔽事实。军阀们向大陆进攻的时候，便找着了借口，"满洲蒙古"是中国最讨厌而最无法纪的地方，假使日本在那里树立法纪维持秩序，则布尔塞维克将扰乱整个亚细亚。

可是现在的中日战争却快要把一切真伪化验出来了，侵略的洪涛，卷偏〔遍〕了整个内蒙而震动于外蒙的边境，外蒙和伪满是不是将以兵戎相见呢，倘若战争爆发的话，他们究竟又为何而战呢？

"满洲国"的地位很显然，毫无疑义，那里被压制的人口，绝大多数是中国人，他们一直希望中国人，宣布独立，不过是日本人的玩意吧〔罢〕了。现今政府机关里还充满了日籍顾问，十五万日本大军，驻屯在满洲境内，此外还有伪满军（日本军官不能十足的控制他们，只好在内中渗杂了许多额外军官，甚至有许多日籍兵士），事虽如此，结果义勇军依照〔旧〕风起云涌，他们经常的破坏铁道，袭击驻军，往来往去，连"无匪区"，也有他们踪迹了。

重要的工商业，都被日本人操持，而使由中国人出名的事业，也直接间接归日本人管理。学校里强迫教授日文，他们新编了一套亲日的教科书，把许多捏造的事实，硬生生的打进孩子们的脑袋里面去。

不错，满洲境内还有少许的蒙古人，东部还有些高丽人，足为日本人任意曲解的好资料，但是他们却忘记了，这些人数还少得不够成为政治圈内的一环呢，满人实际却已不复存在了。

外蒙共和国——我们再看外蒙吧，十八世纪以来，中国几家大商行开始在外蒙活动，起先还不过给王公们一点利润，请他们保护吧〔罢〕了，后来就大权在握，有治理全蒙之势。一九一○〔一〕年，外蒙发生一次脱离清国运动，那时候还不足成为政治问题，因为"革命"的本意不过王公、喇嘛一面想取得经商权、和征税权，一面想抵赖中国人的债务，他们只知道本身利害，而不知道甚么叫做"政治观念"。

一年以后中华民国新政府成立，帝俄势力侵入外蒙，直到俄国发生革命，中国由安福系当权，小徐（徐树铮）再度攻入。但是参与远征的人都只会替自己打算，他们恢复了以往的商业和高利贷，把从前的旧账，也都一一追认了。

从一九一九年、一九二四年，中国军队首先开入，日本帝国主义也极度活跃，随后又遭到史丹堡和谢米诺夫的白俄军的荼毒，外蒙人民极度惊恐，他们只好打定主义封锁东南边境，而向他们视为比较安全的一面，越过西伯利亚和苏俄交涉，这里我们看到苏联对付外蒙和日本对付满洲的区别。红军开入蒙境以后，他们并不企谋扩充领土，而只在巩固边围，他们帮助蒙古领袖，替蒙古人打算，把日本和一切势力都驱逐殆尽了。

外蒙政府发展的速率，确是相当可观，虽说政府里面有部分高级人员，仍然不忘中国，但是他们一切的图谋都失败了，人民都觉悟到他们要有自己的政府才能够好好的管理自己，要是允许中国的商业（幕后都是中国军阀撑持着）回来，再让他们和王公、喇嘛互相利用，那么一切都完了。一九二四年，外蒙是能独立自卫了，如是最后一批俄国军队也就撤退回国去了。

日本正在榨取满洲的富源，矿产、农业、工业和铁道，苏俄却帮助外蒙民族自己开发了自国的富源，他帮助外蒙自卫，给他训练军队，直到现在，外蒙并不要接受外国司令的指挥，很可以用他们自己的坦克、飞机、重炮，保卫他们的国土了。

内蒙情况——内蒙情况，却非三言两语所可说完，因为分劈内外蒙古的戈壁沙漠，并非完全不毛之地，有时候这里一块沙砾，那里又一片草原，所以内外的界线，并非显明的一道痕线，不过这宽度无定的栏棚〔栅〕，多少也作了一点用，它使南方的游牧民族，不致北上迁居，北人也不便南下牧马了。

内蒙的面积要比外蒙小得多，这地方是介于长城、戈壁间最富裕之区，可是这里的农业，并不采用中国内地的"固定式"，而形成一种特殊的"征逐式"。

中国人越过长城北来，蒙古人渡过瀚海南来，一块土地给他们轮流耕种，他们也时聚时分，弄来弄去，中国人变成半游牧民族，蒙古人也形成准农业民族。但是自从有了铁道以后，情形就完全废〔变〕了，中国的屯垦者有了交通线，把他们和内地弄成一脉相通，他们不再感到孤独，同时内蒙的米谷也源源由火车运到内地去，这当然要比骆驼驮着爬过大沙漠方便得多，于是几年来，中国政府把宁夏、绥远、察哈尔划为新省区，而内蒙东部，也置放在辽、吉、黑、热几个省份里面去了。不幸这些铁路为省长、军阀所操持，他们弄到了"边疆督办"或是"屯垦主任"的名义，说是开发边区，而把大块沃土"开发"成了自己的私产，其余给人家"价接如业"。为了利用王公和喇嘛做买卖的中介，他们反把这些家伙的势力弄得澎涨起来，中国是一个民主国家，可是这些军阀不但不能够行民治，却只知道作威作福，以吞并蒙古人的地产为能事，这不仅害了蒙古人，也害了中国人。一班王公更假借权势，强买强卖，困民以自利，这就是内蒙民族给日本煽动，酿成变乱的主因。至于屯垦者呢，多半是内地受过洪水为患的灾民，被用低价辗转买来，他们的生活没有保障，不过祈望地主宽仁，聊以过活。

现在——内蒙问题，就完全因为政治不良，汉蒙互仇，被日本利用而酿成，除了民族成见而外，一班蒙古人和中国人都相约而同的深恨邻边的王公、僧侣、军长和知事，在这班人手里，他们成了随意典卖的活宝贝。日本人的政策却相当巧，他们设法使中国地方当局和蒙古民族划了一条愈深愈好的鸿沟，同时谨防他们联络一气，反抗日本。这里我们可以看出德王之所以被推戴为内蒙领袖，他之所以企图和中国当局谈判，而终于和傅作义闹翻，归附日本的原因，同时我们也知道，需要德王能够重新拿稳他的立场，献身抗日运动，仍不失为民众拥护的领袖，否则他如果对日本人愈恭顺，也只有失败得愈惨痛了。

一九三三年，日本攻下了热河，简直还未遇到丝毫抵抗，事前日本军人给了蒙古民众一张支票——他们当尽力保护蒙民，替内蒙民众解除压迫，对那些王公大人呢，他们又答应依旧保全特权阶级的威权。蒙古人首则怀疑，继于默契，终则把抵御外侮的机会错过了，于是德王他们鉴于内蒙东部的沦亡，完全由于各人顾全私利，不能团结，他们今后一举一动，必须把眼光放宽大，着重整个民族的利害，怎样替整个民族通盘打算呢，只有和中国当局协调。

但是蒙古当局也知道，中国官儿们爱讲国家利益的固多，事实上却无时不在成全自己的利益，他们当然不敢把一切都付托中国人，一方面和中国谈判的时候，仍然留下和日本磋商之余地，他们又相信日本必定会假道外蒙进攻苏联，所以还希望日本允许他们内外蒙联合起来，建立一个自治的蒙古联邦，所以提出内蒙，因为他们曾作如是的估计，外蒙政府被极端派所操纵，民众诟病，假使日军兵临城下，外蒙的群众，也许会起来反抗他们的政府。

在这种矛盾的情况之下，德王的僚属也就分做两派，互相角逐。绥远当局虽然在一九三六年发动一次对日抗战，但是并没有把蒙古民众武装起来，作为中国的联军，傅作义幕下的蒙古僚属都是一班落后的王公，他们简直以为内蒙的事，就仅仅是"中日两个帝国主义在抢殖民地"，内蒙的力量太单薄了，中国既不能加以援助，外蒙又太看重他们的国防线，不肯改守为攻，移师出击，德王虽不愿意服侍日本人，但是……

汉蒙联合起来——表面上看来，现在再替德王他们一班人着想，或许是太迟了，不过现今蒙古问题，却仍在逐渐谋解决，日本最近的侵略，使中国和蒙古觉悟到再没有谁是主人，谁是附属，今后他们只有平等互助，团结一致，才是办法，绥〔绥〕远的俄达斯民族，宁夏的阿拉善民族，都快要联合起来，发动整个蒙古民族运动，这时候我们可以看到那些王公、活佛谁会随着大众的利益走，谁会投降日本，做日本军阀御用的柯察克或是谢米诺了（谢米诺夫有一半血统是布累特蒙古人的）。

至于说到外蒙的"主权"问题，从前老被研究法律的人，当作一个难题的，现在也迎刃而解了，苏联政府对付"外蒙共和国"的时候，把外蒙视作一个独立的国家，可是和中国说话的时候，又表示愿意尊重中国的主权，这种态度当然与日本袒"满洲国"有绝大的分别，日本把"满洲国"的命运抓在手里，不仅声言它的独立，又强迫中国承认，苏联却把外蒙让给与外蒙有关的人——中国和蒙古去解决，中国认为如〔拥〕有统治外蒙的主权，蒙古认为它自身独立的，苏联不说哪一方面对，她不过以中国人的主张对付中国，以外蒙的主张对付外蒙。

总而言之，中国已经发觉她不能再和日本以帝国主义的姿态在蒙古竞争了，同时现在也没有甚么障碍足以阻止汉蒙的调协，尤其是一致对付日本的时候，中国和蒙古在经济立场上虽有不同，但是他们的利害却是相辅助的，而决不是相冲突的。

《蒙藏旬刊》
中央宣传委员会蒙藏旬刊社
1938 年 153、154 期
（李红菊　整理）

光荣的伊克昭盟

奋生　撰

伊克昭盟是内蒙古最西的一盟，位居绥远的西部，是绥远省蒙古地方自治政务委员会的所在地。内蒙包有六盟四特别旗，哲里木盟及伊克明安特别旗在东三省境内，九一八随东三省而沦陷；昭乌达盟、卓索图盟，在热河境内，与继东三省而沦陷之热河以俱亡；锡林果勒盟在察哈尔境内，乌兰察布盟、伊克昭盟及土默特特别旗在绥远境内。自从七七卢沟桥事变，察、绥相继失守后，乌兰察布盟及锡林果勒盟，为德王以下之魑魅魍魉所盘踞，作敌人之鹰犬，背叛祖国，在绥远成立之伪联盟自治政府，都是这般社鼠城狐的作祟献丑！

沙王（沙克都尔扎布）是伊克昭盟的盟长，又是绥境蒙政会的委员长，又是蒙古英雄成吉思汗陵寝的守陵官（吉农），他是一位忠国爱蒙而具有隆重德望的内蒙领袖，伊盟虽是受了敌人的严重威胁，然而他坚决的在最高领袖领导之下，领导着蒙民与敌人抗战，所以伊盟至今还在我军的控制中，敌人不能阔步踏进，敌人因之于其他各盟的煽惑利诱威胁手段，到了伊盟，就成了黔驴技穷。据中央社九日电讯：敌机三架，二日飞伊盟轰炸，投弹十余枚，均落公尼召及察汉召（召即是庙宇）地方，炸死喇嘛三人，房屋被毁颇多。这是敌人的老羞成怒，对于伊盟当局决心抗战的恫吓与泄愤！

　　成吉思汗陵寝所在地之伊克昭盟，今日已成为我大西北抗敌之国防第一线，亦是甘、宁、青之外卫。伊盟当局的决心抗战，拥护领袖，效忠祖国，正是发挥着成吉思汗的英武精神，践行着成吉思汗征倭未遂的遗志，表示着千百万蒙古同胞的一致内向和抗战心理，所以伊克昭盟虽遭受着敌人的残酷轰炸，在神圣抗战的意义上说，这正是伊克昭盟的光荣，也是全体蒙古同胞的光荣！

　　一些受了敌人愚弄的蒙人，应当赶紧觉悟，与伊盟的蒙胞连合起来共同抗日，沦陷各盟的蒙古官吏，应当以伊克昭盟的官吏为榜样，回头杀敌，无辱祖宗，报效国家，使伊克昭明〔盟〕的光荣，扩大为内蒙各盟的光荣，将来在中华民国的抗战史上，放出一页光荣的异彩，这才不愧为成吉思汗的子孙。

《蒙藏旬刊》

中央宣传委员会蒙藏旬刊社

1938 年 156—158 期合刊

（朱宪　整理）

欢迎蒙疆代表来朝①

《大阪每日新闻》十月十九日社论

作者不详

由"蒙古联盟自治政府"德王、李守信，"察南自治政府"于品卿以及"晋北自治政府"夏恭四氏等一行成立之"蒙疆联合会"代表，为对日本表示感谢，（十月十九日）已抵门司，日本民〈众〉深慰其远途跋涉之劳，在此特表示衷心的欢迎。

中国事变勃发后，日军首先由华北一带扫荡蒋政权下之旧军阀，同时把他们驱逐于长城外，进而由蒙疆地方把他们击退。蒙疆地方人民热烈的欢迎日本军队，且其军队与日本军队协力，努力于蒋军之覆灭。结果，终于建立蒙古、察南、晋北三政府，进而和衷协戮的结成"蒙疆联合委员会"，摆脱蒋政权之苛敛诛求与旧军阀之抑压榨取，企图解放七百万民众，以建设明朗蒙疆。现在这个联合委员会与我国提携，树立防共亲日，民族协和，民生向上之大旗帜，锐意振兴及巩固政治、军事、产业、教育等之基础。这不得不说是一件欣慰的事。这些新政权自发端以来，未至一年，而能获得今日的成绩，固然由于日本不少的援助，但如无这些达见英豪人士之自强不挠的决心精力，去指导统率七百万民

---

① 本文作者的敌伪立场十分明显，为保持资料原貌，照录原文，请读者明鉴。——整理者注

众，实不能实现的。我们所以深深地祝福其前途的无穷。

　　蒙疆代表今次渡日，专对于友邦日本之援助提携，表示深厚感谢。这诚意与理解可说成为今后永久与日本提携，进而与"满洲国"及新中国诸政权协力，踏上和平繁荣一途之关键。我们深信蒙疆代表的亲日协力之决意，将因蒋政权消灭期之益迫近，日本对新兴政府之无限好意，对贯彻事变目的之不动信念以及因亲炙日本的日新月异之文物、文化等，而益加强。我们对于远来的珍客，表示深厚欢迎之意，希望此行成为精进新兴蒙疆政权之机会。

《华文大阪每日》（半月刊）

大阪每日新闻月刊社

1938 年 1 卷 1 期

（刘殊林　整理）

外蒙古的地位

[美] H·Denny　撰　　寒　译

苏联的报纸对于这一次的中日战事，很少发表意见。但这缄默决非表示苏联红军的高级干部，对于远东的烽火漠不关心，这从最近参谋部的机关报《Krasnya Zvezga》上所刊载的一篇警告日本的论文，就可以看出了。该报郑重指出，苏联在一九三六年三月十二日，与外蒙古签订互助协定时所规定的义务，是毫无什么可疑的。

根据该项互助协定（事实上，在一九三四年十一月以后就已经存在了），苏联与外蒙古彼此相约"任何一方如被攻击，对方须予以一切援助，包括军事上的援助"。

由于政治上的和战略上的原因，外蒙古对于苏联有着极大的重要性。从第一点说来，外蒙古和苏联有着紧密的政治上的联系。在苏联十月革命后，白卫军盘踞外蒙古成为日本的工具，外蒙古获得了赤卫军的援助，才解放出来。在莫斯科的保护下，革命的政党仿照苏维埃制度，逐渐完成了一个政治的和经济的新机构。

外蒙古是中国的一部分，苏联在签订互助协定后还是承认外蒙古的主权是属于中国的。实在说，外蒙古在许多地方更接近苏联。

在战略上看，外蒙古是一个缓冲国，保护苏联最易受到攻击的边境。要是苏联的敌人能够控制外蒙古，就可以袭击贝加尔区域，截断苏联本部和远东区域的联络。

　　如果日本能够占有苏联的沿海省，它的政治家也许可以更觉安心。因为照目前的情形，要是日苏间的战争爆发，苏联的飞行家就可以驾驶长距离的轰炸机，去破坏日本的工业中心。

　　因此，日本对于外蒙古久已"虎视眈眈"。日本在一九三三年后，即已侵入介于中国本部和外蒙古之间的内蒙古。这一项日本对于中国的新进攻，以及察哈尔、绥远两省的全部占领，不仅威胁着外蒙古的完整，也威胁着苏联远东区域的安全。

　　正因为这缘故，苏联的红军觉得应该乘这个时机向日本提出严峻的警告，"苏联的人民与外蒙古的人民签订了友好的条约，如有必要，决用全力相助，给予侵略者以致命的打击"。

　　不过，苏联所准备迎击的危险，一时还不致发生。日本必须先征服了中国，融化了中国，使延长的交通线巩固无碍，然后才能够直接向苏联挑战。那当然是一种艰巨的工作。

　　在目前，苏联正注视着中国对于日本的坚决抵抗，而深为满意，估计着日本所偿付的重大代价，并且推测着经济的弱点是否会使日本失败。

（New York Times）

《集纳》（周刊）
上海集纳周刊社
1938 年 1 卷 5 期
（陈静　整理）

蒙疆代表德王一行访问新京^①

作者不详

自旧腊廿三日入京以来，拜谒"皇帝陛下"，对日军及"我国"表示谢意，又参加"满日蒙疆大慰灵祭"，于五族协和上举行划以新纪元极其有意义交欢之"蒙疆联合委员会"代表德王、李守信上将一行，偕同松井特务机关长、金井最高顾问，于旧腊廿八日上午十时由新京乘"鸠"号快车首途归"国"，并发表离京时之致辞：

　　蒙疆地居民，今次蒙"满"日两帝国，尤其大日本帝国之绝大援助，脱离暴戾军阀政治之羁绊，得免"赤化红祸"之危机，翳诸防共、民族协和、东洋和平之义，于兹本民众总意，设立蒙古联盟、察南、晋北三"自治政府"，更基于三政府之合议，结成"蒙疆联合委员会"，吾等蒙疆七百万民众，对于大日本帝国拼赌国运导此成果之高恩，无任衷心感激，尤其对于今次事变时尊贵牺牲身命之几多英灵，诚不胜哀悼之至。时恰值新京举行此等英灵之慰灵祭，遥闻盛举，吾等决来参加，以慰英灵，而伸谢忱。同时并对际此次事变及其后建设赐绝大援助指导之关东军司令官阁下及隶下诸机关以及"满

---

① 本文作者的敌伪立场十分明显，为保持资料原貌，照录原文，请读者明鉴。——整理者注

洲帝国"诸机关，深致礼谢，且申敬意。尚祈今后交谊深厚，援助不逮。吾等一行，代表蒙疆地区，前来新京，盛蒙关东军及"满洲帝国"方面，以兄弟亲戚之情，衷心欢迎吾等，待遇殊厚，衷怀铭感，诚不能忘。矧畏〔且〕"蒙满洲国"皇帝陛下，对吾等一行御赐谒赐餐，诚不胜恐惧感激，此光荣感激，对于吾等，毕生莫忘。"满洲帝国"建国以还，不出数载，王道国家之基础，愈臻巩固，诸般设施机构，全然整备，三千万民众，在陛下御仁政之下，各安其业，极目所至，无非讴歌王道乐土者，衷心羡望敬服。蒙疆各"政府"亦与"满洲国"相同，遂行迅速发展，而蒙疆七百万民众，亦祈享与"满洲国"同样之幸福，因此，吾等俟"满"日两帝国之交谊援助良多。吾等今后因"满"日两帝国之指导援助，愿附骥尾，弥固日、"满"、蒙疆之结合，共立防共、民族协和、民生向上大旆之下，建设亚细亚，而为确立东洋永远和平而勇往迈进也。吾等俯首对忠灵塔前，对于几多英灵，衷心虔谢。兹因来新京之要务，一切告竣，本日行将离别，就归国之途，无任怅惘。际兹离京，吾等重对"满"日两帝国厚情，深表谢意，今后伏愿更加指导援助，而对长眠忠灵塔下之几多英灵，深想早日建设蒙疆地区，与"满"日缔结未来永劫不变之固契，准是安慰英灵于地下，用代吾等之谢忱焉。离京之际，谨致芜言，并伸惜别之至意。蒙疆代表一行谨启。

《国际时报》（月刊）

新京满洲帝国外交部调查司

1938 年 2 卷 1 号

（李红权　整理）

郭尔罗斯后旗已往暨现在施政概况

郭尔罗斯后旗公署　撰

本旗地址，位居松、嫩两江之滨，面积约四千平方粁，向称肥沃之区；但在扎萨克时代，沿江居民频遭水患匪扰，以致户口星稀，人民流离失业者，不胜枚举。迨至康德元年十二月一日，旗制确定，经旗长及参事官之努力，与监督官署之指导，是以旗政之进展，大有一日千里之势。近年来，首将城镇各处壕堑，修筑完竣，再加以军警协力，治安渐次巩固，所有管内流离之人民，逐渐恢复，地方日见发达，是以施政所收之实效亦遂之而圆满，兹征诸数端列左：

（1）防水　国以民为本，民以食为天，查本旗西、南两面，地近沿江，虽丰收之年，往往恒被江水泛滥，附近农田，多被淹没。似此洪水为患，非但该处人民受莫大之损害，且影响“国家”与地方之收入，良非浅鲜。旗公署有鉴及此，当经派员踏勘沿江低洼之处，先由肇源区内松花江迤北建筑堤防，西由瓦房屯起，东至二站止，长凡四万二千六百八十米，次在古洽屯迤南，建筑堤防，东西延长一万六千二百八十米，又西由二站起，东至东八里屯止，建筑堤防，延长四万四千二百二十六米，似此施设，农田免受水害者，约计五万余响，人民生活之安定，地方行政之圆活，较诸往昔，大有迈进之势矣。

（2）交通

（一）警备道路　本旗地势，南半部及中间，地势低洼，每届雨水连绵之际，泥泞难行，交通阻碍。当经旗署于适当地点建筑警备道路，东曰郭安路（肇源至乐安镇），长凡二百满里，西曰郭大路（肇源至大赉县城），长凡一百六十满里，南曰郭站路（肇源至船站），延长七满里，北曰郭肇路（肇源至肇州县城），延长四十满里，所有各道路，经过河川，架设桥梁十余个所，堪固异常。再甲村至乙村各道路，均已建修，本旗之道路网，已告完成，现在交通，颇称便利。

（二）电话　查本旗公署，自康德二年八月二十七日，由老爷屯迁移肇源城，时城内已设电话局一处，以外各警察署所能通电话之处，仅十余所，而现在旗境管内各警察署所，及各保甲事务所，共设电话机四十余处，东至旗境阿拉布勒，长约二百余里，西至他什海屯，亦二百余里，南至船站，经过扶余县城，北至肇州县城，能转达满沟、安达与滨江省城，各处消息，极为灵便矣。

（三）邮政　查本旗之邮政，曩者于旗公署所在地肇源城，以及外镇、茂兴、三站、四站、新站、古鲁站、薄荷台，仅各路邮政代办所一处，继因城区户口增多，商业发展，一般商民，对于邮寄物品，颇感不便，遂于康德二年十一月间，呈准于城区添设三等邮局一处。又近年来，地方治安渐次良好，茂兴、三站、四站等处，商业日渐繁荣，拟在该三处各添设三等邮局一处，以便人民，业经呈请省署，函转邮务总局核办中。

（3）农村行政　查本旗农村行政，于扎萨克时代，农村以努图克达为首脑，办理一切村政，自旗制确定之初，亦援用努图克制。至康德三年，实行变更保甲制度，全旗设五保，每保下各设二十甲，共一百甲，各保由各警察署监督指导之，又由旗公署保甲联合会统治之。自四年度七月间，又将五保百甲变更八保五十二甲，略仿街村制，保设于市街地，甲设于乡村。保甲各设正副保甲长各一人，置保甲、经济两系，办理一切村政、户口与风俗之改善，强化蒙汉民族精神之和协，并且奖励勤俭，使无业游民各安生业等等事务。近于十月间，奉命将保甲联合会废止，成立街村指导委员会，殊与地方村政吻合，将来之发达，正未可限量矣。

（4）义仓　查本旗对于义仓事业，曩在扎萨克时代，境内蒙民，虽然居多从事耕垦者，但游牧之风，尚有多数，故义仓向未举办。兹拟康德四年度，依据政府义仓制度，在城区建仓五个，其各外镇、茂兴、三站、四站、新站各建仓三个，每仓容量新制一百八十石，并拟于同年秋间，由管内实耕地二十四万余晌，每晌地征收谷子六升（新制），约能积谷一万四千余石，以备救济荒歉，此乃近来筹备义仓之计划也。

《内务资料月刊》

奉天内务局监督处

1938 年 2 卷 1 号

（李红权　整理）

蒙疆三代表访问国都①

作者不详

"蒙疆联合委员会"委员陶克陶（"蒙古联盟自治政府"代表）、杜运宇（"察南自治政府"代表）、马永魁（"晋北自治政府"代表）三氏，偕同金井"蒙疆联合委员会"最高顾问高桥大佐及随员二名，于一月二十三日午后六时二十分到新京，蒙关东军、"满洲国"政府、协和会关系者多人欢迎毕，下榻国都旅馆，随即在该馆应接室会见记者团，发表谈话如左：

今为向关东军及满洲国致谢，兼求今后之指导而来。现察南、蒙古之治安状态颇为良好，只晋北稍差，惟蒙汉两族颇能一致从事防共及民族协和之工作，至今虽为日尚浅，然不和乡〔很久〕即可造出。自联合委员会成立后，道路及铁道之收回及电信、电话之架成者，各方面不遑枚举。此等实绩甚多，他如龙烟铁矿之开发，邮政之开办等，均着着收有效果。交通方面虽如此，而产业方面进步稍迟，然今后蒙满洲国之援助，亦可立见整备。

该一行之在京日程如左：

二十四日，赴新京神社、忠灵塔参拜；访问国务院，向张总

---

① 作者是站在日伪立场上行文的，为保持资料原貌，照录原文，请读者明鉴。——整理者注

理、星野长官、兴安局总裁致辞；访外务局、协和会本部。午后六时三十分，到军人会馆出席东条参谋长之宴会。

二十五日，午后零时半，出席星野长官午餐会，二时五十分，出席大和旅馆之恳谈会。

二十六日，午前九时五十分，由新京搭车离京。

《国际时报》（月刊）

新京满洲帝国外交部调查司

1938年2卷2号

（丁冉　整理）

蒙疆政权阐明防共决心①

作者不详

德国之正式承认"满洲国",等于与"满洲国"共同标榜防共,故予接壤国之蒙疆政权以多大之冲动,"蒙疆联合委员会"于二月二十三日之第四回委员会之席上,曾决议有意义颇深之声明,对世界防共联盟阵,阐明蒙疆政权之态度,声明如左:

依赖他国内乱膨胀自国之苏联世界赤化政策,及戴平和假面阻止他国之勃兴,并欺瞒他国等之政策,实为扰乱国际和平之祸根。彼于轰动世界之此次中国事变,时苏联竟以世界赤化政策及欺瞒他国政策交相为祸,此可立证者。但人类均爱正义、憎恶不正,故今世界已觉悟而对此恶辣欺瞒之政策予以纠弹矣。

前在世界大战当时,曾以德国为盟主之中欧同盟诸国今亦转其剑锋,为对抗苏联之赤化政策,而与柏林、罗马枢轴结成防共协定,同举排共之烽火矣。再最近奥大利因内政大变革,亦与德国结连防共阵,故苏联及与苏联气脉相通之国家,其最后审判之日,已将到来。此时,东方中国大陆以事变为契机之防共、睦邻之自治权之树立,亦将不远,可谓历史的回转期之

---

① 本文作者的敌伪立场十分明显,为保持资料原貌,照录原文,请读者明鉴。——整理者注

来到也。在此回转期内察南、晋北、蒙古联盟三自治政权，在蒙疆联合委员会统制下将益坚固，一方得满、日两帝国之援助，立于东洋防共之第一线上，拥护华北同胞，同时协助西方回教徒在该地带作回教之建设，连系欧亚两大陆，增进世界人类福祉，发展世界之文化焉，特此声明。

《国际时报》（月刊）

新京满洲帝国外交部调查司

1938 年 2 卷 3 号

（丁冉　整理）

蒙疆事情[①]

作者不详

一、"蒙古联盟自治政府"之成立

于去年十月十四日，日军既攻克华北五省北端之绥远，于十月十七日，又扼有平绥线终点之包头，于是通内蒙与华北边疆亘八百九十启罗之平绥线，已完全归诸日军之掌握矣。缘此线为南京政府自营自筑之铁路，含有军事、政治之重要性，先时傅作义军既蟠踞于此，其后蒋介石直系军亦于此驻扎，蒋近年即以此为根据地，牵制华北政权。

一方居于蒙疆之内蒙民族，久欲脱离暴戾无厌南京政府之羁绊，与二百五十万汉族良民相提携，以建设新乐土，然南京政府对该地所酝酿之自治运动，仍直接间接加以妨碍，今此地归诸日军手中，兹后实足为华北明朗化之大动力。于堪夸于世界战史中之堂堂三百余里之圣战，满洲军、蒙古军联翩踊跃而为日本军之双翼者，已完全显示东亚三大民族之协调矣。

此三大民族之协调，今后于东亚之局势，实持有重大之意义，

---

① 本文作者的敌伪立场十分明显，为保持资料原貌，照录原文，请读者明鉴。——整理者注

于占据绥远、包头时，日、"满"、蒙军之凯歌声，与内蒙百万民众之欢呼声，打成一片，振撼天地，盖有由矣。为成吉思汗苗裔之蒙族，永年受旧军阀政权之压迫，蛰伏于沙漠草原之中，而偷度其岁月，外蒙已完全为苏联所"赤化"，内蒙之自治独立运动，亦饱受压迫，呻吟而无告，值兹今次之事变，故蹶起与"满洲国"军为一致之行动，因其目标胥在于防共也。

傅作义军既遭歼灭的打击，绥远、包头两地亦克复，民众之独立运动，至是愈激化，遂于十月二十三日之绥远市民大会，发表宣言，由旧来之"蒙人治蒙主义"，更进入于五族协和之政治，而建设王道乐土，同日即废中华民国之年号，以成吉思汗纪元七百三十三年十月二十三日，弃青天白日旗，改悬蓝色之蒙旗，并废前绥远省及归绥市之名称，而改称厚和豪特。关于支配内蒙之新政权，及其他具体之决议，于十月二十七、八、九日三日间，于厚和豪特续开蒙古民族大会，共推乌拉特旗旗长、百灵庙自治政府委员长故云王为主席，锡林郭勒副盟长、同盟西苏呢特旗扎萨克亲王德穆楚克栋鲁布，即被崇仰为新蒙古之太阳之德王为政务总裁，并任于绥远、包头奋战，武勋赫赫之李守信将军为军政部长，于二十八日又决定新政权之名称为"蒙古联盟自治政府"。新政府之政策，在于尊重日本军之精神，立足于东洋固有之道义，努力于日、"满"、蒙三国之共存共荣，扫灭破坏东洋道德之共产主义，并打倒三民主义，以贡献东洋之和平，于是蒙民多年主张之蒙古独立，依五族共和之新形式而实现矣。

其后又将先日以张家口为中心之"察南自治政府"，及山西北部长城线以北十三县，以大同为中心之"晋北自治政府"，与此次成立之"蒙古联盟自治政府"，合成一"蒙疆联合委员会"，为三"自治政府"之委员制。要之"蒙古新政权"，故由于自发的自治运动而诞生，然亦因其标榜防共，故得日本帝国之极大援助而始实现也。

二、赤色路线之遮断

"蒙古自治政府"，位于亘绥远、宁夏黄河中流之地域，将所谓之赤色路线遮断时，于军略上可断苏联与中国之联络，至少亦使其交通阻绝，且可遮断自新疆进入之"赤化"势力，故日本帝国为防共起见，对此种之新政权，不惜予以极大之援助，即今后亦无取旁观态度之理由也。

兹将遮断赤色路线重要地方之平绥沿线及包头，试一述之。绥远、归化及包头，为中国西北之咽喉，包头略位于绥远省之中央，北越阴山山脉与戈壁沙漠而通外蒙，西自黄河流域，经甘肃兰州而达新疆，又为欧亚航空路之着陆地，华北大动脉平绥线之终点，人口八万余，为西北最大都会，且备有近代都市之形态，不特为西部蒙古及西域物产之集产要地，而五原之黄河渠道，亦多沃野，农产丰饶，为平、津方面、陕西、甘肃、宁夏及内外蒙物资交易之大中心，而最堪重视者，则为因平绥线确保，防共阵垒更加一层之巩固也，即：

一、华北政权之发展，可以自如，内蒙民族之自立，可以强化，而防共阵垒，亦随之扩大与巩固。

二、苏联经外蒙向中国输送军火之道路，均予遮断，于战局全体有大影响。

三、遮断苏联经外蒙通甘肃、宁夏、陕西之赤色动脉，对国际的路线，予以战略的威胁。

四、对苏联为"赤化"华北所选定之"库伦张家口"路线，自德化"内蒙古自治政府"出现溃灭以来又锐意建设之"库伦绥远"线路，及甘肃省兰州路线之支线"兰州绥远"路线，完全毁灭。

如斯沿阴山山脉至黄河上流之防共阵线，虽已见巩固，然如对通外蒙之苏联，中国共军企图之甘肃、宁夏等西北苏维埃地区，又如遥遥对新疆方面一切接壤地带，蒙疆地区实为对以上自新疆、外蒙"赤化"工作之突角的阵地，负有重大之使命，此地带完全确保后，则华北、"满洲国"防共阵之巩固，日本大亚细亚之经论，与蒙古民族之复兴，新华北之发展等历史的课题之解决，皆可预操左券者也。

三、按新行政区划之蒙疆地理

今俗称蒙古之地带，东隔兴安岭接满洲盆地，西以阿尔泰山脉为境界，接中国西北边疆之新疆、甘肃两省，北依沙阳三山脉接苏联达贝加尔湖，南隔阴山山脉而连中国本土，四周成为自然之隔绝，计有三，三三七，二八三平方粁面积之广大独立域区，蒙古高原中央部戈壁沙漠，漠北为外蒙，漠南为内蒙。

兴安岭之西麓，阿尔泰山麓，南山山脉之北，阴山山脉附近，富有水草，可为游牧地带。

今所谓之蒙疆地方者，东境大兴安岭，西接外蒙及宁夏，北〈邻〉外蒙，南隔阴山山脉，以万里长城与中国本土为界，漠南一带之地方，即"蒙古自治政府"管辖内五盟，"察南自治政府"管辖内十三县。

甲、"蒙古自治政府"（五盟）

（一）锡林郭勒盟 锡林郭勒为盟内所流之河之名称，占有蒙疆地方北部之过半，位于大兴安岭西北，占蒙疆地方中最大之面积，推测东西约八〇〇粁，南北二四〇乃至四〇〇粁，总面积五二，〇〇〇平方粁，东北接"满洲国"呼伦贝尔、索伦，南邻察哈尔盟，及"满洲国"兴安西省，西南连乌兰察布盟，北隔戈壁沙漠，接外蒙之蒙古高原，东南境为纯粹之沙漠。

人口，蒙汉人合计约一〇〇，〇〇〇人，一方里之人口密度，约二十八人，对"满洲国"平均四六四人，实为十七分之一，东盟至今日，其人情、言语、衣食住，皆仍存蒙古固有之特色，牧地之开垦及农耕地绝无，纯为牧畜社会。本盟有如左之诸旗：

旗名	面积（平方粁）	户数	人口
东乌珠穆沁	三，〇八五	九五九	三，八三六
西乌珠穆沁	一五，一一五	二，五七〇	一〇，二八〇
东浩齐特	二，七三〇	六〇二	二，三二二
西浩齐特	二，九三〇	四三五	一，八二六（中有喇嘛）
东阿巴嘎	三，四二三	七六六	三，〇六一
西阿巴嘎	三，八五六	四一六	一，六六八
东阿巴哈那尔	三，〇二四	二七八	一，一一七
西阿巴哈那尔	三，八〇〇	四八八	一，九四六
东苏尼特	五，〇〇〇	九八九	三，九五九
西苏尼特	八，一一〇	六四四	二，五七三
计	五一，〇七三	八，一四七	三二，五八八

（二）察哈尔盟及察哈尔四旗　察哈尔盟，位蒙疆地方之东南，界兴安岭接"满洲国"，在锡林郭勒盟之南境万里长城，连"察南自治政府"区域，接巴彦达拉盟，面积约二五，八八一平方粁，于民国二年，华方以本盟与锡林郭勒盟合并，设察哈尔特别区，并奖励汉人移民，饱受汉人之侵蚀，现人口大部分为汉人，

蒙人总数不过约占二九，三〇〇，牧地大部分已被汉人开垦。本盟有下记之八旗八县，察哈尔四旗：

旗名	汉人人口	蒙人人口	喇嘛人口
正蓝旗	二，五九四	二，〇二〇	四九七
厢〔镶〕白旗	一，三九四	一，九一六	四九〇
正白旗	二，五四二	二，四六四	七六九
厢〔镶〕黄旗	不明	二，七一八	——
明安牧场旗	不明	七，六八九	——
商都牧场旗	五，七八二	四，八七四	——
左仆寺右翼牧场旗	一，五一〇	一，〇二一	一三九
左仆寺左翼牧场旗	六，一五三	二，〇一六	三三〇

县名	面积（平方里）	汉人人口	蒙古人口
多伦县	一八，〇〇〇	三〇，三三九	一七〇
张北县	三〇，〇〇〇	一一四，八四四	一〇
崇礼县	二〇，〇〇〇	六七，三〇六	——
宝源县	一〇，〇〇〇	六四，三二〇	二〇
康保县	不明	六三，三五六	三
德化县	二，四〇〇（耕地）	一三，六二四	二六二（喇嘛二〇〇）
商都县	一八，〇〇〇	八三，二三三	四六〇
尚义县	四，〇〇〇（耕地）	一六，八〇四	一〇四

察哈尔四旗

旗名	汉人人口	蒙人人口
正黄旗	不明	四，六六七
正红旗	不明	二，〇六七
厢〔镶〕红旗	不明	一，三九七
厢〔镶〕蓝旗	一，三九六	二，八四〇（喇嘛五九六）

（三）乌兰察布盟（六旗）　乌兰察布，居贯流绥远省之黄河以北，东接锡林郭勒盟、察哈尔盟，西宁夏，北外蒙，南伊克昭

盟，南部已受汉人移民之侵蚀，失地为全面积之四〇%。本盟与归绥、新疆相联系，所谓之西北大公路，往来极便，又为载货之骆驼饲养地，人口、面积不详，旗名如左：

　　四子部落旗

　　喀尔喀右翼旗

　　茂明安旗

　　东公旗

　　西公旗

　　中公旗

　　（四）伊克昭盟（七旗）　　本盟东、西、北三面，皆沿黄河，南隔万里长城接宁夏及陕西二省，居民营农业，已忘蒙语，完全化为华人，然山岳地带，今尚有居蒙古包为游牧生活者。人口、面积不明，其旗名如左：

　　杭锦旗

　　准噶尔旗

　　达拉特旗

　　郡王旗

　　扎萨克旗

　　乌审旗

　　鄂托克旗

　　（五）巴彦达拉盟（一八县）　　本盟为依"蒙古联盟自治政府"新行政区划而出现之盟，跨自包头至大同京绥线一带之地域，袖五原沃野，为农牧产物之集产地，并为经济、政治、交通、军事之重要地带。人口、面积不明，县名如次：

兴和县	丰镇县	集宁县	陶林县	凉城县
归绥县	武川县	托克托县	清水河县	和林格尔县
萨拉齐县	包头县	固阳县	安北县	五原县

临河县　　　东胜县　沃野县

乙、"晋北自治政府"

晋北十三县　以大同为中心之十三县，曩夙在阎锡山势力之下，国民党北伐以后，党势渐行伸入，其后又为共党所侵，因之古俗被其破坏，经济遭其压迫，民众困苦呻吟，怨声载道。嗣于去年九月三日，日军入城同时，恢复治安，于同月之二十日，组织"华北治安维持会"，施行自治，于十月十五日，又以地方民众之要望，树立"晋北自治政府"，县名如次：

大同县　　　　阳高县　天镇县　广灵县　灵丘县

浑原〔源〕县　怀仁县　应州县　朔州县　左云县

右玉县　　　　平鲁县　山阴县

丙、"察南自治政府"

以张家口为中心之十县，县名如次：

赤城县　怀来县　张家口　龙关县　涿鹿县

怀安县　延庆县　宣化县　阳原县　蔚县

《国际时报》（月刊）

新京满洲帝国外交部调查司

1938 年 2 卷 6 号

（李红权　整理）

活跃的绥蒙

李才丕　撰

绥蒙系指绥远省境内各盟旗而言，包括乌兰察布、伊克昭两盟，暨绥中土〔土〕默特、绥东正黄、正红、厢〔镶〕红、厢〔镶〕蓝等五旗。而乌盟内部又分四子王、达尔罕、茂明安、乌拉特东公、乌拉特中公、乌拉特西公等六旗，伊盟分杭锦、达拉特、准格尔、扎萨克、郡王、乌审、鄂托克等七旗。总共绥蒙共有乌、伊两盟十三旗，又另五旗。

客岁绥远沦陷，乌盟全境暨绥中土默特、绥东四旗完全被日占领。同时伊辖辽〔达〕拉特旗扎萨克康达多尔济（康王）率全旗官兵附敌，经我马××部奋勇剿灭，当将据获〔康王〕俘获，该旗伪军退过河东，始得克复。本年二月间敌将杭锦旗占去，后经我们××部将敌击退，收复该旗，日军撤退时将该旗扎萨克阿勒〔斯〕坦鄂济尔（阿王）劫去，现仍在归绥软禁。乌盟方面，乌拉特东、中、西三公旗近亦无日踪。

以往十个月抗战的结果，我们在惨痛的回忆中，不能不承认我们不但在军事方面得到许多血的教训和宝贵的经验，在民族问题方面，同时也随着抗战的演进，日益加强其团结了。尤其是表现在蒙古同胞方面的，其突飞猛进足可缩短我中华民族抗战达到胜利的彼岸的途程。

绥境蒙政会委员长沙克都尔相〔扎〕布（沙王），为加强该会抗战力量起见，日前特率该会全体委员通电中央，誓本至诚，在领袖蒋公领导之下，同心同德，共赴国难，挽救危亡。沙王深明大义，洞悉国家民族之利害，实是一位贤而有德的蒙古的领袖。近来各盟旗王公对他更信任了，均能在他领导下，共赴国难，这实是我们蒙古同胞今日最大的进步。我们深望他们继续先祖成吉斯汗伟大不朽的精神，在领袖蒋公领导之下，完全我们中华民族抗战的伟业！

此外已经沦陷的盟旗中，有许多内向心切的贤明王公，仍然在暗中做着挽救他们祖国的工作。为〔如〕正黄旗总管兼绥东四旗剿匪司令达密凌苏龙，在月余以前，我傅××部出击绥远时，达部全体官兵，见我军故意不打，或朝天放枪，这种不忘祖国，大义凛然的精神，使我们听了兴奋的流泪！

此外并在阎长官（锡山）领导下成立"绥远省境内各盟旗地方自治指导长官公署"，协助该会进行工作。

绥蒙会是绥蒙惟一的最高政治机构。各盟旗王公在中央领导暨地方指导下，颇能一致进行工作。客岁绥远沦陷，各盟旗王公纷纷返旗处理旗务，绥蒙会于此时无形瓦解。客冬中央深觉国内民族问题，关系抗战前途至巨，乃令晋绥地方当局，赶远〔速〕恢复以往工作，以促进我民族之团结，并在榆林先成立宣慰使署，安抚被难蒙民，于是蒙古工作又重新展开。

宣慰使署成立后，宣慰使沙王以旗务繁忙，不克分身主持，乃由该署秘书长荣祥代理，数月来工作极形紧张。本年一月初，指导长官公署奉阎长官令在榆林成立办事处后，各该署彼此互相协助，对于一切工作，积极进行，均有显著的进展。

指导长官公署参赞石华岩氏为促进蒙古工作起见，特于月前奉阎长官令莅榆臂〔擘〕画一切，石抵榆后，曾偕荣祥氏赴扎萨克旗会昭〔晤〕沙王，并召集绥蒙会各委员，举行会议。对于加强该会机构，如何发动各盟旗民众，暨充实盟旗军备等，均有新决定。

此外，蒙旗独立旅，近即入蒙了。这一批饶〔骁〕勇善战的蒙古健儿的责任很大，我们深盼在他们将来不但在军事上能够发挥很大的威力，帮助友军击退敌人，同时在政治方面发生一种更有意义的作用。这里我们代表全国的同胞，谨祝他们努力！

《孤岛》（周刊）

上海孤岛周刊社

1938 年 2 卷 7 期

（李红菊　整理）

外蒙古国民政府之现状

作者不详

外蒙与我"国"接，久□唇齿，自彼无□亲苏，我遂失其屏障，深为遗憾。顾苏联经略外蒙，向用怀柔政策，假手布里雅特，俾起政变，吾兴安百万蒙民，惑染所系，安可不先事防止之策。爰成斯编，借资研究。

第一章　总论

一、历史之沿革

蒙古之称，始于金时，其分内外者，系以戈壁沙漠为界也。其管辖区，分喀尔喀、科布多、唐努乌梁海三部。

喀尔喀又分四部：（一）图什业图汗部；（二）车臣汗部；（三）扎萨克图汗部；（四）三音诺彦部，东西广衷〔袤〕五千里，南北纵贯三千里，其疆域之广如此。就其历史考之，周曰猃狁，秦汉曰匈奴，后魏曰蠕蠕，始有可汗之称，后为突厥所灭，至唐时复为回纥所并吞，五代至宋，回纥始衰，与宝〔室〕韦妪厥律诸部，散居其地，羁属于辽。金大安初年，蒙古始盛，或谓蒙古一语系银意，借以抗金也。蒙古自太宗以来，征服各部，国势浸强，七年筑和林城，造万安宫，以为首都。至世祖忽必烈有中原，迁都燕京，于和林置都元帅府。大德十一年，立和林等处行中书省，皇度〔庆〕元年，改岭北等处行中书省。明太祖起，元顺帝率领六万人，出古北口，避徙克呼〔鲁〕伦河，起造巴尔斯和坦城居之，仍称汗号。洪武三年殁，其子昭宗立。数侍〔世〕至达延汗，平定各旗，在位四十七年，生子教〔数〕人，皆由戈壁内徙近边，为内扎萨克敖汗等九旗之祖。独其季子格埒森扎扎赉〈尔〉珲台吉，仍留斯土，号所部曰喀尔喀，是为称喀尔喀之始。聚众万余，分为七旗，授子七人，各领其一。数传至其曾孙硕垒，始是〔称〕车臣汗，同时其玄孙衮布，号图什业图汗，玄孙索〔素〕巴第号扎萨克图汗，是为三汗之始。至清顺治十二年，三汗及三音诺彦部长丹津喇嘛，同来乞盟，诏赐盟宗人府，设扎萨克八，仍分左右翼。康熙二十七年，其地为噶尔丹所蹂躏，于是喀尔喀众，议往投俄，为活佛所阻，遂举旗内附。三十年，圣祖亲幸多伦诺尔，行会阅礼，喀尔喀全部汗、台〈吉〉等皆至，改封王、贝勒、台吉等是。三十五年，圣祖率师亲征噶尔丹，诸部皆从征，大破之于昭莫多，勒铭库伦，明年噶尔丹窜死，朔漠平。先是喀尔喀诸部贫户避难，就食于张家口者，至是各还旧牧。雍正三年，以第〔策〕凌〈助平〉噶尔丹之功，诏率近族十九扎萨克，别析为一部，称喀尔喀中路，不复隶图什业图汗。萄〔策〕凌者，格埒森扎之无〔五〕世孙，即图盟肯三音诺彦之曾孙，故雍正特以其号号所部，是为三音诺彦部成立之始，而喀尔喀四部之称，亦由此始也。

　　科布多部，亦称科布多杜尔伯特部，距北京〔平〕六千余里。元臣孛罕之六世孙曰额森者，生子二，旨〔长〕曰博罗纳哈勒，是为杜尔伯特之祖，次曰额斯墨特达尔汉诺彦，为准噶尔部之祖，此二部与霍硕持〔特〕、土尔扈特，明称为四卫拉特，但霍、土两部，或牧青海，或徙俄土，而杜尔伯特与准噶尔，则独聚牧阿尔泰，无析处者，于清乾隆十八年冬，由三车凌率族内附。三车凌者，车凌、车凌乌巴什、车凌蒙克是也，统称杜尔伯特部之台吉，清亦改封为郡王、贝勒、〈贝〉子、公、台吉等名号。

唐努乌梁海，其人与土耳其类似，明称为兀良哈，其所居之地多在唐努山或科布多之近边，因其游牧于唐努山之原野，故曰唐努乌梁海，虽此种人之所自来，无从可考，但为蒙古之一附庸，则无疑义。

迨至武昌革命军起，蒙古各汗、王公、喇嘛，内乘中国内乱之机，外假帝俄之力，秘举活佛为君，自立为蒙古布〔帝〕国，以共戴为年号，共戴五年（民四），以中、俄、蒙之恰克图会议，改布〔帝〕国为自治，仍以活佛为首，号博克多汗。民八任徐树铮为西北筹边使，即将外蒙自治取销。民十之春，帝俄败将巴龙恩琴，进据库伦，拥活佛为君，斯时赤党率布利雅特蒙古志士，联合蒙军，攻破恰克图，亦建蒙古国民临时政府。斯年夏，蒙古国民军与赤党合力克复库伦，而巴龙恩琴及其部下，于兹窜死，遂于斯年六月六日，正式成立蒙古国民政府，虽活佛仍为元首，然大权旁落，由此外蒙遂沦为苏俄之附庸矣。

二、疆域

位置　外蒙位于我"国"之西，东界兴安省，西界新疆省，南界察哈尔、绥远、宁夏三省，北界俄属西伯利亚。

面积　外蒙古总面积为一百五十五万平方启罗米，依一九三一年一月六日公布新行政经济区划之面积如下：

东部	二〇二,九〇〇（平方启罗米）	扎布沁部	九五,二〇〇（平方启罗米）
肯特部	七五,三〇〇	杜尔伯特部	八四,一〇〇
中央部	一四九,三〇〇	科布多部	七七,九〇〇
农业部	六九,一〇〇	阿尔泰部	二〇七,一〇〇

克苏克尔部	一〇七，二〇〇	南戈壁部	一五五，四〇〇
后喀噶部	五七，四〇〇	东戈壁部	一六四，九〇〇
前喀噶部	一〇七，七〇〇		

　　区划　外蒙昔分喀尔喀、科布多、唐努乌梁海三部，喀尔喀又分四盟：（一）东路为喀鲁伦巴尔和屯盟，即车臣汗，领二十三旗；（二）后路为汗阿林盟，即土谢图汗，领十二旗，古罗格沁部落附牧于此；（三）中路为齐齐尔里克盟，即三音诺颜部，领二十二旗，额鲁特部前后二旗附牧于此；（四）西路为扎克必拉色钦毕都哩雅诺尔盟，即扎萨克图汗，领十八旗，辉特部一旗附于此。

　　科布多分五部：（一）杜尔伯特部左右翼二盟十四旗；（二）辉特部二旗；（三）扎哈沁部旗，附扎哈沁信勇公旗；（四）明阿特部旗；（五）额鲁特部旗。

　　唐努乌梁海分四佐领区：（一）旧定边左副将军所属二十五佐领；（二）旧扎萨克图汗所属五佐领；（三）旧三音诺颜汗所属十三佐领；（四）旧哲布尊丹巴胡图克图门徒所属三佐领。

三、气候

　　外蒙地方，气候纯为大陆性，冬寒夏热，一日之内，昼夜之间，气候变化魔〔靡〕常，而西北部地属高原，寒威大冽。一年平均温度，以库伦为标准，则约在摄氏表五度，冬至下降〈至〉零下十五度，夏至上升〈至〉二十四度。而空气干燥，沙尘蔽日，又为蒙古气象之特色。

四、山脉、河流

　　蒙古地势高亢，为各山脉环抱之高原，北为〔及〕西北有萨扬岭，西南有大阿尔泰山，东南有肯特山，东北更负哈马尔达班、爱尔吉克、达尔额克泰岳等山脉，诸山之中央，又有唐努、杭爱两大山脉。河川甚夥，多流入无吐口之盐湖，其主要者，为注入喀喇乌苏湖之科布多河，住〔注〕入奇勒稳〔稽〕思湖之查巴喀河，由乌鲁克穆、贝克穆与克穆齐克三流合成之叶尼塞河，与鄂尔坤河会流之色楞格河，注入乌普萨湖之特思河等。其中尤以叶尼塞与色楞格两河为最大，西北大部分地方，都受其本流及支流之灌溉。此外虽有若干稍大河流，然多流入小湖，或其末端隐没于沙漠之中，以故其本流，亦失其重要之地位矣。只有西北部之乌伦古河，尚较值人注意。湖泊除上述乌普萨、喀喇乌苏、奇勒稽思三湖之外，尚有若干潴于高原低地之大湖，其主要者，有库苏古尔泊、都尔喀泊、乌伦古泊等，余则为不胜枚举之小湖而已。小湖面积，四时不同，大概水落则洇为池沼，水涨则变为汪洋之大湖。

五、种族及人口

外蒙种族约可分为喀尔喀、额鲁特、乌梁海三种。

喀尔喀种，身矮体强，皮肤黄赤，面平鼻低，大半为元后裔，现居于喀尔喀四部，除附牧额尔〔鲁〕特、辉特二旗外，全属于此种。

额鲁特种，头大面黄，两颊稍黑，鼻头不高，眼小耳大，多居于科布多之杜尔伯特部以及其所附牧之辉特旗、新土尔扈特部、新和硕特部、额鲁特部，并附牧喀尔喀三音诺彦汗部之额鲁特旗、扎萨克图汗部附牧之辉特旗。有以该族之风俗习惯与喀尔喀族相似，亦称为喀尔喀种者，又有称额鲁特族为元牧奴者，例如姚明晖〔辉〕之《蒙古志》载："盖元之都和林也，设四牧厂于西，最西者，在今额鲁特地，额鲁特即其牧奴，迨蒙古浸微，额鲁特渐强，遂叛而自立云。国（指清朝）初，雄长西北，准噶尔、和硕特、杜尔伯特、土尔扈特四部，总称四卫拉特。迨准噶尔之乱，伤亡甚众，种亦衰微，今所存者，皆锋及〔刃〕余生也。"

乌梁海种，此族与土耳其人相似，明称为兀良哈，其自称曰动巴，居住于乌梁海、科布多两地，至此种人之所自来，则无籍可考。

外蒙人口向无正确数目，依税关统计，及物需要量，或中国户口调查，三者数目相去悬殊，颇不足凭信，甲为百四十万，已〔乙〕为七十万，丙为四十万。后外蒙独立政府财政顾问事务所，于一九一五年至一九一八年，派遣调查班调查人口，然多依地方官口头或书面上故意减少之报告，此与中国调查人口，又何异焉。其较可凭者，则为一九一九至二十〔〇〕年之马斯克氏（苏联人，曾任驻英大使）之调查五四万二千五百零四人，迨至一九二四年外蒙于内务部设置统计委员会时，于是逐年调查人口。兹将由一九二四年至一九三〇年人口调查表列下：

年度	人口	增加率（对上年度比）
一九二四年	五四六，〇〇八	
一九二五年	六五一，七〇七	一九·二〇〔一九·三六〕%
一九二六年	六八三，九六一	四·九五%
一九二七年	六九八，七四三	二·一〇〔二·一六〕%
一九二八年	七一〇，五四八	一·六八〔一·六九〕%
一九二九年	七二八，五〇〇	二·五〇〔二·五三〕%
一九三〇年	七六〇，〇〇〇	四·三〇〔四·三二〕%

性别　兹将外蒙古人口之性别列表如下：

年度	男	对总人口百分比	女	对总人口百分比
一九二四年	二七七，八六三	五〇·八九	二六六，一四五	四九·一〇〔四八·七四〕
二五年	二七一，九九四	五〇·七八〔四一·七四〕	二七九，七一三	四九·二二〔四二·九二〕

年度	男	对总人口百分比	女	对总人口百分比
二六年	三四五，〇四八	五〇·四五	三三八，九〇三	四九·五五
二七年	三五二，九八二	五〇·五二	三四五，七六一	四九·四八
二八年	三六〇，六四一	五〇·七六	三四九，九〇七	四九·二四

外蒙人口增加率较低，虽以自然环境之故，然以僧侣太多，如不禁止与奖励人口，大有民族灭亡之势。是以外蒙第六次国民大会，有十八岁以下之少年禁止为僧之决议，以故一九三二年较一九三一年，僧侣减少百分之八·四，由此僧侣不能不逐渐减少矣。

第二章　国家组织

一、外蒙古共和国建设之沿革

清朝末年，俄国势力渐次南下，中国为防遏帝俄南进，遂奖励移民，以资实边，然蒙古历受清吏压迫，遂乘中国革命时期，外蒙王公、喇嘛，阴图不逞，勾接俄人，举活佛为君，遂宣布独立。后于一九一五年，中、俄、蒙订立《恰克图条约》：

一、外蒙古承认中国宗主权，中国、俄国承认外蒙古自治，为中国领土之一部。

二、中国、俄国承认外蒙自治官府，有办理一切内政，并为〔与〕各外国订立关于自治外蒙工商事宜国际条约及协约之专权。

然一九一七年，俄起革命，无暇外顾，中国政府依西北筹边使徐树铮之意见，遂于一九一九年十一月发表取消外蒙自治宣言。翌年七月，直皖战起，徐氏失权，外蒙又乘机组织国民党，于是国民党首卢苏尔等由库入俄，策谋建设独立国家，苏俄乘机思逞，于是怂恿外蒙与布里雅特蒙古志士，联为一气，与蒙古军，在一九二〔十〕一年春，攻破恰克图，而建设蒙古国民临时政府，苏蒙复合力会剿占据库伦白俄败将巴然〔龙〕恩琴，平复后，遂成立正式蒙古国民政府。此时虽仍以活佛为元首，然实权则在国务院，院置国务总理一员，分内务、陆军、财政、司法、外交五部，部设总长一人。外设蒙古全军参谋部，为统治全境军事机要机关，权力极大，设元帅一人，参谋长一人，以为统率。他若蒙古国民党中央委员会、蒙古青年党中央委员会、国民合作公司、中央委员会等，均一一设立。

未几外盟国家主权，又移转于下列三大会：

一、国务会；

二、临时国会；

三、蒙古国民党中央委员会。该会凡一切对内对外政治上之方针，以及随时发生重大问题皆有指导、讨论之权，虽经国务会议之案，亦得否认，而总理、总长等之人选，尤须经此会之决定，所以此会权高一切。

一九二四年五月二十日，活佛圆寂，蒙古国民党改称外蒙为国民共和国，于七月六日宣告各国，当开宪法会议，经该会着手准备召集福鲁鲁旦（大国民会议）。

二、会议

大国民会为盟民、市民及军队代表所组而成，议员按人口比例而选举之，任期为一年。通常大会一年一次，由小国民会召集之，临时大会，亦由小国民会召集之，但由大国民会议员三分之一，或选民三分之一之请求，亦得召开临时大会。大国会闭会时，小国民会代行其职务，小国民会闭会时，干部会代行其职务，是大国民会如苏联之大会，小国民会如苏联之中央执行委员会，而干部会更与苏联干部会之名实相符矣。

三、政府组织

政府组织，依宪法第二十七条之规定如下：

总理

副总理

军事会议长

军总司令

国务检查员

内务大臣

外务大臣

军务大臣

财务大臣

司法大臣

文部大臣

外蒙政府组织既如上述，而其政治机构组织，则如下表：

外蒙古政治机构之组织

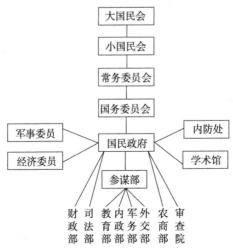

前表之军事委员会，为军事最高之机关，如苏联之革命军事会，军务部属焉。至政府直属之内防处，如苏联之格别乌，有搜查国事犯及其他一切重要犯之大权。

四、政党

外蒙政党，有蒙古国民党、革命青年团两党，前者主张缓和，后者激烈。国民党成立于一九一九年，北京政府实行取消自治三月后，而青年团则创于一九二一年之八月，其党纲与组织，虽有出入，然皆不外倾向共产主义。

第三章　军事情况

一、赤军

苏联为备外蒙反苏，及对日"满"关系，巩固极东军备起见，军司令部派遣多数赤军，驻屯外蒙，其总兵约五师团以上，配置区域，为桑贝子、贝尔诺尔、喀尔喀河、索伦等"满"蒙国境地方，又于华北事变，复派遣大军配置近于察、绥国境线上。

库伦因为外蒙首都，故苏联派重兵扼守焉。其兵力及设施如下：

兵力　骑、炮、机关枪混成队，一万八千名，炮大小四门，高射炮七门，重机关枪百三十架，轻机关枪二百四十架，战车八，装甲自动车十八。

空军　有容飞机十二架之各种大格纳库，近顷更完成收容二百架之大格纳库，先〔共〕有爆击机二十一架、侦察机二十三架，自收容二百架纳库完成后，其飞机之数量，当有相当数目矣。

科学兵器制造所　一九三四年七月廿六日，耶留耶窦莫夫少将率技师三十余名来库视事。

　　陆军大学与士官学校　库设之陆大、士官，现有学生三百五百〔十〕余名。

　　他若桑贝子地等，均有飞行场，而桑贝子飞行场，据附近住民称有四百五十余军用机。

二、蒙古军

　　蒙古军，自有赤军将校为指导始，约五万人，然自征兵制度施行以来，其数目虽无确实统计，然有增加之趋势。其征兵检查，于每年八月施行之，凡满二十一岁之壮丁，均须受检查，兵役年限为二年。复于每年四月，凡满三十一、二、三岁之壮丁，均须〈受〉三个月之军事训练。

　　此外选拔桑贝地方优秀外蒙青年五百名，授以速成共产主义之教育，以备派遣于兴安省，用资搅乱日"满"军之后方。

第四章　教育

　　蒙古对于教育向不重视，以为养人有禽兽，养牲有刍薪，日用无乏，人事即尽，遑用教育为。蒙人既视教育为饥不可以为食，寒不可以为衣，而欲其设立学校，教育子弟，实戛戛乎其难。其人烟稠密之区，或邻近中国之域，间有一二村塾，然其所学，亦不过满、汉、蒙三种语学而已，但生徒极少，其中就学者，多为王公子弟，以为预备后日服官他地之用。其为庶民者，则为将来入寺为僧之阶梯。教育不振，厥因在此。

　　迨至一九一一年，外蒙首次宣布独立之时，独立政府曾有普及教育之举，于是在库开设小学二，中学一，又以活佛上谕，每旗至少须设小学一，并派数十名青年赴〈伊〉尔库次克等处中学留学。然以各旗蒙民，不热心教育，学生中途停学者有之，学校中途停办者亦有之。

外蒙古国民共和国成立后，由一九二四年以降，于卖买〔买卖〕城、乌里雅苏台、科布多、唐努乌梁海、喀尔喀四盟中心地带及佐领辖区设小学，校舍于各旗殆为蒙古包，其为具有现代式者，亦为库伦、卖买〔买卖〕城等较大市镇而已。

库伦除前设中小学外，后又增设人民大学、宣传学校、补习学校各一。宣传学校，为养成宣传人材，女学生约三百名，为未婚之男女生，年龄由十四岁至四十岁，修业年限，速成科三年，本科五年，凡服装、宿、食各费，统为政府支给，卒业后派往各地，从事宣传工作。补习校则为讲习各官厅簿记而已。至派遣留学之国家，则首为苏联，次则法、德两国，复因与苏联有政治、经济上之密切关系，而娴熟俄语，尤感必要，是以就学列宁市实用东方语学校者，实繁有徒。一九二六年至二八年三年间，就学人数列表如下：

年度	就学人数	对全人口百分比
一九二六年	三〇，五七三	四·四七
二七年	二九，〇一五	四·一五
二八年	三四，一四八	四·八〇

上表虽示普及教育，推进速度脆弱，然近年来扫灭文盲运动，风行外蒙，其前途大有不可蔑视之概。

第五章　宗教

一、喇嘛教之由来及元、清、俄喇嘛教之利用

喇嘛教本佛教之一种，传自印度，始于西藏，教分红、黄，红

者为旧教，黄者为新教（明永乐间宗喀巴所创，其开宗二大弟子，曰班禅，曰达赖），传至发思巴而始盛。元世祖为征服吐鲁番，而喇嘛教以资羁縻，吐鲁番虽以此而就范，然以喇嘛需縻〔糜〕浩大，跋扈异常，元朝灭亡，亦以此为一因。今之蒙古所奉行者，即由西藏来之黄教也。满清时代，即利其迷喇嘛教之弱点，而遂行其愚民政策，重其教，尊其典，使蒙人妄自尊大，而不知有灭种之患也。及至苏联经略外蒙，一面"赤化"青年，以为反宗教之备，一面笼络喇嘛，以收揽蒙人之心，所谓经蒙二重政策，由其政府组织，以活佛为拥君之虚荣，而觉醒青年，则揽国家之大权，可知苏联经蒙苦心之所在矣。

二、外蒙及宗教之运动

苏联经略外蒙，一面"赤化"青年，一面笼络喇嘛，实贻矛盾对立之胎胚，于是"赤化"青年，起而攻击喇嘛，举行反宗教之运动，由一九二四年起至一九二九年止，喇嘛人数由十一万二千六百余人，减至九万四千八百余人，然至一九三〇年，忽又增高至十一万，大有与一九二四年相伯仲之势，遂于斯年第八回国民革命党大会，表决强化弹压宗教之议案，凡十八岁以下青年，严禁入寺为僧，并勒令青年僧侣还俗，从事生产事业，由此僧侣逐渐减少年〔矣〕。

第六章　财政

一、政府之豫算

外蒙古岁出入，分国费、地方费两种，其项目非常简单，各官厅约分俸给、事务费、家屋维持费、修缮及物品购入费、交际费、杂费、豫备费等七种，至经费出纳，采取中央集权制，而会计年度，为每年旧历三月一日，自一九二五年以降，则采取阳历三月一日矣。

二、租税

外蒙古政府收入，约半分为租税，租税政策，力避直接税，而采取间接税制，占间接税最重要位置，昔为关税，普通货物，课从价六成，烟草等奢侈品，则课十二成。此外则为一般商工业税，如营业税、基本资本税、收益税、商店役税，然于一九二二年，为发达商业计，则将收益、店员两税废止。他至家畜税，更占外蒙政府岁收之重要位置矣。

三、通货

一九一一年外蒙独立时，尚无货币制度，官方仍用汉堡银块、马蹄银、美银等现银，地方间有以茶砖用代货币者。迨至国民政府成立，以本国金融为外币所操纵，殊有影响于经济之发展，遂于二四年，大国民会决议制定独自本位货币，于是于一九二五年十一月初，设立蒙古银行，发行银行券，二六年三月，流通银、铜货，以外蒙人民惯用银，故采用银本位单位，名称曰豆盖立知克，含纯银十八瓦，约合鲁布九角，至纸币则分一、二、五、十、二十、五十、百豆盖立知克七种兑换券。

第七章 产业

一、牧畜

家畜为蒙古惟一之富源，有骆驼、马、牛、羊、豕、骡、驴等，中以骆驼、羊为最著名。驼分单峰、双峰二种，性驯顺，能耐劳，又耐饥温，以其在沙漠中行走甚速，所以有"沙漠船"之称，但至夏日，须牧于草原，令其休息，恢复气力，迨其元气恢复，方可使用。羊有数种，为蒙人衣食主要之物，其骨可制器，又可为磷肥，其每年输出之数量，占出口货之重要位置。至各种家畜数量，较为详实者，则为马伊斯开始之调查，其表如下：

名称	王公、僧侣有（头）	平民有（头）	统计（头）
马	二六三，一〇〇	八八六，九〇〇	一，一五〇，〇〇〇
驼	四二，七四〇	一八五，九〇〇	二二八，六四〇
牛	一九六，〇〇〇	八八二，〇〇〇	一，〇七八，〇〇〇
羊	一，六四六，〇〇〇	五，五四二，〇〇〇	七，一八八，〇〇〇

家畜生产率，马十五万匹，驼九千头，牛十六万头，羊一百六十万只，然因饥寒、疫病与虎狼啮食，马实增十三万七千匹，驼驼九千头，牛十二万五千头，羊百二十万只。

外蒙家畜，经政府实际调查，始自一九一五年，于一八年，曾一度中止，至二四年又经农务省兽疫局继续调查。兹将兽疫局自二四年以降，所调查家畜产额如下：

年度	全家畜数（头）	对二四年百分比	对前年百分比
一九二四	一三，七七六，一一九	一〇〇	——
一九二五	一六，四五〇，八九七	一一九	一九·四
一九二六	一九，二二一，七二四	一三九	一六·八
一九二七	二〇，一四一，八六五	一四六	四·七
一九二八	二一，四三五，四二九	一五五	六·四
一九二九	二一，九五〇，〇五一	一五九	二·四
一九三〇	二四，五五二，七五〇	一七八	二·八〔一一·八六〕
一九三一	二五，二〇五，一三〇	一八二	二·七〔二·六〕
一九三二	二六，〇六六，九四〇	一八九	三·四

上表虽示一九二七年至一九三二年，年平均增加率为百分之

五·二四，然据专门家以个别统计核算，其正常年均增加率不过为百分之三·八至百分之四·四耳，其所示之数不免有夸大之嫌。至家畜所有者之阶级别，兽疫局亦有统计如下：

年度	平民阶级（头）	僧侣阶级（头）
一九二四	〇一，〇六九，五六九	三，七〇七，六六〇
一九二五	一三，八七一，六八四	二，五七九，二一三
一九二六	一五，五八八，九五八	三，六三二，七六六
一九二七	一六，八三七，三九四	三，五九八，〇三三
一九二八	一五，六六三，九五一	三，二八六，一〇〇

前表僧侣阶级所属家畜，视平民阶级增加率较底〔低〕者，以二四年至二九年，适为国民革命发展第二阶段，正值反宗教运动之时，喇嘛势力日渐没落，喇嘛为自卫计，遂将所有家畜出卖，或暗移于内蒙、新疆者，此其所以增加率之减低也。

一九三一年度，为外蒙牧畜业一大变革期，即基一九三〇年大国民会之决议，而树立牧畜业发展五年大计划，其标准数字如下：

一九三一年	一八，三五一，〇〇〇
一九三二年	一九，四四七，〇〇〇
一九三三年	二一，〇三一，〇〇〇
一九三四年	二二，八六〇，〇〇〇
一九三五年	二五，〇六〇，〇〇〇

依前表外蒙总家畜数，在一九三五年为二千五百六万头，然据兽局发表，一九三一年家畜额为二千五百廿万五千一百三十头（见前表），是五年计划，于第一年即完成，第五年计划，此或不免致人生疑之处。

二、矿业

外蒙矿产，向无见闻，然山脉纵横，当有丰富蓄藏，于是苏联频向北蒙阿尔泰山一带派遣学术调查队，埋头探寻，发现若干有望之石炭、金、银、铅、亚铅等矿苗。

石炭产地，最著名者有三地：

（一）中央地方　在库伦东南三三启罗米之那拉哈炭矿。

（二）东部地方　在桑贝子南方一二启罗米地方。

（三）西部地方　在科布多山东南方百启罗米地方。

那拉哈炭矿埋藏量，据称有三亿布特（俄重量名，合华斤四十斤），一九二八年采掘量五十五万布特，翌年采掘五十八万布特，至一九三一年一月，总投资额约达八万四千银元，然依一九三一年至一九三五年计划，计划增资六十万银元，劳动者二百七十五名。

桑贝子南方炭矿，距"满"蒙国境西一千启罗米，位于克鲁伦河岸。至矿脉之发现，则为一九二七年修筑道路偶然发现，埋藏量极丰，炭为褐炭，然有百分之一八湿度，似较缺点，采掘量尚无公表，惟据私人传谓，作业非常活跃云。

科布多山东南炭矿，位于喀喇乌苏湖南方，矿分三所，埋藏及采掘量均无公表。

金之埋藏甚丰，但采金量，外蒙当局严守秘密，故年产额无由探知。其出产地，为土谢图汗巴团尔贝勒旗之蒙古落尔，三音诺尔汗南部之邦达哩向盆地（埋藏量二万—二万千布特）及该汗内之阿尔泰山之山麓。

银之出产地，则在土谢图汗及车臣汗两地内，产量不明，至铅与亚铅，亦在此二汗地。

三、农业

蒙古以游牧为主，贱视农业，故其农业不振。又其民智不开，迷信太深，谓掘土植谷，可触地神之怒，必贻家畜恶疫流行。又掘地伤蚓，有犯杀生，此又为蒙人不事农业之一因。迨至外蒙国民政府成立，见俄人及布利雅特蒙古，均盛行农业，又以为民食之需，是农业与牧畜，应益重视，于是奖励蒙人从事农业，由斯是为蒙人有农业之始。

外蒙农业地域，多生在喀尔喀及科布多两地方，在喀尔喀者有图拉、哈喇、巴音果勒、鄂尔浑、色楞格诸河灌溉之盆地，在科布多是〔则〕有乌兰固本、别关别连、沙克赛、塔勒博诺尔、布彦图等平原、盆地。依一九三一年之调查，耕地面积有四万一千四百格克达尔（每格克达尔合一万平方米），收获量约一万五千吨。后政府为奖励农业，颁布免除租税特惠令，于一九三五年末，耕地面积增至十万格克达尔，收获量增至六万二千吨。至一九三一年度之国营农场面积，为七千三百零六结夏进（一结夏进为一万零九百平方迷〔米〕），共营农场为一万三千五百三十七结夏进，总计二万八百四十三结夏进，约合斯年耕地全面积四万一千四百格克达尔一半有强。

外蒙农业，分企业农、劳动农两种，企业农又有个人企业、共同企业、国劳企业之别。个人企业农，如中国之中小农，具有资本主义之彩色，在库伦附近，即有斯种农民；共同企业，属于寺院；而国营企业，则在哈喇河流域，设有多数国立农场。

主要农产为小麦、大麦、稷、黍及燕麦等，蔬菜有马铃薯、胡瓜、香瓜、西瓜、葱、白菜等，蔬菜产地多在都市附近。

四、工业

现政府成立前，外蒙几无工业可言，仅库伦有小形〔型〕制革工场而已。迨至苏联掌握外蒙政权，基国家社会主义经济方法，而创设洗毛工业、制革工业、制材工业、炼瓦工场、铸造机械工场、酒类蒸馏工场，其旧有之制革、金属、炼瓦等手工业，结为组合，统置于国家统制之下。但前述国家统制之各工业，现均成赤字状态，无不需政府年年补助，约而言之，虽各种大工业逐渐创设，但均未见发展。兹将一九三一年一月国营各工场之投资额，及一九三〇年之生产状况，揭示于下：

工场	投资额（银元）	年产额（银元）
制草工场	八九二,三五〇	四九三,五〇〇
酒类蒸馏工场	一,五八六,五七〇	八二,〇一五
铸造机械工场	四一四,一四〇	二五二,八八五
炼瓦工场	二五〇,〇九五	一七五,〇〇〇
制材工场	一四九,九三五	五二,八六〇
炭坑	八三,九九〇	八五,〇〇〇
合计	三,三七七,〇八〇	一,八七〇,二六〇〔一,一四一,二六〇〕

外蒙政府，着手第一五年计划（一九三一年至一九三五年），其主要目标，为操业状态之整理、生产方法之改良，及老朽施设之更新等事，其计划表如下：

工场名	一九三〇年度固定资本	五年间之投资额	一九三五年度固定资本	总生产额		劳动者数		五年间生产原价之低下	劳动力之增加	月资	
				一九三〇年度	一九三五年度	一九三〇年度	一九三五年度			一九三〇年度	一九三五年度
一、炭坑	一一三,〇〇〇	六〇〇,〇〇〇	六〇八,五〇〇	八五,〇〇〇	三〇〇,〇〇〇	一一〇	二七五	二五%	一三九%	〇·六三	〇·八五
二、制材工场	六五,〇〇〇	四〇,〇〇〇	八〇,〇〇〇	五二,八六〇	一七五,〇〇〇	一九	四〇	一五%	一六六%	〇·四七	〇·七〇

续表

工场名	一九三〇年度固定资本	五年间之投资额	一九三五年度固定资本	总生产额		劳动者数		五年间生产原价之低下	劳动力之增加	月资	
				一九三〇年度	一九三五年度	一九三〇年度	一九三五年度			一九三〇年度	一九三五年度
三、炼瓦工场	二四四,〇〇〇	一〇〇,〇〇〇	二二五,〇〇〇	一七五,〇〇〇	四〇〇,〇〇〇	九四	二二五	二〇%	一七七%	〇·五二	〇·七〇
四、铸造机械工场	三七八,〇〇〇	二〇〇,〇〇〇	二七五,〇〇〇	二五二,八八五	九五〇,〇〇〇	九五	一八五	三〇%	一五九%	〇·七五	一·〇〇
五、制革工场	二五五,〇〇〇	一〇〇,〇〇〇	二三五,〇〇〇	四九三,五〇〇	一,〇〇〇,〇〇〇	一一九	一〇〇	一五%	一七〇%	〇·五二	〇·七〇
六、酒类蒸馏场	八八,〇〇〇	四〇,〇〇〇	九〇,〇〇〇	一〇九,〇〇〇	三〇〇,〇〇〇	一五	二五	一五%	一六六·五%	〇·五〇	〇·六五
总计	二四二,〇〇〇①	一,〇八〇,〇〇〇	一,五九三,五〇〇②	一,一六八,二四五③	三,一二五,〇〇〇	四五〇④	八五〇	二〇%	一六九%	—	—

① 应为"一,一四三,〇〇〇"。——整理者注

② 应为"一,四九三,五〇〇"。——整理者注

③ 应为"一,一六七,三八五"。——整理者注

④ 应为"四五二"。——整理者注

基于第一五年计划，又有羊毛及制革混合大工场之建设，兹将其投资及生产额揭露如下：

工场名	资金	总生产额		劳动者数
		银元量		
罗纱工场	八四八，〇〇〇	三八〇，〇〇〇	一〇〇，〇〇〇	九〇
绒毡及毛毡靴工场	三〇二，〇〇〇	六八五，〇〇〇	二五，〇〇〇	一三〇
蒸汽洗毛工场	九九五，〇〇〇	二，三四六，〇〇〇	——	一一〇
皮革工场	一，三二三，〇〇〇	一，八七〇，〇〇〇	九〇，〇〇〇	二〇〇
制靴工场	一一六，〇〇〇	一，一五〇，〇〇〇	一〇〇，〇〇〇	一七〇
羊皮外套工场	三三六，〇〇〇	四九二，〇〇〇	一五〇，〇〇〇	一四〇
计	三，九二〇，〇〇〇	六，九二三，〇〇〇	——	八四〇

此外库伦尚有一九二五年建设之发电所，至二九年增为五百启罗瓦特，三一年秋，又增设第二发电所。

第八章　风俗习惯

一、婚制

蒙古婚制，与中国不同，先由男女相许，然后禀知父母，再经媒人介绍，方可纳采订婚。订婚之日，男家之父，偕同媒人亲往女家求婚，所持彩礼，为哈喇一方，长者为重，上织花纹，间有织成佛像者。结婚一日，新妇骑马，来至翁家，妆奁之外，更以家产、家畜与之。居家男女平权，但关外事，统由夫主，妻不得稍置一词。蒙古亦有纳妾之风，但家政须由妻主，断不容喧宾夺主，事事须以妻命是从。倘夫妇发生龃龉，可以任意离婚，既离

之后，亦可任意再婚，不妨旧镜重圆，如有子女，须彼此相商，
或归夫家，或妻携去，若有争执，方始经官断定。

二、丧制

蒙古葬礼，极尽奇离，男子死时，均将尸体弃于郊外，面孔朝
天，盖一印有藏文经咒布一方。三日后，家族、亲友同往郊外探
望死者，如被鸟兽啮食，则以为死者生时为人良善，今已升天，
否则立即延僧超度。其奉养有以亡者遗产之半与之，更有全部布
施者，以为布施愈多，功德愈大，且死者亡魂，可以早登极乐佛
国。妇女死亡，则用火葬，先将死者身涂黄油，复用布裹，布置
妥善，方举火焚尸，再拾其灰烬，调以黍粉，制成饼饵，收入喇
嘛室〔宝〕塔，或送往五台山，以为如此，死者可登圣地，而生
者亦有无上光荣。

其他风俗习惯及应人接物，均属奇异，独具其历史上之特色，
今虽有倡改良风俗之议，施行新生活运动，但积习太深，一时难
返，将来演变如何，殊不易断定也。

《国际时报》（月刊）

新京满洲帝国外交部调查司

1938 年 2 卷 11 号

（李红权　整理）

外蒙现状及其与中苏的关系

李耕瑶　撰

一　外蒙现状

以前完全不知道组织的蒙古人，现在也采取了与苏维埃制度完全相同的组织，现在外蒙的统治者是蒙古共产党员、青年联盟会员，共产党员约三万人，青年联盟会员约一万余人，政权的运用采取了"国有统一"主义，无论土地、羊毛、寺院、工厂、矿山等，皆在政府统治之下。极端迷信的蒙古人，也迅速的解放了。信教绝对自由，偶像的崇拜几乎绝迹。人民在法律上一律平等，取消贵族的尊号，取消喇嘛的特权。

教育更有惊人的进步，于一九三四年以来，发动扑灭文盲运动，加强学校设备，校中用品、费用由政府共给。现在有小学六十五所，学生四千余人，中学五所，学生约千余人，并有库伦大学一所，学生数百人，每年由政府选派大批学生到莫斯科留学。

外蒙五年计划中，最重要的是发展交通机关；第一条计划的铁路是从外贝加尔彼得洛夫斯基经买卖城至库伦（今称乌兰巴图尔和特）双轨线（并拟延展南通绥远），今已完成了。外蒙原有四大"驼商路"，更重新建筑，以利汽车交通。此外更极积的发展电报、电话和邮政事业。对于无线电更有特殊的成就——即是库伦大电台的筑成。

　　游牧民族，本不惯于农业的，现在也有集体农场了。每年所种植的小麦、燕麦、稞麦、黍、大麦等，产量约有四五万吨至十万吨之多。

　　军队也有相当威力，在伪满边境上有充分的配备，桑贝子和木塞克一带就有机械化部队七八师，其他则配置于库伦及南内蒙边境上，约有三四军团兵力，现在蒙古拥有十五万近代化兵力，如果动员的话，可增至三十万人。空军近来实数以达五百架，新武器皆由苏联供给，其他技术人员以苏联人为多数，军官亦有苏联人。

二　外蒙与苏联

　　自一九二一年以后，蒙古发动了独立运动，渐渐加入红色集团，近来苏蒙关系，不论外交、军事、经济、文化等各方面，都联成不可分离的情状。蒙苏二国关系正式开始于一九二一年十月五日，订立友好条约，自缔约后，两国除互相承认各自独立外，并决定交换外交机关，以及树立国防问题。以后苏联政府为求蒙古政府在政治上、经济上、社会生活上，能彻底与苏联一致起见，曾向外蒙政府提出七项要求，经外蒙政府之同意，而渐渐实行了。复于一九二三年二月二十六日，于莫斯科成立了苏蒙秘密条约。此项条约不仅予苏联以经济上之特权，并许苏联军队可自由驻扎蒙境。迨一九二四年蒙古人民共和国正式成立以后，苏蒙关系不仅条约上的邦交，实际上已经二位一体了。

　　伪满成立，以及日本侵略我华北之紧张事态，使苏蒙关系愈为凝结，蒙古人民共和国主席兼外交部长互丹及军政部长多米托里多人，于一九三五年十二年〔月〕十一日应聘莫斯科，为一最显著之事例。

自芦沟桥事变，我全国对日开始抗战以后，外蒙政府迭向苏联政府、党部、军部各方面领袖交换公文，商讨对策，以应付严重事态，关于加入抗日战线，与效忠祖国的解放斗争，即将见诸行动了。

三　外蒙与中国

在中国辛亥革命那年，外蒙曾酝酿第一次革命独立，而未得到成功。后因俄国革命骚动影响，便发生了第二次独立运动，一直到一九二四年（即民国十三年）蒙古共和国宣告成立了。

自一七二七年中俄《恰克图条约》缔结后，中俄外交上涉及蒙古问题很多。但在条约上、历史上、传统上，外蒙为我国领土的一部分，实是毫无异议的，我们自己认外蒙土地为我们的版图，外蒙人民为我们的民族，外蒙人民也这样承认，第三国也没有不承认的。

民国八年七月，及民国九年九月苏联两次对中国宣言内容，皆不外承认外蒙为我领土的一部，苏联绝对承认中国宗主权，苏联对外蒙无政治、领土的野心，而妨害中国政治、领土的完整。又民国十五年五月的《中俄协定》第五条更明白的说："苏联政府承认外蒙完全为中华民国之一部分及尊重该领土内中国之主权。"又在民国十二年一月，苏联代表越飞与孙总理联合宣言，也曾说："俄国政府无意思与目的，在外蒙实施帝国主义政策，或使其与中国分离。"再依一九三七年（民国二十六年）八月间的《中苏互不侵犯条约》来说，凡中苏协定条约一定有它法律上的效力，而未经我政府承认的《苏蒙秘约》，与外蒙共和国的组织，自应无效，自应取消。

在条约上，外蒙为我国的领土，在政治上我政府，并未允许外蒙独立。外蒙自当服从国民政府的命令，出兵抗战。自"七·七""八·一三"抗战以来，我中华民族的儿女们，都自动参加这次神圣战事了。在"全面抗战"、"全民族抗战"的旗帜下，凡我中华民族的人民，必须全站在一条战线上，为"保卫祖国"而努力，为民族解放而斗争，不容袖手，不容观望！外蒙同胞，应快快自动来加入祖国的队伍里，为祖国的生存而奋斗！

《西北论衡》（月刊）

西安西北论衡社

1938 年 6 卷 3 期

（朱宪 整理）